CW01512348

COMME UN AGNEAU MUET…

DU MÊME AUTEUR :

• *Fascisme et Monarchie : Essai de conciliation du point de vue catholique* (préface de Claude Rousseau), Éditions Vincent Reynouard, 2001 / Reconquista Press, 2018.
• *Nihilisme, subjectivisme et décadence* (2 tomes), Samizdat, 2009.
• *Présentation de l'Institut Charlemagne sous le patronage de l'archange saint Michel*, Éditions Dominique Martin Morin, 2016.
• *Pour une contre-révolution révolutionnaire*, Reconquista Press, 2017.
• *Désir de Dieu et Organicité politique*, Reconquista Press, 2019.
• *Paganisme versus Catholicisme : Le Conflit non surmonté du nationalisme*, Reconquista Press, 2020.

Collaboration aux ouvrages :

• *Serviam : La Pensée politique d'Adrien Arcand* (Anthologie), Reconquista Press, 2017. (Essai)
• Misciattelli (Piero), *Le Fascisme et les Catholiques*, Reconquista Press, 2018. (Postface)

Sous le pseudonyme de Stepinac :

• *De quelques problèmes politico-religieux contemporains*, Samizdat, 2011.
• *Du problème du rapport entre nature et grâce dans le thomisme et le néo-thomisme, et de ses enjeux politiques contemporains*, Samizdat, 2011.
• *Éléments de philosophie politique* (préface de Claude Rousseau), Éditions Franques, 2013.
• *Politique & Religion, Immanence & Transcendance : Amour difficile et mariage de raison*, Reconquista Press, 2021.

Joseph Mérel

COMME UN AGNEAU MUET...

Pourquoi notre contemporain consent à la servitude et à la mort

Reconquista Press

www.reconquistapress.com

ISBN : 978-1-912853-29-8

PRÉAMBULE

§ 1. *Is fecit cui prodest*[1]

« Ils » ont confectionné et répandu intentionnellement, en faisant croire à la fortuité d'un accident de laboratoire de recherche, un virus au début juste assez dangereux pour inquiéter les populations et les plonger dans la peur, mais assez anodin pour ne pas faire plus de morts qu'une vulgaire grippe un peu corsée. On ne doit pas trop affaiblir ceux qu'on entend mettre en esclavage. Quand le doute sur la dangerosité du virus se faisait jour, et chaque fois que des velléités de révolte se manifestaient, on lançait subrepticement une variante un peu plus dangereuse du virus, qui faisait quelques dégâts sur lesquels glosait abondamment la presse aux ordres, et qui par là plongeait les gens dans l'épouvante. Ce processus a duré quelques années. Il s'agissait de mettre la planète au chômage en imposant des confinements infantilisants générateurs de désordres innombrables consécutifs à la frustration de l'instinct social. Pour vivre solitaire, il faut être une bête ou un dieu. Et l'humanité contemporaine est complètement incapable de vivre humainement dans la solitude qui suppose des ressources spirituelles dont elle s'est délestée depuis longtemps. Il y eut ainsi maints divorces, suicides, maintes crises d'éthylisme et d'excès de drogues et de nourritures en tous genres, maintes névroses, maintes dépressions nerveuses. Et l'humanité rivée à ses écrans de télévision ou à ses jeux vidéo fut rendue encore plus abrutie qu'elle ne l'était. Tout cela était voulu, bien sûr. En mettant la planète laborieuse au chômage, « ils » visaient plusieurs résultats. Il fallait

[1] En est l'auteur celui à qui cela est profitable.

d'abord faire disparaître la classe moyenne, la classe dangereuse, la classe génératrice de fascisme, c'est-à-dire du seul mouvement de révolte capable de soustraire un peuple à la ploutocratie : les pauvres sont dépendants de l'État, et les vrais riches n'accèdent à la richesse et ne la conservent qu'en se faisant les complices et les obligés de ceux qui gouvernent les États modernes, lesquels sont en dernier ressort téléguidés par les très riches qui les achètent, font leurs carrières et les défont ; c'est au reste la raison pour laquelle la Haute Finance a toujours favorisé la démocratie, régime faible entre tous, qui permet à l'argent de mettre la main sur tous les opérateurs de formation de l'opinion ; la démocratie est le régime du pouvoir par le peuple, mais par un peuple que l'on a acheté comme on achète un esclave et auquel, sans lui demander son avis, on a imposé une lobotomisation permanente ; en démocratie le pouvoir appartient au peuple, et le plus scandaleux est que cela est vrai au moins sous un certain rapport : les votes ne sont pas massivement ou systématiquement truqués ; le peuple n'est pas privé du droit de s'exprimer, il est privé du droit de penser. Plus exactement, il est livré à lui-même, incapable de se donner, par lui-même, les maîtres qui le feraient droitement penser, tout en étant placé en situation de perdre le bon sens terrien, ce pouvoir naturel d'intuition de la qualité en toute chose, qui définit sa sagesse et sa noblesse, son aptitude à reconnaître les vrais savants et les vrais chefs inspirés, et qui fait de lui le terreau dont sortent les vraies aristocraties. La démocratie est le régime dans lequel licence est donnée d'avilir le peuple pour le rendre manipulable, servile, infécond, vulgaire et égoïste.

Les membres de la classe moyenne jouissent des lumières intellectuelles dont bénéficient les rejetons des familles riches, de l'indépendance financière au moins relative dont sont privés les pauvres, d'une pugnacité dans l'effort et d'une ambition dont ces derniers sont aussi privés ; aussi la classe moyenne est-elle moins facilement manipulable. L'incapacité de travailler obligeait les ménages, les sociétés privées et les États à emprunter des sommes folles aux puissances d'argent érigées en mondialisme bancaire aspirant à l'hégémonie politique par instauration de l'État mondial ablatif des nations et des peuples historiques. Ces puissances d'argent étaient parvenues à diriger les États en sous-main. Après avoir financé les révolutions génératrices de systèmes démocratiques, les manipulateurs de fortune anonyme et vagabonde faisaient élire qui ils voulaient, mettaient la main sur les nominations universitaires, sur la presse, sur les maisons d'édition, sur les laboratoires de recherche scientifique dont ils maîtrisaient les résultats officiels en usant de chantage aux subventions, sur la multitude d'associations supposées humanitaires celant des manœuvres révolutionnaires tous azimuts. Bien sûr, le cinéma et le monde dit des « arts » étaient dirigés par les mêmes indirectement, de sorte qu'« ils » disposaient de tous les moyens requis pour forger l'opinion des masses qui, au moment du lancement de ce qui fut nommé la grande réinitialisation, leur étaient déjà tacitement acquises. L'antiracisme, l'exténuation de tout instinct identitaire de survie, les pratiques abortives et contraceptives, l'amour dit libre, les mœurs contre nature, la banalisation de l'usage des psychotropes, tout cela était déjà acquis depuis longtemps. En exacerbant l'individualisme et le subjectivisme au nom de la morale dite des droits de l'homme, « ils » avaient provoqué une crise démographique létale et justifié le recours à une immigration massive de peuplement génératrice de troubles sociaux en tous genres et instaurant un égoïsme si frileux et si teigneux qu'on n'en avait jamais vu de tel dans le monde occidental ; pour sauver l'homme de sa propension congénitale au repli sur soi familial puis individuel, pour le tirer des griffes d'une vie privée qui le tronque, il faut l'appel d'une identité nationale que le mondialisme doit évidemment prendre soin de détruire afin de réduire l'homme à sa singularité, à sa subjectivité vide qui fait de lui un atome tout prêt pour intégrer une collectivité mécanique et sans âme étendue à l'humanité entière par là devenue manipulable à volonté. Quand « ils » furent parvenus à drainer dans leurs coffres toutes les richesses de la Terre, il ne leur resta plus qu'à faire aux peuples quelques propositions qu'ils ne pouvaient pas refuser, et tels sont les autres résultats qu'ils visaient par l'exploitation des effets du chômage généralisé. Il se produisit un enrichissement immense des consortiums pharmaceutiques ainsi habilités à imposer une vaccination qui, sous le couvert d'éradiquer le virus, permettait de « pucer » comme du bétail les populations par le moyen de nanoparticules codées. Et les vaccins furent ainsi conçus que le besoin de se faire vacciner devînt irréversible et indéfiniment renouvelable, afin de rendre la population mondiale dépendante de manière consentante des dispensateurs de vaccins : ces derniers multipliaient les « variants », n'immunisaient aucunement, rendaient les vaccinés plus fragiles qu'ils ne l'eussent jamais été sans aucun vaccin.

L'invasion migratoire suscita des guerres ethniques entre autochtones et envahisseurs déguisés en immigrés, accompagnées de guerres civiles, ce qui permit aux vrais maîtres, en pompiers pyromanes, de se poser en recours ; il y eut un moratoire sur les dettes, puis un effacement systématique de ces dernières, mais avec en contrepartie l'acceptation du principe de la collectivisation universelle. Ainsi se vérifia la prévision philosophiquement établie, bien des années avant, d'une solidarité dialectique entre libéralisme et communisme. Ceux qui n'étaient pas vaccinés étaient relégués dans des camps, confortables au début puis épouvantables à terme. Les mêmes banquiers avaient financé la farce du réchauffement climatique anthropique, afin de susciter dans les populations l'idée que ce troisième millénaire voyait se développer des maux qui ne pouvaient être traités qu'à un niveau mondial.

§ 2. Le propos général de ce livre

Voilà peut-être la manière dont — supposé qu'un vingt-deuxième siècle succède au vingt et unième —, dans quelques décennies, on résumera les soubresauts qui agitèrent les années 2020. Nul ne sait si cette marche à l'abîme est irréversible ou s'il est encore possible de la conjurer. Nul ne sait non plus avec une certitude absolue si les choses se passeront pour l'essentiel comme nous les avons décrites, ou bien si cette reconstitution par anticipation ne procède pas de craintes exagérées fondées médiocrement bon, mais il est aussi, de soi, médiocrement mauvais, et en cela on ne saurait faire de la propension populaire à sombrer dans le vice la cause première de sa propre déchéance, quand bien même il est tout aussi abusif de faire porter la responsabilité de cette dernière sur les seuls manipulateurs ultra-minoritaires de la majorité manipulée. Comme l'enseignait jadis Ernest Renan dans *La Réforme intellectuelle et morale*, « l'égoïsme, source du socialisme, la jalousie, source de la démocratie, ne feront jamais qu'une société faible, incapable de résister à de puissants voisins <et, en l'occurrence, à de rusés manipulateurs qui prolifèrent en son propre sein>. Une société n'est forte qu'à condition de reconnaître le fait des supériorités naturelles, lesquelles se réduisent au fond à une seule, celle de la naissance, puisque la supériorité intellectuelle et morale n'est elle-même que la supériorité d'un genre de vie éclos dans des conditions particulièrement favorables ». Ce qui revient à dire que si les manipulateurs poussent à la roue du socialisme et de l'esprit démocratique pour affaiblir le peuple, lequel s'attache d'autant plus à ce qui l'affaiblit qu'il est rendu plus faible, en retour le peuple n'est pas à ce point gangrené que toute velléité de relève et de salut lui serait devenue sans retour étrangère. Il aspire passivement, dans la forme d'une vague et impuissante velléité, au bien, à l'effort, au dépassement de soi, à la lucidité qui crucifie son orgueil, à la manière dont l'ivrogne, qui déteste son vice, aspire à la sobriété, ainsi sur le mode de l'impuissance tantôt résignée tantôt rageuse. Si donc le mal, dans sa version active, ne gît ni dans la substance populaire (qui n'est que passivement encline au mal) ni dans la puissance corruptrice des méchants (qui ont été en demeure de se trouver des complicités dans le peuple — par là déjà corrompu — pour parvenir à une position de force), c'est qu'il est à chercher dans un défaut d'efficience du côté des pédagogues dépositaires des bons principes. Les détenteurs du bien n'ont pas su se faire aimer, ni faire aimer ce bien difficile dont ils étaient les héritiers et les dépositaires.

Quand on voit aujourd'hui de jeunes gens (mais aussi des moins jeunes) assez aliénés pour applaudir à l'invasion de leur pays par des hordes ivres de ressentiment envieux, d'avidité destructrice, d'impudence haineuse ; quand on les voit même participer activement à cette invasion, à ce viol, en se faisant les soutiens et les imitateurs désintéressés des « passeurs » sordidement mercantiles, et qui en tirent gloire ; quand on les voit se provoluter devant des Nègres hautains au nom de la justice et en esprit de pénitence à cause du passé colonial ou esclavagiste d'une partie de l'Europe ; quand on prend acte de la répugnante habitude des femmes de nos pays de se donner, encore en esprit de « réparation », à tous les envahisseurs de la Terre, on ne peut pas se contenter, pour l'expliquer, d'en appeler à la désinformation. Aucun de ces esclaves consentants et masochistes que sont nos misérables contemporains n'ignore, tout en en refoulant le souvenir, que les rois nègres participaient activement à l'esclavage, que les Arabes sont de loin les grands responsables de l'esclavage des Nègres, et que ces Arabes et Ottomans, relayés par les Juifs, ont mis en esclavage plus de Blancs, entre le XVIe siècle et le XIXe siècle, que les Occidentaux n'ont exporté de Nègres aux Amériques ; que cette colonisation occidentale, mal menée puisqu'accomplie selon les principes de 89, apporta néanmoins, sur le plan matériel, un bien considérable aux colonisés, en favorisant l'explosion démographique de leurs peuples et tribus. Il y a donc dans ces attitudes suicidaires de nos compatriotes non seulement une complaisance dans l'humiliation subie, mais une haine de soi incandescente, une haine de ce qu'ils furent, analogue à cette haine qui anime les amants brouillés, déçus l'un par l'autre et par leur amour commun, qui se sont beaucoup aimés. Et il faudrait expliquer pourquoi cet amour s'est retourné en haine. Le peuple, certes, complice de son avilissement par ceux qui veulent sa perte, sait qu'il ne peut les dénoncer et les combattre sans faire son propre procès qui lui enjoindrait de dénoncer en lui-même sa veulerie, sa fainéantise, son orgueil, sa vanité, sa pathologique dilection pour le confort. Notons par manière d'acquit qu'il n'est pas jusqu'à cet actuel port du masque prophylactique, véritable muselière prise tant au propre qu'au figuré, qui ne révèle la complicité du peuple dénonçant les fraudeurs sans pitié, aimant son bâillon, plébiscitant sa servitude.

§ 4. Aspirations du peuple à la grandeur

Mais ce même peuple aspire aussi à se dévouer, à se sacrifier pour des causes qui se veulent généreuses, qui sont suicidaires et qui sont objectivement subversives — témoin le nombre et la puissance de ces associations supposées caritatives qui enthousiasment notre jeunesse et qui constituent des pôles terribles de subversion —, mais dont le service requiert une mobilisation d'énergies qui prouve que la lâcheté ou la fainéantise ne suffisent pas à expliquer les démissions de nos contemporains. Il faut pour cela convoquer la haine de soi, laquelle, comme toute chose, a une explication. Si nous nous haïssons, décadents que nous sommes, si nous sommes insurgés contre l'homme que nous étions il y a peu et que nous eussions pu demeurer en nous attachant aux principes qui firent la grandeur et la fécondité spirituelle de nos ancêtres, c'est que les modalités de transmission et de maintien en vie — c'est-à-dire d'approfondissement : ce qui est vivant avance et reposer dans l'immobile revient à périr — de tels principes ont souffert d'un vice dirimant.

Ce qui se dessine, avec la succession des confinements sanitaires destinés, dit-on, à enrayer une pandémie ravageuse, c'est la fin de l'histoire humaine. La religion juive somme ses adeptes de nous mettre en ghetto pour notre bonheur : leur messie sera homme de guerre et leur élection, charnelle, est en attente de triomphes temporels qui seront supposés rejaillir sur l'humanité entière invitée à goûter aux délices d'un paradis terrestre. Les francs-maçons visent le même but, qu'ils soient satanistes et/ou gnostiques, qui veulent l'État mondial afin de déifier l'homme : si l'essence humaine est l'ensemble des rapports sociaux, l'érection de l'État mondial est la prise en charge, par le genre humain, de toutes les relations qui constituent son essence, dans le moment où la société est un produit de l'art humain, de sorte que la maîtrise par l'homme de la communauté humaine intégrale a pour sens de satisfaire la prétention de l'homme à s'introniser cause de soi. Il s'agit de réduire l'homme en servitude afin de le rendre heureux malgré lui, selon une conception du bonheur sur laquelle on ne l'a pas consulté, et en lui faisant perdre son identité religieuse, nationale, culturelle, ethnique, raciale. Le peuple a consenti aux sirènes de la décadence, il n'est pas innocent, il est complice de ses bourreaux, il les a rendus possibles ; mais il n'a pas voulu les ultimes conséquences de ses propres vices, lesquelles sont le but le plus précieux cultivé dans le cœur des manipulateurs.

Ainsi notre contemporain cède à la succession des mesures qui l'emprisonnent, il veut y voir une fatalité et tient pour vaine toute tentative d'inverser le sens de cette histoire. Il est résigné. Il emboîte le pas avec ferveur aux dispositions coercitives, il se fait le servile complice de ses bourreaux, il devient délateur et plébiscite ses chaînes.

On évoque, pour expliquer un tel phénomène, le pouvoir émollient des techniques modernes, la puissance onirique de la société du spectacle, l'absence de sélection naturelle induisant la perte du sens de l'effort et le collapsus de toute résilience ; on convoque la faiblesse des caractères, le subjectivisme et l'esprit démocratique porteur du désir de déification, une fausse conception (moderniste) de la charité et de l'amour annonciatrice d'égalitarisme et de mauvaise conscience à l'égard des peuples jadis dominés ; on en appelle à l'influence déterminante des médiats tenus par la maçonnerie et le judaïsme politique ; on fait mémoire du désir ancestral, en forme de pulsion de mort congénitale mais réprimée jusques aujourd'hui, de paix consommée en mondialisme qui supprime l'altérité — ainsi l'ennemi potentiel —, mais qui exténue avec elle cette instance de négativité polémique intrinsèque à toute activité vitale. Aucune de ces évocations plus ou moins suggestives n'est dénuée de vérité. Mais aucune n'emporte l'adhésion quand elle prétend s'ériger en principe premier d'explication.

§ 5. La méchanceté naturelle de l'homme, réponse verbale

On parle aussi tout simplement de l'orgueil, pulsion *sui generis* n'ayant pas besoin d'explication, fors celle de la peccabilité naturelle de la volonté, amplifiée par les séquelles de la Chute originelle.

On ne se rend pas compte que le subjectivisme et les maux qu'il induit sont porteurs, pour la subjectivité elle-même, de quelque chose de honteux, de dégradant, et de vain, qui devrait servir d'antidote efficace à une telle pathologie spirituelle, à la manière dont l'envie, si répandue et si laide, offusque les consciences dont elle s'empare et se révèle en droit porteuse de son propre remède. Tout le monde sait bien en fait, ou au moins pressent, que la béatitude absolue n'est pas de ce monde, que l'on croie ou non à un autre monde, et que le désir d'être Dieu est une pathologie porteuse des pires tourments. Tout le monde sait que la recherche du plaisir inflationniste ne mène pas au bonheur, puisqu'elle enfle le désir douloureux à mesure qu'elle le comble, nourrit l'insatisfaction dans l'acte de répondre à ses exigences ; puisque le désir lui-même est contradictoire, qui aspire à se faire combler — ainsi à se supprimer — et pourtant à renaître de ses cendres puisqu'il s'aime lui-même. On ne cède à l'appétibilité des biens inférieurs qu'en décidant de se tromper à leur sujet, et l'on ne cède au désir de se mentir qu'à partir du moment où l'appétibilité des biens supérieurs se trouve oblitérée.

Ne contestons pas cependant l'existence d'une tendance, en l'homme, du fait des pesanteurs du corps, et indépendamment de l'héritage du péché originel, mais envenimée par lui et rendue inguérissable sans l'aide surnaturelle, à se tourner plus facilement vers les biens inférieurs que vers les biens plus nobles et plus exigeants : il faut toujours lutter contre soi-même pour apprendre à trouver appétibles les biens qui nous élèvent. Quand même, cette tendance ne saurait avoir raison d'explication suffisante au phénomène auquel nous sommes confrontés, qui est la démission de l'homme blanc, son laisser-aller désormais sans frein, son consentement à la servitude et à la défaite, et avec lui de l'humanité entière ; quelque rageusement soucieuse qu'elle soit de ne rien devoir à l'Occidental et de l'abaisser, quelque profonde que soit la mauvaise conscience de l'homme blanc à l'égard des peuples de couleur, l'Occidental demeure encore aujourd'hui, pour le pire plus que pour le meilleur, le modèle et le moteur du devenir de l'humanité. Une telle tendance au mal a toujours existé, elle a remporté déjà maintes victoires aussi bien sur le plan collectif que sur le plan individuel. Mais précisément, si sa présence n'a pas empêché les hommes, dans les siècles passés, de parvenir à s'élever au point de constituer pour nous des modèles, c'est que de telles époques disposaient de moyens dont nous avons perdu l'usage pour susciter en l'homme le goût pour le dépassement de soi. L'homme ayant toujours été le même, il n'est pas concevable que le collapsus spirituel dont souffre notre humanité contemporaine soit imputable à la seule contingence de l'usage que chacun fait de sa liberté. Pourquoi une démission aussi radicale, aussi massivement plébiscitée aujourd'hui, et non pas hier ?

§ 6. Responsabilité de la pluralité des doctrines de droite

On n'évoque jamais, tout affairé à se lamenter en prenant l'air compassé du sage entouré d'insanes individus déracinés, victimes consentantes de leurs passions, l'éventualité de défauts qui seraient inhérents au camp du Bien, qui menaceraient de l'intérieur l'objectivisme ou le réalisme lui-même ; on ne songe en aucun cas aux possibles inachèvements de la doctrine vraie, qui la rendent non seulement fragile face aux assauts de la critique, mais encore, et pour cela même, peu appétible. Ce n'est pourtant pas faute de dévouement à la bonne cause. Dans les milieux réactionnaires pleins de bonne volonté, on publie les classiques, on fait des conférences, on diffuse la bonne parole, on récolte de l'argent, on exhorte à tour de bras, on fustige, on dénonce, on dévoile la vérité cachée, on prie, on fait des processions, on milite, on plaide devant les tribunaux. Devant la

INTRODUCTION

§ 7. On en appelle à un Grand Homme

Deux courageux lanceurs d'alertes bien connus des milieux nationalistes français, Boris Le Lay et Vincent Reynouard, ont publié sur Internet, pendant le mois de mars 2021, deux vidéos dérangeantes qui leur ont valu certaines réactions passionnelles non toujours sobres et impartiales. Ils se sont permis de prendre à rebrousse-poil les habitudes de maints nationalistes conspirationnistes faisant porter toute la responsabilité de la décadence sur les corrupteurs judéo-maçons, en montrant que le peuple est la cause première de sa maladie. Vincent Reynouard étayait son argumentaire en citant Frédéric Esmenjaud qui écrivait en 1867 : « Ce sont les besoins profonds du siècle et l'attente des masses qui créent les grands hommes et déterminent leur vocation. » Vincent Reynouard en déduisait ceci : « Un siècle et demi plus tard, les attentes des masses sont si pauvres qu'aucun grand homme ne peut surgir. » Tentons de justifier conceptuellement ce constat.

Il y a quelque chose d'absolu dans la liberté entendue comme libre arbitre ou autodétermination : on est maître de son acte, ou on ne l'est pas ; il y a des degrés dans la responsabilité, mais on est responsable ou on ne l'est pas, on est conscient ou inconscient ; on est un moi ou on est une chose, il n'y a pas de milieu. Et qui dit autodétermination dit aussi indépendance, non certes nécessairement indépendance physique, à tout le moins possession de la position de son acte volontaire ; on peut aisément tuer un homme, on peut le terroriser, lui faire faire ce qu'il ne veut pas faire, mais l'homme libre est indépendant, d'une liberté au moins intérieure, car personne ne peut lui faire vouloir ce qu'il ne veut pas vouloir. Cela dit, une liberté absolue est indépendante de toute chose, jusques et y compris d'elle-même. Le Kirillov des *Possédés* de Dostoïevski se sait libre sans être son origine, il se reconnaît donné à lui-même, il est pour lui-même le don et le donataire, il est par là possesseur ou maître de lui-même, ainsi libre, et il est en demeure de se reconnaître un Donateur dont précisément il ne veut pas dépendre, de telle sorte qu'il consomme l'absoluité de sa liberté (indépendance radicale) en se tuant, en refusant le don pour se soustraire à l'emprise du Donateur. C'est là l'illustration pathologique du pouvoir propre à la liberté de se renier, et de s'exalter en se reniant, et c'est là ce qui explique que l'on n'aille jamais en enfer que parce qu'on l'a choisi, et choisi sans retour. Si la liberté s'éprouve en se reniant, elle se libère d'elle-même (de ce que Sartre nommait « facticité du Pour-Soi » : le fait d'être libre, qui ne résulte pas d'un choix) et bascule dialectiquement dans son contraire, la nécessité. Mais une nécessité se dit d'une relation et seulement d'une relation : s'il existe un Être nécessaire, c'est qu'il établit une relation nécessaire entre son essence et son existence. Or une relation est essentiellement relative à ses termes ; donc toute nécessité est relative. Mais alors une nécessité absolue n'est pas une nécessité : elle est une liberté. Il est donc nécessaire que la nécessité s'accomplisse moyennant un moment obligé de contingence, et en retour toute liberté se déploie, comme contingence, dans l'exercice d'un processus nécessaire, c'est-à-dire rationnel : il y a des raisons même à la déraison. Cela dit, si l'homme est libre, ainsi libre absolument, il n'est pas l'origine de la liberté qu'il exerce ; en tant que libre, il s'inscrit dans un processus nécessaire, au sens de processus rationnel ; mais il n'est pas l'auteur de cette nécessité, il l'exerce mais il ne l'instaure pas, ce qui revient à dire que la trame de sa vie, tissée par sa liberté, est elle-même l'exécution d'une partition qu'il n'a pas rédigée, une partition qui est en soi rationnelle et qui est objectivement pour lui une nécessité bien qu'elle ne soit exécutée que sous l'injonction de sa liberté. Dieu nous fait accomplir infailliblement Ses décrets, et Il nous les fait accomplir par notre liberté. Il faut, comme on dit, tenir les deux bouts de la chaîne.

§ 8. Le Grand Homme, porte-voix de l'esprit de son temps

Qu'en résulte-t-il ? Ceci :

L'histoire humaine individuelle et collective est l'exécution d'un plan divin, laquelle se médiatise dans nos libertés qui sont pourtant réelles. Mais cela signifie qu'il existe une Providence, et que le réel est rationnel. Il est difficile, à ce stade de la réflexion de ne pas penser à Hegel. Nous voudrions ici insister sur le point suivant : qu'il y ait une rationalité dans le cours des événements historiques, qu'il y ait un sens de l'Histoire n'implique pas que l'absolu divin serait unilatéralement immanent au monde et intrinsèquement lié à ce dernier. La thèse d'une telle immanence est pourtant effectivement hégélienne :

« L'auto-position de l'esprit absolu se révélant effectivement à soi dans l'auto-négation de l'esprit fini qui s'emploie à assurer sa reconnaissance réciproque ultime s'illustre aussi bien — à travers des thématiques différentes — dans le destin encyclopédique que dans le destin phénoménologique de lui-même. Dans le premier, c'est en effet *l'esprit absolu qui apparaît comme l'esprit du monde* <nous soulignons> imposant leur droit vrai aux États en quête de leur reconnaissance réciproque » (Bernard Bourgeois commentant Hegel, dans *Pour Hegel*, Vrin, 2019, p. 372). « L'*Encyclopédie* hégélienne salue bien l'esprit du monde au moment même où il se pose comme tel en se révélant être la mondanisation de l'esprit absolu lui-même, qui vient déjà au jour à travers cette incarnation de lui-même » (*id.*, p. 447).

Dans ces phrases, le commentateur illustre le fait qu'il existe une fin de l'Histoire, une finalité objective — l'État rationnel, avènement de l'esprit objectif qui, s'excédant en ce droit international qui n'est déjà plus du droit, révèle qu'il est l'anticipation de soi de l'esprit absolu — poursuivie par les acteurs de l'Histoire, mais dont ces derniers ne sont pas conscients, et qui se fait et se veut en eux, sous-tendant leur liberté qui, quelque erratique qu'elle puisse être, quelque nombreux que soient les détours et les régressions dont elle puisse être responsable, ne peut pas à long terme ne pas promouvoir la rationalité dans la vie humaine individuelle et collective, et, ce faisant, la liberté concrète — rationnelle — des hommes. Un philosophe thomiste dirait qu'il existe une nature des choses, et qu'à violenter l'ordre conditionné par cette nature on en vient à s'exténuer, on en arrive à se rendre incapable de pécher par excès de pratiques peccamineuses, au point que, à peine de mourir, le genre humain est comme sommé, par les effets mortifères de sa conduite immorale, d'embrasser des conduites vertueuses promotrices de santé et de vie : la vitalité dévoyée se retourne contre elle-même et se redresse à la manière dont le raisonnement du sophiste en vient à se contredire et à faire l'aveu de la vérité qu'il conteste ; ce qui signifie tout simplement que l'ordre des raisons de connaître est l'ordre des raisons d'être, ou que le réel est rationnel. Rien de ce qui est ici rappelé ne contrevient aux exigences de la doctrine catholique. En revanche, que cette rationalité qui se cherche et s'accomplit dans l'entrechoquement irrationnel des libertés soit fondée sur l'immanence de l'absolu — *l'esprit du monde (la conscience de soi du genre humain à un moment de son développement, la manière dont la nature humaine parle en l'homme) étant identifié à l'esprit absolu (Dieu)* — est évidemment incompatible avec la thèse d'un Dieu transcendant et créateur *ex nihilo*. Et c'est bien pourtant ce que pense Hegel, qui enseigne par exemple dans son *Encyclopédie* (§ 564) que la connaissance que Dieu a de Lui-même est identique à la conscience qu'Il a de Lui-même dans l'homme et à la connaissance que les hommes ont de Dieu, connaissance qui progresse jusqu'à la conscience que les hommes ont d'eux-mêmes en Dieu.

Ces précisions rappelées, qui invitent la conscience catholique à rompre en visière avec l'hégélianisme, ne doivent pas, si ce que nous avons esquissé quant à la relation dialectique entre liberté et nécessité (c'est-à-dire liberté ou contingence, et rationalité) est recevable, nous faire abandonner l'idée d'un sens et d'une fin de l'Histoire, d'une Raison dans l'Histoire qui s'effectue par la liberté des hommes et qui élit, quand l'esprit du temps est mûr pour cela, le Grand Homme — l'homme de la Providence — dont elle a besoin pour lui faire accomplir ses desseins. Encore faut-il qu'il existe un esprit du temps. L'absence d'esprit, dira-t-on, est encore un effet de l'esprit du monde qui sommeille mais ne meurt jamais parce que l'esprit des hommes procède de cet esprit du monde qui se réalise en eux ; l'absence d'esprit d'un temps déterminé — et singulièrement de notre temps — est encore le repli de décadence en lequel se love l'esprit du monde pour y reprendre souffle. Cela est en effet peu contestable, mais notre temps a quand même quelque chose d'unique. Il n'est pas un moment de l'esprit du monde, il est l'esprit du monde parvenu au terme du processus de déploiement de ses virtualités mondaines en ce sens qu'il n'est pas dit que l'éclipse de la vie spirituelle en l'homme réduit au délire volontariste de sa liberté constructiviste — tel est bien notre contemporain — soit encore maîtrisable par cet esprit qui erre à un point tel qu'il semble avoir décidé de se suicider. La liberté vit de la raison, et elle a le redoutable pouvoir d'éclipser la rationalité dont elle vit, ainsi de renoncer à elle-même. Mais parce qu'elle n'est pas sa propre origine, elle ne jouit pas, quand elle s'est complètement court-circuitée, du pouvoir de se faire ressusciter.

Il y a des gens mécontents aujourd'hui, en quantité minoritaire mais non insignifiante, assez courageux pour remettre en cause l'Ordre mondial mondialiste judéo-maçonnique. Mais ils se révèlent incapables de conjuguer leurs forces, de se conférer une unité qui leur donnerait consistance sociale et les dispenserait de s'entre-déchirer. Ils se révèlent impuissants à hypostasier leur insurrection contre la déliquescence ambiante en se rassemblant derrière un Grand Homme, parce que l'esprit du temps répugne à poser les conditions de surgissement du Grand Homme. C'est pourquoi leurs efforts souvent héroïques sont si peu récompensés ; ce qui en retour suscite leurs crispations, leur susceptibilité, leur méfiance, leur suspicion et leur aigreur génératrice de divisions, ou plutôt qui envenime des divisions déjà présentes et jamais surmontées. Une autre manière de définir le projet que nous visons ici est la suivante : pourquoi la multitude humaine est-elle, de nos jours, si peu capable de susciter la genèse d'un Grand Homme ?

Les réactionnaires — ceux qui réagissent à l'entropie morale et politique, qui sous ce rapport pourraient être tenus pour des révolutionnaires en tant qu'ils sont de véritables insurgés, révoltés par ce monde mortifère qui tend à les ghettoïser — ne s'y trompent pas ; quelle que soit leur chapelle, ils savent qu'ils luttent à contre-courant de l'esprit ou plutôt de la sensibilité de leur temps, ils n'ont rien à attendre du peuple, pas plus de lui que des suborneurs de moins en moins discrets qui l'avilissent et l'exploitent. C'est pourquoi ils rêvent du surgissement d'un fédérateur de leur camp, dont la lucidité surhumaine et le charisme invincible sauraient influencer l'esprit du monde dans une direction qui leur serait propice et les habiliterait, sinon à emporter l'adhésion des masses, à tout le moins à leur faire supporter sans trop d'hostilité les réformes douloureuses et salvatrices qu'ils préconisent pour le salut du genre humain. Ils savent que c'est au peuple qu'ils entendent libérer de ses tyrans qu'ils devront s'opposer pour prendre le pouvoir. Mais les choses sont ainsi faites que, quels que soient les talents individuels, de même que les dirigeants sont plus faibles que les dirigés dont ils requièrent l'adhésion au moins tacite pour s'imposer, de même l'irruption du Grand Homme capable de changer le cours de l'Histoire et de susciter un nouvel esprit du monde suppose l'existence préalable de cet esprit du monde que l'homme providentiel ne saurait créer.

CHAPITRE I

Les trois courants du conservatisme brièvement exposés, et les espèces de solutions qu'ils induisent chez les prétendants à la renaissance de la civilisation et de l'Europe

§ 9. Exposé

C'est au travail de Luc Gaffié, *fellow* du Bard Center de New York, ancien professeur aux universités du Colorado et du Montana, auteur de *Les Idées du conservatisme américain* (New Forums Press, 1990), que nous nous permettrons d'emprunter les informations nécessaires à la caractérisation des trois grands courants de la pensée dite de droite, à savoir de tout ce qui aujourd'hui s'oppose par principe au mondialisme. S'il est vrai qu'être de droite consiste à reconnaître l'existence d'un ordre naturel antérieur — aussi bien selon la causalité que selon le temps — à la vie de la subjectivité humaine, et que la vocation de cette subjectivité — qui la justifie et la préserve, fût-ce contre elle-même —, vécue dans sa nudité comme liberté, consiste à se conformer à un tel ordre, on comprend que la pensée de gauche est celle qui reconnaît dans la liberté un état et un principe d'agir qui est à lui-même sa propre fin. Étant sa propre fin, elle est sa propre norme, de sorte que tout ce qui n'est pas de droite est sommé d'embrasser la thèse de la création des valeurs — morales, esthétiques, scientifiques, religieuses — par la subjectivité elle-même qui, du fait qu'elle est sa propre norme, doit être tenue pour divine, confrontée au devoir d'attester — pour les raisons succinctement évoquées dans l'introduction — son absoluité en réduisant l'essence humaine à l'ensemble des rapports sociaux, par là en se faisant mondialiste. Le mondialisme n'est que la consommation exhaustive des potentialités de l'esprit de gauche, il est la pensée de gauche devenue consciente d'elle-même et parvenue à maturité. Qu'il soit possible de retrouver dans le conservatisme américain une typologie adéquate à la caractérisation des droites française et européenne signifie que la pensée conservatrice américaine est le reflet de son aînée continentale, et que plus généralement tout conservatisme peut se distribuer en un petit nombre de figures selon une logique qui transcende la contingence des lieux où il apparaît. La typologie de Gaffié n'est pas sans rappeler celle des droites selon René Rémond — droites légitimiste, libérale et orléaniste, plébiscitaire et bonapartiste — avec sa part de vérité et son caractère peut-être abusivement simplificateur. Au vrai, le conservatisme « est né d'une réponse à la Révolution française [...], <il> correspond à un courant de pensée bien précis dont l'essence est l'anti-modernisme ou plus exactement la méfiance vis-à-vis des schémas gnostiques et des visions utopiques, <et qui a toujours> nié la possibilité d'établir une société parfaite avec des hommes imparfaits » (Gaffié, p. 3). Mais l'auteur de rappeler que les États-Unis sont nés sous le signe de l'utopie, du refus des leçons de l'Histoire, d'une négation délibérée du réel. Et c'est pourquoi « la question d'un prétendu conservatisme de la Révolution américaine n'a pas de sens » (*idem*). C'est si vrai que pour Arnold Toynbee « la mission de l'Amérique est la révolution mondiale » (p. 9). Si l'idée de conservatisme américain est encore douée d'un sens, c'est seulement en tant que les vrais théoriciens d'un tel conservatisme sont des Européens vivant aux États-Unis ou parlant des États-Unis — Eric Voegelin, G. K. Chesterton, T. S. Eliot, Claude Polin, Thomas Molnar, Marcel de Corte, Julien Freund —, qui contemplent, dans les fruits de la Révolution américaine, des effets qui auraient pu être prévisibles à partir de l'analyse des principes gnostico-constructivistes des inspirateurs de la Révolution française, ce « marque-page de l'Histoire ». Mais ces effets, par la radicalité de leur réalisation outre-Atlantique, illustrent mieux qu'en Europe les conséquences logiques des principes qui inspirent l'esprit utopiste. On rappellera pour mémoire que le gnosticisme, pris génériquement, est toute doctrine selon laquelle l'univers est l'œuvre imparfaite d'un dieu inconscient qui accède à la conscience de lui-même en l'homme se proposant en retour, comme consubstantiel à ce dieu, de refaire le monde et, ce faisant, de réparer le monde mal conçu et d'achever ce dieu même supposé incapable de déployer par lui-même toutes les ressources de sa propre déité ; c'est en sauvant Dieu que l'homme se sauve ; l'effroyable dangerosité du gnosticisme consiste dans le fait que, tout en mettant l'homme à la place de Dieu, il dissipe à la fois le sentiment d'aberration que suscite l'athéisme plat, à la fois l'impression de profonde vacuité qu'engendre l'idée de révolte de la créature contre son Dieu auquel elle doit tout (jusques à son pouvoir de révolte), en offrant une illusion de transcendance.

§ 10. Traditionalisme et libéralisme

La première forme de conservatisme, la seule qui soit véritablement conservatrice, est cet « ensemble de doctrines ayant pris corps comme réponse à la Révolution française. Antimoderne et généralement chrétien, ce type présente fréquemment les caractères de la romanité et se trouve surtout en Europe du Sud. C'est le conservatisme des légitimistes et des traditionalistes » (p. 21). Pour ces derniers, il existe un ordre naturel des choses, immuable, et un ordre surnaturel qui ne l'est pas moins ; tous deux sont hiérarchiques, inégalitaires. Ils abhorrent le mouvement, l'instabilité, le relativisme. La vie terrestre est une épreuve, une vallée de larmes que l'on traverse en vue de l'autre vie, éternelle, bienheureuse ou damnée. Ainsi caractérisé, le conservatisme désigne l'esprit réactionnaire. L'homme est naturellement — ou plutôt congénitalement — mauvais depuis le péché originel, et c'est après beaucoup d'efforts qu'il peut se rendre un peu moins indigne. La perfection et le paradis ne sont pas de ce monde, l'homme a des devoirs et non des droits. Il n'y a pas de progrès, il n'y a que des décadences, et un progrès n'est jamais qu'une conquête chèrement acquise, partielle et toujours précaire sur un mouvement de fond qui est celui de la dégénérescence ; d'où l'aversion de ce type de mentalité, qui est au fond expressive de ce qu'il est convenu de nommer celle de l'homme de droite, pour le devenir en général.

Le deuxième type de conservatisme est le libéralisme, qui conteste les principes essentiels du premier type, en tant qu'il est d'origine anglo-saxonne, revendique l'héritage philosophique de Hobbes, Locke, Hume, et plus généralement les principes nominalistes de l'empirisme et du pragmatisme par essence hostiles, en tant que relativistes, à tout dogmatisme. Si d'aucuns crurent bon d'y voir un conservatisme, c'est semble-t-il pour les raisons suivantes :

D'abord — vouant une même aversion pour la métaphysique et les idéologies, qu'il indifférencie —, il se veut hostile à toute idéologie et ne se reconnaît d'autre maître que l'expérience, de sorte qu'il se pense à toute distance de quelque forme d'utopie que ce soit, ce qui semble le rapprocher, par son refus de l'idéalisme, du réalisme traditionnel. Ensuite, favorable à l'esprit de compétition, non hostile à une certaine forme de darwinisme social, il récuse ou prétend récuser toute tentation égalitaire, acceptant l'existence et le caractère normatif des lois de la réalité économique. Parce que le collectivisme (en particulier marxiste) est antilibéral, dans le moment où, dans une forme dogmatique, il représente la forme la plus achevée de l'idéologie utopique, l'opposition du libéralisme au communisme renvoie le premier dans le camp bien-pensant des « conservateurs », des « réalistes », des « humbles » attachés à l'art du possible.

§ 11. Carlyle

Le troisième type de conservatisme, sur lequel nous nous attarderons, est bien défini par Gaffié (p. 21) : « Héritier de l'idéalisme allemand, ce conservatisme romantique, héroïque et faustien se réclame des philosophies de la Volonté et de la Vie et repose sur une interprétation biologique, historique et géopolitique de la culture européenne. » Il est illustré aux États-Unis par Brooks Adams et Josiah Strong. Un tel conservatisme est volontiers spenglérien, voue un véritable culte à l'esprit prussien et aux vertus viriles de la guerre en laquelle, parce qu'inhérente à la logique du vivant, s'éprouvent et se régénèrent les énergies créatrices de l'homme productrices de nouvelles civilisations ; ce conservatisme n'éprouve aucun complexe à l'égard de ses propensions racistes en faveur d'une supériorité naturelle du Germain (dont aurait bénéficié l'Anglo-Saxon). Gaffié évoque, pour illustrer ce courant, Carlyle et les théoriciens de la Révolution conservatrice.

Tous les thèmes de la pensée de Carlyle renvoient aux philosophies de Nietzsche et de Spengler mais, plutôt que d'évoquer ces derniers auteurs bien connus, il nous paraît opportun de présenter de tels thèmes dans la forme que leur confère Carlyle, qui est particulièrement suggestive. Afin d'élaborer cette présentation, outre les données éclairantes de Gaffié, nous aurons recours au travail d'Émile Montégut, auteur d'un article consacré au flamboyant penseur écossais et publié dans la *Revue des Deux Mondes* en 1849 (Nouvelle période, t. II, p. 278-314) :

C'est dans le fameux *Sartor Resartus* que, mettant en scène le professeur Diogenes Teufelsdröckh flanqué de son ami Hofrath Heuschrecke, Carlyle expose en germe toutes les idées qui seront développées dans son œuvre future. Soucieux d'introduire l'esprit idéaliste dans son peuple essentiellement pratique, Carlyle, très britannique malgré les fortes influences germaniques qu'il a subies, reproche à ses contemporains d'être matérialistes, de se réduire à des hommes d'affaires sans idéal, ou à des techniciens sans grandeur d'âme. Il ne conserve des doctrines allemandes qu'il a étudiées (Kant, Fichte, Schelling, Hegel) que ce qu'il croit être, par-delà les spécificités de leurs systèmes respectifs, leur esprit commun qu'il fait se rencontrer avec celui de Giambattista Vico : tout peuple passe par trois âges, à savoir les stades divin, héroïque, humain et, pour autant qu'il renaisse tel un Phénix, il invente quelque chose de nouveau en passant par les mêmes périodes de flux et de reflux ; tout pouvoir se fatigue et dépérit, tout vêtement s'use, tout système de valeurs passe, mais la manière de les voir passer demeure identique à elle-même ; l'Histoire est donc cyclique, et cette conception du temps, propre au conservatisme héroïque, serait seule expressive de l'authentique culture européenne — toute aspiration à un arrière-monde hors du temps, tout souci de transcendance transgressant le cercle de l'immanence relevant des chimères serviles de l'esprit sémitique. De tels auteurs ne sont pas vraiment pour Carlyle des philosophes, mais bien plutôt des « penseurs », des producteurs de « pressentiments », de pronostics, d'horoscopes, d'observations inspirées par des pistes de recherche inabouties ; plus qu'une explication objective du monde, leurs travaux seraient l'expression d'un besoin d'unité pour leur monde déjà en déliquescence, ainsi seraient-ils des philosophies de transition. Carlyle a saisi l'importance cruciale de la Révolution française, cet événement cataclysmique en lequel il discerne le principe des désordres du monde européen, par là les racines de la crise en laquelle l'humanité s'est fourvoyée, et dont elle n'est d'ailleurs pas sortie plus de deux siècles après. Carlyle accorde une importance considérable à la puissance des symboles. Les institutions, les lois, les cultes religieux, les gouvernements, les principes moraux faisant système sont des symboles entendus telles les pierres de la maison que se construit, pour y séjourner et comme condition de sa subsistance, le principe vital divin immanent à tout homme, inconsciemment enfoui en son cœur. S'ils sont les pierres des maisons que se construit l'élan vital, ils sont aussi l'enveloppe et l'habit — qui réellement fait le moine — des idées et affections potentielles incluses dans l'infrastructure de l'âme humaine. De telles idées ont besoin de se réaliser en se rendant visibles, d'habits pour se vêtir ; l'extériorisation, en forme de production de symboles, de l'intériorité humaine en son fond divine ou absolue mais phénoménologiquement vide, est analogue au rapport qu'entretiennent l'âme et le corps. Quand l'intérieur est si parfaitement uni à l'extérieur qu'il devient impossible de savoir où commence l'un et où finit l'autre, alors seulement la vie d'un peuple prend forme. C'est en ce sens que la société est fondée sur l'idée de vêtement. Sans habits, sans symboles, la société devient un ramassis de sauvages enférocés, l'homme y est nu, dépourvu de ce qui pourrait soigner en l'oblitérant sa tache originelle (en dépit de son panthéisme latent, Carlyle le puritain admirateur de Cromwell a conservé le souvenir du péché adamique). L'idée doit s'habiller pour devenir agissante, pour s'incarner dans l'Histoire.

Mais l'habit sans vie intérieure est comme un corps déserté par son âme, ce haillon est un cadavre en putréfaction, et c'est alors que l'homme brise ses symboles, dans un processus nommé « sans-culottisme », essence de la Révolution française en son fond anarchiste parce que nihiliste : la violence déchaînée est l'expression du désespoir s'emparant d'une âme désenchantée qui s'aperçoit que les manifestations tangibles de ses idéaux ne sont que des décors en carton-pâte, et que de tels idéaux n'étaient que des illusions ; la superstructure de la culture dégénérée en civilisation en laquelle l'élan vital divin croyait se reconnaître en s'y actualisant s'est révélée être une trahison. Les normes sacrées « déshabillées » révèlent leur caractère conventionnel, sans consistance métaphysique intrinsèque, elles n'ont rien d'absolu, seules de grotesques et insupportables défroques usées demeurent de la disparition des idéaux, et alors « le terrible vertige de cette révélation [...] plonge Diogenes Teufelsdröckh dans le Souterrain du Désespoir, dont il ne sera tiré que par son subjectivisme héroïque, sa volonté surhumaine de devenir le Pontifex, celui qui dresse un pont par-dessus le Chaos, celui qui met du sens dans le monde » (Gaffié, p. 23), le surhomme, le créateur nietzschéen des valeurs. « L'homme est l'animal qui donne du *sens* aux choses qui l'entourent [...] ; l'homme *est une crise*. Il est la tragédie même. Chez lui, rien n'est jamais ni définitivement *dit*. Toujours, l'homme peut trouver en lui-même la trame d'un nouveau discours, correspondant à une nouvelle façon d'être-au-monde, à une nouvelle *forme* de son humanité », écrira plus tard Alain de Benoist dans le sillage de Carlyle (*Vu de droite*, Copernic, 1977, p. 20 et 25). L'épreuve de cette néantisation des valeurs en laquelle la subjectivité productrice d'idéaux contemple désormais sa vacuité a elle-même vocation, sous l'impulsion de la subjectivité se ressaisissant par-delà toute valeur, tout fondement, toute raison qu'elle ne fonderait pas, à faire se retourner contre lui-même le néant qu'elle est, à faire se supprimer le nihilisme par la décision souveraine de le maximiser, afin de redonner sens au monde et de fonder de nouveaux paradigmes.

§ 12. La Révolution conservatrice

Au regard de ce qui vient d'être exposé, il est clair que la troisième forme de conservatisme retenue par Gaffié est un subjectivisme dont les thèmes, « bien illustrés dans l'œuvre de Carlyle, sont : le relativisme historique et culturel, la variabilité des normes, le monde comme chaos, le poète-pontifex comme metteur de sens, la conception cyclique de l'Histoire et la dialectique de la négation, l'idée que la puissance fonde le droit, la supériorité du voulu et du vécu sur le raisonné et le pensé, la mise en forme des peuples par les héros qui expriment l'âme collective, une affirmation de la liberté radicale de l'homme qui en voulant son destin assure sa propre assomption » (p. 24).

On serait tenté, s'il est vrai que l'homme de gauche — ou le progressiste opposé au conservateur — est le subjectiviste, de nier la pertinence du vocable de « conservatisme », fût-il celui de la « Révolution conservatrice », pour nommer le subjectivisme héroïque. Il existe néanmoins sous ce rapport une manière droitière d'être subjectiviste et relativiste, héraclitéen et immanentiste, qui justifie jusqu'à un certain point l'usage d'un tel vocable. La subjectivité sans figure ni nature confesse sa vocation — pour une raison qui doit n'en être pas une à proprement parler, ainsi par la puissance de séduction, en forme d'impératif catégorique d'essence amorale, d'un style esthétique — à épouser un rythme vital dont elle n'est pas l'auteur, une loi de la vie dont elle ne décrète pas les scansions, qui pourrait être formulée comme suit : la subjectivité héroïque est en demeure, pour être telle, de consentir à se subordonner jusqu'à la mort à des valeurs qu'elle se sait pourtant avoir engendrées. Elle doit faire « comme si » elle était mesurée par elles alors qu'elles sont son rejeton tout dépendant d'elle. Un soupçon d'esprit critique dirait que le subjectivisme héroïque est le fait d'un salaud sartrien qui s'assume. Pour Sartre, la liberté (la subjectivité) est le fondement des valeurs puisqu'il n'existe pas, selon lui, de nature humaine ; en tant que ce par quoi les valeurs existent, la liberté se reconnaît injustifiable et à ce titre elle est toujours tentée d'adopter des conduites de mauvaise foi, c'est-à-dire de poser des valeurs et d'oublier qu'elle les a posées pour se donner le sentiment d'être mesurée par elles en leur semblant de transcendance et d'absoluité, ainsi pour être justifiée, rendue juste. La subjectivité héroïque ne procède pas autrement, sauf qu'elle n'oublie pas qu'elle oublie, elle revendique consciemment son oubli. La dialectique de la négation ou inversion de l'inversion des valeurs obéit à la démarche suivante : quand la folie destructrice du nihilisme déchaîné s'est physiologiquement calmée, sans autre raison qu'un manque de souffle, un instinct vital anémié maintient encore dans l'existence un genre humain atrophié se nourrissant, en l'occurrence, du seul symbole qui reste, à savoir celui de l'argent ; un tel instinct vital est assez décadent et assez naïf pour embrasser l'idée selon laquelle l'Idée en général pourrait subsister sans s'habiller, c'est-à-dire sans symbole, et donc être efficiente sans qu'il lui soit besoin de s'incarner dans un agent réel, une subjectivité héroïque, un Grand Homme, un surhomme. Carlyle montre, ce faisant, que la nécessité de donner réalité à l'Idée (ou idéal) moyennant son incarnation dans des symboles, et le culte des héros entendus tels les seuls véritables acteurs de l'Histoire, sont deux thèmes éminemment liés. Protestant contre la tyrannie des masses, le joug de la médiocrité, le culte des héros conjure l'entropie démocratique.

CHAPITRE II

Réflexion critique sur le premier courant

§ 13. Sans une instance d'autocritique, le traditionalisme bascule dans son contraire

Il est clair que ce premier courant est la terre natale de la vérité antimondialiste, la seule vision du monde qui puisse revendiquer sous tous les rapports le vocable de pensée de droite. Mais une terre est féconde quand elle est labourée, bousculée, *travaillée*, ainsi quelque peu torturée. Les deux autres courants qui s'opposent au premier sont peut-être, par accident, les moyens obligés par lesquels le premier courant, sommé par eux de se remettre en cause, accède à la maturité et à la pleine conscience de lui-même. Que cette vision du monde ait été remise en cause tant par les tenants du libéralisme et par ceux de la vision du monde correspondant au troisième courant que par les contestataires de tout ordre embrassant un subjectivisme incandescent (la gauche en général), cela prouve au moins que la vision du monde des vrais conservateurs était peut-être en attente de compléments ou d'approfondissements capables de prévenir les contestations qui, toujours, n'ébranlent ce qu'elles contestent que parce que les fondations manquaient de solidité.

Toute négation est relative à ce qu'elle nie, et c'est pourquoi elle se détruit en supprimant ce qu'elle conteste, mais si elle n'a d'être que par ce à quoi elle s'oppose, c'est que dans son essence elle en procède ; mais si le négatif procède du positif, c'est que le positif (abstrait, ce positif qui n'a pas encore assumé sa négation) *se* pose en lui comme en son envers, en sa négation qu'en retour il fait se renier pour lui donner de s'identifier concrètement à soi. Aussi longtemps que le véritable conservatisme — la pensée traditionnelle soutenue par la certitude d'exprimer l'intemporel, ce qui vaut pour tous les temps et a valeur de mesure universelle — n'a pas, pour la surmonter, assumé *en elle-même* la négation d'elle-même, elle est en danger de la voir proliférer, dévoyée par cette libération hors du champ où elle prend sens, hors d'elle-même et de la menacer ; et elle ne sait pas qu'elle a secrètement désiré faire l'objet d'une telle contestation dont elle pressent qu'elle a le mérite dangereux de faire venir au jour, mais défiguré, un aspect de sa vie intestine — cette négation de soi dont elle est la négation de négation — qu'elle ignore et découvre dans l'initiative de son ennemi. Aussi longtemps que le positif concret, la négation de négation, ne discerne consciemment dans le négatif qu'un étranger, il est comme fasciné par lui et déjà vaincu, parce que sa vie inconsciente pressent des affinités avec ce qui le menace et qui désarme, sans qu'il s'en rende compte, les ressources de résistance du positif abstrait. Il va de soi que la manière dont le négatif subsiste, en tant qu'assumé par le positif ou au contraire en tant qu'il lui est soustrait, n'est pas la même, elle le change intrinsèquement et lui donne des sens opposés : l'assomption intra-positive du négatif est l'énergie même du Bien, la dimension secrète de sa diffusibilité ; mais la libération du négatif hors du positif, son émancipation violente, le rend contre nature et fait de lui le Mal. Ce qui précède ne relève ni de la cuistrerie ni de l'ésotérisme. La force n'est force que si elle sait se maîtriser, par là se faire faiblesse et victoire sur elle-même ; une force qui ne se maîtrise pas s'échappe d'elle-même, se subit, ne s'éprouve que relativement à un ennemi extérieur à vaincre et auquel, de ce fait, elle est essentiellement relative, et cette dépendance atteste une faiblesse ; est authentiquement forte la force qui sait se maîtriser, se mesurer, éprouver tous les degrés — même les plus humbles, qui confinent à la faiblesse — de sa puissance ; une force qui exclurait d'assumer la faiblesse finirait par s'exténuer, faute d'ennemis, et c'est alors qu'il ne resterait que des débris et que l'on pourrait parler de victoire de la faiblesse sur la force. La faiblesse assumée par la force n'est pas la négation de la force, mais la force dans le moment de son être-autre obligé ; la faiblesse soustraite à la force est cette faiblesse peccamineuse qui est la véritable absence de force.

Toute philosophie de l'ordre privilégie l'être par rapport au devenir, la nécessité par rapport à la contingence, la vérité par rapport à la liberté, l'éternel par rapport au temps, l'universel par rapport au singulier, la raison par rapport à la volonté ; toute philosophie de l'ordre, païenne ou catholique, plébiscite une conception du réel qui s'apparente au paradigme de l'objectivisme platonicien des valeurs éternelles, à savoir à l'idée d'un monde d'Idées toutes spirituelles qui fonde ce monde sensible, que l'art parfois laisse deviner en le dévoilant de manière furtive, dont toute âme conserve la nostalgie congénitale, et qui nous donne toujours plus ou moins le sentiment d'être ici-bas en exil. L'infini du désir humain atteste son infinitude par le fait de sa réflexivité qui le fait se porter sur lui-même, se désirer en tant que désir, se relancer en tant que manque, dans le moment où il désire ce dont il manque, aspirant par là à être comblé, supprimé en tant que manque ; s'il se relance à proportion de son pouvoir de se faire combler — l'objet actualise le désir qui, ainsi actualisé, devient objet de désir, se relance par l'acte même d'être exténué —, c'est qu'il est d'autant plus assoiffé qu'il est plus abreuvé, et cela atteste bien son infinitude. Et seul un Objet éternel, incorruptible, pourrait satisfaire un tel désir, parce que désirer revient à détruire ce que l'on aime en le consommant, ce qui évidemment laisse le désir sur sa faim, insatisfait, hanté par le souci d'autres proies, et convoqué dans une quête sempiternelle ayant la forme infernale du mauvais infini de la réitération. S'il existe en revanche un bien aimable qui ne soit pas corrompu par le désir qui se porte vers lui, un tel bien est à même de nourrir le désir sans fin, quand bien même ce dernier, comme manque, s'enfle et se creuse à mesure qu'il se remplit. Mais ce qui est incorruptible est immatériel. On comprend ainsi pourquoi le désir humain est toujours et par essence porté au-delà des limites d'un monde fini, spatio-temporel, par là tel que les parties de ce monde sont extérieures les unes aux autres, à cause de la matérialité d'un tel monde. Une telle extériorité les unes par rapport aux autres des parties de ce tout a pour corrélat le fait du devenir de choses du monde incapables de se maintenir en leur identité, s'échappant d'elles-mêmes et balayées par le surgissement de nouveaux candidats à l'existence aussitôt frappés, eux aussi, par une obsolescence ontologique indépassable, de sorte que le désir en quête d'un objet consistant incorruptible, par là seul habilité à satisfaire sa soif infinie, est condamné à s'éveiller au contact d'un monde qui l'invite, par son incapacité structurelle à le nourrir, à le quitter. Au regard de cet infini, il est louable d'éprouver une certaine aversion pour cet « océan de la dissimilitude » en lequel la réalité sensible en devenir ne cesse de se trahir et de trahir ceux qui la contemplent et la chérissent. Cela dit, cet au-delà du fini matériel ne répond à l'appel du désir que pour se cacher dans l'acte où il se révèle. Quand on s'interroge sur l'essence de la beauté, de la justice, de la vérité ou de la bonté, on convoque des exemples « concrets », sensibles, préhensibles, de choses bonnes, justes, vraies ou belles, et il ne serait pas possible de convoquer de tels exemples au travers desquels on entend viser leur essence celée si l'on ne possédait pas déjà, dans la mémoire ancestrale de l'intelligence, cette essence ainsi reconnue dans les choses dont elle est l'essence. Mais le constat d'une telle réminiscence ne laisse pas le désir de rester sur sa faim, parce que prendre acte du fait que connaître est reconnaître n'est pas accéder à ce que l'on cherche à travers les choses en lesquelles on le cherche, c'est-à-dire à ce par quoi le monde sensible est connaissable, aimable et admirable. On cherche la beauté dans les choses belles, la bonté dans les choses bonnes, la justice dans les actions justes, en lesquelles on discerne le reflet de l'objet du désir, mais non cet objet même qui ne se fait connaître par les choses qui l'évoquent que pour se retirer d'elles aussitôt qu'on les scrute et les forlance : toute la beauté, croit-on d'abord, est là dans cet objet d'art comme la féminité est tout entière en cette femme ; mais non, après examen réfléchi, ce n'est qu'un tableau périssable, ce n'est qu'un corps façonné par une âme pécheresse, une charogne potentielle ; ce dont témoignent les réalités singulières existantes s'éclipse quand il est question de faire paraître à la barre l'objet du désir humain, et c'est cette éclipse qui suscite la nostalgie du « réellement réel », mais que la raison suppose comme condition de son exercice, et non qu'elle expérimenterait comme objet de ses convoitises. Si l'Idée du réel ne cesse de se soustraire, au nom de sa transcendance supposée, à l'investigation de l'âme inquiète à elle renvoyée par une réalité qui en retour ne cesse de se trahir (elle se fuit, elle est devenir et comme extérieure à soi en tant que *partes extra partes*) et de trahir cette âme qui la croit riche de ce dont elle fait mémoire, alors tôt ou tard une telle âme excédée en vient à penser que l'Idée du réel ne tient pas sa réalité d'Idée d'autre chose que de cette réalité — en laquelle elle s'éclipse — dont elle est l'Idée, et qu'en retour une telle réalité triviale ne tient sa vertu de faire mémoire de l'absolu que du regard que l'âme inquiète pose sur elle. Mais alors, s'il y a une action réciproque entre l'Idée du réel et le réel, au point que l'un ne se révèle possible que par l'autre, c'est que la responsabilité de ce pouvoir qu'a chacun de poser l'autre est en totale dépendance de l'âme elle-même : s'éloignant de la réalité extérieure qui la frustre, l'âme en vient à se focaliser, dans une démarche apophatiste, sur cet arrière-monde qui pour elle est l'Absent, le vide phénoménologique, et qui semble n'avoir consistance que par elle. Devant que de céder au désespoir en lequel se résout une telle démarche (l'Idée ne serait qu'idéal illusoire forgé par l'âme), l'âme, prenant conscience de ce qu'elle est médiatrice entre la réalité sensible et le monde intelligible, en vient, doutant du bien-fondé de sa tension vers l'idéal, à faire reposer sur elle-même les termes de la médiation qu'elle opère, ce qui n'est rien de moins que d'absolutiser la subjectivité, la vie intérieure par là dotée du pouvoir de donner consistance aux phénomènes extérieurs qui charment les sens ou les effraient, et d'engendrer les normes idéales au nom desquels de tels phénomènes acquièrent leur droit d'exister. Mais alors on est prêt pour tous les délires subjectivistes générateurs des poisons de la modernité que la vision traditionaliste du monde entendait conjurer.

§ 14. Le venin de la Renaissance est né au Moyen Âge

Tout traditionaliste tiendra pour évident que le sommet de la spiritualité, expressif du meilleur ou du moins mauvais des actions et des pensées humaines, est à chercher dans la Chrétienté du XIIIe siècle, et que la décadence s'est enclenchée quelque part au Moyen Âge pour révéler sa hideur dans le naturalisme de la Renaissance. L'humanisme, renouant avec un paganisme oublié — ou plutôt avec son apparence, ses attributs visibles —, n'était plus soutenu par ce qui faisait l'âme du véritable paganisme, à savoir une aspiration confuse aux beautés secrètes d'une transcendance entrevue par les sages de l'Antiquité mais qui ne pouvait être découverte, parce que surnaturelle, que par la Révélation. Le paganisme devenu néopaganisme fut désormais porté par la libération dévoyée d'une subjectivité, d'une vie intérieure mise au jour par le christianisme mais déconnectée de son ordination oblative à la gloire de Dieu ; on se mit à célébrer, les réassumant après qu'on les eut foulées pendant des siècles — suffisamment pour percer l'écorce d'une nature repliée sur elle-même et pour faire sa place à l'ordre surnaturel —, les grandeurs morales, esthétiques et intellectuelles du paganisme, non pour récolter les fruits d'une nature humaine restaurée par la grâce et finalisée par elle (c'eût été là une Renaissance réussie), mais pour subordonner de telles grandeurs à la gloire de l'homme, c'est-à-dire en vue de la promotion d'un subjectivisme déifiant l'homme. Et ce naturalisme issu d'une nature surnaturalisée (dignité de la personne *imago Dei*) mais insurgée contre le don de la grâce et les devoirs qu'induisait un tel don, contenait les germes de mort qui devaient produire le laïcisme contemporain, l'athéisme, la décadence aujourd'hui consommée dans le mondialisme. On comprend dans cette perspective qu'une nostalgie du monde médiéval puisse s'emparer des consciences de ceux qui ne veulent pas céder au flot de la décadence, et que le mot d'ordre puisse être celui d'un retour au Moyen Âge. Une telle nostalgie fut par exemple abondamment célébrée par un René Guénon qui, quoique fort peu catholique, s'inscrit dans le sillage des plus intransigeants des « anti-modernes », au point par exemple de condamner jusqu'à l'idée de nation, antinomique selon lui de l'idée de chrétienté et même de l'idée de civilisation. Nicolas Berdiaeff (*Un nouveau Moyen Âge*, Plon, 1930, p. 129) alla jusqu'à écrire : « La grandiose entreprise de l'histoire moderne doit être liquidée, l'affaire n'a pas réussi » (cité par Gaffié, *op. cit.*, p. 26).

§ 15. Suite du § 14

L'idée que quelque aspect de l'intellectualité médiévale ait pu porter dans ses flancs, non par accident mais par essence, quelque chose qui serait responsable par réaction du surgissement de l'anthropocentrisme, n'effleure pas la conscience du conservateur réactionnaire dont l'idéal, dans la forme passée — à laquelle il se réfère — de sa réalisation, ne serait pour rien dans la genèse concomitante du protestantisme et de l'humanisme, générateurs de l'esprit révolutionnaire jacobin, du libéralisme, du capitalisme et du marxisme. D'où l'invitation au retour à ce qui est tenu pour l'âge d'or de la spiritualité, innocent de toute incomplétude, par-delà une modernité considérée comme intrinsèquement mauvaise. Mais c'est peut-être là, méconnaissant les limites des richesses médiévales, réactualiser le processus qui accoucha de la modernité par là confirmée par ceux qui prétendaient se faire les champions de son éradication.

Nul observateur honnête ne niera que la cause des principes de 89 est le déchaînement de l'individualisme et du subjectivisme qui le sous-tend. Mais on est beaucoup plus réticent à reconnaître que ce déchaînement pourrait bien avoir son origine dans un certain surnaturalisme d'inspiration platonico-augustinienne sous l'économie spirituelle duquel, malgré les majestueux monuments conceptuels du réalisme thomiste — ainsi aristotélicien —, se développa tout l'esprit du Moyen Âge. Le surnaturalisme, envers du naturalisme, est cette vision de l'homme et de la religion qui ne conçoit l'intromission du surnaturel que sur le mode d'une frustration de l'ordre naturel même non dilacéré par les effets du péché. Dans l'ordre politique, le surnaturalisme consistera à soustraire tout principe naturel de légitimité à l'autorité de l'homme sur l'homme, pour n'en reconnaître l'existence que dans le domaine surnaturel dont les représentants, possesseurs primitifs de l'autorité sans avoir le pouvoir de l'exercer, s'arrogeront alors le privilège de conférer au pouvoir civil l'autorité qui l'habilite à s'imposer et à se faire reconnaître de ses sujets. Saint Augustin, dans la *Cité de Dieu* (livre XIX, chapitre 15) enseigne ceci : Dieu ne veut pas que l'homme, fait à Son image, domine sur l'homme, et, s'il existe aujourd'hui un pouvoir politique légitime, un pouvoir de l'homme sur l'homme, cela est dû au seul fait du péché et non à la nature de l'homme considérée en sa pureté originelle ; le pouvoir de l'homme sur l'homme relève du châtiment. Pour saint Augustin comme pour Platon, le Politique est instrument de la morale (il est sa *ratio cognoscendi*) et du salut individuel (sa *ratio essendi*), il invite l'homme à se subordonner la cité dont au fond il tend, au regard du souci de sa fin ultime, à se désintéresser ; Platon ne déploie avec un si grand soin — au reste si extraordinairement riche d'enseignements précieux — le plan de sa cité idéale que pour mieux connaître la structure intime de l'âme humaine dont la cité est la projection communautaire agrandie. D'où la quête d'un au-delà futur et non mondain, assise sur une intériorité fervente mais réduite à une subjectivité vide parce que l'au-delà non mondain n'offre rien dans le monde qui puisse entretenir l'appétit de cet au-delà dont la jouissance s'en trouve toujours ajournée ; une telle quête est solidaire de l'idée d'une transcendance abstraite et apophatique qui finit par décourager, par lasser, par susciter le doute. Le surnaturaliste se met entre parenthèses afin de n'être happé par rien de fini, par rien de ce qui ne relèverait pas de « l'unique nécessaire », de telle sorte qu'il se subordonne tout — y compris les grandeurs terrestres les plus sublimes, dont le service de la patrie, le souci du bien commun politique — afin de se réserver pour le seul service de Dieu, pour sa pureté morale, pour son salut, cependant que Dieu ne cesse de se dérober dans le cours de la vie doloriste terrestre focalisée par cet au-delà obscur. Alors, insupportable à elle-même, la subjectivité en vient à renier la tension héroïque la soutenant vers ce Bien dont elle postule sans l'expérimenter l'appétibilité, et elle se met à douter du bien-fondé de ses efforts, de l'efficacité de son abnégation. Puis, saisie par un ressentiment vengeur, elle se débarrasse brutalement de ses impératifs moraux et de sa foi, et elle se remplit de n'importe quoi : hédonisme ou nihilisme héroïque toujours plus ou moins marqué de romantisme. Quand la subjectivité en vient à se dégoûter d'elle-même, elle bascule soit dans l'utopie supposée actualiser ses délires hédonistes, soit dans le nihilisme dont elle ne pourra désormais se libérer que par le subjectivisme surhumain du créateur de valeurs, du pur esthète qui sauve le monde, la morale et la métaphysique au nom de sa dilection — le style étant supposé être l'homme même — pour le grand style. Seule une telle dilection sera pour lui recevable, sans fondement rationnel, parce que la justification qui consiste à convoquer le principe de raison relève encore de cet arrière-monde illusoire sécrété par la vitalité anémiée du chrétien, du sous-homme ; qu'il faille trouver des raisons pour exalter la vie faite de brutalité, d'amour fou, de souffrances, de guerres, d'abnégation, de gratuité et de gaspillage sans mesure, c'est encore en appeler à l'existence d'un monde d'Idées éternelles, puisque tout jugement est comparaison ; juger telle chose meilleure que telle autre est en appeler à l'autorité de l'Idée du meilleur ; ce faisant, on en appelle implicitement à Dieu. Et en appeler à un arrière-monde fictif pour supporter ce monde réel, c'est d'abord un blasphème : juger la vie, la force, la puissance, comme si elles n'étaient pas des absolus, c'est comme pour le chrétien juger Dieu, Le relativiser en Le référant à un absolu plus absolu que Lui ; c'est aussi attester qu'on est incapable de se sentir chez soi en ce monde fait d'arbitraire, d'inégalités, de cruauté, de jouissances, et que l'on est étranger au monde de la vie, tel un malade ou un mort-vivant. Le subjectivisme héroïque, quelque éloigné qu'il soit de la conception classique de l'homme de droite, quelque soucieux qu'il soit — par coquetterie, ou esprit de provocation — de se dire de gauche en tant que subjectiviste, ou plutôt de prétendre à dépasser la droite et la gauche comme il entend se placer par-delà le bien et le mal (d'où son aversion pour les concepts de droite et de gauche politiques), peut encore se dire de droite en tant qu'il se réfère à un absolu normatif de la subjectivité, mais immanent et impersonnel, à savoir la célébration de la Vie ; cela dit, ne nous proposant aucune définition objective ou rationnelle de la vie, le nihiliste héroïque fait encore reposer sur sa seule subjectivité le magistère supposé du primat de la vie sur la subjectivité ; aussi donc, en dehors de son appel aux décrets sans appel des pulsions esthétiques de sa sensibilité, il demeure un subjectiviste faisant de lui-même la norme de toute chose, et au fond même de la vie.

§ 16. Pathologie stoïcienne de l'intériorité

On trouve, *mutatis mutandis*, une logique analogue dans la figure du Stoïcien, ce qui prouve que le problème que nous évoquons ne concerne pas les seuls croyants. Pour le Stoïcien, il existe une Raison divine impersonnelle immanente au monde et principe de son organisation, de sa pérennité, de son devenir et de son existence même, qui rend le monde parfait, admirable sous tous les rapports puisque les défauts qui l'affectent — souffrances physiques et morales, injustices, violences, maladies — ne sont des défauts que pour une intelligence étroite incapable de comprendre qu'ils sont nécessaires à l'ordre du tout. Tout homme plébisciterait l'existence de ces maux s'il était capable de saisir l'univers envisagé dans sa totalité spatiale et temporelle. Mais, tel un spectateur obtus qui s'obstine à regarder un tableau de trop près, dont il ne saisit pas l'harmonie parce qu'il manque de recul, l'homme qui gémit et se plaint ne s'attache qu'à un détail de la vie universelle dont il est incapable d'entrevoir le bien-fondé. Le Stoïcien ne fait évidemment pas, en sa condition de mortel, l'expérience de cette harmonie universelle, puisqu'il est immergé dans le monde et dans le temps, ce qui l'empêche de saisir le monde comme un tout ; il la postule et entretient sa croyance en elle, qui justifie tout et conjure la révolte, en cultivant sa liberté intérieure. C'est que, en effet, une Raison dans le monde qui est raison du monde accède à la conscience d'elle-même en l'homme et constitue comme le tréfonds de son moi. C'est pourquoi le Stoïcien, dans une « superbe diabolique », prétend se suffire à lui-même, à la manière de la Médée de Corneille répondant à sa suivante Nérine (« Dans un si grand revers que vous reste-t-il ? ») : « Moi, moi dis-je, et c'est assez. [...] Oui, tu vois en moi seule et le fer et la flamme, et la terre, et la mer, et l'enfer, et les cieux, et le sceptre des rois, et la foudre des dieux. » Possédant toute la Raison en son for intime, il se sait ne rien perdre quand bien même il aurait tout perdu ; il se repaît de son pouvoir de s'abstraire des apparences de désordre qui tissent le cours du monde pour les non-philosophes, *en réduisant l'être à l'être pensé* : rien ne vaut — rien, par là, ne mérite d'être tenu pour effectif ou véritablement existant — que ce qui dépend de moi, rien ne dépend de moi que ce qui concerne la maîtrise de mes représentations ; ce moi que je suis est néant habité par la Raison, je le dépouille de tout ce qu'il contient de particulier pour qu'elle m'investisse et me fasse plébisciter tout ce qui arrive et dont elle maîtrise le cours ; quoi qu'il me survienne, je suis comblé, rien ne m'intéresse que ce pouvoir invincible de récuser l'apparence d'irrationalité qui fait la trame du cours du monde et, quand ce dernier se fait décidément trop pesant, j'ai toujours le loisir de me tuer, tels Caton et Sénèque ; ce qui revient encore, pour le Stoïcien, à faire se radicaliser sa liberté à la manière de Kirillov dont nous avons évoqué la figure dans notre Introduction. Or la vérité du stoïcisme, comme l'a rappelé Hegel, est bien le scepticisme : que la liberté s'absolutisant en vienne à récuser la raison elle-même n'a rien d'étonnant, puisque la liberté vit de la raison et se radicalise, ivre d'elle-même, en se libérant d'elle-même, par là en se soustrayant au témoignage de la raison, mais de ce fait elle invalide le témoignage de la raison. Plus prosaïquement, ce culte de l'intériorité soutenu par une indifférence au monde que le Stoïcien se dit posséder idéellement en lui-même, invalidant sa diversité phénoménale et n'en retenant que sa rationalité, suppose une constance, une ténacité dans la foi en la rationalité du monde qui ont quelque chose de surhumain : l'intérieur a besoin de l'extérieur en lequel il se manifeste pour s'assurer de sa propre consistance dont, sans cette extériorisation, il finit par douter, doutant par là de lui-même et de son dogme. C'est pourquoi la surhumanité stoïcienne bascule à terme dans le très humain scepticisme.

C'est que, si l'intérieur spirituel est bien le fondement de sa manifestation extérieure, à la manière dont le sens intelligible est comme l'âme des mots, l'intérieur dit aussi l'être en puissance, l'implicite, le non-développé, le potentiel par rapport à l'actuel ; fût-il puissance active riche de ses manifestations et non la puissance passive en pénurie d'information, l'être en puissance appelle son actualisation pour se fonder dans son être d'être en puissance : la puissance dit aussi le possible par rapport au réel ; or si un possible répugnait à se faire jamais réel, il ne serait pas réellement possible, de sorte que c'est en se réalisant que non seulement il manifeste sa réalité de possible, mais encore qu'il se constitue comme réellement possible. La puissance se pose en tant même que puissance moyennant son actualisation ; l'intérieur se pose comme intérieur en s'extériorisant ; s'il est vrai que l'extérieur est le contraire de l'intérieur, force est de convenir que l'intérieur se pose en s'opposant son contraire dont il se révèle de ce fait foncièrement solidaire. Si la liberté intérieure ne s'incarnait jamais dans les faits, dans les comportements, les actions, les choses et les corps, elle serait un rêve de liberté. On voit par là que la vie spirituelle, entendue comme intériorité, requiert de s'extérioriser d'une manière ou d'une autre si elle entend ne pas se perdre dans les songes de la pure intention sans effectivité, du sentiment onirique sans charpente rationnelle.

§ 17. Les équivoques de la « vie intérieure »

Et cela nous invite à souligner l'équivoque attachée à la notion de la vie intérieure, cette vie qui devient l'objet ultime du désir humain quand la conscience et la raison enseignent que Dieu est plus intérieur à l'âme qu'elle ne l'est à elle-même. On parle de vie intérieure pour évoquer la vie spirituelle, celle qui nous met à distance des bruits du monde, des affaires temporelles, de tout ce qui peut nous divertir de notre vocation ultime, à savoir la recherche du bien propre de notre âme. Saint Augustin invitait notre âme à aller « *ab exterioribus ad interiora, ab inferioribus ad superiora* » (des réalités extérieures aux réalités intérieures, et des inférieures aux supérieures), laissant entendre que la vie intérieure l'emporte sur la vie menée à l'extérieur de soi, galvaudée dans les affaires du siècle et les préoccupations misérablement prosaïques, mais que la vie intérieure elle-même n'est que le tremplin permettant de s'oublier dans la recherche de Dieu qui, corrélativement, exige d'être tenu pour absolument transcendant. Si donc l'intérieur, entendu comme vie spirituelle, l'emporte, par sa nature spirituelle, sur les divertissements de l'extérieur chosiste ; s'il est supposé avoir le pouvoir, par cette prééminence, de nous propulser vers le supérieur, en revanche l'être en acte, fût-il celui de l'extérieur, l'emporte sur l'être en puissance de la vie intérieure, puisque le rapport de la puissance à l'acte est celui de l'imparfait ou inachevé à l'achevé. L'aimé ne semble pas pouvoir être présent dans l'aimant autrement que sur le mode du connu dans le connaissant, puisque connaître consiste à faire exister le connaissable en soi-même, à s'assimiler à lui — ainsi à s'identifier à lui — sans l'empêcher de demeurer identique à lui-même (« *cognoscere est fieri aliud inquantum aliud* », dit Jean de saint Thomas : connaître est devenir l'autre en tant qu'il est autre), et la connaissance se nourrit de représentations que l'aimant qui est connaissant puise au dehors de soi, à l'extérieur : il ne saurait se nourrir de soi-même, s'actualiser par lui-même. Et c'est ainsi que l'intériorité humaine est invitée à se fuir pour s'actualiser au dehors, et à fuir le dehors pour se recueillir en elle-même afin de ne pas se perdre dans ce qui, choisiste, est privé de cette réflexivité constitutive de la vie spirituelle, par là est voué à la dispersion et à l'effacement. Mais un tel sempiternel va-et-vient n'est-il pas infernal ? *Comment conjuguer, pour se libérer d'un tel enfer, l'extériorité mondaine qui donne consistance — en les actualisant — aux fermentations de la vie intérieure toute potentielle,* ***et*** *le recueillement en soi-même que requiert l'ordination de l'esprit à un bien transcendant seul habilité à le satisfaire ?*

Certes, la vie intérieure si pieusement célébrée — le monde moderne serait, selon l'expression de Bernanos dans *La France contre les robots*, si complaisamment ressassée mais non moins terriblement exacte, une « conspiration universelle contre toute espèce de vie intérieure » — n'est vérité de la vie au dehors, vie supposée n'être que de dissipation et de dispersion, que parce qu'elle prépare à l'ouverture au Tout-autre, lequel est absolument transcendant, c'est-à-dire complètement extérieur, aux confins de l'altérité la plus radicale, *et* en même temps plus intérieur à la créature qu'elle ne l'est à elle-même. *Mais comment le Transcendant peut-il être immanent et plus intérieur au moi fini que ce dernier ne l'est à lui-même ?* C'est peut-être là une autre formulation de la même question. Dieu est à la fois infiniment distant de toute créature rivée en sa finitude et contingence, à la fois Celui qui consent à l'habiter sans rien perdre de Sa transcendance : c'est bien Celui qui sait se mettre à distance infinie de Soi-même sans cesser de coïncider avec Soi-même. Et si la créature ressemble à son Auteur, on comprend qu'elle ait, elle aussi, vocation à ne coïncider avec soi que dans l'épreuve — où elle se risque — de se mettre à distance de soi. Or c'est précisément ce qu'il faut expliquer : rendre coextensifs les mouvements d'aller au dehors et de revenir en soi, cependant qu'ils semblent exclusifs l'un de l'autre ; l'un appelle l'autre et le repousse en même temps, ne se repousse de l'autre vers soi que pour en venir à se repousser de soi vers l'autre ; ce qui revient à dire qu'ils entretiennent une relation dialectique.

§ 18. Intériorité et transcendance

Peut-être convient-il, avant de poursuivre, de préciser ce en quoi le culte de l'intériorité se veut ouverture à la transcendance, et se veut tel à toute distance de la complaisance subjectiviste affichée dans les *Rêveries* de Jean-Jacques Rousseau (particulièrement la cinquième promenade, exemplaire dans l'ignominie égotiste).

Le propre d'un don, c'est d'être offert sans espoir de retour qui en ferait, du côté du donateur, un échange synallagmatique. La créature n'est pas son origine parce qu'elle est dotée d'une essence qu'elle n'a pas choisie puisqu'elle est le principe de son pouvoir de choisir ; la créature exerce un acte d'être qu'elle ne s'est pas donné, qu'elle a et qu'elle n'est pas puisqu'on peut concevoir son essence sans son existence. Selon la logique du don, ce dernier atteste son origine par cela même qui la rend anonyme. En effet, le cadeau certes est gratuit, il faut qu'il soit gratuit pour prévenir le souci, dans le donataire, de restitution ou de dette suscité par le désir de n'être pas contraint. Cela dit, si le don ne contraint pas le donataire, il l'oblige. Et en tant qu'il l'oblige, il est toujours signé d'une certaine façon : l'Inconnu qui me donne quelque chose s'efface devant son don, mais il me fait savoir quelque chose de lui-même dans le fait de se comporter ainsi, il se révèle d'une certaine façon dans son retrait ; seul peut, en donnant, se dissimuler complètement derrière son don, ce qui est capable d'opérer un don identique au donataire, un don capable de constituer celui auquel il est donné, un don doué du pouvoir de se convertir, ou de se *réfléchir* en sujet récepteur de lui-même, ainsi de se différencier de lui-même pour se donner à lui-même en tant qu'autre sans cesser pour autant de rester identique à soi, car alors seulement un tel don opère une césure complète entre lui et le donateur, il passe tout entier dans celui qu'il gratifie de lui-même, il s'abolit en tant que ce médiateur entre donateur et donataire, qui toujours, comme médiateur, fait mémoire des deux termes qu'il médiatise, compromettant la discrétion du donateur. Mais si le don est signé par là qu'anonyme, il est marqué par l'acte même de donner qui s'est inscrit en lui, lequel exprime le but du donateur, et, étant marqué par cet acte, alors, quand le don coïncide avec le donataire, ce dernier aspire à se restituer à son Origine, non pour s'émanciper d'elle, mais pour la connaître et l'aimer tel le Bien auquel il se rapporte ; la vie intérieure est cette disponibilité pour l'élan d'amour qui nous invite à faire retour au Principe. Tout ce qui procède d'un principe tend par nature à faire retour au Principe afin de le connaître et de l'aimer. Ayant tout reçu du Principe, jusques à son essence et à son existence, le procédant, donataire identique au don qui lui échoit, reçoit jusques à l'acte de donner par quoi le Principe communique ce qu'il donne, car le don emporte avec lui le geste qui le constitue ; il n'est donc pas étonnant que le donataire, en recevant son don, reçoive aussi l'acte de donner constitutif du don, et soit lui-même habité par le souci de donner, ainsi de se donner en retour.

Mais la vie intérieure est aussi l'ensemble des potentialités de l'âme, et l'acte de faire retour au Principe est son pouvoir le plus propre et le plus précieux ; toute la question est de savoir si cette ultime potentialité de l'âme peut s'exercer sans la médiation de biens intermédiaires, biens immanents qu'elle doit aimer pour les quitter, mais qu'elle ne peut apprendre à quitter qu'en commençant par les aimer. Pour se donner, l'âme doit se connaître, pour se connaître elle doit s'actualiser non seulement dans la recherche des biens auxquels elle s'ordonne, mais aussi dans celle des biens qu'elle rapporte à soi. Au reste, ce qui inquiète les sourcilleux moralistes d'inspiration surnaturaliste, ce n'est pas tant la recherche triviale des biens que l'on rapporte à soi, c'est la recherche des biens auxquels on entend s'ordonner, ainsi se donner, et qui ne sont pas le bien ultime dont ils risquent, pour cette raison, de détourner l'âme plus sûrement que les biens sensibles ou corporels, du fait qu'ils parviennent à captiver l'âme, à l'inviter à se perdre volontairement en eux.

Cela dit, le retour au principe suppose l'arrachement aux biens finis et l'enracinement en soi-même, mais le soi n'est pas pour lui-même son principe, de sorte que si le moi s'extériorise, actualise ses potentialités en se portant sur les biens qu'il convoite (qu'il se les subordonne ou bien qu'il s'y subordonne), en retour l'acte ultime de faire retour au principe est lui-même un mode d'extériorisation de soi du moi, mais un mode d'extériorisation qui est tout autant intériorisation : le principe a par définition raison de cause et de fondement, il est éminemment les perfections qu'il communique, il est plus éminemment la perfection de son effet que ce dernier ne l'est lui-même, il est bien tel que, en s'abouchant à lui, l'âme s'abouche à ce qui est raison de sa propre intériorité constitutive ; et faire un tel constat n'est rien d'autre qu'identifier, dans le principe, l'identité de l'intérieur et de l'extérieur, c'est-à-dire le dépassement de la relation dialectique plus haut décrite, et vécue tel un enfer, celui du mauvais infini de la réitération.

Le moi se saisissant de son Objet ultime est renvoyé à lui-même et n'est renvoyé à soi que pour s'élancer en direction de ce Bien. Tendre vers le Transcendant est tendre vers un extérieur qui est unité de l'intérieur et de l'extérieur, car il est la saisie de ce qui est plus intérieur au moi qu'il n'est intérieur à lui-même.

L'extériorisation de soi du moi, entendue tel son acte de se faire conditionner par l'extérieur dont les bontés l'attirent, est aussi appréhension de son bien, est ainsi corrélative de son actualisation, par là elle est la coïncidence avec soi du moi (qui coïncide d'autant mieux avec lui-même qu'il est plus en acte), et il doit s'agir d'un bien auquel on se rapporte, autrement le moi est renvoyé à soi par les biens qu'il se subordonne, et se complaît dans une intériorité sans extériorisation, ainsi virtuelle, à raison de laquelle il ne coïncide pas avec soi mais se révèle en conflit avec soi ; déployer ses potentialités, c'est les actualiser, et les actualiser revient à posséder ce qu'on désire ; mais déployer ses potentialités revient à les extérioriser et à s'extérioriser en elles, donc s'extérioriser revient à s'emparer de ce qu'on aime, et vice versa : si le bien en général est ce que tout être désire en tant qu'il désire sa perfection, c'est-à-dire lui-même entendu comme parfait, alors tout être reconnaît dans ce qu'il aime quelque chose de lui-même. C'est pourquoi l'actualisation du désir de Dieu, qui nous détourne des biens extérieurs, ne nous détourne pas d'eux en tant qu'ils sont extérieurs, mais en tant qu'ils sont finis. C'est en vertu de cette solidarité dialectique entre l'intérieur et l'extérieur que Dieu, par Sa transcendance absolue, nous est à la fois le plus extérieur, le plus étranger, et en même temps le plus intérieur, le plus familier, si familier que nous L'ignorons sans vergogne, sans savoir qu'en Le négligeant nous nous rendons étrangers à nous-mêmes. Qu'il y ait identité entre extériorisation de soi et possession de son bien propre aimé tel un bien auquel on se rapporte, ainsi restitution de soi à son Principe, ne signifie pas que le Principe serait extériorisation de soi du moi, à moins que ce qui s'extériorise du moi dans ce processus ne soit précisément ce qui, dans le moi, est plus que le moi, le doigt de Dieu immanent par sa causalité à toute chose créée, l'acte créateur qui est l'acte du créateur et le créateur même, et qui est intrinsèque à la créature. Si, selon le mot célèbre de Paul Valéry, il nous arrive trop souvent d'être comme enfermés hors de nous-mêmes, en revanche le moi « excédé d'être une créature » trouve plus encore en lui-même, dans son mépris de l'extérieur, la condition de sa servitude et de sa damnation.

Dès lors, mieux l'homme actualise les ressources de son intériorité dans la recherche de biens immanents auxquels il se subordonne, mieux il prépare le retour à sa vie intérieure à partir de laquelle il s'élève aux biens transcendants.

§ 19. Désir de Dieu, désir du monde

S'il existe une solidarité dialectique entre l'intérieur et l'extérieur, c'est en l'assumant qu'on s'en libère en la faisant se sublimer, et cela revient à dire qu'il est nécessaire de chercher à convoiter les biens extérieurs, les biens du monde, mais sans s'y perdre. Encore faut-il se risquer à poursuivre leur recherche avec passion (production d'œuvres d'art, conquêtes militaires, politiques, scientifiques, délectations diverses, mais aussi, plus discrètement et non moins honorablement, service du bien commun d'une communauté familiale ou professionnelle, et bien entendu nationale) si l'on entend les dépasser, c'est-à-dire apprendre à y renoncer s'il le faut, quand le service d'une telle recherche risque de compromettre celui des biens ultimes, afin de se forger une disponibilité pour ces biens supérieurs par la médiation de la culture de la vie intérieure. Le Moyen Âge était propice à l'oubli de l'extérieur mondain parce que la mort rôdait à tout instant autour de chaque homme. À peine né, on songeait à mourir, on était confronté au spectacle de la mort dans presque toutes les circonstances de la vie, et ce n'était là que la continuation de la condition humaine exercée par le païen de l'Antiquité, mais avec cette différence d'accent, dramatique, que l'homme médiéval ne pouvait plus faire de l'ordre du monde et de la cité sa demeure ultime : la rudesse, la brutalité même de la vie antique n'excluait pas que l'on pût se sentir chez soi en ce monde, parce qu'il était perçu comme une parousie permanente du divin, mais le monde médiéval en faisait le lieu du conflit — dont l'homme était l'enjeu — entre Dieu et le diable ; pour concilier la vérité chrétienne (avec les comportements qu'elle induit) et recouvrer la vocation païenne, naturelle, de l'homme à habiter son monde, il fallait apprendre à découvrir et à dominer le monde sans lui ôter sa puissance symbolique, attester la seigneurie de l'homme sur la Nature sans briser leur hymen, regarder au dehors avec passion sans cesser de se réserver pour le haut, ce qui aurait dû être la vocation de la Renaissance. Qu'un homme soit assez vieux pour mourir aussitôt qu'il est né (ce qui est incontestable) ne signifie pas qu'il ne devrait songer qu'à mourir pour accomplir sa vie, c'est-à-dire pour réussir sa mort. À quoi bon, pense-t-on, le détour par l'extérieur, où l'on risque de se perdre, s'il faut se presser de rentrer en soi-même pour se livrer aux biens transcendants ? Il en est ainsi parce que telle est la loi de l'être en tant qu'être, l'épreuve universelle par quoi l'être surmonte le néant : la cause première est plus intérieure à ses effets qu'ils ne le sont à eux-mêmes, ce qui lui enjoint de faire l'épreuve de se différencier de soi sans cesser d'être identique à soi ; mais cela même signifie qu'elle est identité *réflexive* à soi ; comme cause de tous les êtres, elle est cet acte d'être que les autres se contentent d'avoir ; et l'être qui s'identifie réflexivement à soi consiste dans l'acte de se rendre victorieux du néant, à réaliser l'identité concrète de l'être et de l'avoir : ce qui a son être ne l'est pas pour l'avoir, ainsi n'est pas ce qu'il est, est le non-être de ce qu'il est sans cesser d'être ce qu'il est, et c'est par ce non-être que tous les êtres communient naturellement sans cesser de se distinguer. Si l'être absolument être assume cette déchirure intestine qu'il surmonte éternellement, on conçoit que les êtres dérivés, qui lui ressemblent, ne soient pas dispensés d'assumer cet effort, lequel, pour eux, se transcrit dans l'obligation de s'arracher à ce à quoi, en l'aimant, ils s'étaient identifiés.

Le défaut principiel de cette vision du monde illustrée par le conservatisme traditionaliste est donc cette incapacité à comprendre le caractère dialectique du rapport entre consentement aux biens finis et arrachement à eux en vue du bien absolu. Par ailleurs, s'il est permis de revenir sur cet aspect proprement politique du surnaturalisme augustinien, on doit remarquer qu'il ignore le bien commun entendu en son sens aristotélicien. Si le Politique n'est qu'une instance corrective à vocation morale, rendue nécessaire par l'accident du péché mais non inscrite dans la nature intègre de l'homme, alors il a raison de simple instrument pour le pieux pèlerin en partance pour la béatitude qui n'est pas de ce monde. Et ce qui se produit sur Terre n'a au fond pas grande importance, pourvu que l'âme ne dévie pas de sa vocation éternelle. Mais alors on en arrive aux accusations rousseauistes qui croient atteindre l'essence du christianisme, alors qu'elles n'en dénoncent que la caricature surnaturaliste :

« [...] comme il y a toujours eu un prince et des lois civiles, il a résulté de cette double puissance un perpétuel conflit de juridiction qui a rendu toute bonne politie impossible dans les

États chrétiens ; et l'on n'a jamais pu venir à bout de savoir auquel du maître ou du prêtre on était obligé d'obéir. [...] la loi chrétienne est au fond plus nuisible qu'utile à la forte constitution de l'État. [...] loin d'attacher les cœurs des citoyens à l'État, elle les en détache comme de toutes les choses de la terre. Je ne connais rien de plus contraire à l'esprit social [...]. Le christianisme est une religion toute spirituelle, occupée uniquement des choses du ciel ; la patrie du chrétien n'est pas de ce monde. Il fait son devoir, il est vrai, mais il le fait avec une profonde indifférence sur le bon ou le mauvais succès de ses soins. Pourvu qu'il n'ait rien à se reprocher, peu lui importe que tout aille bien ou mal ici-bas. Si l'État est florissant, à peine ose-t-il jouir de la félicité publique ; il craint de s'enorgueillir de la gloire de son pays : si l'État dépérit, il bénit la main de Dieu qui s'appesantit sur son peuple [...]. Mettez vis-à-vis d'eux <les chrétiens> ces peuples généreux que dévorait l'ardent amour de la gloire et de la patrie, supposez votre république chrétienne vis-à-vis de Sparte ou de Rome ; les pieux chrétiens seront battus, écrasés, détruits, avant d'avoir eu le temps de se reconnaître, ou ne devront leur salut qu'au mépris que leur ennemi concevra contre eux. [...] Les vrais chrétiens sont faits pour être esclaves, ils le savent et ne s'en émeuvent guère ; cette courte vie a trop peu de prix à leurs yeux » (*Contrat social*, IV 8).

§ 20. Les méfaits du surnaturalisme

Mais encore convient-il de savoir que c'en est effectivement la caricature. C'est là ce que les tenants — à tout le moins : certains d'entre eux, mais les plus bruyants — du conservatisme considéré en sa formule canonique réactionnaire n'ont manifestement pas compris, et plus gravement se refusent à comprendre. Il va de soi qu'un catholique, qui plus est armé de la sagesse de saint Thomas, ne saurait sans indignation lire ces lignes du grand chambardeur sentimental chantre de la bonté naturelle de l'homme. Cela dit, il n'est pas vain de les relire, non pour connaître le christianisme en ses tares supposées, mais pour cerner les travers incapacitants, castrateurs même, d'un certain christianisme surnaturaliste, ultra-clérical et sulpicien, qui sévit plus que jamais dans les rangs non seulement du catholicisme moderniste, mais encore dans ceux du catholicisme traditionaliste d'aujourd'hui tout entiché de chimères, de tics bien-pensants, de lubies sentimentales et de cette raideur propre à la faiblesse qui se croit forte en se faisant obstinée et caporaliste. Le pire ennemi du catholicisme, c'est le surnaturalisme. Ce qu'affirme Rousseau, il faut en convenir, est un affront terrible infligé aux consciences catholiques, une insulte qui appelle réparation. Mais avant de se complaire dans l'indignation vertueuse, il convient peut-être de se demander si cette critique acerbe ne contiendrait pas une part de vérité, à tout le moins une vérité captive. Le mérite de Rousseau, dans ce passage, est de montrer la solidarité qui sévit entre le conflit des autorités naturelle et surnaturelle, et l'incapacité du chrétien à vivre son désir de Dieu, à faire s'harmoniser les exigences de l'ordre naturel et celles de l'ordre surnaturel. La nature est sujet de la grâce ; si elle doit être fouaillée, torturée même en tant qu'elle s'est rendue peccamineuse, il n'y a là rien de scandaleux et/ou d'incompréhensible : qui prend plus que ce qui lui revient doit être, un temps, privé même du nécessaire. Mais qu'elle soit en demeure d'être frustrée, en tant même que nature, pour se conformer aux exigences d'une surnature gracieuse qui devrait la parfaire, c'est là une situation qui en vient à rendre impossible, pour les peuples comme pour les individus, la fidélité à la religion catholique, la religion universelle, *la* religion. Osons dire que les ressources politiques de la pensée thomiste n'ont pas trouvé dans l'élément augustinien — surnaturaliste et théocratique — de l'esprit médiéval les conditions de leur déploiement. Nous avons essayé de montrer plus haut que l'homme n'actualise les ressources de son intériorité que dans la recherche de biens immanents auxquels il se subordonne, et qu'il prépare par là, cependant qu'il semble le compromettre en se perdant dans l'extériorité, le retour à sa vie intérieure à partir de laquelle il s'élève aux biens transcendants. Mais affirmer une telle chose, c'est précisément réhabiliter l'idée aristotélicienne du bien commun, en son acception vraie, c'est-à-dire de bien qu'on aime en se subordonnant à lui, en mourant pour lui, non seulement par devoir mais par amour, parce qu'on reconnaît en lui une véritable raison d'être. Si l'homme ne fait pas du bien commun politique sa raison d'être, quand bien même ce bien commun immanent et terrestre n'aurait pas raison de fin ultime, il se révélera incapable de le servir avec assez de zèle pour repousser les assauts des ennemis de la patrie, intérieurs et extérieurs ; il se révélera incapable de convoquer les passions belliqueuses nécessaires à remporter la victoire : l'irascible vit de l'énergie du concupiscible puisqu'il a pour propos d'écarter les obstacles s'opposant la position, par le concupiscible, de son acte propre. Si le chrétien ne retient, de son souci de gagner la vie éternelle, que son devoir de renoncer à toutes choses terrestres, il aura tôt fait de se désinvestir de toute réussite temporelle, de toute victoire terrestre et, ce faisant, il en viendra, avec la meilleure bonne conscience, à laisser dépérir les conditions terrestres d'exercice et de diffusion de sa religion. Il finira par voir la volonté de Dieu dans ce consentement à la défaite induit en lui par une méconnaissance du rapport vrai entre nature et grâce. Et c'est bien ce qui, d'une certaine façon, s'est produit. Plutôt que de procéder à une déchirante et salvatrice révision de ses propres vues, le conservateur réactionnaire, confronté à un tel échec, en viendra à considérer que c'est pour n'avoir pas été assez surnaturaliste que le monde catholique a été balayé par la subversion. Le plus navrant est qu'il trouvera toujours des oreilles attentives et dévouées pour soutenir sa cause et, faute de l'emporter sur les maîtres de la subversion, pour mettre des bâtons dans les roues de ceux qui — tels les guerriers de la croisade des fascismes, effectivement peu motivés par les poussives « fleurs bleues de la piété » péniblement écloses dans les pots de chambre du clergé germanophobe et démocrate-chrétien —, s'ils avaient été écoutés, auraient pu inverser le sens de notre histoire occidentale qui est aujourd'hui l'histoire de son agonie.

Il va de soi — le lecteur l'aura compris — que le réactionnaire traditionaliste et le nihiliste héroïque, tout comme le surnaturaliste et le naturaliste (les deux couples superposés ne sont pas à tous égards en coïncidence parfaite), tels que nous les décrivons ici n'existent pas, historiquement, à l'état pur, et nous nous en réjouissons évidemment ; il s'agit de types, d'abstractions fondées dans la réalité, à partir desquels il est plus aisé de raisonner pour en dégager, par voie logique, les tendances essentielles, mais qui, incarnés réellement, seraient des caricatures. Nous sommes d'ailleurs fondé à penser que ce qui les oppose est moins déterminant que ce qui les unit en droit, sinon en fait. Il n'est pas un seul nihiliste héroïque existant ou ayant existé qui ne nourrisse ou n'ait nourri un tropisme inavoué pour l'esprit du réactionnaire traditionaliste, à raison même de son aspiration au sacrifice et au dépassement de soi, parce que, s'il en était autrement, son subjectivisme glorieux de désespéré surmontant sa déréliction pour la beauté douloureuse du geste virerait rapidement à ce subjectivisme consommé qui fait l'essence de l'homme de gauche ; il cultive toujours une secrète tendresse pour ce « César avec l'âme du Christ » qui tourmentait Nietzsche ; son subjectivisme qu'il dit indépassable confesse son aspiration à se surmonter lui-même ; son désir d'être Dieu demeure maintenu, tragiquement, dans l'impossible souci d'en être digne ; il n'érige pas la médiocrité humaine en norme du divin ; il pressent que le vrai surhomme est le saint. Et il n'est probablement pas non plus un seul réactionnaire qui n'ait quelque indulgence, même inavouée, pour le mépris fasciste de l'humanisme, pour son courage et pour son pouvoir d'investir son espoir dans les vertus de l'action, sa confiance dans les pulsations de la vie, son « *fiat* » adressé aux forces de la terre, sans quoi il virerait complaisamment dans le pessimisme et les réflexes de constipé du janséniste nourrissant en son sein le fiel du ressentiment, qui ne réduit l'homme à son péché que pour identifier la nature humaine à sa blessure, afin de faire tressaillir sa subjectivité soustraite à toute nature.

CHAPITRE III

Intermède : dissipation de quelques équivoques

§ 21. Infortunes de l'esprit de l'escalier

Le 7 mars 2021, en la fête de saint Thomas d'Aquin, il nous fut proposé de donner une conférence sur le thomisme, adressée aux auditeurs du Cercle Chateaubriand de Rennes. L'organisateur de la conférence prévoyait qu'elle fût complétée par des réponses aux questions des auditeurs, ce qui fut fait. Nous avons donc tenté de répondre à ces diverses questions qui se sont toutes révélées pertinentes mais, ayant l'esprit de l'escalier, nous n'avons pas su exprimer notre pensée bien clairement. Voici donc deux courts compléments pour les deux réponses maladroites à deux questions intéressantes qui sont si liées entre elles que répondre à l'une revient à aborder l'autre et à lui répondre aussi. Ces compléments prennent légitimement place dans le présent ouvrage, d'abord parce qu'ils se veulent doués de la capacité de dissiper certaines objections qui pourraient naître de ce qui précède ici, et ensuite parce que nous reprendrons dans nos développements adaptés aux exigences de ce livre certains passages de cette conférence. C'est même lorsque nous tentions d'élaborer le plan et d'esquisser le contenu de cette dernière que l'idée nous est venue de rédiger cet ouvrage.

§ 22. Modernisme et surnaturalisme

Un auditeur a fait justement remarquer que Vatican II ou le modernisme en général pourrait être accusé de naturalisme mais non pas, comme nous l'avions laissé entendre, de surnaturalisme.

Nous pensons que Vatican II est à la fois naturaliste et surnaturaliste. Vatican II est naturaliste parce qu'il naturalise la surnature ; il la naturalise en la rendant exigible, c'est-à-dire commensurable à la nature, alors qu'elle est gratuite et incommensurable à tout effet créé. Mais Vatican II est surnaturaliste parce que naturaliser la surnature revient à surnaturaliser la nature. On attend de la nature, quand on est moderniste, qu'elle donne, vivifiée par la « bonne nouvelle », ce qu'elle ne peut donner, qu'elle produise dès ici-bas le bonheur absolu et la béatitude comme un arbre produit des fruits. On veut la croire douée de toutes les vertus qu'on attend de la Communion des saints qu'on entend faire se réaliser sur Terre, dans la ligne de Joachim de Flore (qui aurait eu pour maître hébreu le rabbin F. Gretz) et de Thomas Müntzer : rêve de paix perpétuelle, d'amour sans fin entre les hommes, ablation de toute souffrance, de toute tension, de toute ascèse, de toute abnégation, royaume de la liberté absolue, de substitution de l'amour à la loi, de « l'esprit » à toute lettre. Vatican II laisse entendre que l'intromission de la grâce supprimerait cette dimension naturelle de tension et de conflit constitutive de la condition humaine, que nous nous permettons de nommer « le négatif non peccamineux » : même indépendamment du péché originel, « *quanto forma magis* ***vincit*** *materiam, tanto ex ea et materia magis efficitur unum* » (saint Thomas d'Aquin, *Somme contre les Gentils*, II 68 : plus la forme se rend **victorieuse** de la matière, plus l'unité de la matière et de la forme est parfaite), ce qui est normal puisque la matière n'a pas d'être propre, elle n'est que par la forme dont elle est le manque et le sujet d'attente, ce qui revient à dire qu'elle est suspendue à la forme qu'elle conteste. Il y a victoire là où il y a conflit, et il existe un conflit *naturel* entre matière et forme, parce que la matière se soustrait naturellement au magistère de la forme, le corps à celui de l'âme : étant puissance aux contraires, elle reste tendance à l'un quand elle est actualisée par l'autre qui, en acte, exclut le premier, et ainsi elle est cette indétermination qui hante tout être mobile et le destine à se soustraire tôt ou tard à lui-même. Et pourtant, malgré ce conflit entre les deux, plus la forme vainc la matière, plus l'unité des deux est parfaite. Si l'on se souvient que l'amour est force d'*union* et de concrétion (saint Thomas d'Aquin, *Somme théologique,* I[a] qu. 20 a. 1), on comprend que l'*unité* entre matière et forme est l'amour qui les unit, et que cet amour est d'autant plus consommé que la matière est plus adéquatement vaincue, trouvant dans sa défaite son meilleur bien puisque la forme est acte de la matière, c'est-à-dire quelque chose qui la parfait ; l'amour vrai a la forme d'une victoire sur la possibilité de la haine. Pourtant, la matière est nécessaire à l'incarnation de la forme qui par là est en demeure de consentir à s'unir à ce qui la conteste pour se mettre à exister, et à vaincre ce qui la conteste pour parvenir à subsister dans ce qui est pourtant sa condition de possibilité. La forme est ainsi invitée à se risquer dans le conflit avec la matière pour accéder à l'existence. Et ce risque est le négatif non peccamineux. Le négatif devient peccamineux quand advient une langueur, une impuissance à surmonter la contestation de la matière et plus généralement de l'être en puissance. Tout ordre a la structure d'une victoire formelle sur la privation assumée de cette forme. Aussi longtemps qu'il existera des passages de la puissance à l'acte, ainsi aussi longtemps que durera la vie terrestre, il y aura des pulsions de négatif non peccamineux manifesté par cette part de douleur inhérente à la lutte ; ce n'est pas le fait de cette tension intestine à l'étant qui est peccamineux ou effet du péché, c'est l'impuissance à le surmonter en consentant à l'assumer. *Le modernisme est surnaturaliste en tant qu'il entend déposséder la nature de cette dimension de négativité par soi excellente en laquelle il identifie à tort une blessure de la nature.* Si le surnaturalisme est bien ce tour d'esprit ne concevant l'hymen entre nature et surnature que sur le mode d'une frustration de l'ordre naturel, force est bien d'identifier dans le modernisme, en tant qu'il dépossède la nature d'un bien propre, une manifestation de surnaturalisme. Si la grâce, comme l'enseigne vigoureusement l'Aquinate, ne supprime pas la nature mais la parfait, si de plus cette instance de négativité qui travaille l'ordre naturel est de soi excellente et donc elle-même naturelle, alors, loin d'être supprimée par la grâce, une telle négativité est comme confirmée et radicalisée par elle. S'opposer à une telle radicalisation revient à s'opposer à l'œuvre de la surnature, et c'est en ce sens que, corrélativement, le modernisme est un naturalisme.

§ 23. Différence du négatif et du péché

On nous a demandé de préciser ce qui différencie négatif et péché. Dans le prolongement de ce qui précède, nous pensons pouvoir affirmer que le négatif est ce que doit assumer le positif (l'ordre formel, l'avènement de l'ordre, de ce qui est en acte, par opposition à ce qui est en puissance) pour le vaincre. Le positif est ce qui a la forme d'une victoire sur ce qui serait le mal s'il n'était vaincu aussitôt qu'assumé. Le mal est le résidu du négatif non surmonté.

Le vivre est le caractère de ce qui se meut par soi, d'un mouvement spontané quant à son origine et immanent quant à son terme ; le degré du vivre est mesuré par le degré d'immanence d'un tel mouvement. Est donc vivant ce qui a en soi le principe de sa propre genèse, de sa propre construction, puisque le vivant est ce qui se fait (ou qui tend à se faire) le résultat de sa propre activité. Est vivant ce qui pose en soi-même le *terminus a quo* (le « ce à partir de quoi ») du *terminus ad quem* (le « ce en vue de quoi ») qu'il est pour lui-même. Est vivant ce qui a la forme d'une victoire sur son propre contraire ; or le contraire de la vie est la mort. Le vivant est donc ce qui a la forme d'une victoire opérée sur le risque de la mort. Le mal est ce qui est impuissant à surmonter un tel collapsus, une telle privation ; mais tout autant il est ce qui répugne à en assumer le risque. La chrysalide qui se refuse à se convertir en papillon, c'est comme le papillon qui refuserait de s'épuiser à produire des chrysalides. De même que la chrysalide s'achève et trouve son bien ultime, sa finalité, dans la genèse de ce qui la détruit (le papillon), de même nos désirs inférieurs trouvent leur sens ultime dans l'acte de se sacrifier pour faire s'éveiller les désirs spirituels ; nous sommes libres sans être notre origine, et ainsi nous sommes donnés à nous-mêmes, par là invités à coopérer à la mise en ordre des appétits qui nous habitent ; tout ordre est la victoire obtenue sur la possibilité d'un désordre. De même qu'il est définitionnel du papillon de s'anticiper dans une chrysalide, ainsi de se renier en ce dont il se fait provenir par victoire sur ce dernier, de même il est définitionnel de notre désir de Dieu de s'anticiper dans les désirs inférieurs. Refuser de s'arracher aux biens finis pour tendre vers le bien meilleur, refuser l'ascèse, repousser l'abnégation (ce qui est le naturalisme), c'est comme refuser de consentir à être habité par des désirs inférieurs (ce qui est le surnaturalisme) qui sont certes dangereux mais qui sont condition de genèse — à tout le moins d'éveil — des appétits plus nobles. Le surnaturaliste traditionaliste condamne les désirs inférieurs, refuse de les assumer, et croit discerner un effet du péché dans cette situation conflictuelle, alors que le péché n'est pas le fait de cette situation, mais le manque de force requis pour l'affronter. Le surnaturaliste moderniste ne conçoit l'intromission de la grâce dans la nature qu'en frustrant la nature de sa dimension conflictuelle non peccamineuse, ainsi de sa dynamique ; et en même temps, prenant l'anémie de cette nature pour l'effet de sa déiformation gracieuse, il attend d'elle, se refusant à toute lutte, à tout conflit intérieur, qu'elle le mène spontanément à la béatitude (tel est l'envers naturaliste de son surnaturalisme).

La force, nous l'avons dit, est absolument force seulement si elle se maîtrise, assume tous les degrés de la force sans cesser d'être pleinement elle-même, sait se différencier de soi (se délester de la plénitude qui la constitue) non sans rester identique à soi ; mais si elle requiert de se différencier de sa plénitude pour conquérir cette dernière, c'est qu'elle a la forme d'une négation de négation. Elle doit ainsi assumer le négatif d'elle-même pour s'identifier positivement à soi ; le mal est le négatif qui se soustrait à son auto-négation, ou bien le positif qui se refuse à assumer le négatif.

Il est dans la vocation du gland de s'achever en chêne, de s'accomplir et de se supprimer en lui ; s'il y a suppression, il y a négation (de soi, c'est-à-dire négation de soi du gland). Il est dans la vocation du chêne de s'épuiser à produire des glands : engendrer, c'est confesser qu'on a vocation à mourir, s'épuiser est bien s'exténuer, se supprimer, se nier. Il y a donc du négatif dans la vie du chêne et du gland, et ce négatif n'est pas un défaut, il n'est pas peccamineux, il ne relève pas du mal. Il existe une relation de contrariété entre le chêne et le gland puisque l'un est négation de l'autre, l'autre est ce en quoi l'un se renie. Cela dit, le chêne qui refuserait de produire des glands serait dans le désordre, et de même le gland qui refuserait de se sublimer en chêne. Le désordre désigne le mal. On voit là que le mal n'est pas le négatif, mais le refus d'assumer le négatif. Si le Juif est au chrétien comme la chrysalide l'est au papillon, le Juif est coupable de refuser de se sublimer en chrétien, il refuse sa vocation et par là il est insurgé contre lui-même, en désordre, pécheur, à raison même du fait qu'il refuse la négativité, entendue comme principe de sublimation, qui lui donne sens et justifiait son existence jusqu'à l'avènement du Christ qui l'accomplit en le supprimant : le Juif appartient, théologiquement, aux poubelles de l'histoire du Salut ; il y a substitution, la race élue de Notre Seigneur Jésus-Christ se substitue à la « race » de la progéniture d'Abraham : « vous êtes la race choisie, le sacerdoce royal, la nation sainte, le peuple que Dieu se réserve » (1re épître de saint Pierre, 2, 9).

Il existe une relation de contrariété entre l'intérieur et l'extérieur qui sont des corrélatifs, parce que l'un n'est jamais sans l'autre. L'intérieur est toujours relatif à un extérieur (1re forme de relativité). Mais il existe une autre forme de relativité, qui peut, elle, être contournée. En effet : quand je suis dans la cuisine, l'intérieur est pour moi cette cuisine, et l'extérieur désigne le salon ; quand je suis dans mon salon, l'intérieur est pour moi le salon, l'extérieur est la cuisine ; sous ce rapport, le statut d'intérieur ou d'extérieur est relatif à l'observateur (2e forme de relativité). Si j'envisage de concevoir un intérieur qui ne serait pas relatif à l'observateur, un intérieur qui serait un intérieur non relativement à moi mais en lui-même, ou qui ne serait intérieur que relativement à lui-même, alors je dois penser un intérieur qui sera de toute façon relatif à un extérieur (1re forme, incontournable, de relativité), mais qui, ce faisant, ne sera relatif qu'à lui-même et non pas à la position d'un observateur ; doté de tels caractères, il aura raison d'intérieur pour tout observateur, quelle que soit la position de ce dernier ; et c'est ce qui est obtenu dans le cas d'une *extériorisation intérieure* : « ce qui se conçoit bien s'énonce clairement... » (Boileau) ; une idée n'est vraiment pensée que quand elle peut être dite ; celui qui prétend avoir pensé quelque chose en confessant qu'il ne sait pas le formuler, c'est quelqu'un qui n'a pas vraiment pensé ce qu'il pense, quelqu'un qui cherche, en s'efforçant à le dire, à penser ce qu'il veut dire. Le mot n'est pas le simple véhicule de la pensée en acte, il lui est intrinsèque. Nos mots expriment *ad extra* l'engendrement d'un verbe intérieur ou concept, et cet engendrement est bien une extériorisation de la pensée, mais intérieure à la pensée ; c'est une extériorisation intérieure, une forme d'unité de l'intérieur et de l'extérieur. Dès lors, la pensée n'est pensante, pensée en acte, que si elle s'exprime en mots (fussent-ils silencieux) ; mais la pensée est puissance positionnelle de son acte opératif (le verbe), et la puissance est à l'acte comme l'intérieur est à l'extérieur en lequel se différencient des choses qui s'identifient dans l'intérieur. Les contraires s'identifient dans l'être en puissance : à la croisée de deux chemins, le marcheur est en puissance à droite et à gauche, la droite et la gauche s'identifient dans l'être en puissance, et elles se contrarient, s'excluent dans l'être en acte. Dès lors, s'il est vrai que l'acte perfectionne la puissance, il faut dire que l'extériorisation intérieure de l'intérieur, sa négation de soi opérée dans lui-même, est aussi sa perfection : l'intérieur s'affirme dans sa négation, se pose par là qu'il s'oppose à lui-même. Le vrai est l'être en tant que connaissable, le bien est l'être en tant qu'aimable, ils sont convertibles. Il y a du négatif dans la vie du bien, lequel se révèle assomption et dépassement du négatif, à la manière du chêne qui n'est un bon chêne que s'il consent à se renier dans le gland en faisant habiter le gland par sa propre négativité qui en retour fait se sublimer le gland en chêne. Et le chêne est désordonné, « pécheur » (par analogie), s'il ne consent pas à assumer ce négatif jusqu'au point de faire se renier le négatif par lui-même, c'est-à-dire : consentir à la négation de lui-même dans la position du gland qui en retour, se reniant en chêne, se fait négation de soi-même, c'est-à-dire de la « négation de soi du chêne » qu'est le gland. Le mal, c'est le résidu de négatif non surmonté. On peut noter au passage que l'intérieur ou être en puissance dit le possible, que l'actualisation ou extériorisation dit le réel ; un possible, nous l'avons dit aussi, qui répugnerait toujours à se réaliser ne serait pas réellement possible, il doit se réaliser pour se poser comme possible, il doit s'extérioriser pour se poser comme intérieur. Ces raisonnements se contentent de développer ce qu'il nous est arrivé d'écrire dans d'autres travaux, et qui donna l'impression à certains lecteurs de subir un jeu verbal spécieux relevant du *flatus vocis* : si l'intérieur était exclusif de l'extérieur, il serait *extérieur* à l'extérieur et ne serait pas intérieur ; et si l'extérieur était exclusif de l'intérieur, il serait *intérieur* à lui-même, entretiendrait à l'égard de lui-même une relation que contredit son essence ; n'est véritablement intérieur que ce qui s'extériorise, n'est authentiquement extérieur que ce qui, se radicalisant, se fait extérieur à toute chose au point d'en venir à être *extérieur à soi*, par là se fait renvoyer à un intérieur à l'égard duquel il confesse sa dépendance essentielle.

§ 24. Suite du § 23

On peut tirer de ces considérations que la bonté intérieure d'un être (ses bonnes intentions) n'est vraiment bonne que si cette bonté s'extériorise, c'est-à-dire seulement si l'on passe de l'intention à l'effectuation. Un acte posé au dehors qui n'est pas la réalisation d'un projet intelligible (intérieur) n'est pas moralement bon, et une intention (intérieure) incapable de se réaliser n'est pas non plus moralement bonne (si rien d'extérieur ne l'empêchait de se poser).

Le mal (telle la cécité) est la privation, dans un être, d'une perfection qu'il devrait avoir par nature. Le mal est essentiellement relatif au bien qu'il conteste. Mais on a vu que le négatif n'est pas le mal, et même qu'il est définitionnel du bien. Donc le mal est une privation, un manque, *mais un manque de négativité*, car la positivité du bien a la forme d'une négation de négation. Le mal n'est pas la vocation du chêne et du gland à se convertir l'un dans l'autre, il est le refus de cette conversion, soit par l'un, soit par l'autre.

Il nous semble qu'on ne peut pas mettre en parallèle, comme certains se plaisent à le faire en nourrissant un discret procès d'intention, l'intérieur et l'extérieur d'une part, le bien et le mal d'autre part, puisque dans le premier cas l'intérieur est relatif à l'extérieur ***et*** l'extérieur est relatif à l'intérieur, alors que dans le deuxième cas le mal est relatif au bien, mais le bien n'est nullement relatif au mal : ce serait du manichéisme et, à la limite, du satanisme, que de faire du mal une détermination nécessaire à l'obtention du bien. Et telle est bien l'intention du contradicteur que d'insinuer ceci : tout raisonnement dialectique serait solidaire d'une complaisance pour le mal ainsi légitimé, innocenté, absous. Ce à quoi le bien est relatif (en ce sens qu'il ne serait pas du bien s'il s'en rendait unilatéralement exclusif), c'est le négatif ; mais précisément, *le négatif n'est pas le mal.* Le bien a la forme éternelle d'une victoire (comme négation de négation) sur son propre négatif, **lequel est puissance au bien comme il est puissance au mal : il s'exerce comme puissance au bien en se réfléchissant, en s'appliquant sa propre négativité qui le convertit en positif ; il s'exerce comme puissance au mal en suspendant son acte de se rédempter, de se convertir en positif, en refusant sa réflexion sur lui-même ; mais il n'a nullement besoin de s'exercer comme puissance au mal, ainsi de faire se réaliser du mal, pour être ce négatif intrinsèque à la positivité du bien et de l'être**. Le fini est limitation de l'infini, un certain degré de négation de l'infini. Si toute limitation, si tout négatif relevait du mal, alors toute créature, qui est finie, serait intrinsèquement mauvaise.

§ 25. Débauche de dialectique

Dans la *Somme contre les Gentils* l'Aquinate nous enseigne (livre IV, chapitre 11) que, en Dieu, l'essence, l'existence, l'opération, le sujet qui exerce cet acte d'exister, sont une seule et même chose, cependant que l'on trouve en Dieu tout ce qui relève des notions de sujet subsistant, d'essence et d'acte d'être : ce sujet essentiel exerce un acte d'être, il est identique à ce dont, pour l'exercer, il se différencie ; et c'est pourquoi Dieu est à la fois Un et trine sans contradiction ; le Verbe de Dieu est Dieu, et en même temps « il entre dans la notion même de verbe intérieur ou du concept, de procéder du sujet qui connaît, conformément à son acte de connaître, puisqu'il est en quelque sorte le terme de l'opération intellectuelle. L'intellect, dans l'acte même de son intellection, conçoit et forme cet objet ou essence connue qu'est le verbe intérieur. Il faut donc que de Dieu, et conformément à son acte même de connaître, procède le Verbe divin ». Le Père, le Fils et l'Esprit sont un seul et même Dieu, et pourtant le Fils n'est pas le Père (et l'Esprit n'est ni le Père ni le Fils). Il y a donc différence dans l'identité, laquelle, exclusive de la différence, serait *différente* de la différence, par là ne serait pas authentiquement identité, de sorte que l'identité concrète ou réelle est identité de l'identité et de la différence, de même que l'intérieur n'est réellement intérieur que s'il est unité et même, à la limite, identité de l'intérieur et de l'extérieur. Il n'est pas d'unité plus parfaite que l'unité divine, et pourtant cette unité ne serait pas parfaite si Dieu n'était pas trinitaire, si cette unité ne se faisait assomptive d'une différence réelle. Au vrai, l'ontologie de saint Thomas, fondée sur l'hylémorphisme, explique bien que la différence dans l'identité divine ne soit pas contradictoire, mais il ne nous dit pas comment cela est positivement pensable, et c'est pourquoi, ici comme ailleurs, nous nous autoriserons, à nos risques et périls, à faire appel à la notion de réflexion ontologique, d'origine néoplatonicienne et redécouverte par Hegel, en l'adaptant à un contexte hylémorphiste.

Ces éclaircissements ne suffiront probablement pas à dissiper les malentendus, et l'on continuera à déclarer que cette débauche de dialectique, qui a toutes les apparences d'une dialectique débauchée, révèle — en tant qu'elle affirme que quelque chose est nécessaire à la bonté du bien, qui cependant ressemble furieusement au mal — une sournoise dilection pour le mal subrepticement innocenté en étant nommé « négatif ». Rappelons que le mal est privation du bien, n'a pas d'être positif propre. Si un être bon (tel Adam avant la Chute) en vient à céder au mal, c'est-à-dire au manque de bonté, ne faut-il pas dire qu'il était déjà mauvais pour avoir la faiblesse d'y céder ? Mais alors, étant déjà mauvais, et ne l'étant pas par essence à peine de faire du Créateur un démiurge pervers, il a déjà cédé au mal, il a déjà chuté, mais avant de chuter, ce qui est inintelligible. D'aucuns diront qu'il a péché seulement contre l'ordre surnaturel et non contre l'ordre naturel, mais en fait, comme le rappelle saint Thomas (*Somme théologique*, II^{a} II^{ae} qu. 10 a. 1), bien que la grâce soit au-delà de la nature et gratuite, il est contre nature de refuser la grâce, de sorte que pécher contre la surnature revient à pécher contre la nature, ainsi à pécher tout court. C'est parce qu'il existe en l'homme une puissance au mal qu'il peut pécher, antérieure selon le temps et la causalité à la position d'actes mauvais, donc puissance non induite en lui par la position d'un acte mauvais, mais originaire, qui pourtant n'est nullement mauvaise en tant qu'elle est aussi puissance au bien ; elle est en l'homme puissance à être ce qu'il est en tant que bon, *et* puissance à être ce qu'il n'est pas et n'a pas à être. Or si cette puissance est définitionnelle de l'homme, c'est qu'il est de la raison de la forme ou essence humaine de poser, dans la substance dont elle est la forme, cette puissance à être ce qu'elle est, et ainsi, parce que la substance est précisément la réalisation concrète de cette forme, par là l'actuation de la puissance à être cette substance, il faut dire que la forme concrète ou existante, ou substance, est victorieuse de cette puissance à être elle-même qu'elle assume (elle s'y anticipe) et vainc (elle s'en fait procéder) tout en la conservant en elle-même comme puissance de régénération permanente de soi, mais aussi comme possibilité de dévier de sa fin ; la négation de négation de cette forme est sa substantification. L'essence se constitue comme substance par réflexion (ontologique). Et la vertu réflexive de l'essence n'est autre que celle de l'acte créateur, initiative divine de l'Idée créatrice : c'est parce que nous pensons les choses qu'elles existent ; c'est parce que Dieu pense les essences comme étant à exister *ad extra* qu'elles sont des réalités.

§ 26. Les chausse-trapes de l'antisémitisme

Au traitement des deux difficultés qui ont été évoquées en début de ce chapitre, nous ajouterons quelques mots relativement à la question juive envisagée dans une perspective catholique, pour cette raison que nous venons d'établir une analogie entre judaïsme et christianisme d'une part, chrysalide et papillon d'autre part. Dans la hiérarchie des grandes questions que tout homme est invité à se poser, la question juive est en soi fort secondaire. Mais notre époque nous force en quelque sorte à nous pencher sur elle pour deux raisons qui au reste sont liées. La première est que la communauté juive a acquis, depuis le dix-huitième siècle, une importance considérable du point de vue de son influence sur le cours du monde, au point que l'on peut se demander si les temps apocalyptiques ne sont pas imminents, qui annoncent une influence déterminante de la Synagogue de Satan dans l'avènement de l'Antéchrist. La deuxième est que, dans le monde catholique, loin du modernisme de l'Église conciliaire, la question juive est l'objet de débats passionnés, si passionnés qu'ils en viennent à obscurcir les intelligences et, par là, à rejaillir sur le traitement d'autres questions en soi plus importantes, ce qui est fort regrettable.

Les Arabes, aujourd'hui, sont la plupart du temps musulmans. Être arabe, c'est une détermination naturelle (par opposition à l'ordre surnaturel), c'est être doté d'une certaine sensibilité, d'un certain patrimoine biologique qui induit, au titre de cause matérielle, le développement d'une certaine culture. Si cet Arabe se convertit au catholicisme (lequel appartient à l'ordre surnaturel), il n'en demeure pas moins arabe, doté d'un génie sémitique propre, ce qui l'invitera à déployer une certaine civilisation catholique de sensibilité sémitique ou arabe, qui enrichira le patrimoine culturel de l'humanité.

Si la judéité est une détermination biologique, elle est naturelle. Si elle est naturelle, elle subsiste dans le Juif après sa conversion au catholicisme, tout comme l'arabéité dans ce catholique d'origine arabe. On devra alors parler de Juif catholique comme on parle d'Arabe (ou d'Européen) catholique. Mais le Juif est au chrétien comme la chrysalide l'est au papillon. Si donc la judéité est une détermination naturelle, il faudra dire que le Juif est comme une chrysalide qui demeure chrysalide quand elle est devenue papillon, ce qui est peu intelligible. Il est donc nécessaire d'en conclure que le constitutif formel de la judéité est de part en part surnaturel et non pas naturel : il n'y a pas de « race » juive, il n'y a pas d'identité nationale juive qui serait distincte de la religion juive ; cette communauté qui fut un peuple n'était une nation qu'en un sens très particulier : c'était la nation destinée à préfigurer l'Église catholique, laquelle est internationale, et à préparer l'avènement du Christ ; c'était une nation artificielle, élaborée par l'art divin, non inscrite dans la nature des choses mais providentiellement constituée en vue d'un projet surnaturel. Et il n'y a pas de « talents » juifs inhérents par nature à ceux qui embrassent la religion juive ou qui assument l'identité juive que serait supposée leur conférer leur ascendance maternelle. Si l'on entend contester cette conclusion, il faudra nier que le Juif soit au chrétien comme la chrysalide l'est au papillon. Il faudra alors confesser que la catholicité s'ajoute au Juif et ne le supprime pas en tant que Juif, puisque la chrysalide ne devient papillon qu'en s'exténuant en tant que chrysalide. Cela dit, si la catholicité s'ajoute au Juif sans le supprimer en tant que Juif, on est contraint d'en tirer la conséquence suivante :

C'est en tant que Juif que le Juif appartenait à un peuple que l'on disait élu. Si la judéité subsiste dans cet homme d'origine juive et devenu catholique, alors l'élection subsiste elle aussi en lui. Or, sur le plan surnaturel, le baptême seul fait appartenir à la race élue de Jésus-Christ, la deuxième alliance supprimant la première, comme l'enseigne Pie XII dans *Mystici Corporis Christi* (1943) : la mort et la résurrection ont fait succéder le Nouveau Testament à l'ancienne Loi abolie. Dès lors, si l'élection subsiste dans le Juif en dépit de sa conversion au catholicisme, c'est que cette élection doit être reconnue comme étant d'essence naturelle, et dans cette perspective l'on doit reconnaître aux Juifs des talents naturels exceptionnels qui les destineraient, après leur conversion, à prendre la direction de l'Église catholique ; c'est exactement ce que pensait le cardinal Aron Lustiger qu'un vrai catholique est fondé à tenir pour un authentique marrane. Et c'est ce que pensent aussi maints catholiques même dans la sphère traditionaliste. L'idée saugrenue selon laquelle la France serait le peuple élu du Nouveau Testament (ce qui fait des Français des chéris de Dieu dans leur lutte contre la méchante Allemagne, des bénis et des modèles quoi qu'ils fassent) est une coquecigrue qui s'explique de la manière suivante : ces nationalistes français embrassent la thèse de la judéité entendue comme détermination naturelle ; mais ils n'arrivent pas à admettre ce qui pourtant découle logiquement de leurs prémisses, à savoir que les Juifs auraient vocation, dans l'hypothèse, à diriger le monde après leur conversion ; alors, par compensation, ils en déduisent soit que les rois français sont des Juifs (« marquis » de La Franquerie), soit que la France est devenue un nouvel Israël doté des mêmes dons que ceux qui avaient été octroyés aux Juifs (Pierre Hillard par exemple aujourd'hui). Parce que la France ainsi conçue ne peut qu'être bénie de Dieu, son ennemi allemand se doit bien sûr d'être stigmatisé, anathématisé, et en retour il faudra nourrir une certaine indulgence, une solidarité certaine à l'égard des « Alliés » de la France républicaine, maçonnique et juive rossée sans ménagement par l'Allemagne national-socialiste qu'elle avait provoquée.

Il nous semble qu'il est nécessaire de se souvenir de ces choses, ainsi de mesurer l'enjeu des thèses que l'on soutient, quand on entend, pour des raisons affectives, soutenir que le Juif serait juif par nature. En vérité, les descendants biologiques d'Abraham constituent une partie infime de la communauté juive, laquelle est pour sa grande majorité issue des Khazars et de maintes conversions de Goïm européens opérées par la diaspora après la chute de Jérusalem. Si l'on croit discerner des comportements juifs dans un Juif converti, c'est ou bien parce qu'il n'est pas vraiment converti, ou bien parce qu'il s'agit d'un reliquat culturel non digéré, ou bien parce que ces comportements s'expliquent par sa vanité d'homme : il est flatté de se croire doté de talents exceptionnels. Il y a dans le Landerneau traditionaliste et nationaliste un certain nombre de préjugés fondés par des pesanteurs passionnelles, et de tels préjugés sont objectivement gravides de conséquences catastrophiques pour la cause du traditionalisme et du nationalisme bien compris. Mais ces gens restent attachés à leurs délires affectifs, et s'étonnent ensuite que leur cause soit indéfendable aussi bien logiquement que pratiquement.

§ 27. Une contribution malheureuse

Pour illustrer ce travers, nous évoquerons, en souhaitant ne pas pécher contre la charité, la plaquette récente de l'abbé François Chazal (Cmspx, autoéditions FC, 2020), préfacée et postfacée par Mgr Williamson : *La Crainte des Juifs*.

De toutes les questions philosophiques ou théologiques que l'on peut se poser, la question juive n'est, répétons-le, ni la plus intéressante ni la plus importante. Mais elle est l'une de celles qui suscitent le plus facilement les passions, au point de conférer à la communauté juive, en reconnaissant à son influence et à ses moyens d'action une importance proportionnée à l'intensité de l'aversion qu'elle suscite, une responsabilité et des talents qu'elle n'a pas.

Il y a certes quelques bonnes choses dans la plaquette de l'abbé Chazal, en particulier le rappel de l'incompatibilité entre l'enseignement de Pie XII et celui de *Nostra Ætate* (§ 4) : les Juifs sont bien un peuple déicide. Il y a aussi, à notre sens, quelques idées suggérées beaucoup plus contestables, comme cette thèse selon laquelle si les Juifs avaient accepté le Messie, ils eussent été à la tête de l'Église comme le furent les Apôtres et le premier pape, et c'est pourquoi, selon notre abbé, la conversion des Juifs à la fin des temps devrait donner une nouvelle vigueur à l'Église ; selon nous, ils eussent été, de fait, à la tête de l'Église des premiers temps tout simplement parce qu'ils eussent été les premiers chrétiens chronologiquement parlant, mais ils n'auraient nullement eu vocation à demeurer à sa tête ; leur véritable vocation est de se fondre dans les nations naturellement constituées, et de s'y faire oublier, parce que les dons sans repentance ne sont pas autre chose que les bienfaits de la conversion au christianisme, comme l'enseigne saint Thomas. La thèse propre à l'abbé Chazal est que les Juifs doivent leur insolente et pernicieuse réussite sociale à des dons préternaturels (p. 15) : « Une intelligence créée <angélique> le <le Juif> seconde pour lui suggérer où se trouve le nœud crucial du pouvoir et de l'argent et la façon de créer des "*interlocking directorates*", c'est-à-dire des points de contrôle arrimés les uns aux autres. » L'hypothèse est défendable, mais non certaine, elle repose ici en fait sur une pétition de principe, et à notre avis elle n'est même pas véritablement utile pour expliquer leur puissance contemporaine.

Mais la position de Mgr Williamson sur cette question — qui reprend celles de l'abbé Julio Meinvielle, du vénérable Barthelemy Holzhauser, de certain frères dominicains d'Avrillé, d'un nombre considérable de membres du clergé issu de la FSSPX, et de Hubert Le Caron (de Choqueuse) — est franchement indéfendable, et particulièrement agaçante et dangereuse.

Cela ne nous étonne guère de la part de Mgr Williamson qui déjà se distingue par des billevesées imprudentes : sa dilection pour la prose de Maria Valtorta et pour les « révélations » de Garabandal, sa prétention à nous annoncer la date de la fin du monde. Cette position est agaçante et dangereuse parce qu'elle est sentimentale, sans fondement théologique solide, et objectivement expressive d'une dilection suspecte pour la gent judaïque, résultant d'une admiration irrationnelle et d'un complexe d'infériorité à l'égard des Juifs. Ce complexe d'infériorité nous désarme, nous fausse la vue.

§ 28. Une frange des « tradis » comme « *lunatic fringe* »

On découvre là cette tendance, propre à trop de catholiques de Tradition, à ne pas se satisfaire des seules vérités dogmatiques et à se nourrir de « merveilleux » (quoique ces choses n'aient rien de merveilleux) en érigeant en dogme ce qui relève des préférences subjectives et non désintéressées des uns ou des autres, telle la thèse des origines davidiques des rois de France soutenue par le « marquis » de La Franquerie ou autres sornettes.

Quand il affirme qu'il est « stupide » de nier les dons supérieurs des Juifs (page 30 du livre de l'abbé Chazal), Mgr Williamson insulte, à dessein probablement, les gens qui, comme nous, ne sont pas fascinés par l'identité juive. Et nous trouvons assez déplorable et même révoltant qu'un évêque profite de l'autorité et de la grande influence que lui donne son statut religieux pour imposer à ses ouailles ses préférences personnelles, lesquelles, incohérentes et affectives, déconsidèrent la bonne cause et ridiculisent ceux qui la soutiennent, mais aussi suscitent leur indignation et divisent leur camp. Nous faisons nôtres, quant à nous, les enseignements de Shlomo Sand et de Denise Judant beaucoup plus compétente, prudente et éclairée que Mgr Williamson sur ce sujet, même si certains aspects de son enseignement sont contestables.

Les seuls authentiques descendants charnels des Juifs de l'Ancien Testament sont aujourd'hui les Palestiniens arabisés et islamisés au septième siècle. Les Juifs d'aujourd'hui sont soit des Berbères judaïsés, soit des Khazars convertis au judaïsme (les Ashkénazes), soit des autochtones européens eux aussi convertis au judaïsme par les membres de la diaspora après Titus en 70, quand les Juifs étaient encore prosélytes : la diaspora (ou dispersion) après la chute de Jérusalem fut quantitativement beaucoup moins importante qu'on ne le croit communément. Telle est la position historiquement étayée de Shlomo Sand, qui dénonce les exagérations quantitatives de Flavius Josèphe, historien de la révolte des Zélotes de 66, opérées selon l'habitude des chroniques antiques. Aujourd'hui, les Juifs les plus influents et les plus pervers n'ont pas une goutte de sang sémitique. Il n'y a pas, au sens biologique du terme, de « race » juive, contrairement aux dires de « Dinoscopus ». Dans le journal *Rivarol* n° 2431 du 30 avril 1999 (p. 9), on rapporte que le docteur Skorecki, un Canadien qui cherchait un « gène des Cohen » (caste sacerdotale juive la plus élevée) dans l'ADN des descendants d'Aaron, frère de Moïse, avait fini par le découvrir, mais dans la tribu bantoue des Lembas...

Les Juifs étaient, nous l'avons dit, au christianisme comme l'est la chrysalide au papillon, laquelle s'*achève*, aux deux sens du terme, dans son entéléchie chrétienne qui donc la supprime. Ils n'ont plus aucune vocation positive dans l'histoire du Salut, sinon celle, accidentelle, de développer un mal que Dieu permet — comme Il permet tous les maux — pour en tirer un bien plus grand afin de manifester Sa miséricorde, Sa puissance et Sa gloire. Et nous ne voyons pas qu'une chrysalide qui se refuse à sa vocation de papillon, c'est-à-dire à cette vocation qui l'exténue en tant que chrysalide, puisse redevenir chrysalide après sa conversion, ainsi après sa sublimation en papillon, et prendre la direction de la gent des Lépidoptères : il n'y a plus de peuple élu depuis deux mille ans, sinon la race élue de Jésus-Christ, à savoir le peuple des baptisés. Et si les Juifs avaient accepté Notre Seigneur Jésus-Christ, leur élection en sa forme nationale, qui est surnaturelle, se fût elle-même dissipée parce que leur mission eût été achevée, et elle se fût conservée, mais individuelle, comme vocation à se faire baptiser.

§ 29. Point n'est besoin d'avoir du génie pour persuader autrui qu'on en a

Parménide, Héraclite, Eudoxe de Cnide, Platon, Aristote, saint Augustin, Plotin, Proclus, saint Anselme, saint Thomas d'Aquin, Duns Scot, Dante, Léonard de Vinci, Le Bernin, Raphaël, Michel-Ange, Bach, Mozart, Beethoven, Shakespeare, Newton, Joseph-Louis Lagrange, Hegel, Henri Poincaré (le véritable découvreur de la Relativité, avec Mileva Einstein, la femme non juive et serbe d'Albert qui pilla les travaux de sa pauvre épouse), Victor Hugo, Verlaine, Cézanne, et tant d'autres n'étaient pas juifs. Les seuls Juifs dotés de quelque talent créateur étaient antisémites (Spinoza, Marx). Il n'y a pas plus de génie juif qu'il n'y a de race juive. Le cardinal Daniélou (*Les Juifs : Dialogue entre Jean Daniélou et André Chouraqui*, Beauchesne, 1966), non exempt de faiblesses personnelles mais très savant (spécialiste de Philon d'Alexandrie) et, sous certains rapports — et malgré son adhésion à Vatican II —, lucide sur la question juive, faisait observer à bon droit que les civilisations perse, égyptienne ou grecque étaient de beaucoup supérieures à la culture juive si l'on considère les choses d'un point de vue naturel et non surnaturel. Les Juifs ont vocation à se convertir au catholicisme, et c'est tout ; aucune destinée privilégiée ne leur est providentiellement promise au sein de l'Église. Ce qui est premier en intention est ultime en exécution ; les Juifs étaient les premiers chronologiquement, non selon la finalité, de sorte que ce sont les chrétiens qui sont en vérité « frères aînés » des Juifs. Le christianisme n'est nullement le rejeton du judaïsme, il est la vérité absolue qui se fait positionnelle, s'y anticipant, d'un moment juif de sa genèse afin de s'en faire procéder par négation de négation, comme il en est de tout vivant. « On oublie que le judaïsme n'est pas antérieur au christianisme puisqu'il s'est formé après la chute du voile du Temple avec le Talmud » (Alain Finkielkraut, sur France Culture, le 8 août 2015). S'ils n'avaient pas refusé Notre Seigneur et Sa divinité, les Juifs eussent été les premiers chrétiens, ils eussent produit quelques Pères de l'Église peut-être, mais ils n'eussent pas du tout constitué les aristocrates de l'Église. Les dons naturels et les dons surnaturels sont incommensurables. Et l'on est en droit de penser que les dons naturels des Goïm occidentaux font de ces derniers les chefs naturels de la planète. Les Juifs ne sont nullement des créateurs (au sens non religieux du terme « créateur »), mais seulement des interprètes (en musique en particulier) ; ils doivent ce talent à deux choses ; d'une part, le développement de capacités humaines d'adaptation exigées par leur dispersion dans tous les peuples ; d'autre part leur souci, inspiré par leur orgueil, de mériter par des dons naturels ce qu'ils croient être leur élection, comme pour se persuader de leur supériorité naturelle fictive. Ce sont au mieux de bons élèves, des arrivistes, des « premiers de classe » et non des novateurs ; il n'y a pas de génie juif. Leur unique supériorité, inspirée elle aussi par leur orgueil, est leur aptitude à discerner chez les Goïm les défauts de leur cuirasse, à creuser les failles que causent leurs vices, à exploiter leurs faiblesses, à exacerber leurs erreurs. Il n'y a pas à proprement parler de problème juif, sinon pour les Juifs ; ce que nous nommons « problème juif » est un problème d'Occidentaux qui savent tout seuls se damner et inventer les idées perverses qui tuent les civilisations. Au passage, comme l'a montré Gershom Scholem (*Le Messianisme juif*, 1985), les Pharisiens n'ont même pas été capables d'inventer la métaphysique inspirant leur cabale, à savoir la gnose de Carpocrate ; historiquement, la gnose n'est pas d'origine juive, elle a été empruntée aux païens par les Juifs et adaptée par eux à leurs besoins, telle l'idée de rédemption par le mal et l'abolition de la Loi : dans le Midrash (commentaire talmudique de la Bible) Tehilim (sur le psaume 45, 3), Israël demande à Dieu : « quand verrons-nous Ta rédemption ? » Dieu répond : « quand vous serez descendus au niveau le plus bas », au terme de catastrophes et de dépravations généralisées entendues comme autant d'étapes préalables aux temps « messianiques ».

§ 30. Race de seigneurs et histrions malfaisants

On a beaucoup comparé les Juifs aux nationaux-socialistes en évoquant leur racisme et leur idée commune de race supérieure. Il y a quand même une différence foncière. D'abord, les Germains peuvent se prévaloir d'une authentique identité ethnique et raciale. Ensuite, à tort ou à raison, les Allemands ont excipé, pour prétendre à dominer, de talents naturels qu'au reste ils avaient amplement manifestés par leurs œuvres, alors que les Juifs prétendent à une supériorité au nom d'une élection qui, sur le plan surnaturel, est caduque, et qui, sur le plan naturel, n'a jamais existé. On se demande parfois pourquoi Dieu a préparé l'avènement rédempteur de Son Fils en façonnant le peuple juif. La réponse nous paraît simple. Les Juifs étaient un peuple artificiel nommé « ramassis » (« *vulgus quippe promiscuum* », dans les Nombres), forgé du rebut des autres ethnies, et beaucoup moins doué que les autres, parce que Dieu aime manifester Sa toute-puissance en faisant de grandes choses à partir d'humbles moyens, comme sainte Jeanne d'Arc ou sainte Thérèse de l'Enfant Jésus. Cela dit, un Juif vraiment converti n'est plus juif, purement et simplement. Un Arabe musulman converti au christianisme reste arabe, parce que la surnature n'abolit pas la nature mais la parfait. En revanche l'être-juif n'a rien de naturel, ainsi qu'on l'a dit. Certes, encore faut-il qu'un Juif converti soit véritablement converti. Mais il n'y a pas de déterminisme racial dans cette affaire. Un Chouraqui (voir Daniélou, *op. cit.*) confesse même (p. 29) : « [...] le peuple de la Bible se constitue d'une manière paradoxale au cours du millénaire qui s'écoule entre Abraham et David. Il se constitue non à partir d'une ethnicité ou d'une terre définie, mais à l'appel d'un message, d'un Dieu, d'une alliance. On voit le peuple d'Israël se constituer par vagues successives d'hommes qui sortent, comme aujourd'hui d'ailleurs, du sein des civilisations voisines. L'Israël moderne ressuscite le processus de la constitution de l'Israël biblique : des hommes sortent de pays, de civilisations différentes et viennent s'agglomérer, s'intégrer sur une terre qu'ils élisent et pour laquelle ils optent. » Ce qui signifie bien que non seulement les Juifs d'aujourd'hui (dont les plus influents ne sont même pas des sémites mais des populations tantôt d'origine turque ou cis-causasienne, tantôt d'origine européenne) mais même ceux de l'Ancien Testament sont un peuple artificiel, forgé, pour le catholique, par la Providence en vue de préfigurer l'Église et de préparer l'avènement du Christ. De même :

« Quand il aura huit ans, tout mâle parmi vous, d'âge en âge, sera circoncis *qu'il soit né dans la maison, ou qu'il ait été acquis à prix d'argent*, et mon alliance sera dans votre chair comme alliance perpétuelle. Un mâle incirconcis, qui n'aura pas été circoncis dans sa chair, *sera retranché de son peuple* : il aura violé mon alliance » (Genèse, XVII, 12-14) ; c'est bien la religion qui fait le Juif. On peut ajouter à ces données le point de vue d'Hitler lui-même, pour autant qu'il soit permis (ce qui est au vrai fort problématique en ce qui concerne certains passages) de prendre au sérieux tous les contenus des notes recueillies par Martin Bormann et publiées sous le titre de *Testament d'Adolf Hitler* mais qu'un Otto Skorzeny remettait largement en cause en ce qui concerne l'antichristianisme supposé d'Hitler : « Nous parlons de race par commodité de langage, car il n'y a pas, à proprement parler, et du point de vue de la génétique, une race juive. Il existe toutefois une réalité de fait à laquelle, sans la moindre hésitation, l'on peut accorder cette qualification et qui est admise par les Juifs eux-mêmes. C'est l'existence d'un groupe humain spirituellement homogène dont les Juifs de toutes les parties du monde ont conscience de faire partie, quels que soient les pays dont, administrativement, ils sont les ressortissants. C'est ce groupe humain que nous appelons la race juive. [...] La race juive est avant tout une race mentale » (Éditions du Trident, p. 36). C'est là, selon nous, une observation intelligente et dépassionnée que nous croyons avoir été l'expression authentique de la pensée du Führer, parce que sa modération s'accorde mal avec le caractère passionnel, antichrétien et matérialiste du racisme de Bormann. Si l'on ôte toute dimension biologique au patrimoine désignant le constitutif formel d'un peuple, force est d'en inférer que, en vertu du principe thomiste de l'individuation de la forme par la matière, selon lequel la nature humaine est cette âme singulière en tant qu'elle est l'âme de tel corps, un tel constitutif, pour ce qui est des Juifs, est de nature *culturelle* et non raciale — en l'occurrence d'essence en son fond religieuse ; il n'y a pas, dans le genre humain, de race — ainsi de sous-espèce — spirituelle, qui serait fixée de manière indépendante de la causalité du corps ; pour des raisons identiques, l'hylémorphisme considère qu'il n'y a pas de sexualité — de virilité ou de féminité — qui ne serait pas biologique (*Somme théologique*, *Supplément*, qu. 39 a. 1) : il n'y a pas de sexualité dans l'âme en tant qu'elle est âme, et ce qui est nommé « race mentale » n'est en effet qu'une commodité de langage. Que même Hitler n'ait pas cru à l'existence d'une race juive, au sens propre et biologique du terme, devrait inviter les antisémites pathologiques — investissant dans leur haine un amour inavoué qui les terrorise, donnant à cet amour la forme d'une haine absolue pour s'en débarrasser — à fonder en raison leur légitime aversion pour les dangers de la gent judaïque ; enraciner cette aversion dans la haine la fait subsister dans une forme qui reste passionnelle et qui, loin de délivrer l'âme de l'amour dont cette haine se veut l'antidote, la rive à son amour coupable.

§ 31. Les tics antisémites, pathologie de judéophiles refoulés

On entend maints judéophobes déclarer, d'un air grave et entendu de conspirateur professionnel, que telle personne, quoique sincèrement et authentiquement convertie au christianisme (il est vrai que la plus grande prudence en cette matière est de règle, après l'expérience des marranes), serait, sinon strictement *vitanda* (à éviter), à tout le moins suspecte puisque sa mère ou sa grand-mère, ou quelque lointaine ancêtre, serait juive, ce qui constituerait là un sujet d'inquiétude plus grand que si elle n'était d'origine juive que par son père. C'est là encore adopter des critères juifs pour juger les Juifs, et c'est encore, sous couvert de déjouer leurs pièges, ratifier la pertinence de leur point de vue. En quoi les critères de judéité formulés par le Juif devraient-ils être pris au sérieux par l'antijuif conséquent ? Nous connaissons maints judéophobes pathologiques qui sont aussi pathologiquement hostiles à l'hitlérisme dont ils se plaisent vertueusement à dénoncer le matérialisme biologique supposé ; la vérité est que le national-socialisme, auquel nous sommes globalement favorable, n'était pas un matérialisme biologique, et que l'antijudaïsme des germanophobes est le produit du refoulement d'un complexe de peuple élu — « France (ou quelque autre nation candidate à la judéomorphie), nouvel Israël » — frustré. Quand on n'a pas les moyens de faire valoir une supériorité naturelle, on s'invente une vocation surnaturelle.

§ 32. Abus d'autorité ecclésiastique

De sorte que ces enseignements pour le moins douteux de Mgr Williamson et de ceux qui partagent ses balivernes relèvent du subjectivisme, d'un certain romantisme attestant une emprise du sentiment sur la raison ; elles relèvent au fond du surnaturalisme, envers du naturalisme et complice de ce dernier, comme tous les contraires qui ne s'opposent qu'en appartenant au même genre. Ce tour d'esprit tordu qui prétend identifier dans les Juifs un peuple actuellement élu qui, par-dessus le marché, conserverait une certaine forme d'élection même en se convertissant au christianisme, est inspiré par ce même esprit qui prétend qu'il y aurait eu translation de l'élection d'Israël au profit de la France immaculée (d'où les stupidités de La Franquerie), quand ce n'est pas au profit de l'Angleterre (les Anglais seraient issus de la treizième tribu d'Israël…). C'est l'historien juif Heinrich Graetz qui vulgarisa ce mensonge consistant à faire de l'élection surnaturelle et caduque des Juifs une détermination naturelle supposée leur conférer des dons naturels exceptionnels qui les destineraient à prendre la tête d'un gouvernement mondial, et qui, selon Mgr Williamson et selon les adeptes de ses marottes, destinerait les Juifs à prendre la tête de l'Église catholique après leur conversion. Au fond, avec cette différence que Mgr Williamson n'est pas moderniste, la théologie d'Israël développée par « Dinoscopus » est identique à celle du cardinal Lustiger. Et il y a là de quoi s'inquiéter. Nous en appelons au bon sens. Quand on est aussi ridiculement fasciné par l'ennemi, on est incapable de le combattre efficacement, quoi qu'on en dise. Une certaine prétention à se croire habilité à exercer une hégémonie politique sur le monde invite les peuples qui n'en ont pas les moyens naturels à s'inventer une élection surnaturelle pour ne pas renoncer à leur fatuité ; d'où leur tendance à se trouver des affinités avec les Juifs, qui sont dans le même cas, voire à revendiquer la paternité biologique des Juifs pour persister dans cette voie. Et c'est là la plus efficace manière de méconnaître et de rater sa propre vocation. Et l'on voudra bien noter que revendiquer la paternité du judaïsme n'est pas là un travers d'Allemand.

Les laïques font confiance à leurs supérieurs ecclésiastiques et leur vouent respect et reconnaissance, ce qui est bien normal. Mais leur devoir de vénérer leurs bergers est rendu bien pénible, inutilement difficile, par les tics cérébraux et manies affectives de certains d'entre eux qui, en les imposant à leur troupeau, procèdent à un abus d'autorité détestable qui favorise l'anticléricalisme et risque de faire perdre la foi aux brebis excédées.

Ajoutons pour finir qu'il est déjà bien difficile de convertir des païens dont le leitmotiv inspiré est que le christianisme serait un rejeton du judaïsme, par là une doctrine incompatible avec le génie européen. Quand des ténors ensoutanés de la pensée conservatrice catholique vont clamant partout que les Juifs resteraient le peuple élu, et que l'appartenance à l'Église obligerait à souhaiter qu'on en vînt à plébisciter l'hégémonie de la population juive dans l'Église, il n'est pas étonnant que de tels païens dotés de robuste bon sens fuient de tels prédicateurs, ou se rient de leur enseignement avec force sarcasmes, et en viennent à retarder leur conversion au catholicisme. Combien de conversions ont été compromises par les lubies « dinoscopiennes », qui sont celles des défenseurs de la conception judéomorphe de la France ?

§ 33. Le judaïsme comme haine de soi

Les Juifs ont intérêt à se persuader eux-mêmes, et à persuader les Goïm du fondement racial de leur identité. Ils en ont besoin pour revendiquer le statut de peuple habilité à revendiquer une terre, la Palestine. Ils en ont aussi besoin pour se déclarer dépositaires de dons naturels (par opposition à l'ordre surnaturel) les autorisant à se déclarer race supérieure destinée, par ses dons supposés, à dominer le monde afin d'instaurer le paradis sur Terre. C'est ainsi que Leo N. Levi, président du B'nai B'rith en 1900, dans son *Mémorial*, affirmait : « Il n'y a pas pire erreur que de prétendre que le mot Juif est le nom d'une religion et non d'une race » (voir *Rivarol* n° 3466 du 7 avril 2021 p. 8). L'antisémite sait que les Juifs sont menteurs, qu'ils érigent le mensonge en règle systématique de comportement à l'égard des non-Juifs, conformément à l'enseignement du Talmud. Mais le plus navrant est qu'il ne remet pas en cause l'affirmation soutenue par les Juifs du caractère racial de leur identité, considérant que, sur ce point, ils ne peuvent pas mentir. Le Goï ne s'aperçoit pas, ce faisant, qu'il épouse le mensonge juif et adopte un enseignement éminemment judéophile. Par le mélange malsain d'une envie honteuse et d'une admiration sans borne qu'il éprouve malgré lui et ne parvient pas à refouler, mais qui le conduit au mimétisme le plus servile, l'antisémite passionnel en vient à cautionner les mensonges juifs pour se dispenser de réfléchir — la raison suspend la passion et retient la haine — et ainsi satisfaire sa hargne obsessionnelle. Mais cette propension à la faiblesse incapable de retenir sa passion atteste que les raisons de la haine, ici, ne sont autres que les variétés de la jalousie ; l'antisémite passionnel voudrait bien être juif et, éprouvant un incoercible dégoût pour lui-même en entrevoyant une telle vérité, il conjure cette affreuse dilection en projetant sur le Juif la haine qu'il éprouve pour lui-même et dont il se libère en l'investissant dans son double honni et très largement fabriqué. L'antisémitisme pathologique, hypertrophiant le rôle des Juifs dans l'Histoire, est l'effet d'une judéophilie qui ne veut pas s'avouer telle, d'une fascination révélatrice d'une faiblesse ; le Goï ainsi affligé ne croit plus à l'intrinsèque supériorité de son identité pagano-chrétienne par rapport à celle du Juif ; la conscience lucide d'une telle supériorité devrait, tempérée par l'impératif de charité que tout chrétien doit à tout homme, même au Juif, lui faire éprouver des sentiments de mépris teinté de commisération à l'égard des Juifs, mais il n'en est rien : il faut que le Juif soit responsable de tous ses maux, ainsi qu'il soit diaboliquement doué pour y parvenir, afin de dispenser le Goï de reconnaître le poids écrasant de sa propre responsabilité dans le phénomène de sa décadence. Intrinsèquement conditionné par sa vocation à devenir chrétien, le Juif est un mutant, appelé à s'accomplir dans le christianisme qui le supprime, mais il ne veut pas se supprimer, afin de rapporter à lui-même le Bien auquel il est promis mais qu'il est en droit invité à aimer en se rapportant à lui ; c'est pourquoi le Juif est insupportable à lui-même, désirant ce qu'il récuse, et il se décharge de cette incapacité à se supporter lui-même en la projetant sur le monde entier qu'il n'a de cesse de tourmenter pour se libérer de sa contradiction ; mais le frénétique antisémite monoïdéiste est dans la même situation, qui hait consciemment ce qu'il adore et jalouse sans se l'avouer, reculant d'horreur devant son propre désir de devenir ce qu'il tient pour le comble de l'abjection. La différence d'avec le Juif dont il est la figure inversée, c'est que le Goï obsessionnel, réifiant dans l'objectivité d'une race son aversion pour le Juif, ne parvient pas à se libérer (sinon sur ceux de son camp qui dénoncent sa passion unilatérale et qu'il a tôt fait de réduire à des Juifs infiltrés ou à des agents du judaïsme) de sa contradiction dans une projection apotropaïque, de sorte qu'il s'affaiblit par sa contradiction et se rend d'autant plus vulnérable aux entreprises de subversion judaïque. Si l'antisémite pathologique n'existait pas, le Juif serait en demeure de l'inventer, tant le premier sert objectivement les desseins du second. Ne comprenons pas là que la passion antijuive serait intrinsèquement mauvaise. Si l'on convoque le mépris et l'indignation, une telle passion est légitime ; si l'on cède à l'admiration inavouée, à la crainte révérencielle superstitieuse, alors une telle passion, qui est amour masqué, est éminemment illégitime, dangereuse et en son fond parfaitement sotte.

Dieu ne veut pas — et ne permettra pas — que l'on tue tous les Juifs en tant qu'hommes, quelque fauteurs de désordres qu'ils soient dans le monde, aspirant à sortir de leurs ghettos pour mettre l'humanité en ghetto (ce à quoi ils sont en passe de parvenir aujourd'hui). Dieu veut qu'on les convertisse, mais c'est là les tuer en tant que Juifs. Telle est la vraie signification des épisodes bibliques — évoqués par l'abbé Chazal qui voit en eux une préfiguration du statut des Juifs parmi les chrétiens — du rejet d'Ismaël, d'Ésaü et de Saül, supplantés mais non physiquement occis parce qu'ils restaient protégés par une onction divine. L'onction divine attachée aux Juifs, c'est leur vocation à se convertir au christianisme. Ni plus ni moins.

On ne dénoncera jamais assez la dangerosité de l'entreprise juive visant à subvertir le monde pour le conformer aux délires d'un peuple habité par une haine paradigmatique de soi-même masquée par une présomption démesurée. Mais cette dénonciation salutaire n'a de chances de produire ses fruits salvateurs, ainsi de ne pas se retourner contre ceux qui l'opèrent, que dans la mesure où sera aussi dénoncée la monomanie antisémite visant à innocenter les pagano-chrétiens de leurs vices et à hypertrophier un danger devenu si formidable qu'il en devient psychologiquement invincible. Peut-être même est-ce aussi le souci inavoué de le représenter comme invincible qui anime secrètement cette monomanie, afin de dispenser ceux qu'elle investit de porter sur eux-mêmes un douloureux regard critique et de faire l'effort de se réformer, de procéder à des révisions dérangeantes.

CHAPITRE IV

Réflexion critique sur le deuxième courant

§ 34. Victoire états-unienne, défaite européenne

Il nous fut donné de publier en samizdat, il y a de cela une bonne quinzaine d'années, un ouvrage consacré aux doctrines du nationalisme qui fut récemment réédité par les soins de notre actuel éditeur. La version de l'édition officieuse comprenait un chapitre intitulé « Pour répondre aux thuriféraires de l'Amérique victorieuse », qui n'avait pas été repris dans l'édition récente, et que nous nous permettons de proposer ici à l'attention du lecteur en guise de traitement des travers du libéralisme. Ce travail contient des passages de circonstance concernant des événements historiques aujourd'hui en partie oubliés, mais ils n'étaient évoqués que pour servir d'introduction à une réflexion plus intemporelle. Il ne nous a pas paru nécessaire de les faire disparaître ici.

En hommage à Claude Rousseau.

Aucun nationaliste français un tant soit peu lucide n'a cru un instant que la « victoire » américaine, au terme de la deuxième guerre d'Irak, était une victoire de l'Occident réel sur la supposée barbarie orientale. Nul observateur de bon sens n'a pu croire une seconde qu'il pouvait s'agir là d'une victoire chrétienne sur l'Islam. Maints nationaux déboussolés et honnêtes s'y sont pourtant laissé prendre. Après nous avoir, dit-on, débarrassés du danger soviétique, les Yankees ne seraient-ils pas en passe de nous libérer, nous pauvres Européens pusillanimes, de l'hypothèque musulmane ? En dépit de tous leurs défauts supposés amendables, les hommes du Nouveau Monde ne seraient-ils pas en train de venger les humiliations de l'homme blanc, ainsi de préparer, par le moyen d'une victoire militaire écrasante, une réhabilitation de la fierté indo-européenne annonciatrice d'un retour des valeurs occidentales traditionnelles ? **Montrons ici qu'il n'en est rien, que toute victoire du libéralisme est une défaite du nationalisme, et qu'en particulier nous n'avons rien à attendre des États-Unis, conscience de soi du libéralisme planétaire et « nation » de l'Internationale de l'argent ; que ce peuple, pourri et dégénéré avant même d'être parvenu à maturité, est actuellement le principal vecteur de la décadence de l'Europe.** La question sera ici abordée dans une perspective quelque peu intemporelle parce que philosophique. Maints commentateurs mieux renseignés que l'auteur du présent texte ont déjà fourni sur la question d'amples informations d'ordre historique, économique, anecdotique ou événementiel, qu'il serait inutile de reproduire ici.

§ 35. L'individu et la cité

La cité n'est pas substance, n'est pas *un* être, une personne, elle n'est qu'un tout d'ordre. Elle n'existe que dans et par les personnes qui s'inscrivent en elle. Mais la personne n'existe que dans et par la cité. Le petit d'homme n'est même pas physiquement viable sans la cité. L'homme est un héritier. Il ne vit humainement que dans et par les relations qu'il entretient avec d'autres hommes. Parce qu'il est pensant, il est un être de dialogue : la pensée n'est pas autre chose, comme le remarque Platon dans le *Théétète* et le *Sophiste*, qu'un dialogue silencieux de l'âme avec elle-même. Mais l'âme n'apprend à dialoguer avec elle-même qu'en apprenant à dialoguer avec d'autres, parce qu'elle apprend à penser en et par le langage, qu'elle reçoit précisément de la société ; de plus, les fruits de la réflexion individuelle et silencieuse appellent d'eux-mêmes d'être communiqués, parce que ce qui est intérieur appelle de soi son extériorisation ; un intérieur exclusif de l'extérieur est *extérieur* à l'extérieur et par là n'est pas véritablement intérieur ; il n'est d'intérieur véritable que comme intériorité s'extériorisant, se posant comme intériorité dans et comme l'acte de son extériorisation. Mais la pensée ne vaut d'être extériorisée qu'en s'adressant à quelqu'un. Ainsi l'homme n'est pensant, n'est effectivement humain, qu'avec d'autres hommes. L'homme est par nature un animal politique. Si l'homme et la cité ne sont que l'un par l'autre, c'est qu'il existe une réciprocation de causalité entre les deux, qui signe leur équivalence. Mais deux choses équivalentes sont des choses qui sont identiques sous un certain rapport. Puis donc que l'homme et la cité ne sauraient s'identifier quant à la matière (le corps de l'homme n'est pas le corps de la cité), c'est qu'ils s'identifient analogiquement dans leur forme : ce qui en l'homme est âme (forme et acte du corps, selon le vocabulaire d'Aristote) se révèle être, dans la cité, sa forme et son ordre mêmes. Conformément à l'intuition de Platon (Livre IV de *La République*), la cité est la position *ad extra* de l'essence générique de l'âme humaine. Cette idée fut redécouverte par Georges Dumézil dans le thème de la tripartition fonctionnelle de la cité, selon lequel il existe une hiérarchie politique des fonctions (sages et penseurs, guerriers, producteurs) qui reproduit dans le macrocosme de la vie publique l'économie ontologique de la hiérarchie structurant le microcosme de l'âme (esprit, cœur, passions). Et de ce que la vie publique de la cité consiste en une extériorisation de la vie intérieure de chacun, l'homme est chez lui en s'inscrivant dans la cité.

§ 36. Le bien commun

Enseignement de saint Thomas d'Aquin rappelé par Charles De Koninck (*De la primauté du bien commun contre les personnalistes*) :

Le bien d'un être est ce qu'il désire en tant qu'il tend vers sa perfection. Donc le bien a raison de cause finale. Donc il est la première des causes (car la cause finale meut les causes matérielle, formelle et efficiente, elle est ultime en exécution parce que première en intention). Donc il a dans lui-même la raison de sa diffusibilité. Sa communicabilité est définitionnelle de sa perfection. Donc il est diffusif de soi. Ce qui revient à dire qu'il est par nature commun. Un bien est d'autant meilleur qu'il est plus commun. Parmi tous les biens propres d'un individu, le bien commun est le meilleur, il lui est propre en tant que l'individu l'appète comme se rapportant à lui et non comme le rapportant à soi. Parmi tous les biens propres du membre d'une équipe sportive (santé, honneurs, argent, etc.), le bien commun de l'équipe (sa victoire) est le meilleur qu'en droit doit appéter le membre, et il doit l'aimer comme *son* bien, mais tel un bien qu'il sert et non tel un bien qui le sert. Et cela est conforme aux injonctions de la nature de l'homme, qui est par nature un animal politique (§ 35). L'homme trouve le vrai bonheur dans le service du bien commun. Or le bien commun, ou bien propre de la cité, est son ordre même qui est l'analogue de son âme. Donc le meilleur bien terrestre de l'homme est en droit l'« extraposition » politique et totalisante de sa vie générique intérieure.

§ 37. La cité, fin de la personne

Les désirs d'un être procèdent de son essence (ou nature) mais, parce que tout désir est manque, ainsi manque en celui qui l'éprouve de ce qu'il requiert pour être lui-même, alors tout désir atteste en celui qui le vit un manque de soi-même, une inadéquation à son essence. Il en résulte que le désir procède de l'essence et ramène à elle. Tout désir de l'individu est désir *de soi* de son essence en lui. Ainsi, le meilleur bien de l'individu est le bien de son essence. Mais puisqu'il existe une réciprocation de causalité entre l'individu et la cité (§ 35), puis donc que la nature politique de l'homme doit s'entendre comme l'exigence d'une ordination de la partie au tout (§ 36), alors l'homme n'est expressif de son humanité intègre qu'en s'ordonnant à la cité comme à sa fin temporelle, ce qui revient à dire que les virtualités de la nature humaine sont mieux réalisées dans la cité que dans l'individu. (Ce qui peut s'illustrer aisément : de ce que l'individu est l'individuation de sa nature qui subsiste en lui au titre de cause immanente de son identité et de ses opérations, il résulte qu'il est incapable d'épuiser, dans sa singularité, les virtualités de son essence, et c'est la raison pour laquelle, afin de déployer diachroniquement les richesses de son espèce, il engendre biologiquement ; mais c'est par son aspiration naturelle à la vie sociale qu'il réalise synchroniquement ce vœu : les diverses fonctions sociales qu'un seul individu, quel que soit son talent, ne saurait assumer seul sont autant de projections concrétisantes de l'essence universelle qui s'exerce en chacun.) Or il vient d'être établi que le meilleur bien de l'individu est le bien de son essence. Donc, derechef, le bien propre de la cité, son ordre qui est projection de l'essence générique de l'homme, est le meilleur bien temporel de l'individu.

§ 38. L'économisme, facteur d'égalitarisme

Le libéralisme (et le capitalisme qui en est le référent économique obligé) n'est pas une organisation de la société qui se proposerait d'emblée des buts intrinsèquement pervers. Ses promoteurs furent même volontiers, à l'origine au moins, spiritualistes. Ainsi en est-il de Tocqueville, qui fut de sensibilité monarchiste légitimiste. Le libéralisme est une organisation de la cité qui consiste à faire de l'État l'instrument (au titre d'arbitre) du respect des contrats privés. Une telle cité présente le mérite éminent, mais unilatéral, de favoriser l'assomption de la responsabilité individuelle. Parmi les relations contractuelles dont l'ensemble réticulé constitue la société civile, il existe des contrats économiques, parce que nulle société ne peut se passer d'échanges de biens matériels, en tant que la vocation objectivement politique de l'homme l'invite à se faire le complémentaire de ses semblables jusque dans la sphère des besoins matériels. Dans les sociétés d'ordre, ainsi dans les cités dont le but est le service du bien commun (tel que défini dans les § 35, 36, 37), l'activité économique (et toutes les fonctions de production) se développe selon des exigences *politiques*, et pour cette raison se trouve subordonnée à des activités d'une autre nature (guerrières, contemplatives et religieuses) qui la limitent par là qu'elles se la subordonnent. L'activité économique y est intrinsèquement structurée de telle sorte qu'elle soit par ces structures mêmes limitée à sa sphère propre (la répartition des biens matériels congrue à la hiérarchie spirituelle et politique de la société), par là ordonnée au bien commun (l'ordre de la cité qui consiste en la projection de l'âme). **Mais il faut remarquer que, de soi ou selon sa dynamique immanente, l'activité économique n'admet aucune limite.**

Ce qui se comprend aisément si l'on se souvient que la cité, dans son essence, n'est autre que l'extériorisation — qui la finalise — de l'intériorité humaine, dans le moment où l'instance sensible désirante (l'*épithumia*) de l'intériorité humaine n'a pas en elle-même le principe de sa régulation : livrés à eux-mêmes, les désirs sensibles n'ont d'autre limite que celle, biologique, des ressources des organes physiques ; c'est la volonté, elle-même régulée par la raison, qui assigne aux désirs sensibles, parce qu'elle en est la fin (la finalité ou le sens), la limite (ainsi la fin prise au sens de terme ou de borne) qu'ils ne sauraient se donner d'eux-mêmes. Les désirs sensibles ne sauraient d'eux-mêmes se limiter pour cette raison que les désirs du corps ne sont pas du corps, puisque leur inflation le peut détruire. Comme le rappelle Platon dans le *Philèbe*, les désirs sensibles sont entés dans l'âme, ils sont du corps en tant qu'ils s'exercent en et par lui, ils ne sont pas du corps en tant qu'ils n'ont pas en lui leur origine première, ils sont l'anticipation de soi de désirs proprement spirituels, mais dans une forme sensible incapable, sans l'initiative de l'esprit qui par là atteste sa souveraineté (sa maîtrise de lui-même et du corps, ainsi sa liberté), de se sublimer en la vérité spirituelle dont ils procèdent.

Aussi le propre de l'activité économique, livrée à elle-même, est d'être inflationniste. Parce que conflictuelle, elle tend en effet d'elle-même, par les rivalités qu'elle suscite, à inviter les rivaux à renforcer leurs champs d'action, ainsi à gonfler le niveau des marchés, à multiplier les échanges indéfiniment, à maximiser la consommation : entre rivaux, il y a toujours un gagnant et un perdant, et le perdant ne peut espérer devenir gagnant qu'en favorisant la relance de la consommation et des échanges, en élargissant les marchés ; le gagnant ne peut conforter sa position de force qu'en faisant de même. La société libérale est condamnée à la croissance économique infinie. Mais cette nécessité, indéniable facteur objectif de performances technico-économiques en contexte libéral, de relancer toujours la consommation en créant de nouveaux besoins et en élargissant les marchés, ne peut pas ne pas tendre à maximiser le nombre des consommateurs et le degré de leur consommation. Ce qui revient à dire que le conflit économique, émancipé de la tutelle politique qui en régime d'ordre le finalise et par là le mesure, *tend mécaniquement à indifférencier les membres de la cité dans le creuset de l'activité des échanges*. Une telle indifférenciation est une égalisation qualitative : le prêtre, le guerrier, l'écolier, le professeur, la mère de famille, le laboureur et l'artiste sont tous identifiés les uns aux autres en tant qu'également consommateurs virtuels. Il en résulte que les différences fonctionnelles, qualitatives parce que politiques, éclatent sous la pression de l'économie devenue économisme en tant que livrée à elle-même, et alors s'y substituent des différences seulement quantitatives en tant qu'exclusivement économiques : la puissance de l'argent « ne constitue pas seulement le fait d'hommes isolés, mais un système, un régime tout entier, qui, comme tous les régimes, ne peut maintenir l'appareil nécessaire à son fonctionnement que s'il met la main sur tous les ressorts sociaux » (Édouard Drumont, cité par Jacques Ploncard d'Assac dans *Doctrines du nationalisme*, Chiré, 1978, p. 17).

§ 39. La violence de l'économisme

Par voie de conséquence, les seuls contrats dont l'État libéral se veut le garant en viennent tous à devenir des relations synallagmatiques de forme économique. À l'ordre qualitatif de la cité, entendu comme extraposition de l'âme, se substitue tendanciellement une hiérarchisation fondée seulement sur la différence des revenus, qui ne tient pour valeur que ce qui est échangeable, quantifiable et monnayable. Or les valeurs spirituelles ne sont pas monnayables (est monnayable ce qui est divisible, ainsi ce qui est mesurable à l'aune de la quantité matérielle). Donc une société libérale exclut structurellement la promotion des valeurs spirituelles. Les aspirations nobles qui subsistent dans les sociétés libérales sont autant d'hystérèses de spiritualité, permises par les possibilités de responsabilité personnelle développées par le libéralisme, mais non encore dissoutes par la logique même de l'économisation des mœurs en laquelle se résout nécessairement la société libérale. Au reste, s'il est vrai que la corruption du meilleur est productrice du pire, il n'est pas étonnant que les sociétés anglo-saxonnes, qui n'ont jamais brillé par leurs aptitudes à susciter de grands élans spiritualistes, soient — moins que les sociétés d'Europe continentale — susceptibles de verser dans l'athéisme, et que leur psyché collective soit plus à même de maintenir une religiosité subjectiviste dont la référence au Dieu Créateur n'est que la caution de leur abandon aux formes les plus triviales du bonheur terrestre ; qu'on songe aux enseignements d'un William James, fondateur du pragmatisme américain, relatifs à l'expérience religieuse : le problème n'est pas de savoir si Dieu existe ou s'Il n'existe pas, il est de savoir s'il est utile d'y croire... Par ailleurs, la richesse n'habilite pas, de soi, à donner des compétences proprement politiques.

L'acquisition des richesses selon la logique libérale exclut même cette compétence (§ 38). Une société libérale est une société dont les élites sont politiquement incompétentes. En elle, l'ordre de la cité est lui-même mis à l'encan puisque cet ordre, qui devrait normalement, à l'intérieur de la cité, constituer le principe à raison duquel se peuvent dérouler des compétitions loyales, devient lui-même objet de compétition sociale. Et de telles compétitions ne peuvent plus être loyales puisqu'elles ont perdu, pour s'être insurgées contre sa férule en en faisant leur objet, le principe de leur équité. Il ne s'agit plus de lutter à l'intérieur d'un ordre naturel, il s'agit pour chacun de lutter afin d'imposer l'ordre construit qui sert ses intérêts privés. L'économisme est intrinsèquement révolutionnaire. Il est le principe privilégié, logiquement et historiquement, de subversion des sociétés d'ordre, parce qu'il les subvertit par le moyen de la complicité de ses membres. Il est l'éclosion, dans les sociétés, d'un état de nature (ou état de guerre) supposé précéder les sociétés mais qui n'a en vérité jamais existé à ce titre, parce que l'homme est par nature un animal politique, de sorte que l'état de nature est toujours chronologiquement et ontologiquement postérieur à la cité, intérieur à elle comme la maladie l'est au corps sain.

La société libérale est une société qui, par la focalisation économisante des énergies qu'induit nécessairement la loi mécanique de son fonctionnement, ne peut pas ne pas tendre à influer sur les mécanismes sociaux et sur les décideurs politiques, afin que ces derniers prennent des décisions incitant tout homme, quelle que soit sa position sociale, à maximiser sa consommation, ainsi à devenir essentiellement consommateur ; mais par là la société libérale ne peut pas ne pas tendre à l'inviter à se donner les moyens (en se faisant lui-même producteur économiquement performant) de satisfaire sa vocation désormais exclusivement consommatoire, de telle sorte que la société libérale transforme mécaniquement tout homme en agent obligé (car il est sommé de le faire, à peine de périr) de biens et de services échangeables et économiquement quantifiables. **Ne devient sujet de valeur que ce qui est économisé.** La manière dont s'y prend la société libérale pour modifier à son profit les mécanismes sociaux, c'est d'une part de favoriser l'avènement de la démocratie, afin de rendre les hommes politiques dépendants des agents économiques, afin aussi de diffuser, par la consécration de la parité politique entre tous les hommes, l'idée d'une égalité de ces derniers quant à leurs revendications hédonistes. C'est d'autre part l'usage immodéré de la publicité en ses méthodes les plus démagogiques, et plus généralement la maîtrise de tous les médiats afin de favoriser les comportements hédonistes et le mythe du progrès par la transformation du monde, afin aussi d'écarter les influences sociales qui s'y opposent (toutes les forces spirituelles, Église, traditions). La poussée libérale ne tombe certes pas du ciel, elle n'est pas une maladie sociale qui naîtrait par génération spontanée. Elle s'ensource elle-même dans une poussée de subjectivisme consécutif au collapsus des énergies spirituelles induisant les comportements désintéressés, ou plutôt les comportements selon lesquels les subjectivités s'accomplissent dans la recherche de biens auxquels elles se savent rapportées, et non de biens qu'elles rapportent à elles-mêmes. Mais en retour, dès que le subjectivisme est né, ce dernier prend nécessairement la forme politique du libéralisme, philosophique d'abord (le moi est la source de toutes les valeurs), puis bientôt économique : le moi vide intronisé moi divin ne peut, au moins dans un premier temps et pour le commun des mortels, tenter de reconnaître sa souveraineté fictive que dans cette parodie d'aséité en quoi consiste la recherche de la satisfaction immédiate de tous les désirs, c'est-à-dire le refus d'un crucifiement — par lequel elle se restitue à sa vocation spirituelle — de la volonté investie dans les désirs.

Clausewitz enseignait : « La guerre est un acte de violence et il n'y a pas de limite à la manifestation de cette violence. Chacun des adversaires fait la loi de l'autre, d'où résulte une action réciproque qui, en tant que concept, doit aller aux extrêmes » (*De la guerre*, 1831, trad. Naville, Éditions de Minuit, et 10/18 p. 40). La guerre est en effet un duel qui induit de soi une ascension aux extrêmes : chacun tente de prévoir la prévision de l'adversaire et modifie sa réaction en fonction de l'idée qu'il se fait de lui. Et cette ascension aux extrêmes s'explique par la seule nature de la guerre, par la rationalité immanente à la déraison qu'est la guerre. Ce qui précède permet de rappeler, avec Claude Rousseau (*Les Illusions de l'Occident*, Albin Michel, 1981, chapitre 12) : « Ce n'est pas le politique, c'est l'économique qui est intrinsèquement violence. » Car la violence est ce qui est contre nature (Aristote, *Physique*, livre V). La violence sociale est l'économisme en tant qu'il dissout l'ordre naturel des sociétés.

§ 40. Libéralisme et démocratie

Première conséquence :

On ne saurait faire dépendre l'ordre de la cité de la lutte de tous contre tous opérée selon le seul critère de l'aptitude à gagner de l'argent. La hiérarchie d'une société, ainsi son ordre, dépend de la fin qu'elle se propose d'atteindre. En poursuivant l'extraposition de l'âme, la cité poursuit le bien spirituel (car l'esprit commande au corps, dans l'homme comme dans la cité). Mais en faisant dépendre l'ordre résiduel (hiérarchie sociale) d'une lutte économique, alors, supposé même que les acteurs dominants soient les plus compétents dans cet ordre de performance, il reste qu'une telle société est finalisée par le bien économique auquel elle subordonne tout le reste. Aux trois grandes parties de l'âme (intellect, cœur, passions), Platon faisait à bon droit correspondre trois vertus (sagesse, courage, tempérance, les trois vertus cardinales étant comme entées sur la vertu de justice qui a pour fin immédiate la réalisation de l'ordre, dans l'homme et dans la cité). Mais de même que la tempérance et le courage ne sont tels qu'en demeurant subordonnés à la sagesse, de même le bien économique (référent politique du bien anthropologique propre aux passions) n'est tel qu'en étant subordonné au bien spirituel. **C'est pourquoi, à terme, même la poursuite du bien économique en vient à être compromise en régime libéral.** En effet :

Il n'est pas de société libérale qui ne soit, de droit et de fait, démocratique. Et cela pour deux raisons.

a) Tout d'abord, l'indifférenciation qualitative à laquelle mène mécaniquement le jeu de la technique libérale (§ 38) induit en ses acteurs un sentiment d'égalité, et une revendication égalitaire : là où les différences sont seulement quantitatives, les individus sont habilités à revendiquer une identique qualité, ainsi une identique dignité à s'occuper des affaires politiques. Au reste, si l'État d'une société libérale s'interdit toute ingérence dans la société civile, s'il laisse aux acteurs économiques le soin de la structurer (c'est-à-dire de la faire exister en tant qu'ensemble de relations d'interdépendance), s'il se limite lui-même au rôle d'instrument et d'arbitre, s'il s'interdit toute fonction directrice subordonnant les initiatives à lui intestines à un bien commun qui aurait raison de cause finale, c'est d'abord parce que la philosophie d'un tel État est de type personnaliste et existentialiste : il n'existe pas de nature humaine, il n'existe pas d'ordre naturel des choses, la réalité humaine se confond avec la liberté, l'essence du Moi est sa subjectivité ou sa conscience. Mais là où la liberté est créatrice de sa nature, du bien et du mal, du vrai et du faux, alors la liberté est de droit infinie, et le rapport qui subsiste entre des libertés supposées infinies est nécessairement un rapport d'égalité, juridiquement entériné par la pratique démocratique du suffrage universel.

b) Dans une société économisée, les seuls biens susceptibles d'être socialement produits sont les biens matériels. Mais le bien matériel est infiniment divisible et imparticipable (un gâteau ne peut habiter plusieurs ventres en même temps sans être divisé, au rebours d'une vertu ou d'une vérité qui peut habiter plusieurs âmes en même temps sans rien perdre de son intégrité, qui même est d'autant plus puissante qu'elle est plus participée, d'autant plus une qu'elle est plus communiquée). C'est pourquoi le bien matériel, en tant que matériel et voulu comme fin (déconnecté de la fin spirituelle dont il est en droit l'instrument), est virtuellement un principe de division et de haine entre les hommes. Mais des hommes qui sont ennemis les uns des autres ne peuvent pas ne pas percevoir comme l'annonce d'un danger la possession par l'un d'un pouvoir que l'autre n'a pas. De sorte que l'unique manière de prévenir les effets supposés pervers d'un pouvoir politique dont la société ne peut pourtant se passer est d'en favoriser la diffusion égalitaire.

Dès lors que toute société libérale est démocratique, elle nourrit en son sein une contradiction mortifère qui annonce sa subversion par des pulsions socialistes, lesquelles, comme il l'a été annoncé, compromettent jusqu'à la recherche efficace d'un bien économique. En effet :

Là où il n'existe plus de différences qualitatives de principe, ainsi de différences justifiant une inégalité quantitative expressive des premières, dans une communauté fondée sur le principe de l'égalité de ses membres, alors tous les hommes, en tant qu'ils sont également consommateurs, ont vocation à devenir des consommateurs égaux. Là où la pulsion subjectiviste se veut la raison de l'ordre social, il est inévitable qu'elle s'en veuille la fin. Si l'homme réduit à sa subjectivité, soustrait à la causalité d'une nature, se veut, en tant que liberté pure, créateur de son être, s'il n'*a* pas de nature, son être de subjectivité est l'être d'un non-être, il est de soi un non-être (ainsi illimité, non circonscrit par une manière d'être déterminée) se donnant son être, il n'est un être que comme l'ayant, *il est son avoir* et, parce que supposé liberté infinie, il doit avoir infiniment. Et le substitut de l'infinité entre des personnes supposées égales est l'égalité dans l'ordre de l'avoir. Plus simplement, des hommes supposés égaux en droits civils (au nom de leur conception démocratique de la cité) ne peuvent pas n'en pas venir un jour à exiger que leur soient reconnus les mêmes moyens — matériels ou pécuniaires — d'exercer ces droits.

§ 41. Libéralisme et socialisme

Afin de prévenir le mouvement dialectique de son basculement en socialisme, la société libérale est condamnée à accroître indéfiniment les performances technico-économiques susceptibles d'augmenter les pulsions consuméristes de ses membres : aussi longtemps qu'elle dure, la pulsion consumériste, enivrante, oblitère la revendication égalitaire. Mais une société économisée produit à moyen terme des hommes dénaturés, puisqu'il est dans la nature spirituelle de l'homme de subordonner à ses besoins spirituels les produits matériels de son labeur. L'insurrection (suscitée par l'âme pervertie) du corps contre l'âme dénature le corps lui-même. La promotion, au statut de fin de l'existence humaine, des puissances consommatoires qui n'en sont en vérité que le moyen, en vient à engendrer des dysfonctionnements dans ces puissances consommatoires elles-mêmes. **C'est pourquoi la mondialisation actuelle du libéralisme triomphant n'est jamais qu'une victoire sporadique sur la tentation socialiste que ce même libéralisme ne peut pas ne pas couver, tel un cancer, au sein de sa propre substance.** Nul ne saurait prévoir aujourd'hui avec certitude, pas plus quant au lieu que quant au moment, les modalités historiques d'un retour du communisme, non plus que la forme originale (probablement très éloignée du stalinisme « ringard ») que ce dernier serait susceptible de prendre. Mais il est certain que le libéralisme planétaire est grevé d'une contradiction logique appelant d'elle-même, si le principe nationaliste (seul capable aujourd'hui de conjurer le péril économiste) ne se réveille pas, sa résolution tragique dans une reviviscence de l'utopie socialiste[5].

---

[5] Nous nous autorisons à compléter aujourd'hui (2021) ce passage par les propos suivants de Jean-Loup Izambert et Claude Janvier, publiés dans le journal *Rivarol* n° 3465 du 31 mars 2021, qui corroborent notre constat, établissant ainsi que les théories conspirationnistes, pour opportunes et même incontournables qu'elles soient souvent, ne sauraient se substituer aux analyses plus philosophiques :
« Il n'y a pas de complot mondial des élites avec des manipulateurs qui agiraient dans l'ombre. Si vous cherchez des complotistes, il faut aller aux États-Unis, en Virginie, dans les couloirs du siège de la CIA à

Langley et dans d'autres structures proches du pouvoir central de Washington. Vous avez là des gens qui sont de véritables complotistes et qui travaillent à préparer des coups d'État, des sanctions contre des États souverains qui refusent le diktat US, des opérations de subversion et autres mauvais coups contre les peuples pour permettre aux sociétés transnationales US de s'approprier leurs richesses.
Les exemples ne manquent pas puisque depuis leur fondation en 1776 les États-Unis ont consacré 95 % de leurs 245 années d'existence à faire la guerre aux peuples pour piller leurs richesses ou tenter de leur imposer leur système. C'est, paraît-il, pour défendre ce qu'ils appellent le "monde libre" et la démocratie. Chacun peut en constater le résultat aujourd'hui dans les ruines fumantes des sales coups préparés avec des "assassins financiers". [...] Ce que nous vivons est l'impérialisme, le stade suprême du développement du capitalisme. À ce stade, les tenants du système n'ont plus d'autres moyens que la violence pour sauvegarder leur système et préserver leurs privilèges. Celle-ci se manifeste aussi bien dans le travail, par la surexploitation, par les privatisations qui dépouillent la nation de ses richesses au profit d'intérêts privés égoïstes, par l'importation organisée d'une "immigration choisie" sous-qualifiée, sous-culturée, sans papiers et sans droits, que Marx stigmatisait comme "l'armée de réserve du Capital" pour diviser les travailleurs et briser nos conquêtes sociales, et la guerre.
Il n'y a donc pas de complot mais une aggravation de la crise économique et financière du capitalisme. C'est une véritable guerre continue [...]. »

Selon nous, il existe probablement des complots plus généraux que ceux de la CIA, intégrés dans le complot mondialiste élaboré par les responsables de la Haute Finance inspirée par la gnose judéo-maçonnique, lesquels aspirent au pouvoir par l'argent autant et plus encore qu'ils n'ont aspiré à l'argent par la mainmise sur le pouvoir politique. Mais quand bien même on considérerait les soubresauts de l'Histoire sous le rapport des intentions subjectives qui animent ces acteurs de l'ombre, la logique des idées — en l'occurrence celle de l'idée libérale — suffirait à expliquer les processus en cours et à prévoir leurs résultats essentiels. Les fomentateurs de complots ne créent pas les idées dont ils se veulent les exécutants, *ils ne choisissent de les exécuter que parce qu'elles les ont choisis*, après qu'ils se furent comme contraints de s'ouvrir à elles sous la pression de la logique de leur refus du bien et

§ 42. Bien commun et esprit de compétition

Deuxième conséquence :

Contre le réductionnisme darwinien, Nietzsche affirme aristocratiquement (*Werke*, XVI, 150, édition Kröner) que les

---

de la vérité. C'est en cela que le conspirationnisme, c'est-à-dire l'attention — en soi légitime et matériellement souvent confirmée — aux complots érigée en système exclusif de toute autre explication, en vient à compromettre l'intelligence de l'Histoire. Il en est ainsi pour la raison suivante : les auteurs de complots doivent certes avoir recours à eux — ainsi au mensonge — pour avoir gain de cause parce que leur but en soi pervers est incapable d'obtenir ce consensus dont une minorité a toujours besoin pour dominer une majorité ; mais ceux qui les dénoncent, hypertrophiant leur responsabilité, en viennent à réduire les causes formelles de la décadence aux causes efficientes qui les mettent en œuvre, alors que la cause efficiente, de manière générale, est elle-même mue par la cause formelle. On s'est beaucoup interrogé sur l'identité de l'Antéchrist et de ses affidés, et l'on a souvent invoqué les manœuvres multiséculaires des Juifs, ce qui est corroboré par la révélation suivante : « Moi, je suis venu au nom de mon Père, et vous ne me recevez pas. Si un autre vient en son propre nom, vous le recevrez » (Jean, 5, 43) ; saint Thomas, s'appuyant sur la deuxième épître aux Thessaloniciens (2, 1), considérait que les Juifs prendraient l'Antéchrist pour leur messie, et que ce dernier reconstruirait le Temple pour feindre de les satisfaire. Mais le projet universel — comme catholicisme inversé — de l'Antéchrist, ne saurait se limiter à la domination juive, qui déifie le seul peuple juif, parce que cette déification est trop particulière pour satisfaire aux passions d'un orgueil radicalisé ; l'Antéchrist devra — et c'est ce rejet qui suscitera en une minorité d'entre eux un retour au bercail de l'Église — rejeter les Juifs après les avoir exploités et manœuvrés dans l'exécution de sa tâche, et inviter l'humanité entière (et non les seuls Juifs) à s'adorer elle-même en l'adorant telle la conscience de soi hypostatique de l'humanité déifiée dans et par le mondialisme. Or ce dernier peut être logiquement déduit, sans qu'il soit besoin d'en appeler nécessairement aux Juifs, aux maçons ou aux satanistes, de l'idée libérale elle-même. Ce qui ne signifie pas que les initiatives menées par les Juifs, les maçons et les satanistes relèveraient du phantasme.

formes inférieures ne sauraient produire des formes supérieures. La lutte permet au mieux de révéler les meilleurs dans la masse, mais elle est incapable, de soi, d'engendrer dans les combattants des vertus qu'ils ne posséderaient pas et que cette lutte se contente en fait de dévoiler. Nietzsche ajoute, pour confirmer cette détestation du culte irrationnel de la loi du plus fort, de la vénération pour la réussite, que ce sont en fait les plus faibles et les plus médiocres qui se révèlent ultimement victorieux dans le « *struggle for life* » : « **La règle veut que les hommes supérieurs, les âmes d'élite, succombent et fassent naufrage** » (*Par-delà le Bien et le Mal*, § 379, traduction G. Bianquis, Aubier, 1963). C'est que, en effet, le fait de la victoire ne consacre pas nécessairement le droit à être victorieux. Il le consacre si et seulement si les critères de la lutte sont définis par la nature du vrai bien dont cette lutte est supposée servir l'inégale participation, si donc les critères de la lutte ne sont pas eux-mêmes enjeux de la lutte. Mais dans une société où l'unique mode de hiérarchisation entre les individus relève de la loi de l'offre et de la demande, ainsi de l'intérêt privé *quantifiable*, par là économique, alors nécessairement les critères de la compétition sont eux-mêmes enjeux de compétition, puisqu'on a vu (§ 38 et 39) que le critère de la compétition économique est lui-même en compétition avec les autres critères de hiérarchie : tous les acteurs sociaux doivent être également consommateurs pour que l'on puisse vendre et acheter n'importe quoi à n'importe qui, ainsi pour que soit maximisée l'exigence de progrès économique. On comprend pourquoi, en dépit d'une supériorité à la fois naturelle et historique du génie européen (parce qu'il est seul à savoir conjuguer l'excellence dans le discernement des vrais biens et l'excellence dans l'art de s'approprier aux exigences de tels biens) par rapport à toutes les autres manières d'être homme, les Juifs et les États-Unis en soient venus à dominer la planète sans partage. Dès qu'ils se mirent à douter de leurs propres valeurs, les Européens furent incapables d'imposer des critères de réussite conformes à l'ordre des choses, ils furent incapables de soustraire les critères légitimes de compétition à la compétition pour le pouvoir à n'importe quel prix (au vrai, au prix de ce qui fait la vraie dignité de la personne humaine : son aptitude à goûter aux biens spirituels), et ils furent submergés dans des conflits qui n'étaient plus qu'économiques.

Le libéralisme est toujours démocratique (§ 40). Parce qu'il est nécessairement démocratique, le libéralisme n'est pas une règle du jeu parmi d'autres. Il est la règle du jeu donnant à chacun (individu ou plus volontiers lobby) de s'introniser compétiteur dans la lutte de tous contre tous et où l'enjeu liminaire du conflit est d'abord la règle du jeu elle-même, la règle du jeu ayant vocation à régir la société perpétuellement engendrée et perpétuellement remise en cause, ainsi en état *de révolution permanente*, par le jeu de ces conflits civils. Le libéralisme réalise un tel état de fait par la substitution du droit privé (respect des contrats) au droit public traditionnel visant le bien commun (le seul droit public qui demeure en régime libéral est au service du droit privé). Or d'une part les hommes sont mauvais ; en consacrant le pouvoir du nombre, le libéralisme ne peut que consacrer les critères d'excellence reconnus par les médiocres, à savoir ceux de l'argent. De plus, même si les hommes n'étaient pas congénitalement mauvais, ils ne sauraient, livrés à eux-mêmes et placés en situation de compétition, promouvoir les vraies valeurs (spirituelles) comme critères de compétition sociale juste. En effet, la seule juste règle du jeu est celle qui élève les hommes spirituellement en les ordonnant au bien commun. Mais le bien commun, extraposition de l'âme, ordre de la cité, est ce à partir de quoi l'homme, parce qu'animal politique par nature, s'identifie réflexivement à lui-même, ainsi met de l'ordre en lui, par là s'habilite à discerner les vraies valeurs et à les imposer comme critères de juste compétition sociale. Dès lors, si l'instauration du bien commun n'est pas posée en préalable à la compétition sociale, il n'y a aucune chance pour qu'il devienne jamais le résultat de la compétition sociale. Si le bien commun n'est pas soustrait à la compétition sociale (régie en climat libéral par l'acte de passer des contrats), il devient lui-même objet et résultat d'un contrat (et c'est pourquoi toute société libérale est contractualiste) opéré par des hommes qui structurellement sont incapables de viser l'ordre de la cité, ou le vrai bien commun, de sorte qu'ils ne poursuivront qu'un intérêt général, à la fois somme et condition formelle de possibilité des biens particuliers.

§ 43. Droit et force

Il est à présent possible de mettre en évidence la profonde mauvaise foi de l'autojustification libérale. Le libéral, qui se veut « de droite » en tant qu'il se croit antisocialiste, raisonne ainsi : « L'État, garant des libertés, doit être fort afin d'être en mesure de faire respecter les contrats passés entre particuliers ; il doit être fort afin de faire respecter la règle du jeu, admise par tous, à raison de laquelle chacun poursuit son bien propre qui consiste dans l'enrichissement individuel ou *privé*, obtenu par le moyen des pratiques commerciales nourries par le développement industriel. Il y a des gagnants et des perdants, des riches et des pauvres, parce qu'il y a des travailleurs et des fainéants, des génies et des crétins, des chanceux et des malchanceux, et c'est très bien ainsi ; l'État libéral se contente d'entériner des inégalités naturelles dont le jeu, en même temps qu'il les ratifie dans l'ordre de l'avoir, contribue objectivement à enrichir tout le monde grâce au climat d'émulation qu'il suscite. C'est une loi de nature que chacun poursuive son bien propre, c'est une loi de nature, rappelée par le Calliclès du *Gorgias* de Platon, que le plus fort ait la plus grosse part, parce que sa force est expressive d'un mérite : il devient économiquement fort par son travail, et son travail est fécond en vertu de ses dons naturels et de sa volonté. » Nul ne contestera que ce propos contienne une part de bon sens, qui dénonce les méfaits des utopies égalitaires et socialistes. Mais le raisonnement pèche par un point trop peu rappelé : la « règle du jeu » du régime libéral n'a aucune justification intrinsèque, fors celle de la « loi du plus fort », laquelle n'est pas une loi puisque, aussi bien, comme le rappelle un Jean-Jacques Rousseau pour une fois bien inspiré, la force ne saurait faire loi dès lors que le propre de toute loi est de régir la force, c'est-à-dire de l'ordonner à une fin qui s'en révèle le vrai principe de justification. Mais qu'est donc le principe de justification du régime libéral, sinon sa fin qui, hédoniste et individualiste, n'avalise la « règle du jeu » du libéralisme que si celle-ci promeut effectivement celle-là, et cela pour tous ceux qui sont assujettis à cette règle ? Les sociétés libérales développent l'appétit consumériste en tous les agents de la production et de l'échange, mais elles ne donnent qu'à un petit nombre (au vrai à un nombre toujours plus restreint) les moyens de satisfaire de tels appétits. Quand accède à la conscience l'idée que c'est à la règle du jeu elle-même qu'il convient logiquement d'attribuer la responsabilité de telles frustrations toujours plus douloureuses, alors naît le désir de changer de règle. Si tous les membres d'une société ne souscrivent à une règle du jeu douloureuse qu'en tant qu'elle maximise leurs jouissances sensibles dont au reste elle ne peut pas mécaniquement ne pas maximiser les désirs, alors une telle règle leur paraît légitimement illogique et injuste dès qu'elle se révèle facteur de frustration. Il y a, de fait, contradiction entre le caractère anti-élitiste de la fin consumériste, et le caractère élitiste du moyen de l'atteindre. Au fond, le libéralisme est une organisation de la société dans laquelle les meilleurs, revendiquant à bon droit leur droit à diriger la société en occupant les meilleures places, entendent subordonner la société tout entière à une finalité peccamineuse. Et c'est pourquoi ils ne sont pas véritablement les meilleurs, même s'ils sont capables de convoquer des vertus qui, exercées dans un autre contexte politique, auraient une authentique portée morale qui les justifierait. La règle du jeu libérale n'a aucune justification intrinsèque, ainsi aucune justification morale et politique qui en conserverait la validité juridique quand bien même son application serait source de dommages pour ceux qui lui sont assujettis, pour cette raison qu'elle est un moyen induit par une finalité antinaturelle. Le bourgeois peut bien dire : « Ceci est à moi parce que je l'ai gagné. » Et le pauvre répondra : « Tu ne l'as gagné qu'en vertu d'une règle du jeu dont la justification, spécifiée par le contrat social, tenait dans son aptitude à nous enrichir tous. » Et la philosophie du bien commun dira : « C'est l'ordre de la cité, bien commun et fin des activités sociales, réalisation politiquement développée de l'ordre intérieur qui régit naturellement chaque personne, qui seul légitime l'inégalité sociale et économique, même s'il est vrai qu'il est dans l'ordre, concomitamment, que les fonctions les plus élevées soient exercées, autant que faire se peut, par les plus doués. Et la règle du jeu régissant la compétition sociale n'a de légitimation intrinsèque que si elle est induite par la poursuite d'un bien *commun*, par là d'un bien spirituel. » Contre les méfaits de l'insurrection égalitariste, le libéral effarouché prendra tantôt la pose du traditionaliste indigné (« plèbe révoltée, utopistes, constructivistes, fainéants, assistés, aigris, révolutionnaires... »), tantôt celle du « performant post-moderne et progressiste », c'est-à-dire du cynique se piquant d'avoir lu Nietzsche : « La vie est une lutte, *vae victis*, le monde appartient aux forts » (sous ce rapport, il n'est pas étonnant de découvrir parmi les libéraux de la plus jeune génération maints transfuges de la Nouvelle Droite). À quoi la philosophie du bien commun répondra : « Les libéraux conservateurs sont les plus scandaleux fourriers qui soient du socialisme le plus égalitaire, qui ne convoquent les vertus morales que pour les faire servir à une fin immorale ; et les faquins du cynisme libéral justifient d'avance les violences des ventres vides enférocés qui les émasculeront, parce que, si la force fait droit, on ne voit pas au nom de quel principe moral le nombre, dont la force est à long terme imbattable, ne se débarrasserait pas de la force des banques. »

§ 44. Libéralisme et socialisme

Dans le § précédent, fut expliqué que les sociétés libérales développent l'appétit consumériste en tous les agents de la production et de l'échange, mais qu'elles ne donnent qu'à un petit nombre les moyens de satisfaire de tels appétits, et en fait à un nombre toujours plus restreint d'entre eux. Il est certes possible de relativiser ce jugement, voire de le contester, en faisant observer, comme d'aucuns l'ont fait avec brio depuis une décennie, que le capitalisme dispose de ressources extraordinaires de vitalité, en particulier jouit de l'aptitude à récupérer ses propres opposants, voire à se les subordonner, et ce jusqu'au point de les entretenir en son propre sein. Dans cette perspective, c'est le rêve américain qui définirait la fin de l'Histoire, non le rêve communiste ; c'est dans le paradis californien qu'émergerait le dernier homme nietzschéen, et c'est à ce dernier, parce que prodigieusement stable, au sens chimique du terme, que le monde entier aurait vocation à se conformer, de sorte que le capitalisme serait immunisé, pour l'avoir dépassée en l'assumant, contre toute rechute dans l'enfer soviétique. Une telle vision des choses, que l'actualité immédiate semble corroborer, est peut-être fragile, qui oublie tout d'abord que c'est comme *socialiste* que Nietzsche définissait le dernier homme, et que l'intuition de Nietzsche avait peut-être, sur ce point, plus de valeur que le raisonnement et la métaphysique dont il s'inspirait pour l'étayer.

a) Si l'on considère tout d'abord l'aspect technique ou mécanique de la praxis capitaliste, on doit s'apercevoir que, nonobstant la disparition tendancielle (par suite de mesures keynésiennes et socialisantes en effet efficaces et parfaitement compatibles avec le libéralisme, au moins jusqu'à un certain point) du prolétariat dans les sociétés libérales avancées, ainsi l'édulcoration de la lutte des classes, le capitalisme — témoin l'actuelle guerre du Golfe — ne peut prévenir les contradictions dont il est grevé que par le moyen du recours à la guerre, afin de s'ouvrir, de la manière la moins libérale qui soit, de nouveaux marchés, afin de mettre la main sur les ressources énergétiques de la planète, afin d'empêcher les concurrents d'y avoir accès. Quelque effort qu'il fasse pour supprimer les nations et s'émanciper des États, le capitalisme ne peut pas vivre sans eux et ne peut que se les subordonner ; la Haute Finance et les fictions monétaires ne sont rien sans l'autorité des États qui ne pèsent eux-mêmes, en dernier ressort, que par la puissance de leurs armes. La principale contradiction technique du régime capitaliste, mise en évidence par Marx, est la contradiction entre le caractère social de la production et le caractère privé de la propriété des instruments de production : si tous les hommes, depuis l'abandon des sociétés d'ordre, se révèlent *également* nécessaires, dans un système de production et d'échanges qui consacre leur interdépendance absolue, à la bonne marche du tout, il est inévitable, dès lors que ce système est finalisé par le bien privé, qu'ils en attendent des bienfaits *égaux*, tant sur les plans quantitatif que qualitatif. De sorte que l'inégalité économique, moteur du capitalisme (différence de potentiel requise par l'existence d'un patronat et de salariés, eux-mêmes condition des grandes entreprises qui seules rendent possible l'accroissement de la production) en même temps qu'elle est son effet obligé, est contredite par la fin qu'objectivement se veut servir le capitalisme. Et cette contradiction est prévenue par l'accroissement — lui-même obtenu par des pratiques non économiques (guerrières) — de la production, de l'échange et de la consommation, lequel accroissement, en ses agents, endort sporadiquement, si l'on peut dire, la conscience de cette contradiction. Mais corrélativement la guerre induit chez les vaincus un compréhensible sentiment de monumentale injustice, qui fait contracter aux nations pillées le statut de nations prolétaires que jadis assumait, dans les sociétés capitalistes, la classe ouvrière aujourd'hui en voie de disparition. Ce qui revient à dire que le processus, décrit par Marx et prolongé par Lénine, de concentration du capital corrélatif de la prolétarisation des masses, demeure un type d'analyse valable pour le temps présent, même si les effets d'un tel processus sont lointains. L'intégration docile des nations vaincues dans le système capitaliste ne saurait enrayer un tel processus, parce que cette intégration les somme d'adopter les comportements des nations capitalistes, ainsi des comportements belliqueux eux-mêmes générateurs de ressentiment chez leurs victimes. En Amérique du Nord, les exigences de rentabilité de l'argent devenaient trop fortes pour que les industries pussent, sans se mettre à exploiter des travailleurs dont la baisse de pouvoir d'achat eût en retour grippé le système de production par chute de la consommation, satisfaire les besoins des actionnaires internationaux. D'où la fuite en avant impérialiste du capitalisme. Mais prendre acte de cette inadéquation structurelle entre les exigences du capitalisme financier et les capacités réelles du capitalisme industriel, c'est rappeler tout simplement cette contradiction entre le caractère social de la production capitaliste et le caractère privé de la propriété des instruments de production : le caractère **privé** de la propriété *capitaliste*, par là de la propriété déconnectée des devoirs moraux liés à une conception *patrimoniale* (ainsi soucieuse d'un bien commun ou **public**) de la propriété, développe une exigence hédoniste de rentabilité immédiate qui dépasse les possibilités, médiates, de la production industrielle socialement obtenue ; en retour, le caractère collectif et anonyme de la propriété capitaliste (actionnariat) n'est qu'un effet, conditionné par le caractère collectif ou social de la production industrielle, d'ajustement toujours inadéquat de la propriété privée à la production collective. Notons encore que la finalité de l'industrialisme, hédoniste et individualiste, appelle une chute de tension du sens de l'effort et du souci désintéressé de l'avenir, qui est peu compatible avec la tension laborieuse et le souci du long terme qu'exige le développement de l'industrie et des techniques ; qu'on songe par exemple à la chute de la natalité dans les nations industriellement performantes, ou encore au poids toujours plus croissant d'un troisième âge de retraités convertis en rentiers, autant d'événements dont les mesures d'immigration massive de populations techniquement moins avancées ne sauraient, à long terme, pallier les effets économiquement néfastes. Contre le reproche fait à Marx d'avoir négligé le facteur du progrès technique dans son analyse de la productivité industrielle, il faut remarquer que les progrès techniques ne préviennent nullement le processus de concentration des capitaux en un nombre de mains toujours plus faible, pour cette raison que le progrès technique, immédiatement appliqué par tous les concurrents, ne les dispense nullement d'exploiter les travailleurs ou de s'absorber les uns les autres, puisque, loin de les dispenser de s'affronter, il leur permet au mieux, si l'on peut dire, de s'entre-tuer avec des armes plus puissantes. En dégageant une plus-value qui n'est plus, *immédiatement*, liée à la force de travail humain, les progrès techniques peuvent bien, un temps, dispenser le capital d'exploiter les travailleurs. De tels progrès ne peuvent, cependant, dispenser les capitalistes de s'affronter et de s'éliminer les uns les autres ; ils ne peuvent par là prévenir le processus de concentration toujours plus accusée du capital : si l'on additionne la fortune privée des trois cents individus les plus riches de la planète, on s'aperçoit qu'elle équivaut au revenu cumulé de deux milliards et demi d'êtres humains. Mais c'est à ce titre que les capitalistes sont incapables, en retour, de prévenir un recours *médiat* aux mesures d'exploitation des travailleurs : le processus de concentration du capital croît plus rapidement que le processus de renouvellement des techniques de production (lequel exige un ajournement de la recherche du profit immédiat), de sorte que le capital concentré n'a d'autre recours, pour maintenir son hégémonie, que celui de l'exploitation directe des travailleurs, ou de la fabrication, par le moyen de l'impérialisme néo-colonialiste, de nouveaux prolétaires.

b) Si l'on en vient à considérer l'aspect psychologique de la praxis capitaliste, il convient cette fois d'observer que l'endormissement de la pulsion égalitaire par la satisfaction de la pulsion consumériste ne laisse pas la première d'être objectivement nourrie et amplifiée par la seconde. En se livrant corps et âme aux biens matériels, le consommateur se détourne de la fin spirituelle à quoi le destine sa nature à lui dévolue par la volonté divine, il se met en contradiction avec lui-même. En s'adonnant à la recherche devenue exclusive de biens qu'il rapporte à lui-même, il se soustrait à sa vocation qui veut qu'il tende vers des biens auxquels il est rapporté. Il choisit de préférer son moi, se prenant pour fin, à la fin à quoi le destine son essence. En termes théologiques, tout acte peccamineux consiste à préférer sa volonté à celle de Dieu. Mais la nature de cette même volonté, à quoi la volition même peccamineuse emprunte son efficace, continue à être objectivement habitée par le désir de Dieu. Et la conjugaison du désir de Dieu et de la préférence, dans le moi consumériste, de sa propre volonté au détriment de la volonté divine, ne peut logiquement prendre que la forme d'un désir *d'être* Dieu. Le désir des biens matériels vise, à travers leur satisfaction sensible toujours renouvelée, la satisfaction spirituelle, mais orgueilleuse, d'éprouver sa propre souveraineté, de jouir de sa glorification subjectiviste. Or la souveraineté du moi ne souffre aucune subordination qui révèle une inégalité, elle repousse de toutes ses forces toute inégalité. C'est pourquoi les prouesses consuméristes du libéralisme, même participées (selon des mesures qui relèvent de la social-démocratie) par le plus grand nombre, n'apaisent la revendication égalitaire qu'à la manière dont l'alcool endort la haine de soi et la déréliction du dipsomane : elle les apaise subjectivement en les renforçant objectivement. Que la source des plaisirs sensibles vienne à se tarir, et le moi subjectiviste se réveille renforcé dans son égalitarisme qui lui fait préférer l'égalité dans la pénurie à l'inégalité dans l'abondance. Et l'on vient de voir (§ 44 a) que le capitalisme n'a pas les moyens de prévenir indéfiniment ses crises techniques de fonctionnement. La chute du Mur et le taux de croissance de l'économie états-unienne font que le libéralisme, comme idéologie, a aujourd'hui le vent en poupe, au point que nul ne croit plus à la possibilité même d'une tentation des peuples à l'égard du collapsus socialiste. Pendant ce temps, l'économie américaine, qui consomme plus qu'elle ne produit, se fait de plus en plus débitrice de capitaux japonais et *chinois* (l'équipe de Bush désigne la Chine comme le plus gros rival géopolitique de l'Amérique), dans le moment où la Russie de Poutine, structurée plus que jamais par les élites du KGB, est en passe de réussir à son profit le découplage d'une Europe de plus en plus réticente à l'égard de sa dépendance militaire, politique et économique vis-à-vis des États-Unis devenus financièrement de moins en moins crédibles.

§ 45. Réponse à une objection

Avant que de conclure, revenons un instant sur ce qui fut développé au § 40 (b), afin de prévenir une objection. Nous avons déclaré que ce qui est son avoir, comme liberté infinie, doit avoir infiniment, et que des personnes supposées infinies sont égales, mais, puisque cette infinité est de l'ordre de l'avoir, elles doivent avoir également ; ou encore que des personnes dotées de droits égaux doivent, dès lors qu'il s'agit du droit d'avoir, jouir d'un avoir égal. En fait, ce raisonnement pourrait être, semble-t-il, relativisé de la manière suivante : celui qui est sa liberté est (ou se veut, s'éprouve comme) incommensurable à tout autre, au point de pouvoir négliger les différences dans l'ordre de l'avoir (ce qui invaliderait la pertinence de notre argument) ; quel que soit l'écart de fortune qui le distingue de son concitoyen plus favorisé, l'Américain moyen (par exemple) se sent profondément égal à lui, ce qui empêche le ressentiment de prendre naissance. Répondons :

Cette manière en quelque sorte « innocente » d'être subjectiviste suppose que le libéral ait foi en la valeur tout intérieure de sa subjectivité, sans qu'il éprouve le besoin de la vérifier en l'extériorisant, ou (ce qui revient au même) sans qu'il éprouve le besoin de comparer son avoir à celui d'un autre, c'est-à-dire sans qu'il exige de reconnaître dans son avoir l'expression adéquate de la valeur de son être, ou encore sans qu'il ait prétention (par la médiation de son avoir) à se donner son être, à se créer. Cela suppose référence à un Dieu transcendant qui le reconnaît, en tant que subjectivité, comme valeur infinie. Une telle foi religieuse doit être de type protestant, qui seule conjugue (au reste absurdement) l'idée d'un Dieu créateur (des subjectivités) et celle d'une subjectivité sans nature : l'homme de Luther est vide, sa nature est tellement détruite (par le péché originel) qu'elle n'est rien, sa liberté (son libre arbitre) est morte mais la foi aveugle la réhabilite sans reconstruire sa nature, de sorte qu'il est bien une subjectivité pure et vide, une liberté sans nature. La mentalité induite par le catholicisme laisse, dans le révolutionnaire (d'abord libéral, puis jacobin, puis bientôt marxiste), subsister d'une part une référence à la valeur des œuvres (extériorisation de l'intérieur), d'autre part (et comme son référent obligé : l'intérieur de la subjectivité exige son extériorisation pour se rendre adéquat à son essence) une référence à l'idée de nature humaine qui, parce que ce révolutionnaire se veut lui aussi, en tant que révolutionnaire ou insurgé, liberté sans nature limitatrice, se convertit en nature divine (être créateur de soi, c'est être divin) : seul le révolutionnaire d'origine catholique (ou plus généralement le révolutionnaire conjuguant l'idée de nature humaine et celle de liberté infinie) peut vouloir être Dieu. Dans cette perspective, la praxis économiste des protestants ne devrait pas logiquement appeler d'elle-même son basculement dans l'égalitarisme. Il reste cependant que, supposé que la foi protestante ne s'affaiblisse pas chez les Américains, supposé ainsi que les Anglo-Saxons ne soient jamais tentés par le communisme, les effets planétaires de la diffusion de leur hédonisme s'exercent dans des mentalités non protestantes, qui elles seront tentées par le communisme. Par ailleurs, on peut se demander si le progrès de l'hédonisme est indéfiniment compatible avec le maintien de la foi, fût-elle protestante, qui suppose un minimum d'abnégation (alors que l'hédonisme refuse toute abnégation). En troisième lieu, les changements ethniques développés par l'immigration (elle-même induite par les techniques libérales de gestion de l'économie) substituent progressivement, aux États-Unis, une population latine, d'origine catholique, aux WASP d'origine. Et alors notre raisonnement de départ reprend consistance, même pour les Anglo-Saxons. Naguère, les libéraux anglais ont couvé en leur sein le travaillisme et ont donné naissance à maints agents de Moscou. Il y a aujourd'hui maints intellectuels (universitaires) anglo-saxons (en particulier américains) qui sont marxistes. L'équipe de Bush Jr est composée de plusieurs anciens trotskistes. Une crise économique frappant de plein fouet les consommateurs américains pourrait même là-bas, si nos raisonnements sont exacts, convertir l'individualisme libéral en revendication égalitaire.

§ 46. Conclusion

En climat libéral, il est impossible de rendre appétibles les valeurs spirituelles et de les consacrer au titre de critères de hiérarchie et de compétition sociale. Et c'est pourquoi, contre toute récupération libérale et anglo-saxonne du thème nietzschéen de la volonté de puissance, les meilleurs perdent toujours dans les temps de décadence, comme le prophétisait Nietzsche à bon droit.

La victoire du libéralisme sur les sociétés d'ordre n'est jamais que la victoire des boutiquiers, des Juifs, des manipulateurs d'argent, des hallucinés du progrès, des corrupteurs et des démagogues, des parvenus de l'intelligence, c'est-à-dire de l'écume de la plèbe aux dépens de laquelle ils s'élèvent, mais qui demeure consubstantielle à la populace, laquelle, rapportée à l'aune de la puissance physique, pèse toujours plus lourd que les élites. **Une telle victoire justifie-t-elle que l'on ait le cœur si enflé ?** Il y a, dans notre Moyen-Orient en lequel il serait tout aussi réducteur d'identifier tous les Arabes à l'Islam que tout l'Islam aux Arabes, un mélange indistinct d'authentiques aspirations spiritualistes insurgées contre le matérialisme occidental, et de ressentiment de consuméristes frustrés masqué sous les dehors d'une intransigeance religieuse (au reste elle-même anti-occidentale). Quelque frelatée ou équivoque que soit l'animosité musulmane à l'égard de la Carthage américaine, il faut néanmoins dire que l'agression anglo-saxonne contre le régime de Saddam Hussein fut une iniquité libéralo sioniste qui, loin de promouvoir le christianisme authentique, s'est subordonné le plus gangrené du christianisme (l'intégrisme protestant annonciateur d'un « Âge d'or » furieusement semblable à celui qu'attendent les Juifs) au profit du mondialisme judéo-bancaire et maçonnique. Et de même, la victoire planétaire du libéralisme a trompé les gens honnêtes en les débarrassant d'un communisme économiquement exsangue (il n'en pouvait au reste être autrement), et circonscrit parce qu'incarné dans une forme nationale qui en contredisait le contenu internationaliste. Par là, cette victoire des plus hallucinés du monde blanc n'a fait qu'alimenter les conditions de possibilité d'un socialisme planétaire que le libéralisme individualiste ne peut pas ne pas engendrer malgré lui, à la manière des filles de joie nourrissant les chaudes-pisses, quelque fréquent que soit leur usage des bidets aseptisés. Le triomphe du libéralisme n'est pas la mort du communisme, mais seulement celle de sa forme nationale. « Le cadavre social est naturellement plus récalcitrant et moins aisé à enterrer que le cadavre humain. Le cadavre humain va pourrir au ventre du cercueil, image régressive de la gestation ; le cadavre social continue à marcher sans qu'on s'aperçoive qu'il est cadavre, jusqu'au jour où le plus léger heurt brise cette survivance factice et montre la cendre au lieu du sang. L'union des hommes crée le mensonge et l'entretient : une société peut cacher ses lésions mortelles, masquer son agonie, faire croire qu'elle est vivante encore alors qu'elle est morte déjà et qu'il ne reste plus qu'à l'inhumer » (Édouard Drumont, *La Fin d'un monde*, 1889, p. III, Introduction, cité par Jacques Ploncard d'Assac, *op. cit.*, p. 11). Ce diagnostic pourrait bien convenir aux sociétés libérales actuelles, parce que le libéralisme est en passe de réaliser sa vocation mondialiste en laquelle, par là qu'il s'y consomme, il développe ses propres contradictions mortifères.

§ 47. Compléments

Là s'arrêtait notre chapitre. Complétons ce diagnostic par quelques remarques plus directement relatives au deuxième courant du conservatisme. Ce qui peut expliquer la séduction opérée par cette forme de conservatisme qui ne conserve rien, qui même détruit ce qui a vocation à être conservé, mais qui pourtant se pose en champion de la guerre contre ces valeurs de gauche que sont l'athéisme, le mirage du paradis sur Terre générateur de catastrophes dystopiques, l'égalitarisme et le collectivisme, ce sont peut-être les caractères suivants :

Le libéralisme économique est ce en quoi s'investit l'énergie combative de ceux qui, formés par le conservatisme statique et réactionnaire, répugnent à consentir à cet esprit de résignation qui, sous couvert d'humilité chrétienne, accoutume l'homme à l'idée — qui résume tout l'esprit du surnaturalisme — qu'il faudrait rater sa vie terrestre (selon les critères humains de la réussite) pour s'approprier aux exigences de dépouillement de soi que requiert en effet le salut. Rendus incapables, du fait des circonstances qui sclérosent la société en classes sociales hermétiques, d'user leur pugnacité dans le domaine politique, ne trouvant pas le moyen — par suite par exemple d'une réaction nobiliaire ou d'un autre phénomène social analogue paralysant la circulation des élites — de faire valoir, dans l'élément de la hiérarchie politique et administrative établie, leur appétit de conquête et de progression sociale qui n'est, non dépravé, que l'envers naturel du désir de servir, ils se tournent vers le désir de richesses afin d'accéder au pouvoir par l'argent. Mais les conditions mécaniques d'exercice du libéralisme économique détruisent, comme on l'a vu, toute possibilité de construire cette société d'ordre et en même temps dynamique, qui vaudrait que l'on fît l'effort débilitant de devenir riche mais en vue d'établir un pouvoir politique noble. En fait, le libéralisme économique ne peut pas ne pas en venir à céder aux exigences du libéralisme philosophique, qui est un relativisme et un scepticisme, afin de s'innocenter des désordres sociaux que sa pratique induit. Les libéraux qui se veulent « conservateurs » sont rejoints par les résidus d'aristocraties écartées par l'absolutisme royal du fait de leur prétention à contrôler le roi selon les exigences d'une démocratie restreinte, et à l'empêcher de se soustraire, pour incarner l'État organique, à la pyramide féodale des relations de suzerain à vassal. Devenue oisive, léthargique, incompétente, de moins en moins bien pensionnée par un État naissant en retour quémandeur sempiternel de liquidités pour alimenter ses guerres, elle se tourna vers les manipulations de la Haute

Finance improductive afin de maintenir son train de vie fastueux, ainsi se livra elle aussi à l'agiotage et à la chute d'une économie structurée par l'organisation corporative du travail. Cette solidarité inattendue entre requins parvenus de la plèbe et fins de race marginalisées explique peut-être aussi que le libéralisme, sociologiquement, puisse se dire « conservateur ».

Ce qui reste du souci de l'ordre intemporel des choses dans l'esprit libéral, c'est peut-être l'acceptation du fait de l'inégalité d'une part, et d'autre part celle de cette loi universelle du vivant, qui veut qu'il faille risquer sa vie pour la conserver, se dépasser — se contraindre à aller au-delà de soi — pour conjurer la tendance congénitale à glisser dans le moins que soi, lutter toujours contre la tendance à l'entropie, combattre pour jouir d'une paix qu'on se réjouit de savoir précaire et dont l'unique légitimation est de refaire les forces des combattants, se dominer contre ses désirs pour subsister en homme. On peut faire mémoire dans le même ordre d'idée du souci de préserver la propriété privée, lequel prévient cette substantification de la cité — par quoi l'homme en délire de révolte proclame son aséité — induite par la collectivisation.

Une telle acceptation de la lutte pour la vie est peut-être aussi ce qui, dans le libéralisme, put et peut séduire encore maints esprits à notre sens non éclairés issus du troisième courant du conservatisme, celui de la Révolution conservatrice, qui, assomptif d'un nihilisme que son adepte suppose ontologiquement indépassable, fait tendre cet adepte à le surmonter par une praxis polémique faisant se constituer la vie des hommes par le plébiscite d'un combat éternel. Quand le combattant-né se voit privé, par la diffusion de l'esprit démocratique, de luttes chevaleresques, il cède au désir d'aller combattre là où le conflit se trouve encore, à savoir sur le terrain économique.

Ce qui est certain, c'est que l'esprit libéral prohibe par principe l'idée même de bien commun fondateur, c'est-à-dire de bien commun à tous et qui soit corrélativement le meilleur bien de chacun. Un tel bien commun exige en effet que la société soit organique. Est organique une société qui, comme tout, fait s'entretenir une relation de dépendance réciproque entre le tout et les parties, mais sous l'égide du tout lui-même : le tout n'est pas sans l'initiative de ses parties qui, corrélativement, vivent de la vie même du tout qui de ce fait se veut en et par elles, se les subordonne, et leur enjoint de l'aimer tel un bien auquel elles se rapportent. Mais ce qui est organique est tel que le tout se fait principe de différenciation de ses parties, dont les activités sont finalisées par lui, ainsi mesurées par son magistère, même si c'est librement et non despotiquement qu'elles sont invitées à le servir ; alors que le libéralisme voit dans le tout social un résultat contingent, résiduel, du conflit des parties atomiques seules dotées de valeur et de sens, tel un tout mécaniquement et non vitalement produit par une supposée « main invisible » non voulue, non programmée, non pensée à titre de cause finale, et dont l'évocation est destinée à signifier que l'intérêt privé, seul existant, serait satisfait par la radicalisation de l'égoïsme et de l'insociabilité, pourvu qu'ils ne s'exercent que dans le domaine commercial. Et en tant qu'il prohibe le bien commun, le libéralisme s'apparente tant à la pensée de gauche qui fait de la subjectivité individuelle la raison de toute chose, qu'à la pensée conservatrice réactionnaire qui, comme augustinienne, ne tolère, en fait de bien commun, que l'intérêt général établi en vue du bien particulier du citoyen vertueux. L'insistance presque luthérienne d'un certain augustinisme (qui produira le jansénisme et dont s'est toujours nourri le surnaturalisme) à négliger ce qui reste d'encore non pourri dans la nature humaine, génératrice d'un pessimisme écrasant, ne pouvait pas ne pas induire une mentalité frappée par une exacerbation de la transcendance incompatible avec quelque forme d'appétit immanent que ce fût, en particulier incompatible avec le désir de victoires mondaines, et trop souvent secrètement réjouie par les échecs, en syntonie avec les défaites vite interprétées comme autant de châtiments toujours mérités.

C'est peut-être encore ce refus commun de la causalité d'un bien commun qui rend secrètement complices le conservatisme réactionnaire et le libéralisme, fourrier de l'esprit égalitaire.

Mais que le libéralisme soit ce en quoi le conservatisme inspiré par l'augustinisme d'une part, et le subjectivisme héroïque (dépassement du nihilisme) inspirateur de la droite nietzschéenne et de la Révolution conservatrice d'autre part, puissent s'identifier négativement l'un à l'autre et préparer, en cette identification, un ralliement à la pensée de gauche, cela explique peut-être enfin qu'il soit ce en quoi ils pourraient s'indifférencier momentanément pour viser, en le dépassant, l'identité concrète ou positive du conservatisme statique d'inspiration platonicienne et de l'esprit révolutionnaire anti-révolution, c'est-à-dire l'identité concrète des deux extrêmes ainsi destinée, logiquement, à les sauver ensemble en les dépassant de manière concomitante. Tel serait l'esprit d'un fascisme de droite :

« La tentative de freiner, d'arrêter ce mouvement de désintégration n'est pas réactionnaire pour la raison qu'elle tente de sauvegarder les valeurs fondamentales de la vie collective. […] Contre les faux vendeurs de poudre aux yeux, les lâches bourgeois encartés au parti socialiste, les imbéciles de toute espèce, je pousse ce cri haut et fort : vive la réaction ! » (Benito Mussolini, « Ouvriers ! Quand vous vous libérez de vos chefs mystificateurs », *Il Popolo d'Italia*, 25 avril 1920).

CHAPITRE V

Réflexion critique sur le troisième courant

§ 48. Révolution française et Révolution conservatrice

D'aucuns ont tenté de faire la généalogie de ce troisième courant en partant de l'opposition entre le Nordique libéral et le Méridional esclave romanisé (voir Gaffié, *op. cit.*, p. 116 et suivantes), idée semble-t-il lancée par le comte de Boulainvilliers qui tenait les aristocrates français pour les descendants des Francs vainqueurs des Gallo-Romains sur lesquels ils exerçaient leur domination par droit de conquête et non par souci d'un service rendu en vue d'un bien commun définitionnel d'une communauté de destin. Cette idée fut partagée, selon divers degrés, par Voltaire, Montesquieu, Madame de Staël, Victor Hugo, Michelet, Carlyle, Renan, Gobineau, Max Weber, Houston Stewart Chamberlain, Savigny, Treitschke, Fichte, et aujourd'hui peut-être Alain de Benoist, assurément certains de ses disciples. La Révolution française s'était opposée, au nom de la liberté et du libre examen, à la monarchie catholique absolutiste, laquelle, avec l'Église romaine, aurait imposé à la noblesse germanique un monocentrisme et un monothéisme étrangers à ses structures mentales naturelles incompatibles avec le dogmatisme aliénant de la pensée catholique. Du fait de cette solidarité objective entre germanophiles anticatholiques et révolutionnaires français rationalistes héritiers des Lumières, les contempteurs du conservatisme révolutionnaire, souvent membres de la *National Review* américaine, considérèrent que les doctrines « nazies » étaient une séquence logique de la pensée romantique et qu'elles se situaient dans la ligne exacte de l'histoire révolutionnaire française dont elles auraient été l'accomplissement et non l'antithèse, dans le sillage de la Réforme de Jean Huss ; ainsi pensa Erik Maria Ritter von Kuehnelt-Leddihn, catholique autrichien qui se définissait lui-même comme catholique monarchiste antitotalitaire « archi-libéral conservateur », expression typique de ces penseurs qui, un temps, ne furent pas mal nommés, non sans quelque souci de dérision, « reagano-papistes », faisant se télescoper, dans un salmigondis peu digeste, un libéralisme économique ultra-capitaliste américanomorphe et une sensibilité réactionnaire d'inspiration monarchiste et nourrie de « doctrine sociale de l'Église », ces deux déterminations fonctionnant à titre d'idéal inaccessible, « d'idéal de la raison pure », et complaisamment rêvé (cela ne mange pas de pain) sur fond de réalisme prosaïque alimenté par la crainte soigneusement entretenue du danger communiste.

Ce qui pourrait peut-être en partie légitimer le recours à une telle filiation entre jacobinisme et Révolution conservatrice, c'est le protestantisme. Le pangermanisme serait devenu, avec Chamberlain et son disciple Alfred Rosenberg, une doctrine raciste de la prédestination protestante. Produit de structures mentales non polluées racialement, il aurait permis l'éveil de la conscience nationale allemande. Dans cet ordre d'idées, Alain Peyrefitte rappellera que l'étatisme et la bureaucratie, attributs du clergé catholique, auraient exténué l'autonomie responsable des sociétés de confiance protestantes animées par la dynamique du polycentrisme. Le protestantisme aurait réveillé dans les peuples européens cette notion d'indépendance personnelle propre à la civilisation occidentale, animée par une vision tragique de la vie, et enfin dégagée de l'obscurantisme romain. Tel fut aussi le point de vue de Moeller van den Bruck, influencé par Chamberlain et puissamment déterminé par Nietzsche : il se serait agi, après la suicidaire Grande Guerre qui fit s'écrouler les dernières monarchies d'Europe continentale, d'instaurer une démocratie nationalisée, entendue telle une participation active d'un peuple à son destin. Faut-il reconnaître dans le nihilisme héroïque, ou plutôt dans la tentative héroïque de dépassement du nihilisme, en tant qu'elle plébiscite les idées de nation et de démocratie, un produit de la Révolution française ?

Il nous semble d'abord que le concept de nation était dans les flancs de l'idée monarchique, et c'est ce que nous voudrions tenter d'établir dans le présent chapitre (en A), lequel sera complété par le traitement des deux questions suivantes :

D'une part, sous quel rapport le fascisme relève-t-il du troisième courant du conservatisme (B) ?

D'autre part, en quoi ce dernier courant, particulièrement bien illustré par la Révolution conservatrice, peut-il se révéler utile à la réfection du premier (C) ?

§ 49. A. Les équivoques de l'idée nationale

Dans le § 47 de notre chapitre IV, nous avons défini ce que nous entendions par organicité politique, et nous avons tenté de montrer que cette organicité est la condition obligée de la poursuite du bien commun entendu en son sens fort et adéquat, qui le distingue du simple intérêt général, lequel se réduit à l'ensemble des conditions de possibilité de coexistence pacifique de la poursuite individualiste des biens privés. Ce souci de l'organicité est indubitablement l'apanage tout particulier du génie occidental dont le propre est de conjuguer le sens de la transcendance et le sens de l'immanence. C'est cette conjugaison qui satisfait à la quête rationnelle et spéculative de l'absolu : la fondation de l'ontologie — spécifiquement grecque — est le joyau du miracle grec, et elle fait de l'activité théorétique la cause finale de la vie sociale : « C'est à la contemplation de la vérité que semblent être ordonnées comme à leur fin toutes les opérations de l'homme. Car la contemplation parfaite requiert l'intégrité du corps, à laquelle sont ordonnées toutes les productions de l'homme nécessaires à la vie. Elle requiert également l'apaisement des troubles passionnels, qui s'obtient par le moyen des vertus morales et de la prudence et la protection contre les perturbations extérieures, à laquelle est ordonné tout le gouvernement de la vie civile, de sorte que, si on les considère attentivement, toutes les fonctions humaines semblent être au service de ceux qui contemplent la vérité » (saint Thomas d'Aquin, *Somme contre les Gentils*, III, 37, 7). Comme le faisait observer Léon Brunschvicg, toute théologie unilatéralement négative, effet obligé d'une exacerbation de la transcendance du Principe premier — à savoir de cet absolu dont le mode de caractérisation conditionne le système des valeurs d'une civilisation —, aboutit toujours à la négation de la théologie. Mais l'immanence de l'absolu radicalisée conduit à nier toute transcendance, par là à identifier l'absolu au monde dont l'homme se voudra la conscience de soi, ce qui revient à faire de l'homme la personnification de cet absolu pourtant incapable de révéler, par cette conscience qu'il est supposé avoir de lui-même en l'homme, le secret du processus à raison duquel il demeure identique à lui-même dans la pluralité infinie de ses manifestations conflictuelles. Et cela même est une contradiction. Comme l'a bien dit Pierre Bayle pour souligner le caractère en son fond absurde du panthéisme ou « panenthéisme », « Dieu modifié en cent Turcs a tué Dieu modifié en cent chrétiens ». Et si l'absolu est impuissant à accéder en lui-même à la conscience réfléchie de son agir, qui seule le doterait du pouvoir de vouloir ce qu'il fait, c'est que l'absolu est victime de la causalité d'une nature qui lui échappe et dont il doit confesser, en nous, la transcendance et le caractère occulte : ce qui est unilatéralement transcendant bascule dans l'immanence, et ce qui est unilatéralement immanent bascule dans la transcendance. C'est pourquoi le christianisme, qui professe le pouvoir absolu de l'Absolu de se faire immanent — dans l'Incarnation — sans renoncer à sa transcendance — dans la Trinité —, est la religion en laquelle la pensée occidentale s'est le plus spontanément reconnue, qui met l'absolu, au moins sous un certain rapport, à la portée des hommes, sans abolir son incommensurabilité. Mais cette conjugaison réussie de l'immanence et de la transcendance est analogue à celle du bien commun et du bien particulier. Dans les deux cas en effet, il y a déploiement de l'aptitude du premier terme à se poser à distance de soi pour être auprès de son autre, sans cesser de demeurer auprès de soi à distance de cet autre. L'absolu se rend immanent sans cesser d'être transcendant, le bien commun se particularise sans cesser d'être universel : il est immanent au bien particulier sans se réduire à lui. Dieu existe en toute chose de manière habituelle par son essence, sa puissance, sa présence, en ce sens que Dieu y est comme cause des choses qui participent de sa bonté (*Somme théologique*, I[a] qu. 43 a. 3).

Il y a organicité s'il y a bien commun, et réciproquement. Mais le souci de l'organicité est le caractère propre du génie occidental considéré dans son opposition au despotisme oriental écrasant la multitude sous le poids infini d'une hiérarchie statique ayant pour effet de réduire ses membres à des éléments passifs, ainsi à des mus non moteurs. L'organicité, en effet, convoquant l'initiative des parties dans le fonctionnement du tout dont ces parties tirent leur efficience mais qui se fait dépendre d'elles, suppose une participation active des citoyens, comme elle suppose une liberté des parties invitées à plébisciter par elles-mêmes l'ordre du tout qu'elles entendent servir ; et c'est pourquoi, à l'idée d'organicité sont associées les idées de démocratie et de liberté, comme expressives de ce que Hegel nomme le « principe nordique de la subjectivité ». Et c'est là que les équivoques commencent. Que faut-il entendre par participation active des citoyens ? Est-elle nécessairement démocratique ? Que faut-il entendre par liberté (ou responsabilité) ? Est-ce la souveraineté populaire ? Nous trouverons les réponses à ces questions dans les § qui suivent.

§ 50. Les équivoques du concept de nationalisme

Selon une démarche aujourd'hui fort répandue, partagée aussi bien par les fils spirituels du jacobinisme que par les légitimistes et traditionalistes, l'idée nationale serait tout entière issue de la Révolution française. On se serait mis à aimer la nation pour se dispenser d'aimer le roi. Jean-Luc Chabot (*Le Nationalisme*, PUF, 1986, p. 7) reconnaît que « la nation a été en Europe occidentale à partir des XIIe-XIIIe siècles l'organisation politique de la société qui a permis progressivement et ultérieurement la réapparition de la forme étatique du pouvoir. Jusqu'alors l'État s'était essentiellement incarné dans l'Empire romain, entraînant pendant près de mille ans — de sa chute au Ve siècle jusqu'à l'apparition des nations européennes — la nostalgie et l'évocation perpétuelles d'un nouvel Empire. [...] l'avènement de l'État royal-national [...] correspond à ce qu'il est convenu d'appeler en France l'Ancien Régime [...] ». C'est là reconnaître que l'idée de nation, en tant que telle, ne doit rien à la Révolution française. Pour Chabot, le fait national est bien antérieur à la Révolution française, mais l'auteur nomme « nationalisme » la catégorisation politique du concept de nation (ce qui est selon nous légitime) cependant qu'il fait de la Révolution française le principe de cette catégorisation, et il est beaucoup moins convaincant sur ce point. Selon nous, et d'une manière générale, la nation devient une catégorie politique à partir du moment où elle en vient à être reconnue telle la manière d'être que doit prendre la multitude populaire pour constituer la matière adéquate de ce principe formel qu'est l'État. La nation devient la nation des (vrais) nationalistes quand la multitude se reconnaît la vocation d'incarner une manière archétypale d'être homme, ainsi une personnalité collective, destinée à s'incarner dans une communauté historique de destin.

Et c'est à présent qu'il convient d'établir une distinction capitale si l'on entend éviter cette ruineuse illusion d'optique dont sont victimes tant les réactionnaires antinationalistes que les vrais nationalistes non complètement émancipés (tel Barrès par exemple) du conditionnement séculaire de l'influence jacobine.

Le membre d'un État peut subordonner sa subjectivité, son moi, sa liberté, à la nature humaine (il s'agit pour la personne bien comprise de se reconnaître telle l'individuation d'une nature qui a raison de principe et de fin prochaine du moi) exigitive du déploiement de ses richesses potentielles dans une forme communautaire telle que le tout (de la cité), comme macrocosme, reproduit en l'extériorisant l'économie ontologique régissant l'intériorité de chacun de ses membres. Il y a ici subordination du moi à la communauté qui n'est pas déifiée pour autant. Tel est selon nous le vrai nationalisme, que nous nommerons « nationalisme organique ».

En revanche, le membre de l'État d'inspiration jacobine fait du moi, de la liberté et de la subjectivité individuelles une fin en soi. Mais, dépouillée de toute nature ou essence humaine qui lui enjoindrait de s'y conformer et de s'en vouloir l'instrument, la subjectivité se révèle pour elle-même vide et, aspirant à se donner un corps et un contenu pour s'adorer, elle s'objective dans une réalité collective — la République symbolisée par Marianne, personnification de la Liberté se prenant pour fin — qui sera nommée « nation ». C'est ce que nous nommerons ici « nationalisme nationalitaire ». Et c'est cette deuxième attitude que Chabot confond avec celle du vrai nationaliste. Chabot rappelle la manière dont les choses se sont historiquement produites (p. 9 à 12) :

Lors de la séance du Parlement de Paris (dite de la « Flagellation ») du 3 mars 1766, Louis XV fustigeait la prétention des insurgés à faire de la nation un corps séparé du monarque. En 1788, lors de la préparation des États généraux, le parti des « patriotes », désireux d'assurer une représentation plus efficiente du tiers état face aux aristocrates, se définit comme parti national. En 1789 ce tiers état ose se nommer Assemblée nationale, et bientôt la Déclaration des droits de l'homme et du citoyen affirme que le principe de toute souveraineté réside dans la nation. Chabot ajoute (p. 11-12), en observant que ce propos est déjà théoriquement formulé dans la sacralisation rousseauiste de la volonté générale :

« Le propos nationaliste prend forme politiquement : il n'est rien au-dessus de la raison humaine et, comme l'écrira Feuerbach quelques années plus tard, se fait jour dans certains esprits l'idée que “désormais l'homme est pour l'homme l'Être suprême”. Dès lors, la seule entité qui puisse dépasser l'homme c'est la collectivité humaine politiquement organisée. » « Cette mutation rapide et manifeste de l'idée nationale en nationalisme au détour de la Révolution française soulève le problème fondamental des origines et de la caractérisation d'un phénomène qui semble assimiler constamment le comportement politique à un comportement religieux : l'idée nationale devient une idéologie avec l'éclosion du nationalisme » (p. 13). Souvenons-nous bien que, dans l'esprit de l'historien, doit être tenue pour doctrine du nationalisme celle qui déifie la nation entendue comme la communauté humaine organisée en vue de s'adorer elle-même et faisant de la raison humaine, en tant que seulement humaine, la seule autorité possible, au détriment de l'autorité et de la raison divines. Et il nous semble pour le moins abusif de confondre ces deux acceptions du nationalisme strictement opposées, le nationalisme organique et le nationalisme nationalitaire.

§ 51. Les concepts de raison et de volonté générale

Afin de préciser les raisons de cette opposition, nous remarquerons d'abord que le mot « raison » est aussi ambigu que le mot « nation ».

La déesse Raison des révolutionnaires n'est nullement cette raison spéculative convoquée en métaphysique, selon laquelle l'ordre des raisons de connaître est l'ordre des raisons d'être, par là celle qui identifie les catégories de la raison et les catégories de l'être en tant qu'être. Cette « Raison » supposée chasser l'obscurantisme n'est nullement la raison dont parle l'Aquinate dans le *De veritate* (qu. 11 a. 1 ad 13), raison par laquelle tout ce que nous connaissons avec certitude procède de cette lumière intellectuelle mise au-dedans de nous par Dieu et par laquelle *Dieu parle en nous* ; une telle raison spéculative fonctionne dans l'homme de telle sorte que notre *pensée* de l'être est en quelque sorte la pensée (de soi) *de l'être* en nous. Et la déesse Raison est celle des « Lumières », anti-spéculative par excellence, ignorante de l'essence des choses supposée inaccessible, raison constructiviste et scientiste ; celle qui, au lieu de chercher les causes premières et de les contempler, examine les lois de la nature et construit des machines, mais qui tout autant construit des idéologies comme on construit des machines : raison mécanique dont les productions idéales sont plaquées sur la réalité qu'elles torturent et sur laquelle elles finissent par s'exténuer, à l'œuvre dans toutes les utopies élaborées dans les chimères de l'imagination et des passions, à toute distance de la réalité qu'une révolte gnostique implicite tient pour mal faite et qu'il conviendrait à la liberté humaine échevelée de reconstruire. La raison spéculative se veut similitude participée de la Raison divine. Elle exclut de s'adorer précisément parce qu'elle se reconnaît le pouvoir — qu'elle tient de Lui — de remonter à Dieu.

La raison divine est immanente, par sa causalité, aux raisons des choses, c'est-à-dire aux natures que Dieu met en elles, et en particulier à cette nature humaine dotée de raison humaine mais par là même instaurée dans le sillage de la raison divine. Le culte de la « Raison » des « philosophes » n'est pas la célébration de la raison spéculative, elle est un *flatus vocis* pour désigner la conscience réduite à la subjectivité nue elle-même confondue avec la liberté prise pour fin ; le culte de la « Raison » des « Lumières » est ainsi le culte de l'homme.

Il nous paraît aussi nécessaire de procéder à des distinctions essentielles quand on évoque la notion de volonté générale.

Il n'y a pas d'organicité, ainsi pas de bien commun, s'il n'y a pas de volonté générale, c'est-à-dire de volonté commune aux parties du tout qui, dans sa réalisation historique et concrète, se fait procéder des initiatives de ces parties qu'en retour il fait être ; la société ne fait pas être l'homme en tant qu'homme, elle le conserve et rend possible son épanouissement ; mais elle le fait être, au sens fort, en tant que citoyen, c'est-à-dire en tant qu'homme éveillé à sa condition d'homme naturellement politique. Les parties du tout sont autant, fonctionnellement, de particularisations de soi du tout. Même si la cité n'a pas la dignité de substance dont sont gratifiés les membres de la cité, elle a raison de fin pour de tels membres, puisque le bien commun a raison de fin et qu'il consiste dans l'ordre même de la cité. Et il n'est pas, au fond, de société organique qui ne soit, explicitement ou non, nationaliste au sens où nous l'avons entendu plus haut en évoquant le nationalisme organique par opposition au nationalitarisme. Il en est ainsi pour la raison suivante :

Si la cité n'est rien sans l'homme, fors un tout d'ordre abstrait ne subsistant que dans la condition d'un être de raison, l'individu humain, en revanche, n'est rien sans la cité qui actualise ses facultés, fors un homme substantiel incapable d'actualiser ses facultés et réduit, quant à son comportement, à un animal et, à vrai dire, à un animal non viable. L'homme n'accède à son humanité que par les relations qu'il entretient avec ses semblables. Mais s'il existe une réciprocation de causalité en la partie et le tout, entre l'individu et la cité, c'est que l'inscription — qui actualise le tout — de la partie dans le tout, a pour envers obligé l'inscription — dans la forme d'un vœu, d'une tendance elle-même induite par une structure immanente à la partie — du tout dans la partie. Qu'est-ce à dire ? Tout simplement que la forme de la cité est la projection, dans l'élément du tout, de la forme ou essence spécifique (ainsi commune à tous) de l'individu, et immanente à tous les individus ; la cité est comme un homme en grand, comme l'avait bien vu Platon (*République*, IV). Cela dit, pour chaque homme, entre l'universalité de l'essence spécifique et la singularité de l'individu, il existe une médiation nécessaire — le moment de la particularité — qui fait s'harmoniser les extrêmes, et qui n'est autre qu'une manière originale de recevoir et d'exercer la nature humaine commune à tous les hommes : tel patrimoine biologique, tel caractère, telle inclination dominante, tels talents, etc. Si la cité est un homme en grand, on trouvera en elle des déterminations analogues à celles que l'on trouve dans l'individu. Entre l'universalité de la forme de l'État rationnel (dont les attributs sont définis par l'ordination au bien commun) et la singularité de telle communauté historique politiquement organisée, on trouvera la particularité d'un type d'homme, moins universelle que la forme de l'État mais déjà inclusive d'une multitude d'individus, ayant raison de personnalité collective s'efforçant à actualiser excellemment tel aspect de la nature humaine, ainsi s'offrant à l'individu tel un paradigme relatif, mais non moins normatif ; et telle est l'identité nationale enveloppant un certain nombre de déterminations historiques et biologiques, culturelles et religieuses, une mémoire commune et la conscience d'un destin commun.

Il est donc dans l'ordre que la nation soit tenue pour une catégorie politique obligée, explicitement ou non.

Ce qui distingue le nationalisme organique de la monarchie légitimiste, c'est l'explicitation thématisée de cette particularité nécessaire à la constitution d'une cité organique. Le légitimisme s'en dispense, comme d'ailleurs les dictatures paternalistes souvent chrétiennes, à dominante bourgeoise pieuse et bien-pensante. Il y est affirmé que l'autorité vient d'en haut, que tout dépositaire humain d'une autorité est lieutenant du Christ à son niveau de responsabilité, que l'autorité exercée est un service rendu, et tout cela est évidemment honorable pour un catholique, même nationaliste. Mais le monarchiste interprète ces exigences de la manière suivante : la Providence ou le pape ont désigné un homme pour exercer le pouvoir, cet homme a fondé une dynastie dont la légitimité est fondée par l'Histoire et entérinée par la coutume et les autorités religieuses ; seul le roi fait l'unité de la communauté, il n'y a pas de nation hors du roi qui en retour n'est pas désigné par une volonté générale parce que la cité monarchique n'est pas à proprement parler organique, et c'est pourquoi, dans un tel contexte, il n'y a pas de nation sans le roi. La cité est hiérarchique et statique telle une statue aux formes harmonieuses et hiératiques, elle n'est pas conçue sur le modèle de l'être vivant ; il y a la volonté du roi et les volontés des responsables inférieurs assujettis à l'autorité du roi dont toute autorité procède, sauf l'autorité familiale ou domestique, mais précisément elle n'est pas tenue pour porteuse d'une responsabilité politique ; et il y a l'autorité de l'Église, autorité dont celle du roi est au fond pensée, en ce contexte politique fondamentalement augustinien, comme directement ou indirectement dérivée, selon des exigences théocratiques plus ou moins affirmées. Tout part d'en haut et se diffuse de proche en proche selon une structure pyramidale, et il n'est pas question que le tout pensé et instauré par l'autorité supérieure puisse de quelque façon se faire intentionnellement dépendre de ce qu'il dirige, dans une action réciproque entre tout et partie définitionnelle de l'organicité. Il n'y a pas non plus de bien commun à parler strictement puisque, comme nous l'avons vu, il y a bien commun s'il y a organicité, il y a organicité s'il y a nation entendue comme promotion et référence inductive à un type d'homme paradigmatique ; s'il n'y a pas organicité, il n'y a ni nation ni bien commun ; il y a recherche d'un ordre aussi statique que possible en vue de la recherche d'un bien particulier vertueux et ultimement surnaturel (la béatitude). Il y a eu en fait, historiquement, bien commun, mais précisément, il en est ainsi parce que, sous la pression du concept du Politique immanent à toute réalité humaine organisée qu'il travaille de l'intérieur, la cité tend naturellement à se conformer à son concept, à travers les vicissitudes de l'Histoire : on change de dynastie (en excipant d'arguments juridiques que l'on sait plus ou moins fallacieux) quand le besoin s'en fait sentir, on en vient à faire de la Couronne une fonction seule dépositaire de l'autorité, indépendamment du personnel royal destiné à l'incarncr, ct ccla signifie que la communauté organisée ne reconnaît plus dans un homme ou une dynastie le principe de son unité, mais en elle-même, principe symboliquement réifié dans et comme « Couronne » ; on en vient même historiquement et de manière de plus en plus explicite (au XVIe siècle probablement, mais en fait maints historiens fixent à 1214, avec Bouvines, l'acte fondateur de la nation française, quand la fonction royale, qui revenait au roi des Francs, devient avec Philippe-Auguste celle de roi de France) à parler de nation au sens moderne, et la monarchie se fait presque invinciblement, à peine de disparaître, absolutiste *nationale*. Ce qui n'est là que le reflet, dans l'élément du Politique, de la propension de la mentalité augustinienne — pour autant qu'elle n'abandonne pas le terrain rationnel et ne se réfugie pas dans le fidéisme — à se convertir au thomisme, christianisme explicité par un aristotélisme néo-platonisant.

§ 52. Organicité et volonté générale

Mais, avons-nous dit, il y a organicité seulement s'il y a volonté générale. Il est temps de dissiper encore une ambiguïté. Nous procéderons en quatre temps.

Observons en passant, avant que d'aborder le concept de volonté générale, que le protestantisme (évoqué plus haut comme facteur ayant favorisé la filiation supposée entre jacobinisme et Révolution conservatrice, en l'occurrence entre Révolution française et nationalisme organique) ne fut que par accident générateur d'esprit nationaliste. Il fut et reste anticatholique par essence, et sous ce rapport il ne pouvait que viser à ébranler l'absolutisme catholique, bien qu'il ne fût pas à l'origine nécessairement anti-absolutiste ; mais son esprit de libre examen ne pouvait pas ne pas favoriser l'irruption de pulsions démocratiques. C'est comme facteur de déstabilisation de l'absolutisme que la Réforme put *par accident* favoriser la genèse du nationalisme et de la Révolution conservatrice, en tant que l'absolutisme n'était ni organiciste, ni nationaliste, ni même consciemment inspiré par le souci d'un bien commun immanent. Ce n'est nullement par la libération, dont se targue le réformé, de l'autonomie individuelle étouffée — selon la visée protestante — par la latinité du dogmatisme catholique, que s'est produite la redécouverte de l'organicité. Ce qui le prouve, c'est d'abord que le catholicisme n'est pas plus latin qu'il n'est nordique ou négroïde ou sémite, étant par essence universel ; et si la Providence a choisi de le faire se définir dans les formes de la latinité (et plus exactement de la gréco-latinité, tous les Romains cultivés étant pétris de culture hellénique, ce qui prouve au passage l'affinité naturelle entre latinité et hellénisme), c'est en vertu de la valeur universelle de cette culture qui, universelle politiquement dans et par l'Empire, est encore universelle par les affinités qu'elle manifeste entre ses catégories linguistiques et les catégories logico-ontologiques de la pensée spéculative. La supériorité de l'Occidental par rapport au reste du monde, c'est qu'il a pour particularité de développer un sens de l'universel plus puissamment accusé qu'ailleurs. Ce qui le prouve d'autre part, c'est que les nationalistes organicistes, qui se rangent logiquement dans la classe des révolutionnaires conservateurs, n'ont érigé la nation en principe politique qu'en le déconnectant de tous les attributs individualistes et cosmopolites, constructivistes et égalitaires des principes de la Révolution française. C'est ainsi qu'un Mussolini a pu fonder le fascisme explicitement pensé comme en rupture de ban avec l'esprit démocratique, libéral, jacobin, individualiste des principes de 89, tout en étant issu d'un courant socialiste, expliquant à ses contemporains et critiques de droite que le libéralisme du *Risorgimento*, dans le souffle du « printemps des peuples » de 1848, n'avait été qu'un moment dialectique de la genèse du fascisme, destiné à libérer les peuples de l'absolutisme anti-organiciste et antinationaliste. Quand une chose procède dialectiquement d'une autre, loin de lui ressembler comme le rejeton ressemble à son père, elle en est la négation. C'est selon la représentation linéaire de la succession chronologique, et non selon les exigences du concept que les esprits suspicieux nostalgiques de la monarchie de droit divin s'arrogent le droit d'établir une filiation, pour condamner le fascisme sans appel, entre libéralisme et fascisme.

1) Selon les exigences d'une métaphysique et d'une psychologie réalistes, la liberté, entendue comme libre arbitre, est ce pouvoir d'autodétermination propre à la volonté entendue comme appétit rationnel, tendance vers le bien suscitée par une connaissance intellectuelle de ce bien. Un tel appétit est donc doté d'une nature, d'une essence dont il ne décide pas puisque c'est cette nature qui lui confère la propriété de se déterminer ; prédéterminé par l'idée du Bien absolu, l'appétit rationnel n'est conditionné par aucun bien fini auquel il ne tend que parce qu'il le décide ; n'étant pas déterminé de manière nécessaire à le poursuivre, il ne tend vers lui qu'en tant qu'il le rend déterminant pour lui, ce qui signifie qu'il le choisit. Mais c'est toujours sous la raison de l'impulsion naturelle vers le Bien absolu, c'est à l'intérieur de la dynamique d'une nature que s'exerce la liberté de choix, ainsi l'autonomie. Et c'est en vue du Bien absolu que

la volonté se porte vers tel ou tel bien fini ou particulier. Autant dire que le pouvoir de choisir n'est pas créateur de la bonté de ce qu'il élit, et qu'il n'est pas pour lui-même sa propre fin. Il en résulte ceci : la volonté est dotée d'une nature ayant raison de cause motrice immanente mais aussi — par sa vocation à s'approprier au Bien absolu qui la finalise — d'une certaine façon de cause finale, car la nature d'une chose est sa fin ; le Bien est fin de la volonté, donc il définit la nature idéale dont cette volonté-ci, contingente, est l'individuation personnelle. Il existe une nature de la volonté immanente à chaque volonté individuelle qui a vocation à ratifier librement l'*intentio naturae*, mais qui, parce que libre, peut se soustraire à sa vocation en se faisant pécheresse. Et cette nature de la volonté peut bien être nommée « volonté universelle » se particularisant en telle volonté singulière. Est « volonté générale », en son acception légitime, ce que voudrait toute volonté singulière si elle se comportait toujours conformément aux exigences de son concept.

2) Dans l'individu, il existe une volonté, une intelligence, une conscience qui lui donnent d'être une personne. Mais cette tête spirituelle est la conscience de soi du tout (des fonctions de l'âme auxquelles correspondent, pour ce qui est des activités physiques, autant de parties entendues comme organes charnels) dont elle est la tête, c'est-à-dire le principe d'unité ; et un tel principe d'unité est positionnel des parties dont la synthèse, opérée par le tout formel, est génératrice de ce résultat qu'est le tout concret incarné.

De même, puisque la cité est « extraposition » de l'âme, il existe une volonté, une volonté universelle ou *volonté générale* qui serait volonté *de la cité*, au génitif subjectif, si la cité était une personne ; cette volonté est une conscience de soi de la cité ou tout social, conscience de soi entendue tel son principe d'unité positionnel des parties (de la cité) dont la synthèse, opérée par le tout formel, est génératrice de ce résultat qu'est la cité concrète. La volonté *de cette cité* est l'essence du vouloir en général, la nature de la volonté. Mais cette cité n'est pas en vérité personne et substance, elle est un tout d'ordre, et c'est pourquoi, afin de se conférer le statut l'habilitant à se faire cause finale des individus composant la cité, la cité ne se personnifie que dans le monarque, ou son équivalent. Il reste que cet individu doté d'une volonté personnelle qui est elle-même individuation de la nature ou essence de la volonté a, pour la cité, raison de volonté universelle ou générale. Et parce que cette volonté générale est immanente à toutes les volontés singulières, force est de convenir que la volonté du monarque réduit à l'unité les volontés des membres de la cité. Il existe bien une volonté générale qui est, tout en un, volonté *objective* du peuple et volonté du monarque. Nous parlons de volonté *objective* pour signifier qu'elle n'est pas la somme de volitions subjectives, ou leur plus grand commun dénominateur, ou la résultante de leur conflit, mais l'expression de ce que veut l'essence du vouloir dans la volonté personnelle de chacun.

3) Il existe une volonté — qui peut être celle d'un roi —, une conscience, une intelligence qu'il faut comprendre telle la personnification obligée du tout politique, ainsi de la cité elle-même, laquelle raison voulante est principe d'unité de la cité, par là son vrai principe d'être qui s'incarne dans une personne pour être efficiente. L'autorité vient toujours d'en haut, elle procède du dépositaire personnel de l'autorité mais, parce qu'il s'agit d'une réalité vivante, elle n'arraisonne pas en venant de l'extérieur (ecclésial) la matière d'une multitude passive. Si l'on se souvient que l'identité nationale est la forme individuée de la cité, ou encore sa forme (son ordre) considérée dans sa condition individuée, nous dirons que la vraie légitimité est dans l'identité nationale, dans ce paradigme d'une manière idéale d'être homme immanente à la multitude, et se personnifiant dans une volonté singulière capable d'actualiser la nature de la volonté générale immanente à tout membre de cette multitude, chacun des membres reconnaissant, en droit sinon en fait, dans cette actualisation opérée par le monarque, cela même qu'il veut ou se sait devoir vouloir. L'autorité vient bien d'en haut, mais sur un mode tel que tout se passe de telle sorte qu'à cette autorité venant du haut, portée par une volonté directrice, répond une

volonté qui vient tout autant d'en bas, à la manière dont l'âme d'un corps vivant régit le tout du corps et le façonne, cependant qu'elle est immanente à chaque partie de ce corps et à chaque faculté de ce vivant. On notera que si la volonté générale ainsi définie est adéquatement personnifiée dans un chef, nul besoin d'avoir recours aux suffrages pour la dégager. Les décisions du roi ou du chef n'ont pas à être discutées, ratifiées ou contestées par la multitude, pour autant que ces décisions soient bien l'expression de ce que veut objectivement le bien commun de la cité, et le chef est toujours mieux placé que la multitude non éclairée, confuse, passionnelle et souvent conflictuelle pour discerner concrètement le bien commun ; ce sont les volontés des membres de la multitude qui ont vocation à reconnaître, dans les décisions du détenteur de l'autorité, cela même qu'elles devraient vouloir. Et, nonobstant l'absence de délibération démocratique, il y a quand même organicité parce que ce chef réduit à l'unité, l'hypostasiant, ce que tous veulent objectivement et en quoi ils se reconnaissent, c'est-à-dire ce que tous se savent devoir vouloir, et qu'ils se savent devoir vouloir parce que c'est l'expression d'une volonté universelle qui, comme nature personnifiée de la volonté humaine, veut nécessairement le Bien. La personne du monarque a, en vertu de cette position qui lui fait voir la vie sociale d'en haut, pour particularité de faire coïncider, en elle, sa volonté particulière avec la volonté de la cité, ou du tout, ainsi avec la volonté de la nature humaine investie dans cette communauté de destin.

4) Toute autre est cette « volonté générale » théorisée par Rousseau. La contradiction fondamentale de l'anthropologie rousseauiste, maintes fois rappelée, tient dans la notion d'une perfectibilité définie telle la différence spécifique de l'homme, mais dont l'actualisation serait principe de dépravation beaucoup plus que de progrès. Si la contradiction est au cœur de la condition humaine, on la retrouvera certainement dans le domaine politique. L'homme de Rousseau est condamné à rester un animal stupide et borné, mais innocent et bon, ou bien à s'humaniser en progressant, mais moralement perverti. De plus,

la perfectibilité suppose la sociabilité, par conséquent la société sera nécessairement mauvaise parce que corruptrice, génératrice d'amour-propre, d'égoïsme, de jalousie, d'inégalités. C'est ainsi que l'homme doit être reconnu, dans le fond de sa nature, tel un être solitaire, et que la vie sociale doit être tenue pour contre nature, résultat non d'un mouvement de la nature mais d'une décision, d'un contrat. La société, selon de telles prémisses, est nécessairement mauvaise et pourtant nécessaire, car quelque chose dans la condition humaine aspire à ne pas rester à l'état végétatif ou animal. Il s'agira donc de conserver cette liberté individuelle propre à l'état supposé de nature et rendant l'homme indépendant d'autrui, afin de satisfaire sa vocation de solitaire, mais de poursuivre ces projets à l'intérieur de la vie sociale indissociable d'un progrès intellectuel. D'où l'idée de contrat social fondée sur l'unique clause de l'aliénation totale de l'individu, selon tout ce qu'il est et tout ce qu'il a, à toute la communauté ; une telle aliénation, libérant l'homme de sa volonté particulière viciée, laisse surgir la volonté générale en retour vouée à unir la communauté ainsi constituée et à la structurer. Une telle volonté générale est bonne, infaillible, omnisciente et omnipotente puisqu'elle est libérée de tout vice. Et il s'agit ensuite de dévoiler ses décrets par le système du vote, lequel, sommant des volontés peccamineuses (parce que particulières) ayant la vertu de s'amender l'une l'autre par l'ablation des « plus et des moins qui s'entre-détruisent », permettrait de dégager la volonté générale appliquée à des choix particuliers.

L'incohérence est double. D'une part, c'est l'aliénation qui est supposée délivrer l'homme de sa volonté mauvaise, alors qu'il faut être doté d'une volonté droite pour décider de s'aliéner. D'autre part, pour que les « plus et les moins » s'entre-détruisent, encore faut-il qu'ils soient tous, pris deux à deux, opposés chacun l'un à l'autre, ce qui est impossible pour qui sait combien les hommes font preuve de manque d'originalité dans leurs misères morales ; le péché originel, auquel Rousseau ne croyait pas, incline les hommes à suivre une pente qui les fait descendre avec une régularité qui fait s'accumuler les moments d'une glissade, loin de les faire se rectifier. De manière plus générale, la cité pour Rousseau n'a pas et ne peut pas avoir raison de fin puisqu'elle est finalisée par la liberté individuelle et la jouissance privée ; la nature humaine ne saurait avoir raison de fin puisque seul l'individu est fin. Ce qui nous autorise à en conclure que la volonté générale des démocrates jacobins est strictement antithétique de cette volonté générale solidaire de l'organicité politique, et que cette dernière ne saurait procéder de celle-là. De même que le protestantisme, la référence jacobine à l'idée de nation ne fut que par accident facteur de genèse du nationalisme organique. Le « principe nordique de la subjectivité » n'a attendu ni le protestantisme ni le jacobinisme pour faire valoir ses droits à l'existence, il s'est manifesté dans toutes les sociétés indo-européennes, de la Grèce à Rome, de la Germanité au monde celtique. Et ce principe n'est nullement solidaire de l'idée démocratique, si cette dernière signifie souveraineté populaire au sens individualiste — rousseauiste, lockien et jacobin — du terme. Le pouvoir vient d'en haut mais, en contexte indo-européen, la transcendance du pouvoir politique agissant se fait accompagner d'une disposition immanente à le recevoir et à le plébisciter. Est organique, rappelons-le, une cité dans laquelle le tout s'instaure et se structure selon des modalités qui l'invitent à se faire dépendre des parties qu'il pose ; cela ne signifie nullement qu'il serait l'émanation — comme il l'est dans la République jacobine — d'une souveraineté procédant d'en bas, résultant du sordide complexe de conflits et de complicités entre individualismes soutenus par le terrorisme de subjectivités arbitraires. Cela signifie qu'il ne tient pas sa légitimité du nombre, mais qu'il juge nécessaire à son efficace de rendre les parties qu'il régit librement solidaires du magistère qu'il exerce sur elles : le pouvoir légitime, en contexte organique, aspire à être *reconnu*. Il reconnaît sa légitimité dans le service d'une projection nationale — qui l'actualise — de l'intériorité humaine, c'est-à-dire dans la genèse et le déploiement de *l'esprit d'un peuple* ; et il reconnaît l'effectivité de cette actualisation dans le fait d'être reconnu par ceux sur lesquels il s'exerce. Historiquement, cette collaboration du peuple, par laquelle ce dernier se rend solidaire du magistère que le monarque (roi ou dictateur, en tous les cas conducteur) exerce sur le peuple, peut prendre diverses formes, de la démocratie dans les domaines où la compétence du peuple est avérée (le monde professionnel, d'où l'organisation corporative du travail) au simple pouvoir consultatif et non délibératif mais écouté avec respect et soin particulièrement attentif par le pouvoir politique.

§ 53. B. Le fascisme est-il une réponse au nihilisme ?

Dans *Les Fascismes* (PUF, 1979), l'historien Henri Michel, respectueux des critères d'orthodoxie historique propres à notre temps de mensonge, mais soucieux, semble-t-il, d'une relative honnêteté, s'efforce à dégager les caractères principaux du phénomène fasciste, du point de vue de la doctrine par laquelle il tenta de se définir, et du point de vue de l'action par laquelle les divers fascismes historiques entendirent s'imposer. « Les dictateurs fascistes ont été des empiriques ; le “chef” s'est levé au-dessus de la masse, son acte s'est fait verbe, et sa parole a révélé la vérité » (p. 5). Rassemblement de forces diverses (ainsi « faisceau ») « dont l'unité, sinon même l'idée, découle du fait accompli » (p. 5), le fascisme se définit plus aisément par ses refus que par ses affirmations. Ce n'est pas à dire que les fascismes auraient inventé une doctrine afin de justifier *a posteriori* des actions plus ou moins arbitraires ou inspirées par les seuls rapports de force ; mais il est vrai que la doctrine que le fascisme s'est découverte n'a pas précédé l'action, elle s'est révélée pendant l'action, elle s'est dessinée en creux comme attestation des insuffisances et des erreurs des doctrines dont s'inspiraient les hommes d'action avant l'avènement du fascisme. Il est en quelque sorte le résultat — qui les dépasse en en procédant, les nie en les assumant — des engagements suicidaires en lesquels l'Europe s'était fourvoyée depuis 1789. Toute génération d'un être nouveau est la corruption d'un ancien, et il en est de même pour les doctrines qui naissent chronologiquement de l'insuffisance de celles qui les précèdent, cependant qu'elles sont, prises en elles-mêmes, ce qui inconsciemment se cherchait dans les précédentes sans que ces dernières en fussent avisées. Né dans une atmosphère de délitement de l'ordre établi, au carrefour de diverses crises — morale, politique, sociologique, économique, démographique, industrielle, religieuse même —, le fascisme s'est inventé dans l'urgence comme solution de salut de la civilisation européenne, comme doctrine amendable, comme vision du monde qui s'est cherchée autant et plus qu'elle ne s'est trouvée ; il est mort avant d'être parvenu à la pleine conscience théorique de lui-même, et avant d'avoir développé toutes ses virtualités.

Le fascisme est toujours le rejet *a priori* et radical de la société libérale du XIXe siècle, des Lumières, de la Révolution française, du principe égalitaire, de la thèse criminelle de la bonté naturelle de l'homme, du positivisme et plus généralement du scientisme indissociable de la croyance au progrès indéfini linéaire et continu ; de la démocratie toujours en vérité oligarchique et ploutocratique incapable de sauvegarder l'intérêt national contre les ennemis de l'extérieur et ceux de l'intérieur ; du système parlementaire qui exténue la vraie voix du peuple pour lui substituer celle des « législateurs » rousseauistes autoproclamés (c'était déjà le cas sous l'Ancien Régime, et ce sont eux, les membres du Parlement, qui provoquèrent la Révolution française) ; de la philosophie des droits de l'homme, de l'individualisme, de cette conception libérale de la justice et de la société finalisées par les intérêts de l'individu ; par voie de conséquence, il est l'ennemi de la mentalité maçonnique et des entreprises juives de déstabilisation des sociétés d'ordre qu'elles corrompent et avilissent pour les dominer en les faisant consentir à leur servitude. Le fascisme est anti-collectiviste, il refuse les Internationales communiste et capitaliste, il voit en elles deux contraires solidaires ; il leur oppose volontiers un socialisme national, étant bien entendu que le « socialisme » des fascismes n'est nullement la réduction de l'essence humaine à l'ensemble des rapports sociaux (acception marxiste) mais bien plutôt le primat du bien commun considéré en son acception vraie, comme organicisme et non comme prétendu intérêt général. S'il retient le mot, c'est parce qu'il a vu dans le socialisme une réaction contre les méfaits de l'individualisme, mais il dénonce dans la chose tout ce qui, en elle, la rend solidaire de ce qu'elle prétend combattre, et dont elle accuse les travers au lieu de les dissiper.

Le fascisme est nationaliste et fait de la nation la valeur suprême. Mais il s'agit de la nation entendue telle l'incarnation temporelle de l'esprit d'un peuple lui-même pensé telle la promotion d'une facette idéale de la nature humaine, ainsi conçue telle une « unité de destin dans l'universel » (José Antonio Primo de Rivera). Le nationalisme du fascisme se veut l'expression adéquate de la Raison politique, c'est-à-dire de la raison dans le moment politique de son effectuation. Aussi prohibe-t-il la lutte des classes et tout ce qui compromet la cohésion interne de la nation, en veillant sur son unité sociale, culturelle, ethnique. Parce que la nature humaine est tout entière quoique non totalement en chacune de ses expressions nationales, le fascisme prend acte du fait que tout particularisme est en fait habité par une aspiration à l'universel qui doit se particulariser pour exister historiquement, mais qui ne cesse de travailler la réalité en laquelle il s'investit pour la conformer à son universalité, de sorte qu'un tel nationalisme, un tel particularisme est en vérité un universalisme d'intention. Et cela a pour conséquence obligée que tout peuple politiquement organisé, ainsi conscient de la vision du monde dont il est l'incarnation, entretient avec les autres peuples une relation qui peut être de solidarité et de complémentarité, mais qui inévitablement — nous reviendrons sur ce point — est aussi une relation de conflit. Illustrons cet exposé par quelques citations, afin de mieux mettre en évidence ce que nous entendions plus haut par une acception recevable du concept de volonté générale :

« Il n'y a pas de conception de l'État qui ne soit dans le fond une conception de la vie. C'est une philosophie ou une intuition, un système d'idées qui se traduit dans une construction logique ou qui se résume dans une vision ou dans une foi, mais c'est toujours, au moins virtuellement, une conception organique du monde » (Mussolini, *La Doctrine du fascisme*, Éditions du Trident, 1987, p. 10).

« Dans ce qu'on appelle l'homme, le fascisme considère la nation et la patrie, les individus et les générations se trouvant unis dans une même tradition et dans une même mission, par une loi morale qui supprime l'instinct de la vie que borne le cercle étroit du plaisir, pour instaurer dans le devoir une vie supérieure, libérée des limites du temps et de l'espace : une vie où l'individu, par l'abnégation de lui-même, par le sacrifice de ses intérêts particuliers, par la mort même, réalise cette existence toute spirituelle qui fait sa valeur d'homme » (*id.*, p. 11).

« Le fascisme est une conception religieuse qui considère l'homme dans son rapport sublime avec une loi supérieure, avec une Volonté objective qui dépasse l'individu comme tel et l'élève à la dignité de membre conscient d'une société spirituelle » (p. 13).

« Anti-individualiste, la conception fasciste est pour l'État, conscience et volonté universelle de l'homme dans son existence historique. Elle est contre le libéralisme classique, né du besoin de réagir contre l'absolutisme, et qui a terminé sa fonction historique, depuis que l'État est devenu la conscience même et la volonté même du peuple. Le libéralisme niait l'État dans l'intérêt de l'individu ; le fascisme réaffirme l'État comme la véritable réalité de l'individu » (p. 15).

« Le fascisme est […] opposé à la démocratie qui assimile le peuple au plus grand nombre d'individus et le rabaisse à ce niveau. Il est cependant la forme la plus pure de la démocratie. Du moins si le peuple est conçu comme il doit l'être, sous l'aspect qualitatif et non quantitatif, s'il signifie l'idée la plus puissante parce que la plus morale, la plus cohérente, la plus vraie qui s'incarne dans le peuple comme conscience et volonté d'un petit nombre ou même d'un seul, tel un idéal qui tend à se réaliser dans la conscience et dans la volonté de tous » (p. 17). « L'État peut ainsi être assimilé à la nature de la volonté humaine, qui ne connaît pas de limite à son développement, et qui prouve son infinité en se réalisant » (p. 19). « C'est l'État qui, dépassant les étroites limites des vies individuelles, représente la conscience immanente de la nation » (p. 42) ; il est « le gardien et le transmetteur de l'esprit du peuple » (p. 41). La démocratie que le fascisme fait sienne est une « démocratie organisée, centralisée, autoritaire », « si démocratie signifie ne pas refouler le peuple en marge de l'État » (p. 35).

« Nous représentons un principe nouveau dans le monde, nous représentons l'antithèse nette, catégorique, définitive de la démocratie, de la ploutocratie, de la maçonnerie, en un mot, de tout le monde des immortels principes de 1789 » (Mussolini, *op. cit.*, p. 63, tiré de *Scritti e Discorsi*, vol. V, Hoepli, 1934, p. 307).

Observons que tout ce qui vient d'être dit à propos du fascisme pourrait être reçu par un partisan de la pensée conservatrice classique, voire du traditionalisme, si l'on ne s'attache pas trop à l'insistance fasciste à se déclarer nationaliste et organiciste. Au reste, comme le déclare Henri Michel (*op. cit.*, p. 15), « il n'est aucun élément de la "doctrine" <l'auteur sacrifie à la bien-pensance en ajoutant des guillemets, puisqu'il est tenu pour acquis par nos contemporains que le fascisme est une pensée indigente> fasciste qui n'ait été emprunté par lui à un penseur de la droite des XIXe et XXe siècles. [...] Aussi bien, a-t-on pu avancer que le fascisme était, en fait, une "réaction camouflée" ».

Tout aussi conforme à la morale traditionnelle est cette affirmation anti-nihiliste : « [...] le fascisme accepte, aime la vie, ignore le suicide et y voit une lâcheté ; c'est pourquoi il comprend la vie comme un devoir, une élévation, une conquête ; la vie doit être haute et pleine : vécue pour elle-même, mais surtout pour les autres, proches et lointains, présents et futurs » (p. 29). On en peut dire autant de cette profession de foi universaliste, ainsi anti-nominaliste, attestant la reconnaissance implicite de l'existence d'une nature humaine : « J'entends l'honneur des nations dans la contribution qu'elles ont fournie à la culture de l'humanité » (Mussolini, p. 56, tiré de Emil Ludwig, *Entretiens avec Mussolini*, Mondadori, 1932, p. 199). Ainsi en est-il encore de cette affirmation extrêmement traditionnelle : « L'État fasciste ne reste indifférent ni en face du fait religieux, en général, ni en face de cette religion positive particulière qu'est le catholicisme italien. L'État n'a pas une théologie, mais il a une morale. Dans l'État fasciste, la religion est considérée comme une des manifestations les plus profondes de l'esprit et, en conséquence, est non seulement respectée mais défendue et protégée. L'État fasciste ne se crée pas un "Dieu" particulier comme Robespierre a voulu le faire, un jour, dans l'extrême délire de la Convention ; il ne cherche pas non plus à l'effacer des âmes, ainsi que le bolchevisme. Le fascisme respecte le Dieu des ascètes, des saints, des héros et même le Dieu que voit et prie le cœur ingénu et primitif du peuple » (p. 46).

On retrouve bien ici ces notions, évoquées par nous plus haut, de volonté générale ou universelle entendue telle la nature de la volonté dont les volontés singulières sont autant d'individuations, par là telle cette volonté objective (que toutes les volontés singulières devraient avaliser si toutes les volitions étaient moralement droites) qui prend conscience d'elle-même en et par cette hypostase de l'État — ou du tout — qu'est le conducteur de peuple.

Nous disions plus haut que le fascisme développe une conception de la nation qui exclut l'idéal pacifiste. Il ne croit pas au mythe de la paix éternelle. Pour lui, la paix n'est qu'un moment de répit entre deux périodes de guerre : « Il repousse le pacifisme, qui cache une fuite devant la lutte et une lâcheté devant le sacrifice. La guerre, seule, porte au maximum de tension toutes les énergies humaines et imprime une marque de noblesse aux peuples qui ont le courage de l'affronter. Toutes les autres épreuves ne sont que secondaires et ne placent jamais l'homme en face de lui-même, dans l'alternative de la vie et de la mort » (p. 29). Comme le dira de Gaulle, « l'épée est l'axe du monde ». La guerre est ce dont l'histoire humaine est tissée, comme processus douloureux d'accouchement d'une paix visée mais qui, pour demeurer le noble objet d'amour qu'on veut distinguer en elle, n'est pas et ne peut être de ce monde en lequel, si elle y advenait, elle se réduirait au calme de la mort. Tout processus d'accouchement, aussi bienheureux soit-il, comporte une part de polémique, parce qu'il est par essence la résolution d'un conflit. Il n'est pas d'engendrement sans amour, dira-t-on. Oui, mais l'amour, qui veut l'unité fusionnelle des amants, se consomme dans l'enterrement de leur différence et par là s'insurge contre sa tendance constitutive parce qu'il s'aime lui-même autant qu'il aime son objet. Aspirant ainsi à l'identité (avec son objet) dans sa différence maintenue d'avec lui (pour ne point s'éclipser), l'amour se fait engendrement parce qu'ainsi les amants sont un dans leur commun rejeton sans abolir leur dualité. Qui aime la paix aime la guerre parce que la guerre est un moment obligé de l'amour qui donc n'accouche de la paix vivante — à toute distance de la mort lente des exténuations hédonistes — qu'en plébiscitant la guerre. Et si, comme le voulait saint Augustin, la paix est bien le repos de l'ordre, il n'est pas d'ordre qui n'ait la forme d'un conflit assumé et surmonté. On comprend de ce point de vue pourquoi la paix éternelle ne peut être de ce monde : l'ordre éternel exclut l'usure des choses assujetties à la contingence du monde spatio-temporel.

Sur ce point encore le fascisme s'inscrit dans le sillage d'une philosophie traditionnelle classique. D'ailleurs, en ce qui concerne la question de l'importance que le fascisme confère à la nation, nous rappellerons ce que nous pensons avoir établi ici plus haut, à savoir que la catégorisation politique de la nation, qui la convertit en nationalisme, était inscrite — s'il est vrai que la monarchie de droit divin cherchait à servir, en contrepoint (sinon au rebours) de son inspiration augustinienne, un authentique bien commun — dans les flancs de la monarchie absolue. Et c'est probablement, par-delà toutes les causes circonstancielles généralement évoquées, pour n'avoir pas su s'y référer dans son contexte propre que la monarchie absolue est tombée.

§ 54. Fascisme et existentialisme

Néanmoins, quelque chose dans le fascisme relève non plus tant du conservatisme traditionaliste que du conservatisme héroïque confronté à la tentation nihiliste. Henri Michel évoque en effet, pour définir les fascismes, le « refus d'un comportement commandé par la raison, qui étouffe l'élan vital ; le fascisme est une réaction anti-intellectualiste, une revanche de l'instinct ; il prêche le culte de l'action, il proclame la vertu de la violence » (p. 6). Certes, Mussolini (p. 11-12 de *La Doctrine du fascisme*) parle de « conception spiritualiste, née de la réaction générale du siècle présent contre le positivisme matérialiste et dégénéré du XIXe siècle ». Mais il ajoute : « Une telle conception est anti-positiviste, mais positive : ni sceptique, ni agnostique, ni pessimiste, ni passivement optimiste, comme le sont généralement les doctrines (toutes négatives) qui placent le centre de la vie hors de l'homme, qui, par sa libre volonté, peut et doit créer son monde. Le fascisme veut que l'homme soit actif et engagé dans l'action avec toutes ses énergies : virilement conscient des difficultés réelles et prêt à les braver. Il conçoit la vie comme une lutte, il estime qu'il appartient à l'homme de conquérir une vie vraiment digne de lui, en créant, avant tout, en lui-même, l'instrument (physique, moral, intellectuel) pour la construire. Et cela est vrai pour l'individu lui-même, pour la nation, et pour l'humanité. »

On voit ici poindre l'idée d'un immanentisme radical excluant que l'homme puisse avoir sa raison d'être ailleurs qu'en lui-même, rejetant donc le théocentrisme, et substituant une éthique de l'action à une éthique de la contemplation (entendue comme connaissance théorétique), sommet antique et médiéval de la vie véritablement humaine. Osons même parler d'*existentialisme* latent : l'homme du fascisme se crée par son agir, son libre engagement et son travail, par-delà toute raison susceptible de lui révéler une vocation transcendante fondée sur les décrets d'un Créateur lui assignant une finalité qui échapperait à son libre arbitre, et seulement invité à donner sens aux énergies vitales obscures avec lesquelles il est sommé de renouer et qui sont supposées faire la substance de toute chose.

Ce pressentiment se précise avec la lecture des textes suivants :

« Le fascisme est une conception historique, dans laquelle l'homme n'est ce qu'il est, qu'en fonction d'un *processus* spirituel auquel il concourt [...]. En dehors de l'Histoire, l'homme n'est rien » (p. 13-14) : ces formules suggèrent l'idée d'un monisme de l'esprit se réalisant dans les peuples et par eux, ce qui est encore incliner vers l'existentialisme, en ce sens que l'esprit est supposé se créer par son activité qui le particularise en divers esprits historiques.

« Notre bataille est plus ingrate, mais elle est plus belle parce qu'elle nous oblige à ne compter que sur nos forces. Nous avons mis en pièces toutes les vérités révélées, nous avons craché sur tous les dogmes, nous avons rejeté tous les paradis, nous avons bafoué tous les charlatans — blancs, rouges, noirs — qui introduisent dans le commerce les drogues miraculeuses qui donneront "le bonheur" au genre humain. Nous ne croyons ni aux programmes, ni aux plans, ni aux saints, ni aux apôtres, et surtout nous ne croyons pas au bonheur, au salut, à la terre promise » (Mussolini, p. 58, tiré de « Il faut naviguer », dans le *Popolo d'Italia*, 1er janvier 1922, et dans *Diuturna*, p. 223). Comprenons là que le fascisme a commencé par rejeter aussi bien la pensée traditionnelle d'inspiration monarchiste légitimiste (les « blancs ») que les utopies socialistes de gauche ou marxistes (les « rouges ») qui laïcisent le christianisme, non sans rejeter aussi l'enseignement traditionnel de l'Église catholique (les « noirs »), lequel, quoique non utopiste et anti-hédoniste, se veut intellectualiste et eudémoniste. Ici nous voyons poindre, comme soubassement aux tendances existentialistes déjà signalées, la revendication d'une expérience du nihilisme. Certes, Mussolini fait sa place au catholicisme dont il finira même par faire une religion d'État. Mais : « [...] L'État fasciste revendique pleinement son caractère éthique : il est catholique, mais avant tout, il est fasciste, exclusivement, essentiellement fasciste » (Mussolini, p. 61, tiré de *Scritti et discorsi*, vol. VII, Hoepli, 1934, p. 31). Si l'on ajoute que « [...] pour le fasciste, tout est dans l'État, et rien d'humain ni de spirituel n'existe et *a fortiori* n'a de valeur, en dehors de l'État » (p. 15), on pressent que le fondateur du fascisme réduisait le catholicisme à une dimension culturelle de la nation italienne en devenir, exclusivement créé par le génie humain. Et c'est là encore se mettre en porte-à-faux avec la pensée traditionnelle.

De son propre aveu, le fascisme n'est pas un dogmatisme, une doctrine intemporelle fixée, il est lui-même en devenir, il s'est cherché sans avoir le temps de se trouver, et il serait injuste de le juger sur ce qu'il dit de lui-même à tel ou tel moment du processus d'avènement de sa conscience de soi, puisque l'acte de définir le devenir de lui-même est aussi en devenir, ainsi provisoire et à recevoir à ce titre. On pourrait même justifier jusqu'à un certain point, dans un contexte thomiste, ainsi traditionnel et dogmatique, non historiciste, ce primat de l'agir et ce culte de la vie auxquels le fascisme semble souvent renvoyer :

Tout thomiste admettra sans peine que le plus haut degré de vie est le plus haut degré d'être : « *vivere enim est esse viventis* » (*Somme contre les Gentils*, II 57), l'acte de vivre est l'acte d'exister du vivant, ce qui revient à dire que cette opération propre du vivant, qui achève son essence, est son acte de se faire réalité ; est vivant ce dont l'achèvement de l'essence dans son ordre d'essence est la position de son acte d'exister[6] ; est donc vivant ce

[6] S'il est vrai, plus généralement, que l'exister est l'acte de l'essence (thèse thomiste), il est l'actuation de l'essence en tant qu'essence, sa perfection en tant qu'essence, et ainsi l'absolue coïncidence avec soi de l'essence, l'essence devenue absolument elle-même, est l'acte de son advenue dans la réalité. Si l'essence divine est, par définition, l'essence parfaite, elle ne peut être conçue que comme existante, et l'on peut dire avec saint Bonaventure : « Si Dieu est Dieu, Dieu est. » Penser Dieu comme n'existant pas revient à penser contradictoirement, comme l'enseignent les partisans de la preuve ontologique. Il reste que la valeur

qui tend à faire s'identifier l'essence et l'existence, privilège de l'Acte pur d'exister qui fonde toute existence et qui est l'acte d'être ; ce qui ne signifie pas que tout vivant existerait nécessairement, mais que l'essence d'un vivant en acte enveloppe son existence, de sorte que tel vivant fini n'est pas son acte d'exister (que de ce fait il perd ou peut perdre) parce qu'il n'est, quant à son essence, qu'un vivant en puissance ; il ne contracte son essence de vivant qu'en acquérant l'exister ; il reste que la vie et l'être sont coextensifs puisque la vie tend à faire s'identifier l'essence et l'existence, et que l'essence de l'exister à l'état pur est ce dont l'essence est d'exister.

Mais le plus haut degré de vie est l'acte de connaître, puisque le mouvement d'un tel vivre est parfaitement immanent au vivant. Donc le plus haut degré d'être est un connaître. Il y a donc plus d'être dans l'acte de connaître que dans l'être connu par cet acte, à moins que cet être connu ne soit lui-même un être connaissant. Or « *operari sequitur esse* » : la nature d'un être se connaît par ses actes, et ainsi les articulations logiques de la pensée sont le reflet des articulations ontologiques de cet être qu'est le penser. Donc l'ordre des raisons de connaître est l'ordre des raisons d'être, et la forme syllogise de la pensée est la révélation de la forme syllogise de tout être en tant qu'être.

Et dans cette perspective peut-être osée, le culte de la vie prôné par les vitalistes peut être compris tel le culte de la raison, à toute distance de l'anti-intellectualisme supposé du courant de pensée que nous évoquons ici, lequel est anti-intellectualiste au sens où il récuse, comme nous l'avons déjà suggéré, la conception de la raison embrassée par les « Lumières », productrice de la raison scientiste, matérialiste, constructiviste, et, dans l'ordre moral, sécrétant l'homme des droits de l'homme, qui n'existe pas.

Mais ce n'est pas vraiment ainsi que l'entendent les théoriciens du fascisme, qui conjuguent un culte nietzschéen de la vie

---

de cette preuve n'est acquise que s'il est établi que ce qui est contradictoire pour nous est contradictoire en soi, ce qui revient à tenir pour acquis que l'ordre des raisons de connaître est l'ordre des raisons d'être.

identifiée à la Volonté de puissance définitionnelle de l'être en tant qu'être, et une dilection — afin de donner forme à la première — pour le monisme hégélianisant de l'esprit dont le rationalisme absolu affirme la rationalité du réel et de l'Histoire.

§ 55. Le fascisme comme réponse au nihilisme

Il semble que l'essence du fascisme consiste, sous ce rapport, dans la réaction vitale d'un esprit saisi par le pessimisme thématisé par Schopenhauer : le vouloir-vivre, essence profonde de toute chose, échappe au principe de raison suffisante, lequel régit le monde des phénomènes mais non celui de l'être en soi, à savoir le vouloir-vivre lui-même qui par là se révèle sans raison, c'est-à-dire absurde, et c'est pourquoi un tel pessimisme métaphysique est générateur de nihilisme mortifère dont le fasciste en puissance entend se désengluer en passant par Nietzsche qui convertit le vouloir-vivre en volonté de puissance entendue comme volonté de volonté, qui est jubilation créatrice ; la pensée de ce dernier se révèle néanmoins spéculativement fragile parce que soutenue par un subjectivisme revendiqué se dispensant de donner les raisons de ses choix, et surtout, obnubilé par la production d'individus d'élite exaltés dans et pour leur singularité exclusive ; un subjectivisme incapable de concevoir un bien commun fondateur d'une communauté de destin ; Nietzsche considérait que la notion de bien commun est contradictoire, et expressive d'une mentalité d'esclave : rien de ce qui est commun ne saurait pour lui avoir de valeur. C'est alors que le fasciste en puissance devient fasciste en acte en dépassant Nietzsche par l'appel à la reviviscence d'un rationalisme idéaliste que l'absurdisme schopenhauerien générateur de nihilisme avait prétendu enterrer. Il reste que le passage du fasciste en puissance au fasciste en acte n'exténue pas les séquelles du nihilisme qui avait inspiré le fascisme en lui servant de terreau : la vie inspire la raison pour se donner un sens, mais elle ne s'identifie pas à elle et, loin de s'en vouloir le souffle et l'instrument, elle en fait son valet, de sorte que, en dernier ressort, le fascisme se révèle, comme malgré lui, telle une modalité de l'existentialisme et du subjectivisme. C'est que, en effet, le fasciste n'entend pas retourner en arrière, au temps des certitudes dogmatiques et du statisme prérévolutionnaire. Expliquons pourquoi :

La subjectivité, en se radicalisant, fait se retourner, héroïquement, le subjectivisme contre lui-même : rien n'est vrai que ce que je décrète tel, ou encore toute vérité ou toute valeur est arbitraire ; mais, s'il en est ainsi, l'acte même de tenir pour vrai que toute vérité est arbitraire est lui-même arbitraire. Et le fasciste soucieux de dépasser le nihilisme est parfaitement capable de cela, parce que, à la différence de l'homme de gauche, sa mentalité, son caractère, ses dilections esthétiques ne le font pas se complaire dans la moiteur nauséeuse et nauséabonde de l'égotisme qu'il foule aux pieds avec acharnement aussitôt qu'il trouve des raisons — fussent-elles seulement subjectives — de le faire. Mais il ne trouve pas de raison suffisante de s'en émanciper sans retour, ainsi d'adhérer à une doctrine lui enseignant que la subjectivité n'est pas première ; il ne s'en émancipe pas, non par complaisance mais parce qu'il redoute de retomber dans un dogmatisme fixiste ayant fait preuve de son incomplétude, mais aussi de son impuissance — par sa tendance à délaisser le champ de l'immanence au profit d'une intériorité toute tendue vers le Ciel — à résister aux assauts de la subversion faiseuse de décadence. Il nous semble que, si ce qui précède est fondé, le fasciste est un traditionaliste d'intention qui répugne à se faire tel, qui voudrait croire au dogmatisme, qui y croit déjà peut-être à moitié, mais qui ne parvient pas à y adhérer pleinement parce qu'il sait que ce retour au passé, sans autre forme de procès, serait générateur, par ses insuffisances, de ce nihilisme dont il entend se tirer. Le fasciste embrasse, du dogmatisme traditionnel, tout ce qui prône l'ordre et l'abnégation, tout ce qui tire le moi hors de lui-même et de sa vacuité, tout ce qui donne sens à la vie humaine en lui offrant des raisons de se sacrifier, et au reste il se réjouit de ce que maints défenseurs de l'ordre ancien, horrifiés par la profonde décadence induite par le subjectivisme, le rejoignent et s'accommodent de son esthétisme et de son volontarisme ; mais il continue à faire de la subjectivité le fondement de ce à quoi il se dévoue et qui la crucifie, parce qu'il entrevoit, dans cette subjectivité inquiète et frémissante, dans cette indétermination pure, non le néant stérile sur le fond duquel se détacherait l'être toujours absurde, mais ce néant qui est à saisir tel l'être absolu dans son être-autre, son envers en lequel il se risque et dont il se fait victorieusement provenir de toute éternité, mais qui se rend immanent à la contingence des consciences finies : « *omne ens, qua ens, ex nihilo fit* », comme l'enseignera plus tard Heidegger (tout être, en tant qu'il est être, procède du néant) ; il y saisit le creuset et principe de pulsation infiniment fécond, impersonnel et divin, plus intérieur à lui-même que ne l'est sa conscience réfléchie, de renouvellement du contenu de son idéal qui, objectivé, est déjà inadéquat — en tant que circonscrit — à la valeur infinie qu'il est censé signifier.

Nous pouvons donc conclure ce sous-chapitre en faisant observer qu'en effet le fascisme, expression politique historiquement réalisée de l'esprit de la Révolution conservatrice, est une réponse au nihilisme, une tentative rationnelle de le dépasser, mais non parvenue à ses fins. Peut-être en est-il ainsi, tout simplement, parce que la réflexion théorique est autant réflexion sur l'agir qu'elle présuppose, qu'elle n'est inspiratrice de cet agir, et que l'Histoire ne lui donna pas l'occasion de développer suffisamment un tel agir, de sorte qu'il ne lui fut pas donné d'élaborer la théorie de cet agir, laquelle eût probablement rectifié, en les approfondissant, les raisons élémentaires qu'il s'était données dans l'urgence pour se déployer.

Reste à savoir si cette réticence à embrasser — au point d'en faire la racine de sa subjectivité même — la sérénité du dogmatisme traditionnel peut se révéler, au moins par accident, être principe de renouvellement de cette tradition, en forme d'approfondissement et de revitalisation de cette dernière.

§ 56. C. La Révolution conservatrice peut-elle féconder le conservatisme traditionaliste ?

Rappelons ici les questions que nous nous posions au début de cet ouvrage : *Comment conjuguer l'extériorité mondaine qui donne consistance — en les actualisant — aux fermentations de la vie intérieure toute potentielle,* ***et*** *le recueillement en soi-même que requiert l'ordination de l'esprit à un bien transcendant seul habilité à le satisfaire ? Comment le Transcendant peut-il être immanent et plus intérieur au moi fini que ce dernier ne l'est à lui-même ?* Nous disions que ces questions sont peut-être deux manières de s'interroger sur le même problème.

Tant le chrétien que le sage païen sont soucieux presque exclusivement, ou avant tout, du salut de leur âme ; même si, pour certains païens au moins, l'âme individuelle meurt avec le corps, même si pour eux la vertu de courage l'emporte sur celle de la sagesse, une belle vie est pour eux un devenir au service de grandes choses, d'actions d'exception, de finalités immanentes généreuses faisant éclater leur bravoure et leur dévouement, et surtout une vie qui s'achève glorieusement, au champ d'honneur, ainsi une mort qui les emporte dans et comme un élan vital immanent débordant leurs singularités qui n'aspirent qu'à se faire déborder par lui, et qui trouvent en lui leur justification ; à sa manière, en tant qu'il quête une justification, le païen aussi veut être sauvé ; et ce souci de justification renvoie, quoi qu'il en ait, à un arrière-monde, certes immanent mais au-delà des phénomènes, qui en droit fait l'objet d'une aspiration au moins implicitement contemplative. Le chrétien croit à une autre vie future, le Stoïcien n'y croit pas, mais ce dernier, comme le chrétien, est focalisé avant tout par la santé de son âme, par la liberté de cette dernière se soustrayant à l'emprise du monde et s'attachant à maîtriser ses représentations. Autant dire que, pour les deux, tout doit être subordonné à cet impératif spirituel, contemplatif et distant de l'action. Mais, pour les deux, la force consiste d'abord à résister — aux tentations, aux séductions, aux mirages, aux sollicitations de l'extérieur, aux passions — et non à attaquer pour dominer puisque dominer et conquérir supposent convoitise à l'égard de l'extérieur, alors que maîtriser ses représentations consiste à exténuer les convoitises qui asservissent l'âme à cet extérieur ; pour eux, la force consiste à se vaincre et non pas vraiment à vaincre, et c'est pourquoi ce qu'il y a de commun aux deux sagesses est que leurs adeptes s'accommodent à peu près de n'importe quelle situation, considérant que l'on peut et doit avoir la force de s'adapter à toutes, puisque c'est en cela que consiste la valeur morale : subir dans la constance. Mais on ne peut subir, sans céder ou sans se révolter, les agressions et les déconvenues surgissant à l'extérieur, qu'en s'accrochant à quelque chose qui est intérieur à soi, à un roc indéracinable et inaccessible aux vicissitudes, aux convoitises et aux rapts venus du dehors, et ce ne peut être que le pouvoir propre à la volonté de se vouloir elle-même, de vouloir son acte sans autre raison qu'elle le décide, par son seul souci de fidélité à soi-même, par-delà toute raison : c'est vrai pour le Stoïcien, c'est encore vrai pour le chrétien qui est mû par la foi et l'espérance d'un monde meilleur hors de cette vie, mais qui choisit d'entretenir sa foi par sa seule volonté d'y adhérer, même s'il est capable, corrélativement, d'élaborer des motifs de crédibilité, des raisons de croire, qui demeurent des raisons d'adhérer à quelque chose qui dépasse la raison. Pour cette raison, le refuge en soi-même, dans une situation d'exil intérieur rendant l'homme étranger au monde, est la voie privilégiée de telles morales.

Mais alors, comment conjurer cette indifférence, que dénonce Jean-Jacques Rousseau, du chrétien — ou, ajouterons-nous, du Stoïcien — à l'égard des grandeurs de la vie temporelle, quand ce sont le souci de ces dernières et l'amour passionné pour elles qui seuls sont à même d'insuffler, en eux, les ressources de combativité nécessaires au maintien terrestre de leur héritage spirituel ? Vouloir sans raison, au sens strict, est impossible, parce que le tenter est encore être motivé par le souci de se prouver qu'on peut vouloir sans raison ; c'est pourquoi celui qui cherche le refuge en soi-même entend implicitement découvrir dans le tréfonds du soi la Raison ultime tant du soi que du monde, c'est-à-dire le Transcendant éminemment extérieur et tout à la fois plus intérieur à lui-même que lui-même ; ce qui, au passage, nous invite à pressentir que le Transcendant est unité de l'intérieur et de l'extérieur. Mais à quelle condition un tel Transcendant peut-il sans contradiction être immanent au fini, et signifier sa présence par l'acte même de se dérober ? L'unité de l'intérieur et de l'extérieur semble devoir échapper à la pensée, puisqu'elle paraît contradictoire, identité des contraires. On voit bien que les deux questions que nous posions au début sont connexes, voire expriment les deux facettes du même problème.

§ 57. Le dépassement fasciste du nihilisme est-il intégrable dans le conservatisme traditionnel ?

S'il n'est pas encore temps d'en proposer une résolution, c'est en revanche, pour la préparer, le moment de se demander si l'immanentisme prôné par la Révolution conservatrice toute tournée vers le dehors et l'avenir ne serait pas capable, par son unilatéralité même, de pallier les inachèvements de la pensée traditionnelle plutôt focalisée par le passé et la culture de l'intériorité.

Le conservatisme héroïque est un subjectivisme, le résultat tragique d'un nihilisme que la subjectivité prend sur soi d'évacuer sans autre appui qu'un vague mais puissant instinct de vivre doublé d'un sens esthétique exigeant, et d'une confiance héroïque en la toute-puissance de sa liberté. Comme tel, il est un existentialisme : il n'y a pas de nature humaine intemporelle, tout est histoire, l'homme est ce qu'il fait ; « faire, et en faisant se faire, et n'être rien d'autre que cela » (Jules Lequier). L'existentialiste est orphelin d'essence comme on est orphelin de père et de mère, il sait qu'il doit grandir et mûrir en s'en passant et pour devenir lui-même ce père qu'il n'a pas connu et dont il n'a pas de modèle, ainsi pour créer son essence sans cesser d'être existence, liberté, remise en cause de soi, mise à distance de soi, réinvention perpétuelle de soi-même. Le révolutionnaire conservateur, existentialiste de droite, et en vérité le fasciste, choisit une vision du monde supposée servir de norme et de fondement au trou noir de sa subjectivité dévorante non sans se souvenir qu'elle en est, aussi longtemps qu'il est subjectiviste, le véritable fondement, de sorte qu'il vit cette vision du monde sur le mode d'une œuvre à inventer (à découvrir et à produire) ou à réinventer, et de toute façon à construire, et c'est pourquoi il est tourné vers l'avenir. Au fond, le fascisme est une forme d'existentialisme visant à convertir le relatif en absolu, la subjectivité en objectivité, les sécrétions de la vie intérieure en objectivité non seulement normative de l'intériorité, mais, si la chose s'avérait possible, fondement ontologique de cette dernière ; mais ce dessein du fascisme a vocation sans peut-être le savoir, par le caractère réactionnaire des valeurs qu'il promeut, par son goût pour le sacrifice d'un moi qui pris pour fin devient insupportable d'ignominie, à s'inscrire dans le premier courant. Or ce qui est vivant devient, et le conservatisme hait la vie porteuse de possible décadence parce que le parfait est ce qui est immobile, et que l'immobilité hiératique est le propre de la mort. Une langue dite morte est parfaite à raison même de son décès, parce qu'elle ne risque plus d'évoluer au gré des pensées nouvelles qui s'incarnent en elle, et c'est en vertu de cette fixité qu'elle devient volontiers la langue des dogmes religieux, préservée de tout infléchissement sémantique susceptible de les trahir. Le fascisme a donc vocation à féconder le conservatisme traditionnel de sa dynamique et de sa négativité en le rendant vivant. Et nous parlons de négativité pour la raison suivante : la vraie positivité est le propre de ce qui est identique à soi et qui vit, qui ne subit pas son identité mais y coopère en s'identifiant à lui-même, par là qui ne se décompose pas comme ce qui est mort, et dont en fait l'immobilité est illusoire puisque ce qui est mort devient pourriture et n'achève son devenir que dans le néant, lequel n'est nullement un repos puisque, pour être en repos, il faut être ; en dernier ressort, la vraie positivité est ce qui a la forme d'une négation de négation ; le lecteur peut se référer à cette définition thomiste du vivre que nous avons exposée ici dans notre chapitre III (§ 23).

Le fasciste sait, ou pressent, que sans vie intérieure le propulsant vers le haut, il serait incapable de se projeter au dehors vers des biens nobles, à savoir des biens qu'on aime en se rapportant à eux, à la différence des biens que l'on aime en les rapportant à soi et qui, si l'on ne sait aimer qu'eux, transforment l'homme en pourceau. La projection de soi au dehors est en droit un moyen d'enrichissement de la vie intérieure mais, affairé à la tâche de construire une norme de la vie intérieure en la projetant au dehors, il inverse le rapport de causalité et fait de la vie intérieure l'instrument d'invention d'une grande cause. Et cela l'aide à conjurer le travers d'un traditionalisme classique qui, tellement assuré du bien-fondé de sa vision du monde et de sa vocation à la transcendance, en vient à négliger la nécessité de la faire — au moins de manière inchoative — se concrétiser ici-bas, de l'extérioriser pour la ré-intérioriser en vue de visées transcendantes. L'existentialiste risque plus que sa peau dans son agir, il y risque son essence puisqu'elle est le résultat de son agir ; le traditionaliste est tellement assuré de l'intangibilité des essences (dont la sienne) qu'il en vient à négliger le registre de l'existence.

§ 58. La ruse de la raison subjectiviste

Il existe, pour Hegel, une ruse de la Raison, qui consiste dans le fait que la Raison s'aliène dans le bouillonnement des passions qui la contestent, mais qui comme malgré elles, comme naturalisations de la volonté, la font se réaliser dans l'Histoire en se reniant elles-mêmes en cette Raison dont elles procèdent. En franchissant le Rubicon, César satisfaisait seulement aux pulsions de son ambition dévorante non innocente de démagogie, mais, ce faisant, il rendait possible la fondation de l'Empire romain dont les conséquences historiques déborderaient infiniment ses projets et motivations personnels. Dans le même esprit, nous dirons qu'il existe une ruse de la subjectivité, laquelle s'aliène sporadiquement dans l'anarchie, la confusion, la pénurie ontologique du subjectivisme, pour s'en faire provenir, plus puissante et plus maîtresse d'elle-même qu'avant, ainsi lestée d'un objectivisme qui la sauve, plus à même de se pérenniser par le fait de s'oublier dans le service du dévoilement de vérités objectives. Aristote montre que l'amitié pour autrui suppose la philautie, l'amour de soi, la réconciliation avec soi-même grâce à laquelle le moi peut enfin s'oublier, cesser de se ronger en s'épuisant par fascination onaniste ; le subjectivisme est ce moment de crise que la subjectivité doit apprendre à dépasser pour se libérer d'elle-même et s'oublier, par là pour s'affirmer, comme intentionnelle, dans la visée de ce qu'elle n'est pas ; mais elle doit consentir à assumer une telle crise, fût-elle en danger de s'y noyer, afin de s'assurer qu'elle n'est rien de ce qu'elle a, qu'elle n'est rien de ce qu'elle est (puisqu'elle l'a), que donc elle n'est rien, qu'elle « est » rien, si elle entend se ressourcer dans le creuset du néant pour renouveler ou approfondir la signification de son ordination à ce qu'elle servait et où elle risquait, là aussi, de se perdre en se réduisant à l'objectité d'un projet circonscrit.

Contre l'existentialisme, il existe une nature des choses et des êtres, et une nature humaine qui fonde toutes les opérations exercées par l'homme, même ses actes de liberté ; mais être libre est choisir, et choisir est toujours, en quelque façon, se choisir, et se choisir suppose que l'on ne soit pas ce que l'on choisit, ainsi que l'on ne soit pas ce que l'on est, au moins sous un certain rapport. Un essentialisme sain, et rationnel, se sait par là en demeure de faire sa place, à l'intérieur d'un être conditionné par une nature, à une indétermination foncière à partir de laquelle, sans cesser d'être mesuré par cette nature, un tel être est invité à choisir sa nature ; un essentialisme réaliste est ainsi sommé de concevoir la nature humaine de telle sorte qu'elle ait la forme d'une victoire sur l'antinature, et que l'homme libre puisse choisir ce qu'il est, ratifier son essence, vouloir être ce qu'il a à être, ainsi n'être pas — sans cesser de coïncider avec lui — ce qu'il est. Or telle est la structure du vivant, celle de la négation de négation. De même qu'il était dans la vocation de l'idée monarchique de faire sa place à l'idée de nation — vocation que la monarchie historique ne respecta pas, ce qui causa sa destruction corrélative de la genèse d'une conception dévoyée de la nation —, de même il était dans la vocation, ainsi dans la logique d'une anthropologie et d'une psychologie réalistes de faire sa place à la puissance de la subjectivité pure à l'intérieur de la causalité d'une nature humaine normative et intangible — vocation que la philosophie réaliste ne ratifia pas, ce qui causa la genèse de l'idée subjectiviste, ainsi dévoyée, de la vie subjective.

La vision du monde traditionaliste invite à ne s'intéresser au monde en y découvrant ses beautés et ses bontés que pour le quitter, ayant éprouvé par elles le désir du Beau et du Bien, désir qui se sait devoir refluer vers une vie intérieure du fond de laquelle se fera sentir l'appel du Beau et du Bien transcendants ; ce faisant, le traditionaliste déserte le monde, quitte la partie, laisse proliférer dans le monde, sécrété par l'homme de gauche, tout ce qui étouffe la vie intérieure et qui, tissé de délectations honteuses et animales, n'est ni bon ni beau, cependant que, tendu, de l'intérieur de lui-même, vers les promesses de dévoilement d'un Beau et d'un Bien qui tardent à se manifester, le spirituel traditionaliste en vient à s'épuiser, et à céder à la chute dans le fond de soi-même où il s'éprouve comme en puissance tant à la reddition de lui-même au monde de la bassesse qu'à un ressaisissement de soi dans le subjectivisme héroïque.

§ 59.1. Le fascisme comme ressourcement de l'esprit de droite dans son être en puissance

Robert Poulet expose quelque part l'image suivante, à notre avis riche de significations. L'historien sait que la construction du château de Versailles, opérée sur des terres marécageuses plus ou moins pestilentielles, fut payée au prix d'un nombre non négligeable d'ouvriers morts à la tâche, tant de maladies que de fatigue. L'homme de droite, selon le grand critique littéraire, par-delà ou en-deçà de toute explicitation plus ou moins savante, est celui qui, spontanément, plébiscite quand même l'érection de cette œuvre d'art. L'homme de gauche, subjectiviste irrécupérable adorateur de l'humanité, « humaniste » tombant en pâmoison aussitôt que surgit quelque trace d'hommerie, est celui qui considère que nulle œuvre d'art, nulle création humaine ne vaut la mort d'un homme, parce que la subjectivité, la « personne humaine » serait un absolu, la valeur des valeurs. L'homme de droite, en son fond essentialiste, est celui qui reconnaît qu'il existe des réalités qui valent que l'on se sacrifie pour elles, qui peuvent avoir raison de fins, et que l'on contracte sa dignité d'homme — laquelle ne va pas de soi — dans le service de cette fin, laquelle lui est assignée par sa nature d'homme, dont il ne décide pas, non plus que des valeurs induites par la présence en lui d'une telle nature. Pourquoi évoquons-nous cette explication ? Pour la raison suivante :

Développer un goût pour ces biens extérieurs, temporels et mondains, que l'on peut aimer en se rapportant à eux — tels, donc, qu'ils peuvent avoir raison de fin (même si ce n'est pas une fin ultime) —, c'est cela que peut seule apprendre à faire la mentalité du conservateur révolutionnaire, quand l'exaltation de la vie intérieure chère au traditionaliste a subi l'épreuve historique de la lassitude et de l'échec, de la routine pieuse et du psittacisme obstiné. L'appel du désirable, fût-il sublime en tant que transcendant, s'émousse toujours quand il n'est pas relayé par la liberté, par cet appétit volontaire qui, mû par le bien désirable, doit aussi faire porter sur lui-même la pulsion qui le pousse vers ce bien, par là agir comme s'il était la raison de l'appétibilité d'un tel bien : c'est lui qui rend déterminant pour lui le bien qu'il aime. Développer un tel goût pour les biens extérieurs apprend à imposer au monde, à autrui, à son époque, la souveraineté de la vision du monde que l'on a choisie, en particulier la vision du monde vraie et catholique — au double sens d'hégémonique en tant qu'universelle, et de chrétienne dogmatique.

Mais, cette vision du monde objectiviste, le subjectiviste héroïque est incapable de se la proposer comme fin, puisqu'elle exclut par définition le subjectivisme. Il ne pourra se proposer comme fin à servir qu'une vision du monde historique et provisoire, qui se perdra elle aussi dans l'usure du temps. Celle qui seule mérite d'être réalisée, celle du conservateur traditionaliste, doit être inspirée par un souffle qui, régénéré dans le subjectivisme héroïque ou dans l'instinct vital et esthétique, doit se faire relayer par une autre inspiration donnant au subjectiviste héroïque de ne pas perdre de vue que ces biens à aimer comme des fins sont autant de principes d'actuation d'un désir qui vise, au-delà d'eux, quelque chose qui ne se conquiert qu'à partir de la vie intérieure et qui est transcendant. Or le subjectiviste héroïque, en tant que tel, est incapable de faire retour par décision consciente à la vie intérieure. Si l'on a compris cependant que, selon la dialectique de l'intérieur et de l'extérieur exposée plus haut (III § 23), l'intérieur s'affirme dans sa négation, alors l'affirmation glorieuse et triomphante de l'extérieur revitalise l'intérieur et, loin d'avoir l'impression de trahir les promesses transcendantes de la vie intérieure, on les assure et ratifie en s'ordonnant à l'extérieur ; mais pour que l'extérieur renvoie à l'intérieur et ne confisque pas le désir, pour que ce dernier sache, se ressourçant dans l'intériorité, se faire relayer par un autre qui voit plus loin et plus haut, il faut que cet intérieur soit la présence, en nous, de ce souverainement extérieur qu'est le Transcendant, raison de toute chose, de notre intériorité comme de notre vie mondaine, ou encore que cet extérieur plébiscité par le subjectiviste héroïque soit déjà, sans qu'il le sache, la présence de quelque chose qui rappelle à la vie intérieure en vue du Transcendant. Si l'on se souvient que ce qui est extérieur se rend extérieur à lui-même en se radicalisant, c'est en radicalisant son dévouement pour les grandes choses humaines et temporelles que le subjectiviste héroïque est à même de se renvoyer à un intérieur qui, en vertu de ce détour par l'extérieur, sera délivré de sa pesanteur mortifère que fuit la vie en se livrant aux charmes de l'extérieur. Le traditionaliste veut l'intériorité au détriment de l'affirmation de l'extérieur qu'il fuit en vue de se réserver pour le Transcendant. Le subjectiviste héroïque veut l'extérieur glorieux et noble en se persuadant qu'il n'y pas de

Transcendant à conquérir. Le traditionaliste a besoin de la vitalité immanentiste du fasciste pour s'assurer des conditions mondaines d'exercice de la vie intérieure. Le fasciste a besoin de la profondeur de l'aspiration traditionaliste pour déjouer le sortilège, en forme de mauvais infini de la réitération, qui scande la relation dialectique entre l'intérieur et l'extérieur, et en laquelle l'héroïsme esthétisant s'épuise aussi. L'esquisse d'une complémentarité possible entre les deux attitudes tient en ceci :

L'extérieur doit renvoyer de lui-même à cet intérieur déjà capable de ne pas renvoyer sempiternellement à l'extérieur, mais au Transcendant ; et cela n'est possible que si le Transcendant est lui-même pensé telle la victoire éternelle sur toute forme d'immanence qu'à ce titre il conserve comme niée, de sorte que cette immanence soit capable de faire mémoire du Transcendant et de renvoyer à lui par la médiation de l'intérieur.

Le subjectivisme héroïque produit une vision du monde qui plébiscite l'ouverture de l'esprit à la vie extérieure et à la recherche de raisons de vivre et de mourir, c'est-à-dire encore de vivre, d'exister pleinement, car mourir pour une cause est réussir sa vie en ce sens qu'on a trouvé un bien aimable, assez aimable pour se subordonner le moi vide insupportable : les victoires militaires ou techniques, les productions d'œuvres d'art, la fondation d'un empire, et plus humblement mais non moins noblement le service obscur du bien commun d'une famille, d'un métier, d'une nation. Mais, ce faisant, l'actuation du désir dans la poursuite de tels biens est tout autant l'actuation de ce désir de rentrer en soi-même pour s'élever, à partir de là, aux biens transcendants.

Le fascisme (subjectivisme héroïque, Révolution conservatrice, existentialisme de droite) se révèle ainsi, si ce qui précède est exact, telle l'épreuve, vécue par le traditionalisme classique (la pensée de droite essentialiste, l'objectivisme dogmatique), consistant pour ce dernier à se remettre en cause en revivant l'être en puissance dont la pensée de droite accomplie est la réduction à l'acte, étant bien entendu que l'être en puissance est puissance des contraires, de la pensée de droite comme de la pensée de gauche, et c'est pourquoi le fascisme se vit sur le mode d'un existentialisme, comme projection par le moi de ses possibilités à partir d'une subjectivité qui pense ne pas procéder d'une nature mais aspire à l'engendrer par la position de grandes œuvres et d'actions d'éclat. Le fascisme est le moment obligé à raison duquel la droite se met à distance de soi ; elle embrasse, ce faisant, ce qui pourrait tout aussi bien être le départ d'une vision du monde de gauche, et c'est pourquoi la « vieille » droite, le légitimisme solennel et impavide — mais susceptible et d'autant plus arrogant et intraitable dans ses positions qu'il est plus tourmenté par le sentiment confus de ses insuffisances —, se plaît à condamner sans appel le fascisme qu'il réduit à une modalité de la pensée de gauche. La droite, quand elle prend conscience de ses carences, s'y abandonne pourtant pour se revitaliser, se refonder, se réinventer, c'est-à-dire se redécouvrir par-delà les représentations historiques d'elle-même en lesquelles elle s'était sédimentée, mais aussi plus ou moins trahie : l'organicité, consubstantielle à l'idée même de bien commun, peut dégénérer en esprit démocratique, et le refus d'en prendre le risque invite le conservateur classique à figer la société en une monarchie théocratique, ou en une dictature paternaliste et cléricale, sans s'apercevoir, ce faisant, qu'il brise l'organicité et transforme la société en une communauté de classes, sans renouvellement des élites, sans bien commun immanent toujours accusé de détourner les âmes pieuses du souci d'un bien commun mais extrinsèque et transcendant, mais en retour affligé de tensions consécutives à la substitution, au bien commun, de biens privés antagoniques.

Pour l'objectivisme, l'homme n'est libre que par sa nature qui pose en lui cette puissance à être libre, cette volonté elle-même dotée d'une nature — l'appétit rationnel — qui se détermine au bien comme au mal. En voulant le mal, l'homme refuse ce qui convient à sa nature, mais c'est là refuser sa nature. Aujourd'hui, les femmes veulent être des hommes, les hommes se veulent être femmes, les enfants des adultes, les adultes des enfants, les grand-mères des mères quand ce n'est pas des jeunes filles, les chrétiens des Juifs, les Juifs un peuple qui serait le Christ, les Blancs des Nègres, les Nègres des Blancs, et le transhumanisme, par les transformations génétiques, proclame bien la prétention de la liberté humaine à se faire créatrice de sa nature. Choisir le mal, c'est bien refuser sa nature, de sorte que, en retour, il n'est pas de choix d'un bien vertueux qui ne soit, corrélativement, plébiscite implicite, par la volonté, de sa nature qui la rend libre. Comme puissance au bien comme au mal, la volonté est bien, dans l'essence humaine, cette instance purement potentielle en et comme laquelle la nature humaine s'éclipse, elle est ce néant de nature moyennant quoi la nature individuée se fait le sujet d'exercice d'elle-même. Et c'est ce qui explique que l'on puisse vivre le plébiscite de ce que veut la nature humaine sur le mode héroïque du subjectivisme créateur de nature et inventeur d'un homme qu'il dira « nouveau » mais qui, au regard des résultats du fascisme, n'est autre que la redécouverte de l'homme tel qu'il aurait dû ne jamais cesser d'être.

Il y a ceux qui pensent que la vérité objective n'existe pas ou est à jamais inaccessible, et que la recherche de la vérité est l'état naturel et définitif de l'esprit humain, de sorte que tout point de vue, tout jugement, ne serait jamais une vérité mais se réduirait à une opinion révisable et subjective. Il y a ceux qui pensent que la vérité objective existe, qu'elle a été trouvée et qu'il suffit de la contempler, et de la redire sans cesse, sur le mode incantatoire, avec les mêmes mots ayant fait la preuve de leur conformité à elle. Et puis il y a ceux qui considèrent que la vérité objective existe, qu'elle a été atteinte, qu'elle ne changera jamais, mais que sa profondeur est insondable, de sorte que l'on n'en aura jamais fini avec la vérité, non parce qu'elle se dérobe mais parce qu'on la trouve. Dans l'ordre politique, quand la deuxième position s'ankylose et s'affadit, l'esprit en quête de vitalité prend le risque d'adopter la recherche inquiète de la première position mais en l'exerçant, sans le savoir peut-être, à l'intérieur de la deuxième ; et tel est le fascisme, dont l'ambition secrète, non toujours formulée par lui, est de faire s'harmoniser bien commun immanent ayant raison de fin temporelle ultime, et bien commun transcendant ayant raison de fin éternelle.

§ 59.2. L'équivoque du conflit entre tradition et modernité

La vision chrétienne du monde a achevé, au double sens du terme, un paganisme qui était au reste moribond, ne croyant plus en lui-même, ouvert à toutes les influences orientales les plus irrationnelles et les plus dépravées. Puis est venue la Renaissance, qui se voulut une redécouverte des richesses oubliées de l'Antiquité étouffées, dit-on, par la scolastique et le dogmatisme catholiques.

La Renaissance peut ainsi, dans une perspective catholique qui évidemment ne ratifie pas l'idée — historiquement intenable — d'un étouffement scolastique des richesses culturelles du paganisme, être interprétée selon deux axes de signification. On peut y voir un rappel, un souci de reviviscence opportun des vertus naturelles magnifiées par le génie du paganisme, en droit assumées et dépassées par le christianisme qui tient la nature pour cette chose excellente que requiert la surnature tel son sujet obligé d'inhérence, mais qu'un certain esprit théocratique médiéval, de soi étranger à l'essence du christianisme, inspiré par cette déviation du surnaturel qu'est le surnaturalisme, avait oblitérées ; dans cette perspective, la « révolution » de la Renaissance peut être tenue pour un bien, et elle est à ranger dans le répertoire des révolutions conservatrices, c'est-à-dire des révolutions antirévolutionnaires, des révolutions qui sont autant d'approfondissements de la vérité intemporelle qu'entendait promouvoir l'âge scolastique qu'elles remettent en cause, mais qu'elles ne remettent en cause que pour prévenir ou corriger ses déviations.

On peut aussi interpréter le phénomène de la Renaissance comme l'entreprise de contestation du christianisme en tant que tel, avançant masquée, nourrissant un projet naturaliste — envers du surnaturalisme et complice de ce dernier, comme son frère ennemi — consistant non à faire revivre un paganisme décidément impossible à ressusciter, mais à se couvrir des oripeaux du paganisme pour promouvoir un subjectivisme issu d'une laïcisation du christianisme, c'est-à-dire d'une exaltation de la personne mais déconnectée de sa fin transcendante, et ne retenant du paganisme que son caractère passionnel ; et telle est la matrice de la modernité décadente.

Ce qui rend difficile un jugement tranché, c'est que les deux thèses peuvent être défendues en même temps, selon les acteurs de la Renaissance auxquels on se réfère. Ce qui complique encore la chose, c'est qu'il n'est pas impossible que, dans l'esprit de certains, la première intention — louable — se soit préfigurée, dialectiquement anticipée dans la seconde, mais par là s'y soit aussi en partie fourvoyée.

S'il est permis d'user d'une analogie un peu incongrue, nous dirons que, *mutatis mutandis*, la même équivoque rend difficile à lire le phénomène napoléonien. Pour les uns, Bonaparte est le soldat de la Révolution, son continuateur, et il est à cet égard, du point de vue catholique traditionaliste réactionnaire, à rejeter sans nuance. Pour les autres, et précisément pour certains des tenants de la Révolution conservatrice, il est celui qui a su conserver ce qu'il y avait de viable dans la monarchie d'Ancien Régime tout en le soumettant à des réformes nécessaires au reste déjà engagées dans les dernières décennies de la monarchie — monarchie que, de ce fait, il a sauvée en s'y opposant par accident ; et les références napoléoniennes à la Révolution peuvent dans ce cas être comprises comme autant de manières de faire accepter par les Jacobins — avec lesquels il fallait compter — son projet réformateur de la monarchie ; dans cette perspective, on doit insister sur les dysfonctionnements structurels de l'Ancien Régime, d'ailleurs peu contestés par les monarchistes eux-mêmes, et observer que maintes dispositions révolutionnaires prolongées par Napoléon n'avaient en soi rien de révolutionnaire (au sens subversif du terme), mais répondaient à un besoin de l'Ancien Régime lui-même.

Et il nous semble que cette ambiguïté caractérise la Révolution conservatrice elle-même, et son rejeton politique retenu par l'Histoire, à savoir les fascismes. On peut même ajouter que quand bien même les opérateurs de ces réformes révolutionnaires auraient été habités par des relents d'esprit antichrétien et démocratique, ainsi subjectiviste, ils ont peut-être, objectivement, selon la logique hégélienne de la ruse de la Raison, œuvré à la promotion d'une réfection de la pensée de droite.

Si tant est que l'analogie quelque peu cavalière à laquelle nous avons procédé soit historiquement recevable, on notera quand même ceci :

Le phénomène napoléonien peut à bon droit être violemment critiqué par la cécité de Bonaparte concernant les dangers des poisons du jacobinisme : bienveillance suicidaire, selon certains, à l'égard des Juifs, code civil, épuisement de la jeunesse d'Europe avec ses conséquences démographiques catastrophiques, etc. ; de même le phénomène de la Révolution conservatrice, par son refus d'une conception objectiviste et dogmatique de la vérité. L'Histoire révèle que les vertus restauratrices des mouvements révolutionnaires ne sont parfaitement fécondes que lorsque ces révolutions sont menées dans l'élément de la pensée et des camps politiques du traditionalisme réactionnaire lui-même — ce qui n'est jamais vraiment le cas, d'où le caractère inévitable des ruses de la Raison —, ou bien seulement lorsque ces pulsions de Révolution conservatrice apprennent, aussitôt que confrontées à la réalité, ainsi très vite, à se désolidariser de leurs origines doctrinalement douteuses, par là à répudier aussitôt nées ce qu'il y a de foncièrement mauvais en elles. Napoléon, pour certains, fut un précurseur des révolutions conservatrices, bien que son action n'ait pas été parfaitement émancipée de séquelles jacobines. Pour d'autres, il fut un Jacobin se donnant des allures de conservateur réformiste de la monarchie afin de rendre pérenne l'ignominie de la Révolution française en la sauvant contre elle-même, en désamorçant au moins pour un temps l'efficience de ses vices mortifères. Pour les uns, il tenta de sortir la France de la révolution sans y parvenir ; pour d'autres, il stabilisa la révolution en l'approuvant, n'en limitant les travers que pour les mieux conserver en les empêchant de se détruire eux-mêmes. Il n'est pas exclu qu'il ait voulu être les deux à la fois, selon les moments de son épopée.

L'intérieur, avons-nous dit, s'affirme dans sa négation. L'investissement de la volonté dans un bien extérieur auquel elle se rapporte, loin de la détourner des richesses de l'intériorité, revitalise les pouvoirs de cette dernière et la dispose d'autant mieux à se réserver pour les biens célestes, pour autant, certes, qu'elle s'arrache à ce à quoi elle se donne avec la vigueur qu'elle a su déployer pour l'élire. C'est en se dévouant pour un bien commun doté d'une valeur absolue que l'homme, se rapportant à lui, apprend à ne pas se prendre pour fin et rend possible l'éclosion, en lui, du souci du Bien religieux. S'ordonner *tout entier* au bien commun, c'est l'absolutiser. S'y ordonner tout entier *et non totalement*, c'est — l'absolutisant — le relativiser tout autant au regard du Bien transcendant.

Revenons un instant sur la question juive. Le judaïsme fait s'identifier politique et religion, communauté ethnique et Église, citoyenneté terrestre et citoyenneté céleste. Il absolutise le bien commun — politique — de sa nation. Cela suffit au fond à expliquer ses étranges réussites. Il investit une recherche induite et finalisée par la transcendance dans celle d'un bien immanent. Mais il le fait au détriment de la transcendance que, de ce fait, il trahit, et c'est là ce en quoi il n'est pas ce chrétien dont, pourtant, il procède proleptiquement. Il trahit *et* sa vocation transcendante qui l'*achève*, *et* les prétentions immanentes qui l'enveniment, car il finit par se détruire lui-même en rendant malade le monde qu'il aspire à dominer, et dont il fait lui-même partie.

D'une certaine façon, le fascisme est cette disposition d'esprit moyennant laquelle le chrétien s'habilite à contracter la ténacité judaïque dans la poursuite des biens terrestres. Ce faisant, il n'emprunte rien au juif ; la surnature ne détruisant pas la nature mais radicalisant son excellence intestine, il récupère un bien proprement chrétien — pagano-chrétien — confisqué par le judaïsme et frappé d'interdit par le surnaturalisme.

CHAPITRE VI

Les vraies causes de l'absence d'instinct de conservation chez nos contemporains

§ 60. Les raisons couramment évoquées

On peut invoquer maintes raisons pour expliquer la passivité de nos contemporains.

On peut avancer le fait de la déchristianisation. On peut souligner les habitudes consuméristes qui rendent les gens complices du système économico-juridique actuel ; ce dernier en effet, sous couvert d'exaltation de la dignité de la personne humaine et de la liberté individuelle renvoyant chacun à lui-même en saupoudrant sa manne empoisonnée de slogans tirés du catéchisme des droits de l'homme, leur garantit leurs drogues audiovisuelles et la série inflationniste de petits plaisirs dont la succession constitue, pour la plupart, la trame de leur vie inhumaine et effroyablement ordinaire. Ce consumérisme abêtissant générateur de puissante assuétude aurait favorisé la chute de la démographie, la perte du goût pour les joies intellectuelles, l'invasion migratoire consécutive à l'appel d'air démographique, le sentiment d'irréversibilité dans la décadence induisant un découragement qui en retour accélère la décadence, un fatalisme écrasant qui paralyse toute velléité de réaction. Il n'est pas inopportun de faire mémoire aussi de l'habitude, depuis plus de deux siècles, par suite de la déchristianisation et de la spécialisation des savoirs, de s'en remettre aux spécialistes en tous domaines, de confier son destin aux scientifiques, sans s'apercevoir que la science est plus que tout autre domaine investie par l'idéologie mondialiste, judéo-maçonnique, marxiste, matérialiste. Il ne serait pas erroné d'en appeler encore à l'hypertrophie, suscitée par les mêmes raisons, du subjectivisme en général générateur d'une crise de l'autorité sans précédent, qui fait préférer par les individus interchangeables de la foule une tyrannie molle qui cache ses tyrans tout en préservant les apparences d'une souveraineté démocratique, à une autorité limitée, respectueuse des hiérarchies et des communautés naturelles, mais refusant explicitement le principe de la déification du moi, c'est-à-dire de la liberté débridée et du despotisme du sentiment. Toutes ces raisons seraient amplifiées par le matraquage idéologique ininterrompu depuis 1945 consistant à réduire tout ce qui ne va pas dans le sens du mondialisme à un avatar, à tout le moins à un complice de la « bête immonde » dont aucune conscience jugée normale ne saurait atténuer l'horreur et contester son statut de mal absolu. Et l'on pourrait ajouter que la crise de l'Église et la victoire temporelle du modernisme ont fait sauter les dernières barrières qui pouvaient retenir les flots hurlants de la subversion. En dernier ressort, on pourrait faire observer que même si un individu est disposé à faire des efforts non négligeables dans le déroulement de sa vie privée, dans la manière dont il organise sa vie de famille, dans sa décision de militer quelque part pour la bonne cause nationaliste ou religieuse, il y a le fait du marché du travail qui, invinciblement, contraint tout homme à s'adapter aux exigences du système s'il entend ne pas mourir de faim et donner à ses rejetons les moyens de trouver leur place dans cette société qui sera leur et où ils devront faire la preuve de leur utilité.

§ 61. L'insuffisance du recours à ces causes

Toutes ces raisons contiennent, selon nous et comme pour tout observateur, une part incontestable de vérité. Il nous semble tout de même qu'on ne peut s'en satisfaire sans autre forme de procès, car si nous sommes devenus, en subissant ces causes, les pauvres dégénérés que nous sommes aujourd'hui, c'est parce que nous y avons consenti, nous et nos pères et même nos grands-parents et arrière-grands-parents, lesquels n'avaient pas subi le lavage de cerveau qui nous a ravagés, n'avaient pas perdu le bon sens paysan qui nous a quittés depuis longtemps, n'étaient pas gâtés comme nous le sommes par le consumérisme et le subjectivisme. Or pourquoi nos aînés, qui valaient mieux que nous, n'ont-ils pas réagi quand il en était encore temps ? Pourquoi ont-ils supporté les fauteurs de désordres, laissé proliférer les producteurs d'idées fausses, fermé les yeux devant les actions corruptrices des ennemis du genre humain ? Pourquoi ont-ils fini par céder aux sollicitations des désirs inférieurs contre l'assaut desquels ils étaient encore armés, et dont le dressage et la maîtrise, intériorisés pendant des siècles, avaient fait leur grandeur ? On peut certes invoquer cette tendance à l'entropie, cette pulsion de mort, ce collapsus qui menace tout homme congénitalement pécheur, cette faiblesse qui gît en tout homme comme possibilité perverse incessante ; mais enfin, cela n'explique pas que tous les hommes d'une même sphère de civilisation — la chrétienté occidentale —, après s'être rendus maîtres incontestés de toute la planète, aient décidé ensemble de se suicider en deux gros siècles — avançons : depuis la Révolution française —, aient été ainsi terrassés par la même langueur. Les chutes individuelles n'ont pas d'autre raison que la faillibilité naturelle de l'homme aggravée par les séquelles du péché originel, mal radical toujours possible qui, comme tout possible, ne serait pas, semble-t-il, réellement possible s'il ne se réalisait jamais. Mais d'abord autre chose est de chuter, autre chose est d'emporter ses certitudes avec sa chute et de s'aveugler de manière irréversible au point d'en venir à ne plus être capable de distinguer — comme c'est le cas pour la majorité de nos contemporains — entre le bien et le mal (le vrai bien et le vrai mal). Par ailleurs, quand ces chutes deviennent le fait d'une multitude entière et en un temps relativement très court, c'est qu'une raison déterminée est à l'œuvre, qui s'ajoute à la contingence définitionnelle des réalités sublunaires[7].

---

[7] On peut enfin remarquer, dans une perspective plus métaphysique, et de ce fait plus éloignée de notre actuel propos, que la possibilité du mal peut être une vraie possibilité sans pour autant être en demeure de se réaliser, s'il est question de mal moral, ainsi induit par un acte volontaire ou libre. En effet, toute puissance opérative (ou faculté) libre, maîtresse de ses actes, est réflexive, agissant sur soi, *se* déterminant à la position de son acte. Étant telle, elle peut décider de ne pas agir, demeurer à l'état de puissance non actualisée, et cet acte de « nolonté » est encore un acte volontaire ; vouloir ne pas vouloir, c'est faire de l'état d'être en puissance l'objet même de cette puissance, sa visée, de sorte que la volonté s'actualise en et comme le maintien de son état potentiel ; elle veut ne pas vouloir le mal, mais elle n'y parvient qu'en posant un acte vertueux (appétit du bien) qui en retour modifie la puissance par laquelle il est posé : ce qui était puissance au bien comme au mal devient puissance au bien seul, ou tend à le devenir, précisément parce que la faculté réflexive s'affecte par sa propre activité. Un possible qui, sur un temps infini, ne s'actualiserait jamais ne serait pas réellement possible : soit ; mais une puissance libre qui serait incapable de se fixer irrévocablement dans un choix — en l'occurrence le choix du bien — ne serait pas réellement maîtresse de son choix, par là ne serait pas réellement libre. Il en résulte, pour conjuguer les deux exigences, que la volonté libre est pouvoir du bien comme du mal, possibilité réelle des deux, mais à ce titre même elle est possibilité de restreindre par ses opérations le champ des possibles, au point d'éliminer à la limite la possibilité de pécher, ce qui corrélativement exige que le temps mesurant la série de ses choix soit fini : doté de liberté et incarné (ainsi temporel), l'homme doit mourir pour s'accomplir ; ou encore : il est contradictoire qu'il soit libre et incarné d'une part, sempiternel d'autre part. La liberté humaine est cette capacité exercée dans le temps, qui se radicalise en soustrayant celui qui l'exerce à la temporalité même, puisque la temporalité est mesure du mouvement selon l'antérieur-postérieur (du mouvement), mesure d'une succession d'actes ou d'événements. En retour, soustraire par l'acte de mourir la personne libre au temps, c'est lui enjoindre de se déterminer absolument — irrévocablement — dans un seul acte libre. Et cela explique peut-être qu'il nous faille mourir, nous autres hommes, quitter la temporalité, pour faire s'accomplir exhaustivement les ressources de notre liberté, ainsi pour

Aucune société ne peut subsister sans morale, quelque dévoyée ou erronée que soit cette dernière. Aucune morale n'est possible sans référence à des valeurs normatives ; aucune valeur normative n'est envisageable sans référence à un absolu, à une certaine conception de ce dernier, laquelle conditionne en fait le type de civilisation auquel on appartient. Pour les Occidentaux, cet absolu est Dieu, tout simplement, le Dieu personnel créateur, rémunérateur et vengeur, transcendant, trinitaire, révélé en Notre Seigneur Jésus-Christ vrai Dieu et vrai homme, incarné pour racheter l'homme. Et si tout ce qui est relatif n'a de sens que par rapport à l'absolu, si de plus le désir humain confesse son infinité, alors le salut qui est aussi le bonheur consiste dans la connaissance de Dieu et dans le repos de la volonté en cet acte — béatifiant — de Le connaître. Au reste, le bonheur était déjà, *mutatis mutandis*, de cette espèce pour les Anciens les plus sages, qui le définissaient comme « *theoria* », activité contemplative.

§ 62. Le désir de Dieu et la dialectique de l'intérieur et de l'extérieur

Osons donc formuler notre réponse : la cause première de notre décadence tient selon nous dans la difficulté éprouvée par

---

accéder au bonheur absolu ; une telle exigence a pour envers la possibilité du choix irrévocable d'une existence déchue. Cela dit, si, du côté du sujet voulant, il existe une solidarité entre temporalité, possibilité d'agir *in diversa* et liberté, il existe en retour, du côté de l'objet voulu, une solidarité entre la bonté de ce dernier et la négation de sa privation : il doit être définitionnel du bien d'avoir la forme d'une victoire sur la possibilité du mal, car alors, choisissant le bien ainsi conçu, la volonté choisit et le bien et la possibilité du mal (qui est tout autant possibilité du bien puisque les contraires s'identifient dans l'être en puissance) entendue comme la condition immanente que le bien se donne et assume, ainsi confirme comme puissance au bien seul. En se faisant volition du bien seul, la volonté se fait assomptive du bien et de la possibilité du mal, possibilité vaincue aussitôt que posée dans et par le bien même.

les croyants à vivre le désir de Dieu, difficulté qui, comme nous le verrons, n'est pas sans des raisons dont on aurait peut-être pu faire l'économie si l'on n'avait procédé à certains choix théoriques et pratiques inspirés par une certaine conception de la spiritualité. C'est jusque là qu'il faut selon nous remonter si nous entendons ne pas proposer des solutions — ou nous rendre à des réactions, bien intentionnées au reste et non dénuées de vérité, fort nombreuses aujourd'hui quoique limitées à des cercles restreints — qui rateraient la racine du mal et se révéleraient, pour cette raison, impuissantes à conjurer la décadence. Ce qui appelle une justification.

Nous disions plus haut que le monde a vécu pendant des siècles glorieux sous l'égide de ce que nous nous permettrons de nommer l'objectivisme de type platonicien — pris au sens large : sous ce rapport, l'aristotélisme et le thomisme sont platoniciens — des valeurs éternelles, et que ce dernier avait toujours été menacé par une dégénérescence pratique en direction du stoïcisme — pris au sens large lui aussi : focalisation unilatérale sur la vie intérieure qui nous invite à mépriser le monde et ses grandeurs temporelles, pour nous installer dans l'intériorité cultivée en vue des biens supérieurs non mondains. Le Dieu qui ne se manifeste que dans l'acte de son retrait laisse la vie intérieure sur sa faim, et bientôt, afin de n'être pas débordé par la lassitude d'une vie terrestre consumée dans l'attente, on en vient à faire, de l'être, l'être pensé, et ainsi l'esprit devenu celui du Portique se prédispose, de manière logique, au scepticisme générateur de déréliction et de nihilisme qui se consomme dans ce que Carlyle nommait le « sans-culottisme » furieux, le subjectivisme en acte consommé historiquement dans la Révolution française.

Tout homme soucieux de réserver le meilleur de lui-même pour des biens transcendants, c'est-à-dire tout homme désireux de sauver son humanité qui l'invite, se risquant en lui, à la plébisciter par la liberté qu'elle lui confère, est assujetti à cette dialectique de l'intérieur et de l'extérieur dont nous avons tenté plus haut d'esquisser la logique : la vie intérieure, immédiate (sans la médiation d'une extériorisation de soi), est sommée, parce que vide, de se porter vers l'extérieur dont elle se nourrit mais surtout par lequel elle apprend, s'étant objectivée en lui, à se dévouer en s'ordonnant à des grandeurs mondaines et, quand cet extérieur est conforme à l'extériorisation de soi de la vie intérieure, ce dernier, se radicalisant, devient extérieur à lui-même et renvoie à une vie intérieure plus riche qu'elle ne l'était avant son extériorisation. Il est clair que ce balancier n'est viable, ne se convertit pas en lassitude excédée, que s'il laisse entrevoir, dans l'exercice de son jeu, l'Objet ultime du désir, cette identité de l'intérieur et de l'extérieur, du sujet et de l'objet, du savoir et de l'être, qui définit précisément l'absolu transcendant. Dire que l'extérieur, se radicalisant, ainsi s'achevant dans son ordre, en vient à être extérieur à lui-même et à renvoyer à l'intérieur qui se disait en lui, c'est dire que le degré d'objectivation de soi de la vie intérieure a été atteint en lui, et que, l'intérieur s'affirmant dans sa négation, il accuse réception de l'inadéquation entre les œuvres de cette pulsation *ad extra* et la conscience avivée de son exigence interne, laissant mourir de leur belle mort les œuvres grandioses en lesquelles il a tenté de se révéler à et pour lui-même, se rassemblant en lui-même pour une nouvelle épreuve. Le père aime son épouse et ses enfants au point de consentir à donner sa vie pour eux, mais, exerçant cet amour, il perfectionne sa puissance d'aimer en l'actualisant, par là comprend qu'un tel amour procède proleptiquement du désir de Dieu, ainsi du désir de Ce qui seul est aimé absolument par-dessus toute chose, à ce point que même son épouse et ses enfants, supposé — par impossible — qu'ils fassent obstacle à l'exercice du désir de Dieu, doivent être mis de côté, et font l'aveu de la finitude de leur appétibilité.

Or, précisément, est venu un temps où cette dialectique de l'intérieur et de l'extérieur, censée aviver le désir, le spécifier et l'orienter toujours plus efficacement, à partir d'une intériorité toujours plus consciente d'elle-même, vers un Transcendant toujours mieux dévoilé, fût-ce analogiquement, s'est grippée.

Une telle dialectique scande la vie spirituelle de chaque époque et lui impose le sceau d'un certain type de spiritualité, comme elle scande la vie spirituelle de chaque homme et pour lui se résout, se sublime et se métamorphose dans le moment de sa mort : « tel qu'en lui-même enfin l'éternité le change », il y devient ce qu'il s'est résolu à être, qui peut s'écarter de ce que son essence lui prescrivait d'être, et qu'il a peut-être passé sa vie à vouloir ignorer, et il se rencontre ainsi sans voile ni masque, ni grimace ni simagrée, sans possibilité de se fuir, pour le meilleur ou pour le pire ; mais cette connaissance de soi, à la fois redoutée et recherchée (« *et inhorresco et inardesco* », enseignait saint Augustin dans ses *Confessions* : à la fois je brûle de désir et je frissonne de crainte), coïncide avec le dévoilement de l'Objet véritable de son désir, auquel il consent, ou auquel il se refuse parce que refusant de L'aimer en se rapportant à Lui. C'est dans une même opération que l'âme se dévoile et dévoile son Objet ultime, à tout le moins fait l'expérience indubitable de son ordination à Lui, se saisit sans reste en sa vie intérieure et connaît cet Extérieur qu'elle n'a jamais cessé de convoiter sans le savoir en toutes les choses qu'elle s'est plu à aimer ici-bas ; et cela est compréhensible : la vie intérieure se porte sur l'extérieur qui la renvoie à elle-même en vue du Transcendant qui par définition sera unité de l'intérieur et de l'extérieur, de quelque chose qui est plus moi que je ne suis moi, et qui m'est plus étranger que tout ce qui m'est étranger, le Tout autre : « *non coerceri maximo, contineri tamen a minimo, divinum est* » (Hölderlin : ne pas être englobé par le plus grand, être cependant englobé par le plus petit, tel est le divin). En s'approchant de la mort, on est un peu moins enfant, un peu moins dérisoire, un peu moins étranger à soi-même, et il en est de même, en droit sinon en fait, pour les peuples et les époques spirituelles, et même pour la vie de l'Église qui spécifie toujours plus efficacement le désir de Dieu en proposant l'évolution homogène de son dogme, l'explicitation des vérités éternelles dont elle a la garde.

Nous disions que cette dialectique de l'intérieur et de l'extérieur s'est grippée, fixant la vie intérieure dans une fermeture sur soi, crispée sur son aspiration au Transcendant non médiatisée par un mouvement vers l'extérieur d'intensité proportionnée à celle de son mouvement inverse. Auparavant, il y avait saint Thomas et les spiritualités dominicaine et bonaventurienne, mais il y avait en même temps la geste des croisades, et la recherche par chaque royaume de l'esprit de son peuple et de son destin, c'est-à-dire le processus d'accouchement — fait d'ambitions, de dévouements, de sacrifices, d'amours passionnelles et de fureur — de son identité nationale. Il y avait eu Platon et Aristote, mais il y avait eu Alexandre le Grand. Il y eut sainte Thérèse d'Avila et saint Jean de la Croix, mais il y avait en même temps les grandes découvertes et la *Reconquista*. Et puis il y a eu cette spiritualité janséniste et surnaturaliste sans grand dessein naturel extérieur correspondant. L'affirmation en soi incontestable de l'intrinsèque supériorité de la vie surnaturelle par rapport à la vie naturelle, ainsi de la vie intérieure sur les prouesses de la vie extérieure, en est venue à susciter un certain mépris (un peu trop ostensible pour être parfaitement honnête), une certaine défiance et une grande frilosité à l'égard de l'ordre naturel, et cette invitation au retrait de l'âme par rapport au monde s'est soldée par une séparation hautaine de l'Église par rapport aux sociétés dont elle redoutait la contamination, dans le moment où, en perte de vitesse, elle se faisait de plus en plus autoritaire dans le domaine de la vie morale et, dans ce qui lui restait d'influence sur lui, par rapport au pouvoir politique ; au vrai, elle avait commencé, à partir du dixième siècle et pendant tout le Moyen Âge, à se faire outrageusement théocratique, et c'est peut-être cette insurrection naturelle des royaumes contre ses prétentions temporelles qui suscita progressivement sa réaction de repliement sur soi et corrélativement d'invitation faite à ses ouailles de repliement sur elles-mêmes, privilégiant la morale au détriment du Politique. Il a résulté, de cette indifférence par rapport au monde — via la mentalité sulpicienne, la gravité sans la joie, l'obsession du péché sans la pugnacité résultant d'un plus grand amour du Bien —, la genèse de l'esprit démocrate-chrétien qui châtrait les vigoureuses initiatives politiques menées contre la Gueuse, invitant le chrétien résigné à vivre en République jacobine comme le Stoïcien Épictète invitait son prochain à se complaire dans sa condition d'esclave. D'où cette réaction naturaliste néo-païenne qui s'est historiquement et politiquement consommée dans les fascismes, précédés par l'idéalisme allemand, les philosophies du vouloir-vivre et de la volonté de puissance, et les vitalismes, où il s'est forgé. L'impuissance à conjuguer le désir de Dieu et le désir du vrai bien commun temporel — lequel exige la souveraineté politique, intellectuelle, spirituelle, économique, démographique et militaire de l'Europe sur le reste du monde — se transcrit aujourd'hui dans l'impuissance théorique et pratique à conjuguer les formes traditionnelle-réactionnaire et révolutionnaire-héroïque du conservatisme. Parce qu'il y a solidarité dialectique entre l'intérieur et l'extérieur, le zèle pour la vie spirituelle s'est desséché, et les passions nobles pour les grandes œuvres mondaines se sont taries. De l'affaiblissement du zèle pour la vie spirituelle est né l'affaissement du désir de Dieu et sa conversion en désir de confort terrestre ; du tarissement de l'appétit pour les grandes œuvres terrestres est né ce funeste désir de paix à tout prix, cette absence d'ambition conquérante, qui fait avaliser l'hégémonie états-unienne par essence désordonnée et matrice des désordres dans le reste du monde, qui exténue en Europe l'esprit de conquête, et qui charrie la mauvaise conscience européenne à l'égard des anciens dominés.

C'est ainsi dans l'impuissance de la pensée conservatrice traditionnelle — dont la population entière en Europe, il y a moins d'un siècle, était encore plus ou moins pétrie — à assumer les exigences du subjectivisme héroïque que tient, selon nous, l'attentisme de nos contemporains face à une décadence dont ils subissent pourtant, de plus en plus, les effets dans leur chair autant que dans leur conscience. Ces deux positions cessent de s'opposer, ainsi se dispensent d'en appeler à une résolution théorique et pratique difficile capable de les faire se sublimer afin de les identifier par le haut, quand elles dégénèrent toutes les deux dans la position intermédiaire — fausse synthèse, fausse solution — qui n'est autre que le libéralisme. Le nihilisme héroïque, purement esthétique, bascule aisément dans le libéralisme supposé de droite, à cause de sa sympathie pour le darwinisme, la lutte pour la vie, l'esprit de compétition, l'indifférence à l'égard des faibles (les pauvres), l'hostilité à toute forme d'égalitarisme et des revendications des ratés, des malchanceux, et des pleurnicheries démocrates-chrétiennes en effet insupportables. Et le conservatisme traditionaliste bascule lui aussi assez volontiers dans le libéralisme, au moins économique, parce que le manque de sobriété dans l'invitation à la « résignation », qui a fini par exténuer toute ambition mondaine, s'est soldé, chez le réactionnaire bien-pensant mais doté de pugnacité résiduelle, par la genèse de l'esprit bourgeois conservateur, du paternalisme moralisateur qui prive le peuple de justice sociale et entend par là prévenir ses possibles débordements : on est moins tenté par le péché, dira l'exploiteur d'un air docte et navré, quand on est en permanence privé de tout ce qui excède le minimum vital, et quand on est écrasé — mais cela, le bien-pensant ne le dira pas — par une oligarchie assez puissante pour prévenir toute velléité de rébellion. Si la tentation libérale, sur le plan économique, reste puissante dans les milieux réactionnaires, c'est peut-être parce qu'elle parvient à conjuguer les conservatismes réactionnaire et révolutionnaire (car c'est bien là que réside le salut), mais elle ne les conjugue qu'en les adultérant tous les deux, et ceux qui y succombent ne font là que préparer, en s'en défendant et non sans prendre l'air vertueusement indigné, l'avènement de l'esprit de gauche et du mondialisme.

§ 63. Ce qui reste de l'esprit de droite dans le libéralisme

Si le libéralisme économique peut séduire l'homme de droite — lui qui sait ou entrevoit que l'idée libérale contredit ses principes fixistes en tant que dogmatiques, et qu'elle aboutit, promouvant les valeurs mercantiles induisant un égalitarisme consistant à niveler les hommes en les identifiant par le bas, au contraire de ce qu'il prône —, c'est dans ce qu'il favorise ou plébiscite, et qui inspire une répulsion viscérale à l'égard de l'homme de gauche : la force, la santé, la chance, certains talents innés, la ténacité, la combativité. L'homme de gauche abhorre la force de manière générale, pour diverses raisons qu'il n'est pas vain d'inventorier. Tout d'abord la force, quelle qu'en soit la nature, est ce qui donne du pouvoir à son détenteur ; et ce pouvoir, aussitôt né, même non encore exercé, est immédiatement perçu comme un danger par celui qui tient pour monstrueux qu'un homme puisse jamais exercer un pouvoir quelconque sur un autre homme. Pour l'homme de gauche, le pouvoir de l'homme — même, à la limite, celui du père sur l'enfant — sur l'homme est intrinsèquement mauvais, parce que le subjectivisme de l'homme de gauche, qui le définit fondamentalement, sacralise la subjectivité et ne la tolère que souveraine, sans Dieu et sans maître, étant pour elle-même son dieu. Ensuite, si l'on ne peut se passer de la force et ainsi du pouvoir pour qu'il y ait société, l'homme de gauche ne tolère ce dernier que s'il procède du droit, est distribué selon le droit. Au vrai il le tolère s'il est distribué selon la conception qu'il se fait du droit. Cette conception n'est plus la conception romaine, inspirée d'Aristote, du droit (le *dikaïon*, le *jus*), de cet objet de la vertu de justice, qui est à distinguer de la loi. Cette conception est devenue la conception moderne indissociable de la philosophie des droits de l'homme, qui fait du droit subjectif l'ensemble des revendications (potentiellement infinies en nombre) qu'un homme est fondé à formuler en vertu de son insigne dignité, et qui fait du droit objectif, destiné à faire se réaliser le droit subjectif, l'ensemble des lois posées par l'État. L'homme de gauche consent à la force comme à un mal nécessaire, mais il exige qu'elle soit distribuée selon l'existence préalable d'un droit positif. Ce qui scandalise l'homme de gauche, c'est que la force, qui habilite à l'exercice d'un pouvoir, puisse être distribuée par la nature ou par la Providence antérieurement à tout système de légitimation juridique. Qu'un homme naisse fait pour le bonheur, chanceux, optimiste par tempérament, doué pour commander, vigoureux de corps et d'esprit, auquel tout advient sans peine ni difficulté, paré des dons les plus insolents ; qu'il soit ainsi doté des plus éclatants avantages avant que leur attribution n'ait été entérinée par une loi, c'est là ce qui l'horripile et en quoi il voit une injustice fondamentale. Il en est ainsi pour la raison suivante :

Selon la justice distributive, qui s'exerce en allant du tout à la partie, ainsi de la société en direction de ses membres, est juste ce qui revient à chacun proportionnellement à son mérite, lequel est mesuré par le degré de sa contribution au bien commun, au bien du tout. Tel est l'ordre de la rétribution aux parties, qui n'est pas l'ordre de la constitution du tout : dans une bâtisse dont la construction est achevée, certaines parties nobles — parce que destinées à de nobles fonctions — méritent un entretien tout particulier, mais d'autres requièrent un intérêt moins attentif, à cause de la grossièreté des bienfaits qu'on attend d'elles ; les pavés de l'étable n'ont pas à être lavés aussi soigneusement que les parquets de la bibliothèque. Pourtant, les pierres dont use le maçon pour construire les murs de l'étable sont les mêmes que celles dont il se sert pour édifier la chapelle, et cela est sans injustice, parce que l'ordre de la constitution du tout n'est pas l'ordre de rétribution aux parties. Quand bien même tous les hommes seraient égaux en talents, il faudrait bien que certains fussent manœuvres et d'autres ministres. Ce qui définit la distribution des bienfaits et avantages, c'est le bien commun, cause finale de la société. Il se trouve que le bien commun est aussi la part la plus précieuse du bien particulier ; mais c'est en tant que bien du tout qu'il est le plus précieux pour le particulier, et non l'inverse. Vouloir qu'une règle hiérarchique préside à la constitution du tout, c'est interdire le mode naturel de constitution des groupes humains, lesquels doivent être constitués pour se donner des règles. Selon ce mode, les parties cherchent spontanément leur place et, à partir de cet état de fait, après que le tout a été matériellement constitué, elles subissent si nécessaire la correction, opérée par le détenteur de l'autorité, ainsi par le premier responsable du bien commun, d'une constitution formelle du tout. Ce qui signifie que le tout ne se construit pas *a priori*, mais que sa genèse passe par les initiatives des parties, à la manière dont, naturellement, la forme est éduite de la matière qui chronologiquement la précède et lui impose en retour, après son éduction, le sceau de ses exigences propres. Vouloir qu'une règle hiérarchique régisse le processus de constitution du tout, c'est au fond ne consentir à la recherche du bien commun qu'au sens où le bien commun est le meilleur des biens particuliers, mais non en tant qu'il est le bien du tout pris comme tout ; et cela revient à subordonner le tout à la partie. C'est parce que la forme est fin de la matière qu'elle la laisse se disposer en une sorte d'organisation préalable préparant sa réception de la forme. C'est parce que la forme se fait conditionner par ce en quoi (la matière individuante) elle s'anticipe, qu'elle peut exiger des parties du tout (lesquelles ont raison de matière du tout) qu'elles désirent le tout en se rapportant à lui : il se veut en elles en s'y anticipant. En revanche, si — pour autant qu'il soit permis d'user d'un tel adverbe — la forme a fébrilement besoin de se forger une matière absolument définie par elle, sans laisser à cette dernière le soin de s'organiser en vue de recevoir la forme, c'est que cette forme, incapable de se faire conditionner par ce dont elle se fait procéder, s'avoue impuissante à se vouloir en ces parties matérielles du tout qu'elle constitue, par là s'interdit de se les subordonner. Qu'est-ce à dire ? Tout simplement que cette exigence de faire jouer la justice distributive dans le processus de constitution du tout révèle le refus de faire du tout la fin des parties, de sorte que le bien commun qui sera visé, en l'occurrence, dans une société ainsi conçue, dégénérera en intérêt général, en règle de coexistence pacifique des biens privés. Ce primat de la partie sur le tout, cette exaltation sourcilleuse des droits de l'individu face au tout, c'est la définition du subjectivisme, matrice de l'esprit de gauche. Pour l'homme de gauche, il est au fond injuste que certains soient chanceux, ou naturellement travailleurs, ou bien nés et doués excellemment, sans l'aval de la société qui les y autoriserait. Et il est au fond injuste que les gens normaux soient plus gratifiés par la nature en dons délectables que les stropiats, les très laids, les mongoliens ou les handicapés.

Le partisan du libéralisme économique souffre d'incohérences, mais il a au moins le mérite de ne pas tomber dans l'idéologie constructiviste de l'homme de gauche, qui interdit aux bons et beaux de naître tels sous le prétexte que tous ne naissent pas avec les mêmes avantages. Quelque obtus, à courte vue, sordide et suicidaire qu'il soit, le capitaliste excédé par les revendications syndicales ne se scandalise pas de l'inégalité naturelle et des dons individuels non accordés aux hommes par la société.

CHAPITRE VII

Une esquisse politique de résolution

§ 64. Préambule

Nous avons vu en quoi la vie spirituelle tant des peuples que des individus est scandée par une dialectique de l'intérieur et de l'extérieur, laquelle trouve sa résolution dans la poursuite de l'identité concrète des deux, entendue comme tendance vers le supérieur. Ce qui signifie que l'on doit consentir à des médiations, ainsi à des biens finis auxquels on se donne et à partir desquels on se ressaisit, pour s'habiliter à tendre vers le plus haut qui est le plus extérieur et le plus intérieur en même temps. Mais s'il en est ainsi, en considérant les choses du point de vue du sujet désirant, c'est que, du côté de l'Objet, de l'absolu, il doit y avoir une éternelle et intemporelle assomption, indépendamment du monde et d'un esprit créé, de tous les biens finis, corrélative d'un détachement souverain à leur égard. Il faut qu'il en soit ainsi pour que le désir immanent de biens extérieurs ayant raison de fin ne soit pas enrayé par la crainte de court-circuiter, ce faisant, son ordination à la Transcendance : si les biens finis extérieurs peuvent être pensés et vécus comme autant d'anticipations de soi du Bien absolu qui les contient en sa vie intestine éternelle comme assumés et surmontés, alors, en les poursuivant, le désir ne fait que se conformer à la forme du Bien qui demeure son objet ultime[8]. On s'efforcera donc, dans ce chapitre, d'établir que l'Objet ultime — divin — du désir humain

[8] Il n'est pas question, à la manière des délires teilhardiens, d'adorer la Terre et de faire croire qu'il s'agirait d'un désir de Dieu qui s'ignore, de

s'approprie aux besoins d'un désir humain naturellement destiné à se nourrir de desseins immanents (partie A). Il sera temps, ensuite, d'établir que la transcendance d'un tel Bien ne le rend pas inaccessible aux convoitises du désir humain (partie B).

§ 65. A. Ce que l'étude du bien commun nous apprend du Souverain Bien

Dans la *Somme contre les Gentils* (II 45), saint Thomas nous invite à méditer sur la question suivante : quelle est en vérité la première cause de la diversité des choses créées ? L'Aquinate propose sept raisons. Ce n'est pas le lieu de les exposer toutes et de les analyser en détail, puisque nous les évoquons seulement dans l'intention de parler du bien commun : s'il y a pluralité de créatures, il y aura nécessairement communauté, unité dans la diversité, par là bien commun à toutes. Mais pourquoi le bien commun est-il voulu pour lui-même ? On pourrait penser en effet que, Dieu créant pour Sa gloire, librement et non par nécessité, il Lui aurait suffi de créer une seule chose absolument sublime. Au vrai, il n'existe pas de meilleur des mondes, parce que la distance entre Dieu et les créatures est infinie, quelle que soit leur perfection. Mais dans toute création possible, il est une créature dont la sublimité l'emporte sur celle des autres, et dont la richesse interne est assomptive de la perfection des autres. Par exemple, dans l'ordre terrestre ou sublunaire, l'homme est la plus parfaite des créatures sensibles ; il assume les ordres minéral, végétal, animal et spirituel en étant doté de raison. Et il n'est pas évident que la perfection du monde créé ait pu requérir une

---

sorte qu'une telle adoration mènerait mécaniquement à Dieu en faisant se confondre la société et l'Église. Il est question d'un désir qui est en son fond et ultimement désir de Dieu, qui se porte sur les biens finis ou terrestres par lesquels il apprend à s'éveiller à lui-même, et qui ne s'ordonne à Dieu de manière efficace et explicite qu'en s'arrachant aux séductions terrestres. Encore faut-il consentir à les aimer pour s'en arracher.

pluralité de créatures, dans une même espèce et d'espèces différentes, comme si le plus parfait enrichi ou plutôt accompagné du moins parfait était plus parfait que le plus parfait. On est donc fondé à s'interroger sur la raison de la pluralité des créatures. Nous n'évoquerons, de cette question traitée par saint Thomas, que les arguments 3 et 7.

§ 66. Une cause est d'autant meilleure qu'elle produit des effets qui sont aussi des causes

Argument 3. Plus une chose présente de points de ressemblance avec Dieu et mieux elle réalise cette ressemblance. Or en Dieu il y a la bonté *et* la diffusion de cette bonté dans les autres. Donc **la réalité créée ressemble plus parfaitement à Dieu si, non seulement bonne, elle peut de plus agir pour le bien des autres, que si elle était uniquement bonne en elle-même : de même que ce qui luit *et* illumine ressemble plus au soleil que ce qui se contente de luire**. Or la créature ne pourrait agir pour le bien d'une autre créature s'il n'y avait dans les choses créées pluralité et inégalité : l'agent étant autre que le patient et *plus honorable que lui.* Il fallait donc, pour qu'il y eût dans les créatures imitation parfaite de Dieu, que divers degrés fussent réalisés dans les créatures.

On trouve en Dieu, qui est le Bien absolu, à la fois la bonté, à la fois la diffusibilité de cette bonté, c'est-à-dire son pouvoir d'être communiquée, un peu comme on trouve dans un homme savant à la fois sa science, à la fois la communicabilité de cette science, son pouvoir d'être participée par d'autres. Et, de fait, le savant possède paradoxalement d'autant mieux sa science qu'il la communique plus généreusement à autrui, s'enrichissant du fait même de donner. Si donc le Créateur se propose de créer pour sa gloire, ainsi de produire des créatures qui lui ressemblent, alors ce Créateur sera invité à créer non seulement des effets imitant la bonté de Dieu, **mais des effets qui sont aussi des causes, imitant par là la diffusibilité de la bonté du Créateur**. **Ici, est entendu par cause ce qui peut agir pour le bien**

des autres, tel le savant qui peut agir pour le bien d'élèves possibles. Il faudra donc qu'il y ait des êtres de degré de perfection inférieur pour que les êtres plus parfaits manifestent la communicabilité de leur bonté. Et l'on touche là à une vérité métaphysique essentielle que l'Aquinate met en évidence sans s'y attarder ici : la communicabilité du bien, sa propriété d'être diffusif de soi, n'est pas un accident contingent du bien, elle le constitue ; la diffusibilité est de la raison même de la perfection. Et c'est là une vérité qui appelle explication : d'où vient que l'on puisse s'enrichir en donnant, conquérir en se dépossédant ? On dit volontiers, dans le langage courant, d'une brave femme qu'elle est « la bonté même ». Quand on possède un bien à un point de perfection tel qu'on finit par être ce que l'on a, alors ce que l'on a et que l'on est exige de se communiquer et ainsi d'engendrer pour se maintenir en cette identité de l'être et de l'avoir. Et il nous appartiendra d'essayer d'expliquer pourquoi il en est ainsi. Nous nous contenterons ici d'un raisonnement par analogie :

S'il était donné à une image de désirer quelque chose, elle aspirerait à ressembler au mieux à son modèle. Mais en satisfaisant au réquisit d'une ressemblance parfaite, elle en viendrait à se confondre avec lui, à ne plus rien posséder en propre qui pût la distinguer de lui, et elle ne trouverait sa perfection d'effet qu'en se résorbant dans sa cause, ainsi en se supprimant, ce qui est contradictoire, car il faut être pour désirer, quand bien même on désirerait ne pas être ; de plus, l'effet doit se distinguer de sa cause s'il entend jouir de la possession de sa cause vers laquelle il fait retour ; si nous trouvions notre perfection ultime dans le fait de devenir Dieu, il n'y aurait que Dieu et notre désir de Dieu se confondrait avec l'amour dont il s'aime lui-même, et nous ne serions plus là pour en jouir ; c'est ce qu'il y a de profondément décevant dans la béatitude proposée par le spinozisme. La créature est donc hantée par le désir de s'identifier à son origine, mais tout autant par le désir de s'en distinguer. **Or ce double mouvement d'attraction et de répulsion est encore, comme**

définitionnel de l'effet créé, une imitation de la cause créatrice, puisqu'il est lui-même un bien. Ce qui revient à dire que le Bien n'est absolument bon que s'il engendre[9]. Toute cause, même la cause première, se réduirait à l'unité contradictoire de l'attraction et de la répulsion si elle n'était féconde, et être fécond consiste à demeurer identique à soi dans sa différence. En effet :

L'amour est « force d'union et de concrétion », « *vis unitiva et concretiva* », dit saint Thomas (*Somme théologique*, Iª qu. 20 a. 1) ; il est cette tendance qui enjoint à l'amant de ne faire qu'un avec l'aimé, à la manière des amants d'Aristophane, ces androgynes mythiques très beaux mais saisis d'hubris, de démesure orgueilleuse, et châtiés par Zeus qui les coupa en deux ; chacun alors éprouve la douleur de n'être que lui-même, c'est-à-dire de n'être pas vraiment lui-même aussi longtemps qu'il est seulement lui-même. Et c'est bien ce qui se produit chez les humains quand ils sont amoureux, chacun dépérissant dès que l'autre s'éloigne. Quand chacun des demi-androgynes retrouvait sa moitié, il s'en emparait et ne savait plus que la serrer si fort contre lui, tentant vainement de rétablir l'unité perdue, qu'ils en venaient à mourir d'inanition. Pris de pitié, Zeus invente alors les sexes par lesquels ils rétablissent l'unité sans cesser d'être différents : ils deviennent un dans le rejeton qui leur est commun. On comprend par ce mythe, par ce « mensonge qui représente la vérité » (Aristote), que l'amour est force d'union, de sorte qu'il y a amour partout où il y a union, tendance à l'unité. Mais l'amour est aimable, « *ipsum velle quoddam bonum* », l'acte d'aimer est objet de l'amour, et sous ce rapport l'amour entend bien ne pas s'exténuer puisqu'il est pour lui-même un bien aimable. Pourtant l'amour consiste essentiellement dans une relation, la

[9] Pour insister sur ce caractère diffusif de soi du Bien, saint Louis-Marie Grignon de Montfort va jusqu'à enseigner (§ 20 et 21 de son *Traité de la vraie dévotion à la Sainte Vierge*) que l'Esprit-Saint, stérile dans la Trinité, réduit à l'acte la potentialité de sa fécondité *ad extra* en et par la Sainte Vierge.

tendance de l'amant vers l'aimé, alors que l'unité de l'amant et de l'aimé, qui culmine dans leur identité, est ablative de la différence des deux, c'est-à-dire des termes de la relation, et avec eux de la relation même : l'amour est cette contradiction vivante qui aspire à se consommer dans ce qui le supprime, cependant qu'elle est tout autant aspiration à durer. La solution de cette contradiction est en effet l'engendrement : demeurer identique à soi dans sa différence, rester différents l'un de l'autre tout en étant un dans un troisième. Si l'amour aime par définition le Bien, quand corrélativement l'amour est aimable, c'est que l'amour est lui-même un aspect ou une dimension du Bien, de sorte que le Bien s'aime lui-même et aime son amour, et par là consiste dans le dépassement de cette unité d'attraction et de répulsion à laquelle il se réduirait s'il ne se faisait principe d'un Engendré qui lui est immanent et même consubstantiel : il est de la raison de tout acte d'intellection de s'achever dans la prolation d'un verbe (*De potentia*, qu. 9 a. 5). Ce qui revient à dire que le Bien est par essence fécond, et qu'il accomplit et maîtrise sa bonté en se diffusant. Si la créature imite le Créateur, elle doit elle aussi être féconde pour être bonne, et bonne pour être féconde, et elle doit elle aussi être diffusive de soi. Mais encore faut-il qu'il existe d'autres créatures de degré inférieur à elle pour qu'elle puisse leur dispenser ses bontés. D'où la nécessité d'une pluralité de créatures de degrés de perfection différents. Et évidemment, s'il y a *des* créatures, il y a un bien commun à toutes, qui est la totalité ordonnée qu'elles forment.

§ 67. Le meilleur n'absolutise sa propre bonté qu'en se communiquant à du moins bon

Argument 7. La perfection suprême ne devait pas manquer à l'œuvre de l'artiste souverainement bon. Or le **bien de l'ordre de choses diverses l'emporte sur l'une quelconque des choses ordonnées, prise en elle-même : ce bien est, en effet, forme par rapport au bien particulier, comme la perfection du tout par rapport aux parties**. Il ne fallait donc pas que manquât le bien de l'ordre à l'œuvre divine. **Or ce bien n'aurait pu exister sans la diversité et l'inégalité des créatures. La diversité et l'inégalité dans les choses créées ne viennent donc ni du hasard, ni de la diversité de la matière, ni de l'intervention de certaines causes ou de certains mérites, mais de l'intention propre de Dieu voulant donner à la créature la perfection qu'elle pouvait recevoir.** C'est ce qui fait dire à la Genèse (I, 31) : *Dieu vit toutes les choses qu'il avait faites, et elles étaient excellentes,* alors que de chacune d'elles il avait dit qu'elles étaient *bonnes.* En effet, chacune est bonne dans sa nature ; **toutes (prises) ensemble *sont excellentes*, à cause de l'ordre de l'univers, qui est la dernière et la plus noble perfection dans les choses**.

Ici enfin, on aborde quelque chose de véritablement essentiel. Jourdain Webert (*Saint Thomas d'Aquin : Le Génie de l'ordre*, Denoël et Steele, 1934) évoquait saint Thomas en caractérisant son génie tel le génie de l'ordre. Saint Thomas savait éminemment mettre de l'ordre dans les connaissances humaines parce qu'il savait mieux que tout autre discerner l'ordre dans la procession des créatures, et il savait discerner ce dernier parce qu'il savait lui reconnaître sa valeur éminente. **Le bien commun, c'est-à-dire le bien propre à un tout, à *un* tout, qui est en même temps le bien commun à chacune des parties de ce tout, est d'autant meilleur qu'il est plus commun, de telle sorte que lorsqu'une chose bonne est seule, elle est moins bonne que cette bonté d'un tout dont la chose dite bonne serait la partie.** Même la plus excellente des créatures d'un univers donné, ainsi d'un univers choisi par la liberté divine pour accéder à la dignité d'un monde existant, demeure moins bonne que la bonté de ce tout dont elle sera la partie en composant avec d'autres créatures moins bonnes qu'elle : elle manifestera sa diffusibilité par ces créatures inférieures. **Voilà pourquoi même le meilleur individuel composant avec du moins bon forme un tout qui est meilleur que le meilleur individuel lui-même.** L'homme le meilleur ne mérite au fond d'exister que s'il est en relation de coexistence avec d'autres hommes. L'homme le meilleur ne mérite d'exister que s'il existe en société. Ce qui se conçoit simplement si l'on se souvient du dogme trinitaire : **Dieu est lui-même une société**. La sociabilité n'est pas un accident contingent de l'homme, imputable à sa finitude et à son imperfection, comme si l'on devait se résoudre à vivre en société du fait de son indigence. L'esprit communautaire est au contraire le signe d'une éminente perfection et d'une plus grande dignité. On croit souvent, à cause de la remarque d'Aristote concernant le solitaire supposé être une bête ou un dieu, que l'homme supérieur, ne dépendant que de lui-même, pourrait se passer de cette vie communautaire à ce titre expressive de la condition des êtres imparfaits. C'est là méconnaître la vraie leçon du Stagirite qui, dans l'*Éthique à Nicomaque*, enseigne que le sage ne dépend que de lui-même, mais qu'il exercerait l'acte contemplatif de manière plus éminente encore s'il associait d'autres personnes à sa contemplation. Par un passage à la limite que la raison naturelle ne peut emprunter seule, mais qu'elle ose exercer sous la suscitation de la foi, on comprend que le Parfait absolu, qui est d'autant plus un qu'il est plus élevé, soit aussi ce qui est trine.

Or nous avons vu plus haut, dans le traitement du troisième argument, pourquoi le bien commun est le meilleur des biens. Ce qui fait la bonté du bien, c'est sa diffusibilité, sa communicabilité, sa puissance active d'épanchement. Le bien commun est le meilleur des biens parce que sa communauté est expressive de sa communicabilité. Tout bien est, en tant même que bien, un bien commun, et il est d'autant meilleur qu'il est plus commun, non pas d'une communauté de prédication, mais d'une communauté de causalité (il est le fondement du bien de chacun *et* le bien de tous, il est commun à titre de cause finale commune à tous, il est voulu pour lui-même). Ce qui sera plus clair après une brève analyse conceptuelle.

Il existe une convertibilité entre les concepts suivants : bien commun, bien spirituel, bien diffusif de soi, bien participable, bien que l'on aime en se rapportant à lui et non en le rapportant à soi, bien d'une société organique.

Un bien *participable* est un bien que l'on possède en tant qu'il nous possède ; par exemple je puis bien dire que j'*ai* un amour pour mon enfant, je le possède en tant que je l'ai, mais je suis à son service et veux l'être ; on en peut dire autant d'un idéal, que j'*ai* et que donc je possède, mais cela signifie qu'il me possède en ce sens que je me veux l'instrument de sa réalisation. Ce sont de tels biens qui m'enjoignent de les communiquer à d'autres, afin qu'ils les possèdent eux aussi, c'est-à-dire afin qu'ils soient possédés par eux : l'amour paternel ou maternel n'est pas un stock qui s'épuiserait en fonction du nombre d'enfants qui surviennent dans le foyer ; la puissance de donner se régénère et se multiplie par le nombre des quémandeurs, la mère aime chacun de tous ses enfants autant qu'elle peut les aimer tous réunis ; dès lors, plus je communique ces biens, plus je les sers, plus je les possède puisque posséder revient à servir. Un bien participable est un bien que l'on peut posséder et donner avec largesse sans en rien perdre, tels la science et le bon exemple qui, répandus par leur possesseur, loin de l'appauvrir, l'enrichissent. Un tel bien peut être tout entier en tous sans être divisé. Il est éminemment *commun* puisqu'il peut être le bien de tous. Il est *diffusif de soi* puisqu'il est de son essence de croître en étant communiqué. Il est indivisible puisqu'il peut être tout entier en chacun et ne souffre pas de division : la vérité, éminemment communicable, n'est plus du tout la vérité aussitôt qu'elle ne l'est plus totalement. Il est *spirituel* et non matériel, parce que la matière est principe de divisibilité, ainsi de haine potentielle entre les hommes : un bien matériel ne peut être tout entier dans tous les ventres ou dans toutes les poches. Un bien participable est un bien qu'on aime non en le rapportant à soi mais *en étant rapporté à lui* à raison même du fait qu'il est commun : un bien commun est aimé comme la part la plus précieuse du bien propre, tout en exigeant que l'on se sacrifie pour lui, tel le soldat qui offre sa vie pour la communauté.

Ces quatre notions sont solidaires de celle d'organicité, qui caractérise le vivant dont le propre est d'être autonome : il a en lui-même le principe de sa différenciation intestine, il est un tout qui pose et synthétise ses parties, qui se fait dépendre de ce qui dépend de lui, qui se fait analogiquement cause de soi, et qui, en tant qu'autonome, jouit de la dignité de substance, à savoir d'une réalité existant en elle-même, ou jouissant d'un acte d'exister qui lui est propre. La cité dont le bien commun est son ordre immanent n'est certes pas substance, mais elle a fonctionnellement, sinon entitativement, les attributs d'une substance : le tout se veut dans ses parties qui vivent de lui, et c'est pourquoi elles l'aiment comme se rapportant à lui.

De la convertibilité entre les quatre notions évoquées plus haut, on peut tirer une leçon. Le bien est d'autant meilleur qu'il est plus commun : s'il est aimé comme exigeant que l'on se rapporte à lui, il est d'autant meilleur qu'il est plus à même de se subordonner plus radicalement ceux qu'il aime, et que plus nombreux sont ceux qui aspirent à le posséder en le servant, c'est-à-dire à ne le posséder qu'en tant qu'ils se veulent possédés par lui. Mais alors, s'il est d'autant meilleur que plus nombreux sont ceux à pouvoir l'aimer, c'est que le bien est par essence commun. Cela dit, si le bien est d'autant meilleur que plus commun, c'est que le bien commun universel, celui qui concerne toute la communauté humaine, l'emporte, en droit, en valeur sur le bien politique national. Il faudra se demander pourquoi l'État mondial n'est pas le meilleur des États, pourquoi même il est le pire des États, et proprement satanique.

Il résulte de ce qui précède que le bien particulier visé par la morale est subordonné au bien commun visé par la Politique : l'acquisition des vertus individuelles en vue de la béatitude n'est pas la fin du bien commun, ou plutôt elle s'en révèle ultimement la fin dans la mesure où elle se reconnaît d'abord ordonnée à lui, tout entière quoique non totalement. Ce qui fait du souci ou désir du bien commun ce en quoi s'anticipe de manière obligée le désir de Dieu. S'il s'agit du désir d'un bien commun extrinsèque, il est en même temps désir de la diffusibilité de ce Bien, par là d'un bien commun à tous les béatifiés, et de l'ordre — lequel est bien commun intrinsèque au tout — qui régit cette société éternelle : c'est encore un bien commun immanent aux créatures, ayant raison de fin par rapport à leurs biens particuliers ; jusque dans la béatitude céleste, la morale est subordonnée, ultimement, au Politique, s'il est permis de parler de politique à propos de la cité céleste.

On peut s'en apercevoir dans le texte suivant :

« La justice a pour but de régler nos rapports avec autrui, et cela de deux manières : soit avec autrui considéré individuellement, soit avec autrui considéré socialement, c'est-à-dire en tant que le serviteur d'une communauté sert tous les hommes qui en font partie. Sous ce double aspect, la justice peut intervenir selon sa raison propre. Il est manifeste, en effet, que tous ceux qui vivent dans une société sont avec elle dans le même rapport que des parties avec un tout. Or la partie, en tant que telle, est quelque chose du tout ; d'où il résulte que n'importe quel bien de la partie doit être subordonné au bien du tout. C'est ainsi que le bien de chaque vertu, de celles qui ordonnent l'homme envers soi-même, ou de celles qui l'ordonnent envers d'autres individus, doit pouvoir être rapporté au bien commun auquel nous ordonne la justice. De cette manière les actes de toutes les vertus peuvent relever de la justice en ce que celle-ci ordonne l'homme au bien commun. Et en ce sens la justice est une vertu générale. Et parce que c'est le rôle de la loi de nous ordonner au bien commun, nous l'avons vu, cette justice dite générale est appelée justice légale : car, par elle, l'homme s'accorde avec la loi qui ordonne les actes de toutes les vertus au bien commun » (*Somme théologique*, II[a] II[ae] qu. 55 a. 5 : « La justice est-elle une vertu générale ? »).

On comprend bien, par ces observations de l'Aquinate, que la morale qui rend vertueux ne se subordonne pas le bien commun ; bien au contraire, elle se veut subordonnée à lui. C'est la

Politique et non la morale qui est science architectonique, et l'irruption du christianisme n'y change rien.

Il est désormais possible de mettre en évidence la vraie raison du Politique en général.

Il y a société parce que le bien est diffusif de soi, et l'homme véritablement vertueux ne dépasse le bien commun immanent du politique qu'en commençant par se subordonner à lui ; quand Pie XI enseigne que la société est pour l'homme et non l'homme pour la société, il y a là une équivoque qu'il est nécessaire de dissiper. Rappelons au préalable que la cause finale de la société est le bien commun, lequel est le bien du tout pris comme tout et en même temps le meilleur bien de ce qui constitue le bien particulier. Si le bon soldat fait l'inventaire des biens qui sont propres à sa condition, il y trouve le montant de sa solde, la possibilité de voir du pays et de faire du sport, le moyen de brûler ses excès de testostérone, l'occasion de se couvrir de gloire, et tout cela est légitime, mais il découvre aussi, comme constitutif principal de son bien, la victoire de cette armée dans laquelle il sert ; or la victoire de l'armée est le bien propre du tout pris comme tout, qui se révèle bien, sous ce rapport, tel le cœur du bien propre du soldat, ce que ce dernier contient de meilleur, et que le soldat aime en lui étant rapporté ; et tel est ce qu'il est convenu de nommer le bien commun : la victoire n'est pas pour la gloire du soldat ; bien plutôt, le soldat est pour la victoire, au point qu'il peut aller jusqu'à mourir pour elle.

On peut dès lors mieux exposer la raison d'être de la sociabilité et la vraie raison du Politique en général.

§ 68. La *ratio essendi* de la sociabilité

Comme l'enseigne joliment Montaigne, chaque homme porte en lui la marque entière de l'humaine condition. En termes plus scolastiques, **un homme est l'individuation de sa nature, laquelle, de ce fait, est en lui tout entière et non totalement. Elle y est tout entière, sans quoi un homme particulier** ne serait qu'un avorton ; elle n'y est pas totalement, autrement il serait homme à raison du fait qu'il est cet homme, et il n'y aurait qu'un seul homme, et il serait de condition angélique parce qu'il serait son espèce. Quand un être est une individuation de son essence, il tend vers elle comme vers sa fin parce que ses désirs procèdent de sa nature et ramènent à elle : désirer est manquer, être comme malade, inadéquat à son concept, en attente de se rendre adéquat à son essence, de sorte que si les appétits procèdent de l'essence et ramènent à elle, c'est qu'elle se veut en l'homme et se subordonne l'individu ; mais ses puissances opératives ne peuvent parvenir à exprimer toutes les virtualités de son essence, puisqu'il n'en est qu'une individuation, ainsi une limitation : un seul homme ne peut actualiser en lui toutes les manières d'être homme ; on ne peut par exemple exercer tous les métiers. Cependant elle se veut en lui, elle exerce en lui sa causalité universelle, et elle lui enjoint de s'excéder en tant qu'individu. Ce qui se produit de deux manières, diachroniquement et synchroniquement.

Diachroniquement : tout vivant tend à se communiquer, à engendrer, à faire s'individuer son essence hors de lui. Dès qu'il parvient à maturité, le vivant engendre, s'excède, se proroge en ses rejetons.

Synchroniquement : tout vivant supérieur entre en communauté et la fait exister du fait de son intégration en elle. L'homme est par nature un animal politique, non seulement au sens où il aurait besoin de la société pour s'accomplir en tant qu'individu, mais, plus profondément, en ce que son essence lui enjoint de s'intégrer dans un tout social qui fait se réaliser les potentialités de son essence plus adéquatement qu'en sa seule singularité. Dans le texte qui suit, on a l'exposition pédagogique du concept de bien commun, envisagé dans une perspective thomiste :

« L'individu reçoit de la société la conservation et le perfectionnement de sa nature spécifique. Il est perfectionné par

elle encore en certaines spécialités restreintes. Il est, en effet, artisan, patron, savant, magistrat, homme politique. Or la société renferme, cause, conserve toutes ces spécialités. *Elle réalise la perfection* maxima *de l'espèce humaine.* Elle est donc souverainement digne d'être aimée, sans arrière-vue intéressée ; et son bien, *comme bien de l'espèce, l'emporte sur le bien même qu'elle assure à chaque individu.*[10] » La conservation de l'unité sociale est voulue pour elle-même, « en tant qu'elle réalise la perfection *maxima* de l'espèce humaine dans sa nature, et selon la volonté de Dieu, auteur de la nature.[11] » « [...] Comme la société réalise collectivement les perfections de la nature humaine, beaucoup plus qu'aucun individu pris à part, elle est, dans l'ordre humain, ce qu'il y a de plus divin.[12] »

Ce ne sont ni Giovanni Gentile ni Hegel, c'est saint Thomas qui enseigne ces choses qu'il convient de rappeler pour inviter à plus de modération ceux qui hurlent au totalitarisme antichrétien chaque fois qu'on subordonne la « personne humai-ai-aine » au bien commun immanent de la cité :

***« Dicitur hoc autem esse divinius, eo quod magis pertinet ad Dei similitudinem, qui est causa omnium bonorum.*[13] »**

***« Bonum speciei praeponderat bono individui.*[14] »**

« Imperfectum ordinatur ad perfectum. Omnis autem pars ordinatur ad totum sicut imperfectum ad perfectum. Et ideo

---

[10] R. P. Marie-Benoît Schwalm, *La Société et l'État*, Flammarion, 1937, p. 26.

[11] *Idem*, p. 28.

[12] *Idem*, p. 27.

[13] *Commentaire des Éthiques*, I lect. 2. Le bien commun est dit plus divin que le bien particulier en cela qu'il accomplit plus parfaitement une similitude de Dieu qui est la cause de tous les biens.

[14] *Somme théologique*, I^a^ qu. 50 a. 4 ad 3um. Le bien de l'espèce l'emporte sur le bien de l'individu.

***omnis pars est naturaliter propter totum... Quaelibet autem* persona *singularis comparatur ad totam communitatem sicut pars ad totum.*[15] »**

« *Ipse totus homo ordinatur ut ad finem ad totam communitatem cujus est pars.*[16] »

On notera au passage qu'est écartée là la position de Maritain et des démocrates-chrétiens ou personnalistes qui entendent subordonner l'individu à la cité mais subordonner la cité à la personne : c'est bien la personne *singulière* qui est ordonnée à la cité comme la partie au tout.

Et cette communauté, qui est entitativement un simple tout d'ordre accidentel, a la dignité, au moins sous le rapport de l'analogie, d'une réalité substantielle si elle est prise avec les individus qu'elle rassemble, lesquels sont bien des substances : elle a fonctionnellement valeur de substance même si elle n'est pas une substance : « *multitudo praeter multis non est nisi in ratione ; multitudo tamen in multis est in rerum natura* » (*De potentia*, qu. 3, a. 16, ad 16 : prise indépendamment des individus qu'elle rassemble, la multitude n'est qu'un être de raison ; prise avec eux, elle est une réalité objective). De surcroît, une telle communauté fait se réaliser les virtualités de l'essence humaine plus parfaitement qu'elles ne se réalisent en chaque individu. Or l'essence a raison de fin pour l'individu. Donc la communauté politique, fin des communautés moins parfaites, a raison, en tant qu'autarcique, de fin pour l'individu. *Et le bien propre de la communauté, qui est le bien commun à tous les membres de cette communauté, est son ordre même, lequel est la réalisation en acte de toutes les potentialités de la nature humaine à l'intérieur d'une communauté historique*

---

[15] *Idem*, IIª IIªᵉ qu. 64 a. 2. L'imparfait est ordonné au parfait. Mais toute partie est ordonnée au tout comme l'imparfait l'est au parfait. Toute *personne* singulière se rapporte à toute la communauté comme la partie se rapporte au tout.

[16] *Idem*, IIª IIªᵉ qu. 65 a. 1. L'homme lui-même tout entier est ordonné comme à sa fin à toute la cité dont il est la partie.

de destin. L'ordre qui régit un tout est sa forme, la cause formelle de la société est l'État, donc l'État a raison de fin ; mais toute forme temporellement réalisée est une forme individuée, et elle l'est ici par la *nation*. La matière actualisée par la forme est une même chose avec la forme individuée par la matière. L'État national a donc raison de fin terrestre pour l'individu. L'homme a une fin spirituelle et éternelle qui transcende ses fins terrestres, et sous ce rapport le Politique a raison de moyen. Mais il n'a raison de moyen *efficace* des intérêts de l'individu, en vue de sa fin ultime non terrestre, que s'il commence par être reconnu dans son statut de fin terrestre, au titre de fin ultime *temporelle* de ce même individu. De plus, comme on l'a vu, si l'on peut dans une certaine mesure faire se relayer la politique par la morale en ce qui concerne la recherche du salut, il est de l'essence de ce dernier d'être lui aussi un bien commun, le bien « politique » de la communauté des béatifiés ; sous ce rapport, le bien commun politique terrestre est l'anticipation de soi du bien commun « politique » éternel qui par là ne peut être voulu que s'il se médiatise dans celui-là.

La nature humaine est le bien de chaque homme **et** le bien du tout constitué par les hommes, ainsi le bien commun, et elle se donne un mode communautaire de subsister (celui d'un tout, la société) pour être ce bien exerçant sa diffusibilité. Elle manifeste sa fécondité en rassemblant les hommes dans un tout tel que chaque homme diffuse ses bienfaits, chacun selon sa mesure, sur les autres.

On est loin de saint Augustin : le Politique contracte une valeur propre qui transcende son statut d'instrument de la morale ; c'est l'augustinisme politique (*Cité de Dieu*, XIX 15, fonction castigatrice) et non le thomisme qui inspire l'esprit théocratique et cette espèce d'individualisme vertueux qui subordonne la politique à la morale et au salut individuel.

Nous déclarions plus haut que la morale s'ordonne au Politique tout entière et non totalement. On ne peut, sans contradiction, nourrir un désir tout entier quoique non totalement ordonné à un bien que si, en ce désir, s'anticipe le désir du bien auquel on s'ordonne totalement, de sorte que le désir du bien auquel on est ordonné tout entier et non totalement est un moment du désir du bien auquel on s'ordonne tout entier et totalement. Or un désir est toujours spécifié par son objet. Donc on ne peut s'ordonner tout entier et non totalement à un bien que si ce bien auquel on s'ordonne tout entier est ce en quoi s'anticipe de manière obligée le bien absolu auquel on s'ordonne totalement, de sorte qu'un tel bien auquel on s'ordonne tout entier et non totalement est un *moment* obligé du Bien auquel on se voue tout entier et totalement. Et c'est là suggérer que le bien absolu est non seulement le plus élevé de tous les biens possibles, hypostasiant la Bonté, mais encore qu'il est le dépassement éternel de tous ces biens qu'il assume, indépendamment de la position des biens finis qu'il crée, en sa vie intérieure, selon un mode qui n'est pas celui à raison duquel existent ces biens finis en leur condition de créatures, lesquels, selon ce mode divin d'existence, nous sont en cette vie inaccessibles mais dont nous savons qu'ils sont normatifs des perfections finies.

§ 69. L'unité, unité de l'unité et de la pluralité

Or il nous semble que saint Thomas, en nous proposant la lumineuse explication de la pluralité des créatures par le caractère intrinsèquement diffusif de soi du bien, ne se contente pas de nous offrir là une clé de résolution pour le problème du bien commun, à savoir pour comprendre comment un bien peut à la fois être le meilleur bien de chacune des parties d'un tout et être en même temps le bien propre du tout pris comme tout. L'Aquinate nous donne, de surcroît, un éclairage précieux sur la nature du Souverain Bien. En effet :

Si le meilleur bien individuel, composant avec du moins bon, forme un tout qui est meilleur que le meilleur individuel lui-même, alors il devient clair que l'unité absolue d'un être, sa simplicité parfaite, a la structure obligée d'une identité inclusive de différences, c'est-à-dire d'une identité d'identité et de différence(s). Tout philosophe thomiste reconnaîtra en effet que plus une chose a d'être, plus elle est en acte, plus elle est *simple* ; il en est ainsi parce que ce qui est composé contient nécessairement de la puissance et de l'acte, par là confesse, au moins de manière latente, la perspective de sa divisibilité et de sa réduction à une pluralité. Mais autant une chose a d'être, autant elle a de bonté, puisque le Bien est l'être même en tant qu'il est appétible. Donc plus une chose est simple, meilleure elle est. Or le tout incluant le meilleur bien individuel, incluant donc le meilleur *et* ses inférieurs, est meilleur que le meilleur individuel lui-même. **Donc un tel tout a plus d'unité ou de simplicité que n'en a l'unité ou simplicité du meilleur individuel lui-même. Or le tout est une unité organique consistant dans l'assomption de différences internes, puisque la totalité est l'unité de l'unité et de la pluralité. Donc l'unité est unité de l'unité et de la multiplicité, de l'identité et de la différence.** Que ce résultat soit difficile à penser, à s'objectiver dans un contexte strictement thomiste n'est pas niable, qui semble faire peu de cas du principe de contradiction : ce qui est simple ne saurait être multiple en même temps et sous le même rapport ; ce qui est immobile (en tant qu'acte purement acte) ne saurait souffrir de comporter des *moments*, puisque cette inclusion de moments suppose qu'il soit aussi mouvement. Mais ce résultat est pourtant la conclusion de prémisses dont il est bien douteux qu'elles ne soient pas recevables en thomisme. Pour étayer ce propos, souvenons-nous de ce qu'enseigne saint Thomas à propos des relations trinitaires. Nous ne laissons nullement entendre que le mystère de la Trinité serait doté d'une intelligibilité accessible à l'homme ; nous entendons simplement rappeler ce que saint Thomas nous enseigne concernant le fait d'une unité qui, sans que ce soit contradictoire, n'est pas, cependant qu'unité parfaite et absolue, ablative d'une pluralité réelle, et même requiert cette pluralité en tant même qu'unité absolue. L'Aquinate, en traitant de la Trinité, entend seulement montrer que si le mystère dépasse infiniment les pouvoirs de la raison naturelle, en revanche il ne la violente pas. Et c'est dans les raisons qu'il invoque pour montrer qu'il ne la violente pas qu'il nous sera peut-être permis de puiser ce qui permet d'établir, rationnellement, que l'identité n'est pas ablative de la différence, l'unité de la diversité, l'immobilité du devenir.

Rappelons, avant que de procéder à cette brève enquête, l'enjeu de notre démarche.

§ 70. Les biens finis, médiation obligée entre le moi et le bien absolu

Il est essentiel de pouvoir se donner tout entier à des biens finis, afin de pouvoir se donner les moyens de déployer toutes les ressources de sa nature, parce que c'est dans l'exercice du souci d'actualiser les potentialités de son essence que l'on se rend le plus volontiers réceptif à la surnature et que l'on apprend à oublier le totalitarisme du moi vide. Le moi orgueilleux tend à se subordonner toutes les ressources de la nature humaine ; ce faisant, il les stérilise ; il se conforte dans sa vacuité dévorante par cette subordination, et il se prive du pouvoir de s'ordonner à plus que soi à proportion du degré de sa complaisance dans lui-même, de son repos dans lui-même où il se durcit, s'enivre de soi, et aspire à se nourrir de soi seul. Or la pratique du nihilisme héroïque, même si la théorie qui l'inspire est intenable, apprend à l'homme à donner le meilleur de lui-même en lui montrant qu'il se risque dans son être dans le choix de son agir, selon la vérité captive de l'existentialisme. Le traditionalisme *et* le nihilisme héroïque, à savoir l'ordre, la vocation éternelle de l'homme fixée par son essence intangible, qui lui enjoint de se réserver pour le Bien infini en se détournant des biens finis, *et* la capacité de s'investir tout entier (quoique non totalement, même si l'existentialiste croit s'y livrer totalement) dans la recherche de biens finis, sans renier sa vocation au Bien infini auquel on s'ordonne tout entier et totalement, deviennent compatibles à une condition : que le fini auquel tend éperdument le désir soit capable, au moins en ce qui concerne les biens finis que l'on

aime en s'y rapportant, de renvoyer à cet infini auquel seul est proportionné ce même désir ; et cela même est possible pour autant que le fini soit un moment obligé de l'autoposition de l'Infini, de cet Infini structurellement victorieux du fini en lequel il s'anticipe ; il faut donc que le devenir, qui dit la vie, soit intérieur au vrai en son acception dogmatique et en sa perfection immobile ; que donc le résultat d'un processus soit l'unité de lui-même et de son propre devenir. Et cela rend compatibles entre elles la culture et la civilisation (en leur acception spenglérienne), la nature et la surnature, le fini et l'infini, la différence et (dans) l'identité, l'intérieur et l'extérieur, la volonté et la raison, la fébrilité et le sublime de la guerre *et* la sérénité de la paix, la palpitation juvénile et le calme de la maturité, l'intelligence de la foi et (dans) la foi, et en retour la foi et (dans) la raison, la discursivité et l'intuition, la raison et l'intellect, la révolution et la tradition, la passion déchaînée et la sérénité de la sagesse, Dionysos et Apollon, la justice et la charité ; et cela rend encore possible cette identité concrète du romantisme et du classicisme qu'est l'esprit de la pensée baroque, art absolu.

Abordons succinctement les analyses de saint Thomas.

§ 71. L'identité comme identité de l'identité et de la différence

Dans la *Somme théologique* (I[a] qu. 27 a. 1), saint Thomas se demande s'il existe une procession en Dieu. Contre Arius et Sabellius, il montre que « procession » ne doit pas s'entendre au sens de mouvement vers l'extérieur. Mais il reconnaît que toute procession suppose action, même en ce qui concerne une procession *ad intra*. « On le voit surtout dans l'intelligence, dont l'acte, qui est l'intellection, demeure dans le sujet connaissant. En quiconque connaît, et du fait même qu'il connaît, quelque chose procède au-dedans de lui : à savoir, le concept de la chose connue, procédant de la connaissance de cette chose. C'est ce concept que la parole signifie ; on l'appelle "verbe intérieur", signifié par le "verbe oral". » Dieu étant au-dessus de toute chose, ce qu'on affirme de lui doit s'entendre par analogie non avec les créatures inférieures mais avec les esprits, et ainsi il faut entendre « procession » au sens « d'émanation intellectuelle, tel le verbe intelligible émanant de celui qui parle et demeurant au-dedans de lui. C'est en ce dernier sens que la foi catholique pose une procession en Dieu ». L'objection 2 consistait à remarquer que ce qui procède est autre que son principe, et qu'une telle altérité est génératrice d'une diversité incompatible avec la simplicité divine ; et la réponse est que cela ne vaut que de ce qui procède *ad extra*, car plus la procession interne est parfaite, plus le terme fait un avec son principe, puisque mieux la chose est connue, plus le concept du connu est intime au connaissant dès lors que l'intellect s'actualisant devient le connu. L'objection 3 consistait à remarquer que, dans une procession, ce qui procède est autre que ce dont il procède, et que, Dieu étant le premier principe, l'Engendré ne saurait être aussi ce premier principe. Et la réponse est que l'engendré n'est pas posé *ad extra*, de sorte que ce qui procède comme terme intime, sans diversité (*absque diversitate*), par mode intellectuel, est inclus dans la notion de premier principe et ne s'y oppose pas, ainsi n'en diffère pas. Dieu étant aux créatures comme l'architecte à ses œuvres, si l'architecte est principe de l'édifice en tant qu'il contient la conception de son art, de même Dieu, Principe premier, contient le plan de ce qui est à créer.

De telles réponses sont assurément éclairantes, mais, nous semble-t-il, laissent de côté un problème : si la procession est une vraie procession, alors, aussi immanente soit-elle, elle implique une différence ou diversité entre le principe et l'engendré, car s'il n'y en a aucune sous aucun rapport, il faudrait en venir à déclarer que le principe s'engendre lui-même, ce qui répugne aux postulats du thomisme qui toujours se refuse à tenir pour recevable la notion de *causa sui* ; et si le principe ne s'engendre pas, dans le moment où l'engendré est sous tous les rapports identique au principe, c'est qu'il n'y a pas véritablement procession. L'Engendré, dans la Vie trinitaire, est à la fois identique au Principe et différent de lui, et c'est ce dont il faut montrer la non-irrationalité. Même si, en Dieu, l'intellect et le concept sont une seule et même substance (*id.*, qu. 87 a. 3 resp. 3), il reste que (*id.*, qu. 13 a. 1), bien que connaissant les perfections divines par le moyen de celles des créatures, ce n'est pas par métaphore mais proprement que ces dernières perfections, quand elles n'impliquent pas la matérialité ou une quelconque forme de limitation (donc des perfections telles que la bonté, la vie, l'unité...), peuvent être prédiquées de l'essence divine, non certes univoquement mais selon l'analogie, et selon l'analogie en ce sens que ce que signifient les noms par lesquels nous nommons de telles perfections convient à Dieu, mais non le mode par lequel nous le signifions ; il en résulte que lorsque nous prédiquons la bonté de l'essence divine, nous affirmons quelque chose de vrai, à savoir que la bonté que nous avons saisie dans les créatures surexiste à l'infini en Dieu, mais dégagée des manières dont cette bonté est réalisée dans les créatures, et selon une manière de subsister en Dieu qui Lui est propre, et qui nous demeure inconnue. Dès lors, la raison formelle propre à chaque perfection demeure (la vérité n'est pas la bonté, l'intelligence n'est pas la volonté) en Dieu, quoique toutes s'identifient les unes aux autres en tant qu'elles sont toutes identiques à la même essence divine. Mais dire cela n'est autre que confesser qu'il y a différence réelle dans l'identité. Or il y a différence dans l'identité seulement si l'identité est identité de l'identité et de la différence, victoire opérée sur la différence qu'elle assume. Déclarer que des perfections différenciées entre elles par leur raison formelle s'identifient entre elles parce qu'elles sont toutes, prises absolument ou dans leur infinité, identiques à une même essence divine, c'est précisément ce qu'il faut expliquer : selon le « *principium identitatis et discrepantiae* » des logiciens (principe d'identité et de différence), « *quae sunt eadem uni tertio, eadem sunt inter se* » (deux choses identiques à une troisième sont identiques entre elles), et « *quorum unum cum tertio convenit, et alterum discrepat, inter se sunt diversa* » (quand deux choses sont telles que l'une s'accorde avec une troisième quand l'autre s'en différencie, alors ces deux choses sont différentes). Si la Bonté et la Vie, prises absolument ou telles qu'elles sont en Dieu à l'état pur, s'identifient à l'essence de Dieu, elles s'identifient entre elles ; mais alors comment peuvent-elles avoir des raisons formelles différentes ? Étienne Gilson (*Jean Duns Scot*, Vrin, 1952, p. 243) expose bien la position de saint Thomas sur ce sujet en montrant avec honnêteté que le problème que nous évoquons n'est pas résolu par l'Aquinate et que ce dernier ne cherche pas à le résoudre mais le déclare implicitement non soluble par l'homme : « <Dans la doctrine de saint Thomas> il était impossible que rien fût univoquement prédiqué de Dieu et des créatures, et, le seul *modus communitatis* admis entre le créateur et la créature étant celui de l'analogie (I^a qu. 13 a. 5), il suffisait, pour fonder la distinction des attributs divins, d'admettre qu'ils signifient le premier principe même des choses "en tant que préexiste en lui", sous un mode trop éminent pour que nous puissions le concevoir ou l'exprimer, ce que chacun d'eux signifie (I^a qu. 13 a. 2). Le problème de leur unité en Dieu se noie dans le vague même de la connaissance que nous en avons <nous soulignons>. »

Essayons néanmoins, dans le contexte thomiste, de nous demander s'il n'y aurait pas une condition permettant de concevoir une procession qui effectivement ne fût pas génératrice de diversité ablative de simplicité.

On sait que, pour saint Thomas (I^a qu. 87 a. 1 ad 3, où il entend établir que l'âme humaine ne se connaît pas par essence mais par ses opérations), l'intellect possible devient, sur le mode intentionnel, le connu, en ce sens qu'il reçoit la forme du connu, laquelle, intelligible en puissance dans le phantasme, devient, sous l'effet de l'illumination de l'intellect agent, cet intelligible en acte qui entretient à l'égard de l'intellect possible le rapport de la forme à l'égard de la matière. Or précisément, si l'intellect possible peut effectivement « devenir » le connu sous le rapport de sa forme, c'est parce qu'il n'a pas, en lui-même, de forme entitative propre : « L'intellect humain, qui est mis en acte par l'espèce intelligible de la réalité connue, est connu lui aussi par le moyen de cette espèce qui lui tient lieu de forme <nous soulignons>. » C'est que, en effet, une forme séparée de la matière est intelligible en acte et, l'intellect possible étant immatériel, sa forme — s'il en avait une — serait immédiatement intelligible en acte ; mais parce que l'acte de l'intelligible est l'acte de l'intellect, cet intelligible en acte serait une intellection, et cela revient à dire que l'intellect possible serait immédiatement savoir de lui-même sans requérir, pour cela, d'être un savoir de quelque chose qu'il n'est pas. Il serait, en termes modernes, conscience de soi sans être conscience de quelque chose, ce que dément l'expérience et que rappelle la phénoménologie contemporaine : toute conscience est conscience de quelque chose, la conscience ne naît à elle-même que portée par ce qu'elle vise et dévoile et qu'elle n'est pas ; une conscience qui serait conscience pure, conscience de rien, serait un néant de conscience. Aussi bien, en tant que devenu l'intelligible par là qu'informé par ce dernier, l'intellect possible ne connaît cet intelligible qu'en se l'objectivant, et en s'objectivant lui-même en lui puisqu'il est devenu ce dernier, dans la prolation d'un verbe immanent, la *dictio verbi*. C'est, pour cette raison, dans un même acte qu'il sait (ce qu'il sait) et qu'il sait qu'il le sait. Cela dit, si l'intellect possible n'a pas de forme propre, force est d'en déduire qu'il est en *puissance à être intellect aussi longtemps qu'il est intellect en puissance*. Dans le respect de l'analogie à laquelle nous invite saint Thomas, on est invité à penser que l'intellect possible ne contracte son *être* d'intellect que dans et par la forme intelligible qu'il pense, qu'il reçoit et *qu'il engendre*, de sorte que, comme le faisait observer Averroès, l'unité de l'intellect et de son espèce est plus intime que celle du corps et de l'âme ; elle lui est plus intime puisque l'intellect n'est ce qu'il est, intellect en acte, que par son union à elle et à laquelle, en tant qu'il est en acte, il est *identique. On peut donc parler ici d'absence de diversité entre le principe et ce qui procède de lui.* Mais on doit remarquer qu'il en est ainsi pour la raison suivante : privé, pris en lui-même, de forme propre, il n'est pas, s'il est vrai que « *forma dat* esse *rei* » (l'exister advient à la chose par la forme). Il y a donc à la limite engendrement de l'intellect par sa propre opération, au point que, si l'on répugne à parler de *causa sui*, c'est parce ce néant d'être qu'est l'intellect possible n'a d'être que par l'être de l'âme dont il est la néantisation intestine ; or si l'âme spirituelle est inclusive de son néant d'être, c'est parce qu'elle a la forme d'une victoire sur sa propre néantisation qu'elle maintient et donne à elle-même dans l'acte où elle la nie, et qu'elle est identité à soi réflexive. Aussi donc, s'il est permis, sur l'invitation de saint Thomas, de penser la procession intra-divine sur le modèle, analogiquement, de la procession du verbe dans l'âme en acte de connaissance, force est de suggérer que Dieu a aussi la forme éternelle d'une victoire souveraine sur le néant qu'Il assume. Or cela revient à dire qu'il y a simplicité, unité ou identité absolue moyennant, comme sa condition *sine qua non*, un *moment* obligé de différence réelle et, puisqu'il faut parler de moment, alors cette identité à soi réflexive ou circulaire doit être pensée en termes de *mouvement*, mais de mouvement qui équivaut à une immobilité absolue, puisqu'il s'agit de l'acte pur. Et c'est ce dont il faut rendre raison, non pour percer le mystère trinitaire, mais déjà ou seulement pour montrer qu'il ne violente pas les exigences de la raison.

§ 72. La « distinction actuelle-formelle » de Duns Scot

Quant au scotisme auquel Gilson opposait saint Thomas, observons que le problème de la différence dans l'identité divine se résout par l'intromission de cette distinction « actuelle-formelle », dont le statut ontologique est problématique. « [...] Duns Scot ne trouve aucun type de distinction reçue dont le nom s'applique exactement à celle qu'il veut ici définir » (Gilson, *id.*, p. 245). Chaque attribut divin « en raison de son infinité même, contient l'essence divine tout entière avec toutes les raisons formelles auxquelles la sienne propre n'est pas identique » (p. 253). Soit : les perfections, en Dieu, sont réellement distinctes entre elles, et pourtant elles s'identifient en même temps les unes avec les autres parce qu'elles s'identifient à la même essence divine qui par là demeure simple et non composée, et il en est ainsi parce que la même essence divine est tout entière en chaque perfection portée à l'infini, cependant que, étant aussi présente dans les autres qui sont réellement distinctes de la première, *elle y est tout entière cependant qu'elle n'y est pas totalement*. Or c'est cela même dont le docteur subtil ne rend pas raison.

Il y a bien une solution permettant de rendre raison de ce « *totus sed non totaliter* » :

Les moments d'un mouvement circulaire, où le départ est identique à l'arrivée, ainsi dans lequel la chose en mouvement est l'acte de devenir ce qu'elle est, sont distincts entre eux, réellement, mais ils sont aussi réellement identiques l'un à l'autre parce qu'ils sont les moments de la même réalité qui devient : chaque moment de ce devenir est la chose qui devient considérée en un moment d'elle-même en son parcours constitutif, et ainsi, tous les moments étant identiques à la même réalité, ils sont identiques entre eux. Et cela ne les empêche pas d'être différents les uns des autres en cela que tel moment du processus n'est pas tel autre. Aussi est-on tenté de discerner, dans les perfections divines, autant de moments de ce « mouvement » circulaire qu'est la réflexion sur soi de l'absolu, constitutive de cet absolu, par là d'une réflexion *ontologique*. Mais évidemment, il reste à se demander si le concept de « devenir soi-même » est pensable : comment le devenir peut-il être intérieur à l'être ?

§ 73. L'acte pur comme identité concrète de l'acte et de la puissance

Nous pensons désormais être en mesure de montrer pourquoi il est possible et nécessaire que la personne humaine sache s'ordonner tout entière à des biens finis ou immanents auxquels elle se rapporte, sans que cette attitude soit ablative de son ordination fondamentale et ultime au Souverain Bien transcendant. Nous pensons même par là établir pourquoi cette médiation immanente est requise pour la réussite de la fin dernière : parce que l'absolu, fin dernière, a la forme intemporelle d'une victoire sur le relatif qu'il assume comme son moment obligé. Aussi, en se portant vers les biens finis qui se la subordonnent, la personne désirante ne fait qu'épouser l'acte à raison duquel le divin est Dieu et, se conformant ainsi à l'image de Dieu, elle se rend disponible pour Lui. Quand l'âme tend vers des biens auxquels elle se rapporte, tel le bien commun immanent, c'est — à la différence des biens qu'elle rapporte à elle et qui la captivent et la ravissent à sa fin ultime — cette impuissance du bien qu'elle aime à épuiser toutes ses ressources d'abnégation, tout son vœu de don de soi à lui, qui, si l'on peut ainsi parler, somme un tel bien de renvoyer l'âme à elle-même en vue d'un bien plus élevé, jusques au bien absolu.

Mais il nous reste à montrer que l'intégrité de l'acte pur, considéré en sa simplicité et immobilité parfaites, n'est nullement compromise par la requête d'intromission, en lui, *et dans un sens qu'il nous appartiendra de préciser*, du mouvement et de l'être en puissance. Il nous appartient donc, en d'autres termes, de montrer que le concept de « devenir soi-même » est intelligible.

Commençons par rappeler les réquisits d'intelligibilité du mouvement.

Si l'origine du mouvement appartient au mouvement, elle est en ce mouvement, elle est une détermination de ce mouvement, elle est donc elle-même en mouvement et par là elle n'est pas l'origine du mouvement, laquelle doit être autre que ce dont elle est l'origine, à peine de se confondre avec ce qu'elle est supposée expliquer et, de ce fait, de ne plus rien expliquer du tout.

Si l'origine du mouvement n'appartient pas au mouvement, elle est bien son origine en tant qu'elle est autre que ce qu'elle est supposée fonder, mais alors elle est immobile, et à ce titre elle ne contient rien qui permette d'expliquer que le mouvement puisse en sortir, car pour passer de l'immobilité à la mobilité, il faut bien commencer ce passage, passer de l'immobilité à la mobilité est déjà un acte de mobilité. Mais s'il y a passage — ainsi mouvement — de l'immobile à la mobilité, c'est que le mouvement est requis pour rendre raison du mouvement. S'il faut qu'il y ait mouvement pour expliquer le mouvement, c'est qu'il y a mouvement seulement s'il n'y a que du mouvement : le mouvement s'explique lui-même et il se dispense en fait de toute explication ; derechef il faut confesser que le devenir est l'être même, qu'être consiste à devenir, et que l'immobilité est une fiction, un leurre, une illusion. Supposé que soit exclue la perspective d'une identité de l'être et du devenir, on dira que si l'immobilité est unilatéralement exclusive du mouvement, il faut poser l'une à l'extérieur de l'autre, mais alors le passage de l'une à l'autre est requis pour expliquer l'acte de se mettre en branle, lequel doit appartenir aux deux puisqu'il est *terminus a quo* de l'un et *terminus ad quem* de l'autre ; il faut alors poser un mouvement comme préalable au mouvement, et l'on est renvoyé à l'infini, lequel, par définition, exclut d'être parcouru.

On aboutit au paradoxe suivant, lequel, en l'état, ressemble à une contradiction : il faut qu'il y ait de l'immobile pour qu'il y ait commencement du mouvement, et il faut qu'il n'y ait que du mouvement — ainsi faut-il qu'il y ait absence d'immobilité — pour qu'il y ait mouvement, de sorte que ce mouvement est sans commencement. Il doit y avoir de l'immobile pour que le mouvement commence, cependant que le mouvement exclut, semble-t-il, de commencer. L'expérience nous apprend pourtant qu'il y a des mouvements qui commencent d'être et, de surcroît, s'il n'y avait que du mouvement, le mouvement serait tout aussi impossible, puisque tout mouvement suppose des contraires qui doivent être immobiles, à peine de passer eux-mêmes, et par là de supprimer la condition de toute mobilité : si tout est devenir, le devenir lui-même devient, et ne peut devenir que le contraire de lui-même, à savoir l'immobilité absolue. On est ainsi conduit à s'efforcer à chercher un terme capable d'appartenir au mouvement pour que le mouvement soit possible, et de ne lui point appartenir pour que soit pensable l'idée de commencement du mouvement. Il faut, en d'autres termes, que la négation de l'immobilité, qui est bien le commencement du mouvement, soit en même temps quelque chose qui ne répugne pas à séjourner dans l'élément de l'immobilité ; il faut que la négation de l'immobilité soit intrinsèque à l'immobilité ; que l'immobilité soit inclusive de sa propre négation sans cesser d'être immobilité.

C'est pourquoi on est conduit à faire appel à la notion centrale de l'aristotélisme, l'être en puissance, qui désigne identiquement une puissance à être. Il s'agit de quelque chose qui est (car ce qui n'est pas n'est rien, n'a même pas un être de non-être) et qui corrélativement, comme promesse ou possibilité d'être de ce qui est, n'est pas ; il s'agit de quelque chose qui fait s'identifier les contraires (le mouvement et le repos) dans et par une détermination qui, tout autant, les exclut tous les deux puisque cette médiation, appartenant à l'un des contraires, exclut l'autre et, appartenant à l'autre, exclut le premier. La solution consiste à admettre qu'il existe un régime ontologique doté de la propriété suivante : faire s'identifier l'immobile et la mobilité, tout en étant au principe de leur différence. Tel est l'être en puissance, cette dimension de puissance intérieure à l'être en acte, désignant le pouvoir-être de ce qu'il est actuellement, et tout autant le pouvoir-être la négation — ainsi le devenir — de ce qu'il est. Ce qu'il est, et la négation de ce qu'il est, s'identifient dans le « pouvoir-être ce qu'il est », entendu tel un pouvoir intrinsèque à son acte d'être ce qu'il est. Une chose qui est a nécessairement le pouvoir de l'être, puisqu'elle l'est ; ce pouvoir-être lui est ainsi immanent, mais il est aussi le pouvoir-être ce qu'elle n'est pas, et, si elle se trouve être immobile, il est pouvoir-être de la mobilité autant que de l'immobilité ; il est bien ce en quoi la mobilité et l'immobile, le devenir et l'être, s'identifient, mais il est aussi ce qui les sépare, car il n'est ni le devenir ni l'être en acte ou immobile, il n'est que le pouvoir-être qui leur est commun.

§ 74. Suite du § 73

Ce qui précède, qui se voulait une sorte de déduction de l'être en puissance à partir de celle du mouvement, relèverait de l'enfonçage de porte ouverte si ne se dessinait, à travers le raisonnement, l'idée que la puissance, bien qu'antinomique de l'acte, est en quelque sorte intrinsèque à l'être en acte en tant qu'il est en acte, ce qui a pour conséquence que le devenir, intermédiaire entre l'être et le néant, est une détermination obligée de l'être en tant qu'être.

Nous abordons là quelque chose de périlleux qui risque d'indisposer maints thomistes, et même tout simplement maints catholiques à bon droit horrifiés par cette idée grevée, en apparence (mais seulement en apparence !), de relents panthéistique d'un absolu en devenir, par là d'un absolu qui ne se distinguerait du monde, lequel est aussi en devenir, que selon une distinction de point de vue. Nous prions le lecteur de bien vouloir aller jusqu'au bout de notre démarche avant de la juger et de la condamner sans appel.

L'être en puissance est, dans un être en acte, tant le pouvoir-être ce qu'il est que le pouvoir-être ce qu'il n'est pas, et il faut se demander si ce pouvoir-être ce qu'il est — pouvoir-être qui est, et même qui est *nécessairement* dans l'être en acte : « *ab esse ad posse valet illatio* » (du réel au possible l'inférence est valide) — n'est pas dissociable du pouvoir-être ce qu'il n'est pas ; il faut se demander si ce pouvoir-être *un* être n'est pas requis même pour cet être qui ne peut changer, qui est toujours en acte et qui est acte pur ; ce qui bien sûr, dans ce cas, oblige à identifier un tel pouvoir-être, une telle puissance, comme appartenant au registre de la puissance active, et non passive. Le pouvoir-être plein de ce verre à eau subsiste quand le verre est vide, mais il est toujours là quand le verre est rempli, autrement il se viderait aussitôt que rempli, perdant son pouvoir par l'actualisation d'un tel pouvoir, ce qui serait peu intelligible ; cependant qu'une chose ne peut, indubitablement, être en puissance et en acte en même temps et sous le même rapport, le pouvoir-être plein, qui subsiste dans le verre en attente de son contenu, subsiste pourtant plus que jamais dans le verre rempli ; il est même d'autant plus parfaitement puissance à être plein qu'il est plus rempli. Le pouvoir-être est accusé par son actualisation qui pourtant le conteste ; il est *affirmé dans sa négation.* C'est là déjà l'indice de ce que le pouvoir-être est indissociable de l'être en acte, puisqu'il y a, au moins sous un certain rapport, coextensivité entre perfection de la puissance et perfection de l'acte. Mais où la chose devient incontournable, c'est lorsqu'on remarque que toute réalité en acte exige d'être lestée de son pouvoir-être du fait qu'il est de la raison formelle d'une perfection — ainsi d'une actualité — d'être *exercée* ; quand bien même une intelligence serait si parfaite qu'elle exigerait d'être toujours en acte, et si pleinement en acte qu'elle en viendrait à être son acte, ainsi son intellection, cette intelligence ne laisserait pas de continuer à être le sujet d'exercice de cette perfection qu'est l'acte d'intelliger. On conçoit qu'une chose soit si parfaite qu'elle en vienne à s'identifier à sa perfection : elle est d'autant plus parfaite que sa perfection lui est plus intime, plus consubstantielle ; or la limite supérieure de la consubstantialité est l'identité : elle est sa perfection. Mais quand bien même elle est sa perfection, elle ne cesse de l'exercer. Si une chose est sa perfection sans l'avoir, elle ne l'exerce pas puisqu'il faut, au moins sous un certain rapport, ne l'être pas pour l'exercer ; à tout le moins doit-elle être pour elle-même un autre afin d'instaurer cette dualité définitionnelle de tout exercice, qui veut qu'il y ait un exerçant et un exercé ; mais si la chose dite parfaite au point d'être sa perfection, du fait de l'être, ne la maîtrise pas, ne l'ayant pas et se bornant à l'être, c'est que cette perfection lui échappe et, lui échappant, elle la quitte, la délaisse et la laisse privée de cette perfection qu'elle était supposée être : avoir sa perfection au point d'en venir à être cette perfection suppose qu'on ne cesse de l'avoir nonobstant le fait de l'être, à peine de ne l'être pas ; ce qui a sans être ce qu'il a dégénère comme ce qui est sans avoir ce qu'il est, et vice versa. Or ce qui exerce une perfection, c'est une puissance qui exerce un acte. Donc toute réalité parfaite ou actuelle est lestée de son pouvoir-être, quand bien même elle est si parfaite, si adéquatement ancrée en sa perfection, en son acte, qu'elle est cet acte ; mais un tel pouvoir-être est une puissance active, et il est vrai que le thomisme enseigne que Dieu est acte pur *et* puissance active ; mais à notre connaissance il ne rend pas raison de cette dualité, de cette identité de termes irréductiblement duels. Et ce qui est capable d'avoir ce qu'il est, c'est ce qui est capable de se faire dans soi-même autre que soi-même pour l'avoir, cependant que ce réquisit d'altérité par rapport à soi est en même temps l'expression de son identité à soi. Comment cela est-il possible ?

§ 75. La simplicité, comme identité de la simplicité et de la complexité

La chose est possible si et seulement si une telle identité à soi est une identité *réflexive* à soi, un acte de s'identifier à soi par réflexion. En effet, une telle réflexion subsistante — ainsi ontologique — est telle qu'elle est, en son origine, puissance à elle-même, et à elle-même entendue comme résultat actuel de sa réflexion sur soi, ce qui fait coïncider la puissance et l'acte : elle est puissance (dans son origine) et acte (dans son terme, qui est aussi origine puisque le retour, dans une réflexion, est identique au départ), elle est foncièrement acte, mais, tout autant, elle *est* la puissance (le sujet d'exercice) à l'acte (la perfection exercée) qu'elle est aussi. Mais ce dispositif ne fait coïncider la puissance et l'acte que pour les inviter à se dissocier l'un de l'autre qui se repoussent pour s'attirer et s'attirent pour se repousser, comme il doit l'être dans toute circularité : ce qui revient à soi par réflexion ne s'y repose que pour s'en arracher derechef et réitérer sa réflexion, puisque dans un cercle tout a raison de moment et d'entéléchie ; ce qui est puissance à se poser pose comme son actualité la puissance à se poser qu'il est, mais c'est là relancer la réflexion. Nous avons vu plus haut, en évoquant les amants d'Aristophane, que, du fait que l'appétit du Bien est lui-même appétible, l'appétit est lui-même une détermination intrinsèque au Bien, et c'est là signifier que le Bien s'aime lui-même et aime son amour, consiste dans le dépassement de cette unité d'attraction et de répulsion à laquelle il se réduirait s'il ne se faisait principe d'un Engendré qui lui est immanent et même consubstantiel. Puis donc que ce qui est sa perfection ne l'est qu'en l'ayant corrélativement, et ne se fait identité de l'être et de l'avoir qu'en se conférant la forme d'une réflexion, laquelle est assomption de l'identité contradictoire de l'attraction et de la répulsion, alors ce qui est sa perfection, ce qui est acte, n'est tel qu'en engendrant en soi-même un fruit qui lui est consubstantiel ; or engendrer dans soi-même son rejeton à soi consubstantiel, c'est s'objectiver dans soi, c'est produire une image de soi si fidèle qu'elle est identique au soi, cependant que produite par lui.

Remarquons que ce qui fait coïncider le résultat et l'origine, laquelle est l'acte de se nier dans un processus qui ramène à l'origine, c'est ce qui *est* mouvement, ce dont l'être est son propre devenir, puisque le résultat du devenir est l'acte de le lancer. Or un tel mouvement *est*, il est même ce par quoi il y a de l'être puisqu'il est porteur, au titre de ses moments, de toutes les perfections dont les réalités finies sont autant de participations, et tout autant de tous les degrés de réalisation de chacune de ces perfections. Dès lors, l'être étant devenir et le devenir étant de l'être, un tel devenir, aussitôt que posé, devient, et, comme tout devenir, il ne peut devenir que le contraire de lui-même, c'est-à-dire éternel repos. *Ce dont l'être est son devenir est circulaire, il est l'acte unique de réflexion, et il est immobile*[17]. Sous ce rapport, on

[17] Ce qui et devenir ne peut pas ne pas être ce qui exerce un mouvement circulaire. En effet, seul un tel mouvement satisfait aux réquisits de son concept. Ce qui est devenir doit être un devenir circulaire, parce qu'il garantit d'abord l'acte de nier l'origine, lequel est définitionnel de tout devenir, mais aussi parce qu'il garantit l'acte de se consommer dans un terme qui est l'acte d'inaugurer le devenir : le terme du mouvement est le terme qui l'exerce, et ce terme qui l'exerce se confond avec le mouvement exercé puisque ce sujet d'exercice du mouvement est l'acte de s'arracher à soi-même, ainsi de devenir. Ce qui est son devenir est l'acte de devenir soi-même. *T.S.V.P.*

comprend que l'immobilité du parfait n'est pas ce qui recule devant l'inquiétude du devenir, mais ce qui l'assume et la dépasse souverainement. On voudra bien noter aussi que ce qui s'objective dans soi-même est ce qui, se posant comme contradictoire, se soustrait dans le même acte, se l'objectant, à sa contradiction ; le non-contradictoire est le dépassement souverain du contradictoire assumé ; la paix est victoire sur le désordre et le conflit, à tout le moins sur la possibilité d'une telle déliquescence, et de même la vie est victoire sur la possibilité de la mort, extrême de l'entropie ; l'identité contradictoire de l'origine et du résultat, ou de la puissance et de l'acte, s'émancipe d'elle-même en s'objectivant, et s'objective en réduisant le résultat du processus circulaire à un moment du processus dont il est à la fois origine et résultat ; l'acte pur n'est pas contradictoire parce qu'il a sa contradiction sans l'être, et ne la pose en soi que pour la faire se renier. On peut encore faire observer que, si le dogme trinitaire est strictement incompréhensible à l'intelligence créée, en ce sens qu'elle ne saurait embrasser du regard l'océan infini d'intelligibilité qu'il contient, la mise en évidence rationnelle de la nécessité, pour qu'il y ait identité, de la différence dans l'identité, ainsi — pour qu'il y ait simplicité — de la complexité dans la simplicité, dispose l'intelligence à recevoir ce dogme dans l'obscurité de la foi : cette mise en évidence constitue, croyons-nous, un motif de crédibilité. Enfin, si les perfections divines sont à penser comme autant de moments, avec tous les degrés de ces perfections, de la Réflexion éternelle qu'est Dieu, ou encore de cet acte pur immobile qui est son activité, alors il est licite de déclarer que toutes les perfections finies qui mobilisent

---

Si l'immobile était exclusif de la mobilité, c'est au mouvement qu'il faudrait avoir recours pour passer de l'immobile à la mobilité, lequel mouvement, antérieur à la mobilité à laquelle il est supposé mener, serait du côté de l'immobile et se confondrait avec lui : si l'immobile était exclusif de la mobilité, il se réduirait à la mobilité même ; c'est pourquoi, si l'on entend assurer la possibilité de l'immobilité, on doit convenir que la mobilité est intrinsèque à l'immobile en tant qu'immobile, lequel est dans son essence l'acte de faire se sublimer le devenir.

la volonté ici-bas et l'invitent à les aimer comme s'y rapportant, sont telles que, en les poursuivant, loin de s'éloigner de la recherche du Bien transcendant, la volonté épouse, ce faisant, la loi immanente d'un tel Bien et s'y approprie ; l'immanence de l'exercice du désir n'est plus antinomique de la transcendance de sa vocation. Et c'est bien là ce que nous nous étions proposé d'établir dans ce chapitre.

Tirons de ce résultat une conséquence qui se révélera utile pour l'intelligence de la suite :

§ 76. La réflexion comme substantification de l'essence

Si l'absolu, celui dont l'essence est d'exister, est cette essence qui se fait existence (l'exister étant l'essence en acte) ; s'il est cette puissance qui se fait actualité pure en et par l'acte de s'objectiver dans soi, c'est-à-dire de se mettre à distance de soi, soit encore en se posant comme « ex-sistant », on doit s'attendre à ce que les créatures adoptent le même régime ontologique que celui de la cause première à laquelle elles ressemblent : une essence ou puissance à exister se fait existante en se réfléchissant dans le processus de la réflexion qu'elle est pour elle-même. L'essence doit être pour être essence ; et en même temps elle doit ne pas contenir son exister, sans quoi tout possible serait réel ; la contingence serait impossible, et avec elle la condition de créature. L'essence enveloppe donc ce qu'elle exclut, ce qui revient à dire qu'elle se repousse d'elle-même et que, ce faisant, elle se contente d'effectuer ce que son concept lui enjoint d'accomplir, de telle sorte qu'elle s'attire, s'identifie à soi par le fait de se repousser de soi. Par cela, elle se révèle réflexion, processus circulaire selon lequel l'avancée est retour, ainsi selon lequel l'être est négation du non-être (ainsi négation de la négation de soi de l'être), de sorte que l'acte est négation de la puissance dont la radicalisation, dans son statut d'indéterminé, n'est autre, en effet, que le néant ; le néant n'ayant d'être que par l'être dont il est le manque, il advient que, ayant dévoré en s'absolutisant ce à quoi il est suspendu, l'être du néant d'être se supprime, ce qui revient à dire que, comme néant de néant ou négation de négation, il se convertit en être, ainsi en acte. Mais on a vu que ce dont l'avancée est retour, est non seulement réflexion, mais aussi nécessairement réflexion dans son processus du résultat de ce processus qu'est la réflexion, à savoir confirmation du moment négatif de la réflexion dans l'acte même de le faire se renier. En termes thomistes, l'exister est l'acte de l'essence et sous ce rapport il se distingue d'elle puisque la puissance n'est pas l'acte, mais il ne subsiste qu'à ce titre (un exister qui ne serait l'acte d'exister de rien se réduirait au néant : être, c'est être quelque chose), et c'est pourquoi l'exister n'est autre que l'essence en acte, l'essence même en tant qu'elle est en acte, mais alors l'exister se distingue de ce (l'essence) à quoi il est identique, ce qui revient bien à dire que cette essence prise en elle-même est contradictoire, par là réflexion, et ne lève sa contradiction qu'en existant soit comme idée pensée, soit comme réalité existante ; en tant qu'idée pensée, elle est un accident de l'intelligence qui la pense et elle a la forme réflexive de l'intelligence même puisque tout acte de penser est aussi penser que l'on pense ; en tant que réalité existante, l'essence est substance ; aussi, une essence est constituée en substance par réflexion sur soi (une réflexion dont elle n'est pas la raison suffisante, puisque la substance qui incarne une telle essence est créée, issue du néant ; la réflexion sur soi de l'essence est l'acte à raison duquel Dieu la pense comme étant à s'incarner), et se pose en tant qu'existante en posant ses accidents ; cela se produit par l'objectivation de soi — en soi-même — de cette substance, dans le statut de puissance à être elle-même et de diverses puissances opératives, dont essentiellement la puissance opérative expressive de sa différence spécifique. S'il est vrai que la substance s'actualise et s'explicite en ses accidents qui la manifestent, il n'est pas abusif, nous semble-t-il, de déclarer qu'elle s'objective en eux, se met à distance de soi et « ex-siste », c'est-à-dire existe ou se pose en s'opposant, dans soi-même, sa puissance à être ce qu'elle est, et ses puissances à opérer selon ce qu'elle est. Parce qu'elle est puissance à être aussi longtemps qu'elle ne se réfléchit pas dans son processus (elle est essence en acte ou essence existante en s'opposant à elle-même), on peut bien dire qu'elle est une certaine forme de néant dans le *terminus a quo* de son objectivation de soi, et, sous ce rapport, il est prévisible que ce en quoi elle s'objective soit aussi un néant qui, confirmé comme néant dans le moment où il se fait néant de néant, subsiste en ce *terminus ad quem* comme puissance à être et à opérer, comme puissance à cet acte dont il procède.

§ 77. L'immobilité comme réflexion absolue

On peut parvenir au même résultat en observant que ce qui est sa bonté (par exemple, mais cela est vrai de tout universel), c'est ce qui épuise en sa singularité une perfection qui peut subsister en une infinité d'autres choses à l'état de perfection participée. Que telle réalité soit si bonne qu'elle est la bonté même, cela n'empêche pas d'autres réalités d'avoir une bonté participée, d'avoir une certaine bonté, sans l'être. La bonté est ainsi tout entière et totalement en un seul, tout entière et non totalement en une infinité d'autres, à la manière, comme nous l'avons vu, dont la nature humaine est tout entière en chaque homme bien qu'elle n'y soit pas totalement, et ne puisse être totalement en aucune créature parce que ce degré d'être qu'est l'humanité n'est pas assez élevé pour exiger le mode d'existence d'un ange, c'est-à-dire d'un être qui est son espèce. C'est pourquoi l'humanité n'est tout entière et totalement que dans l'Idée divine d'homme, Idée créatrice de tous les hommes. Cela dit, ce qui est sa bonté, c'est un être dont la bonté est tout entière et totalement en lui, et pour cette raison c'est un être qui épuise à lui tout seul cette perfection qu'est la bonté. Mais à quelle condition une perfection peut-elle subsister tout entière et non totalement en plusieurs êtres ? Usons d'une analogie pour nous en forger une idée.

L'enfance, l'adolescence, la maturité, l'âge mûr, la vieillesse, ce sont là des moments de la vie d'un homme. Ce sont aussi des aspects de ce qu'il est, car chacun de ces moments dévoile une facette de ce qu'il est, qui éclaire les autres et est éclairée par elles. C'est pourquoi nous aimons connaître le passé des personnes qui nous intéressent et/ou que nous aimons, mais aussi la manière dont elles finissent leur vie temporelle. On serait tenté de déclarer que cet homme singulier est la somme de ses manières d'être, en ce sens qu'il serait un peu dans chacune d'elles, « en partie » dans chacune de ces facettes, et que l'addition de toutes ses parties le révélerait tel qu'il est. Il n'en est rien, bien évidemment. Ce n'est pas une partie de lui qui est dans sa jeunesse et une autre qui serait dans sa maturité. C'est tout l'homme, c'est le tout de cet homme, le tout de ce qu'il est, qui s'actualise et se manifeste dans chaque moment de sa vie, se réservant la licence d'exprimer le tout de ce qu'il est dans un autre moment. Ce qui change est tout entier dans chaque étape de son changement ; mais il n'y est pas totalement puisqu'il est aussi dans les autres. On est ainsi invité à considérer que, le devenir d'un tel homme s'achevant dans un terme en lequel il meurt, par là se fixe dans une identité irréversible, un tel devenir est le processus à raison duquel il devient lui-même tel qu'il est en vérité, pour l'éternité, c'est-à-dire pour l'autre de la temporalité, tel un éternel présent. L'homme est tout entier dans chacun des moments du mouvement de devenir soi-même : un tel mouvement est circulaire, il est une réflexion.

L'homme est tout entier quoique non totalement dans chacun des moments du mouvement par lequel il s'identifie réflexivement à soi ; la perfection universelle, universellement participable, est tout entière et non totalement en chacun des individus qui la participent ; donc la perfection est à ses degrés de participation ce que l'homme est aux moments de sa vie ; or il y a moment s'il y a mouvement, donc les degrés de participabilité d'une perfection sont les moments de la réflexion par laquelle elle se pose en vérité, en plénitude, en son universalité concrète et subsistante, telle cette réalité qui est sa perfection. Toute perfection participable est une identité à soi réflexive, une réflexion dont le résultat coïncide avec une origine qui s'est révélée n'être qu'à se nier dans un mouvement circulaire, ainsi une réflexion ou un devenir qui est son résultat, et en retour un résultat qui est l'unité de lui-même et de son devenir. Un résultat qui est unité de lui-même et de son devenir, c'est un être qui est son devenir, par là un être absolument immobile puisque ce devenir, qui est, étant cet être qui est devenir, est un devenir qui devient, et qui donc immédiatement se convertit en immobilité pure. La réalisation hypostatique d'une perfection ou d'un universel le soustrait aux modes et/ou degrés de participation de lui-même par des êtres finis, et elle le révèle tel le fondement, la cause des bontés de ces êtres, mais elle le soustrait à ces degrés finis en tant qu'elle les assume en elle-même, intemporellement puisque cette réflexion qui les pose et les nie, décrite adéquatement en termes de mouvement, n'est pas un mouvement mais sa sublimation. Ce qui est sa bonté s'émancipe de tous les degrés finis de bonté en les exerçant tous, jusques au degré nul de bonté qui, comme néant, est néant de toute chose jusques et y compris de lui-même, et reconduction à l'origine. De ce que le mouvement est l'acte de ce qui est en puissance en tant qu'il est en puissance, il n'est pas contradictoire d'affirmer que l'acte pur assume l'être en puissance puisque cet acte pur est devenir sublimé en immobilité. La réflexion ontologique explique la participation : sans la réflexion, la participation n'est qu'une image, puisque « participer » signifie « prendre part », être une « partie », alors que le participant ne prend pas une « partie » de ce qu'il participe, d'abord parce que le participé est d'autant plus participable qu'il est plus élevé en dignité, ainsi d'autant plus actuel et par là plus simple ou indivisible ; sans la réflexion, la participation est une image et non un concept. La réflexion explique la participation et, avec elle, elle explique la causalité : causer, c'est communiquer son actualité sans la perdre. Ce qui est sa perfection la maîtrise puisqu'il en assume tous les degrés, c'est pourquoi il lui est loisible de faire se réfléchir hors de soi un moment de sa réflexion constitutive, laquelle réflexion *ad extra* est conversion au statut de participant de ce qui lui est donné à participer ; il est causé, il n'est pas la raison suffisante de la réflexion qu'il exerce, il exerce un degré de la bonté que de ce fait il a, sans l'être.

Si toute perfection est un universel — la Bonté, la Justice, la Beauté, la Vérité —, un tel universel est à la fois de prédication et de causalité. Il est un universel de prédication puisqu'il se dit de la bonté de toutes les choses plus ou moins bonnes. Il est un universel de causalité parce que ce qui est sa bonté — et qui l'est concrètement parce qu'il l'a autant qu'il l'est — est cause de la bonté qui réside dans les choses bonnes. N'est existant que ce qui est singulier ; si la Bonté existe à l'état pur et sans limite, elle est un singulier ; elle est précisément l'universel en tant qu'il se réfléchit, s'atteint par réflexion positionnelle du départ. L'universel considéré comme exclusif du particulier prendrait place à côté du particulier dans une communauté qui formerait un tout dont il serait la partie, ce qui revient à dire qu'il serait particulier et non pas universel ; et c'est en cela qu'il n'est, comme tel, en tant qu'universel abstrait ou sans sa réflexion, qu'à se nier. Mais on a vu que ce qui n'est (l'universel abstrait) qu'à se nier dans un processus qui ramène à lui, c'est ce qui, comme résultat d'une auto-négation, contredit l'origine mais qui, coïncidant tout autant avec l'origine, est derechef destiné à se nier, mais à se nier cette fois-ci en tant que posé telle la négation de l'origine considérée en sa vocation à se nier, ce qui revient à poser l'origine sans son auto-négation par l'acte de la faire se renier une deuxième fois qui, du côté inférieur de l'orbite, est confirmation du moment de la particularité, de telle sorte que le singulier, ou retour à l'origine, n'est autre que l'universel lui-même posé en sa concrétude, comme unité de l'universel et du particulier. L'universel se fait singulier — ainsi existant — par réflexion sur soi, moyennant la manière d'être particulière qu'il se donne en s'objectivant dans lui-même, ainsi en faisant se réfléchir le résultat du processus dans un moment de ce dernier. Et c'est cette particularité qui, selon le moment en lequel s'objective le résultat du processus, détermine le degré de participation à l'universel qu'exerce le participant ainsi posé ; quand le moment en lequel il s'objective est l'extrême de la mise en régime de négativité de l'universel, riche d'une négation de négation absolue, alors la particularité d'un tel singulier est qu'il est sa perfection même (il a pour particularité d'épuiser toutes les manières particulières de se poser), selon une réflexion dont ce singulier est la raison suffisante, ce qui ne convient qu'à Dieu. Toute perfection prise absolument est en soi le divin.

§ 78. B. Du point de jonction entre immanence et transcendance, bien commun et Souverain Bien, extérieur et intérieur, nature et surnature

L'absolu désigne par définition le non-relatif, or toute connaissance suppose une relation entre un sujet connaissant et un objet connu, et c'est pourquoi l'absolu semble *a priori* inaccessible. Pourtant,

« [...] tel est en nous le désir de connaître que connaissant un effet nous désirons en connaître la cause ; et en toute chose, connaissant toutes les circonstances, notre désir ne cesse que nous n'ayons saisi son essence. Donc ce désir naturel de savoir (*naturale desiderium sciendi*) ne peut être assouvi en nous que si nous connaissons la cause première, non pas n'importe comment mais par son essence. Or la cause première est Dieu. [...] Donc la fin dernière de la créature est de voir Dieu par essence » (saint Thomas d'Aquin, *Compendium*, c. 104).

Parce que les moyens humains de connaître sont finis cependant que le désir humain est infini, dans le moment où la grâce, surnaturelle, est gratuite, on ne peut exiger, comme constitutive du système cognitif humain, la donation d'une Révélation et d'un Salut, et de la grâce. L'écart entre moyens et désirs n'est pas imputable au péché originel puisque notre désir de voir Dieu est naturel, cependant que, Dieu étant son acte de se connaître, il faudrait que nous fussions Dieu pour Le connaître dans son essence, c'est-à-dire comme Il se connaît. Si donc l'écart entre moyens de connaître et désir est un hiatus naturel et non peccamineux, dans le moment où la grâce qui déiforme la créature est gratuite, c'est qu'il ne se peut pas qu'il n'existe pas une solution appartenant, en droit sinon en fait, à l'ordre naturel, pour combler ce désir naturel, à peine d'insinuer que la création serait mal faite. Mais une telle solution se doit d'être respectueuse de l'impératif d'inaccessibilité, par les forces naturelles, de l'essence divine. Cette conjugaison d'exigences semble certes contradictoire.

§ 79. Les apories du désir naturel de Dieu

Ce que l'on peut avancer *a priori*, face à une telle équation, c'est la condition de possibilité de sa résolution. Il faut évidemment, en dehors de tout don surnaturel et gracieux capable de surélever l'ordre naturel en le déiformant et ainsi en l'appropriant à son Objet, que l'absolu puisse être représenté de telle sorte qu'une relation entre lui et le fini ne soit pas ablative de son absoluité. Et cela est possible s'il entretient à l'égard de lui-même une relation constitutive telle que, se révélant relatif à lui-même, il ne soit relatif à rien d'autre que soi cependant que, se différenciant de soi pour instaurer cette dualité requise pour qu'il y ait relation (toute relation est essentiellement relative à ses termes), il se révèle capable de renoncer dans soi-même à son absoluité sans la perdre. Mais par là, assumant dans lui-même le relatif, il se rend doté du pouvoir de s'approprier au fini, au contingent, au relatif. En d'autres termes, il faut que la surnature, qui est la nature de Dieu, ait la forme intemporelle, indépendamment de tout acte créateur, d'une victoire souveraine sur toute nature. Dans cette perspective, l'absolu, tel qu'en lui-même, mais dans le moment de sa négation intestine de soi, s'offre librement aux prises des appétits de l'ordre naturel. Mais cette esquisse de condition ne suffit pas, car supposé que le fini soit intemporellement assumé par l'infini, ou que les natures des êtres créés ou créables préexistent dans la pensée ou essence divine avant leur participation par des êtres créés, de telles natures ou Idées divines ne subsistent pas en Dieu sur le mode à raison duquel elles se réalisent dans les créatures. Or pour que

Dieu soit accessible par l'ordre naturel, et au-delà d'une connaissance qui ne relèverait que de l'analogie — ce qui reviendrait là à ne connaître Dieu que dans Ses œuvres, par là à ne connaître que les œuvres de Dieu, et non pas Dieu —, il est nécessaire que le mode d'existence du connaissable divin soit celui du connaissable humain, ce dernier seul pouvant être exercé par une intelligence naturelle. Or quand l'assomption du fini par l'infini, en sa réflexion en forme de négation de négation, radicalise le moment de sa finitude, on obtient le néant. S'il est en quelque sorte heureux et réconfortant qu'il en soit ainsi, c'est parce que ce qui est néant d'être fini ne diffère pas, matériellement, d'un néant d'être infini ou infiniment être, au point qu'ils peuvent se confondre : l'infini actuel se posant comme tel en se faisant victorieux du fini qu'il contient tel son moment, s'habilite, en ce moment, à s'identifier à ce néant d'être intrinsèque à la créature pensante, lequel désigne tant ce dont elle est tirée que ce à quoi se réduit l'intellect s'il est considéré en lui-même, indépendamment de ce qu'il pense, comme nous l'avons vu précédemment (VII A). Il est clair que si les deux néants se confondent matériellement, ils s'opposent formellement de manière radicale, parce qu'autre chose est d'être néant intérieur à cette créature qui n'est pas son origine, autre chose est d'être ce néant assumé par l'absolu tellement parfait qu'il est maître de sa perfection, et assume une telle maîtrise en exerçant en lui-même et de toute éternité, indépendamment de la création du monde, tous les degrés finis de cette perfection infinie, jusques au degré nul. Ce qui revient à dire que si l'absolu est naturellement accessible à la pensée humaine, c'est bien tel qu'en lui-même qu'il l'est, mais dans le moment de son absence à lui-même. Si l'intellect ne se saisit de lui-même tel qu'en lui-même, en sa nudité, que lorsque l'âme humaine, séparée de son corps par la mort, devient transparente pour elle-même (le corps ou la matière est bien principe d'inconscience), on entrevoit la possibilité d'une béatitude naturelle : saisir dans un même acte et le moi et Dieu, qui coïncident l'un avec l'autre par le néant, confessant par là qu'ils n'ont rien de commun, n'ayant en commun que le rien. Le « point de suture » entre nature et surnature, fini et infini, qui les fait se rencontrer sans cesser de constituer le principe de leur discontinuité radicale, est ce néant qui n'apparaît à la conscience que dans la mort, et qui, en la circonstance, se révèle néant d'être riche de la puissance infinie à faire être ce dont il est la puissance ; quand l'âme est séparée, elle peut, en tant qu'intellect possible, revenir sur soi *ad tergum* (dans l'arrière de soi-même) — ce qui lui est interdit aussi longtemps qu'elle est liée au corps —, et se saisir en et comme ce néant fécond qui est *materialiter* Dieu lui-même dans le moment de Son absence à Lui-même ; nous reviendrons plus bas sur ce point.

L'homme a naturellement vocation à mourir, parce que la mort est la condition de sa béatitude naturelle. Un tel point de suture est à la limite de l'ordre naturel, appartenant déjà, en son *terminus a quo*, à l'ordre surnaturel dont il est comme le point nul de perfection. Seul le néant ainsi entendu satisfait aux conditions d'un point de suture entre deux ordres en soi incommensurables, ainsi en excluant toute continuité entre les deux ; comme appartenant à une sphère, un tel trait d'union doit exclure l'autre, et vice versa ; il doit donc appartenir aux deux pour être trait d'union, non sans cesser d'être la négation des deux pour garantir leur incommensurabilité ; et il doit être la négation des deux sans cesser d'être commun aux deux s'il satisfait au réquisit d'assurer leur continuité ; en tant que néant, il est néantisation de soi de chaque sphère, mais intérieur à elle, comme son terme inférieur de négation d'elle-même, en attente de sa rédemption comme négation de négation ; en tant que négation de l'une, il est bien définitionnel de l'autre, et vice versa ; en tant que néant commun aux deux, il leur donne d'avoir en commun le néant, par là, comme on l'a dit, de n'avoir rien de commun.

§ 80. Appétit rationnel et volonté de volonté

Cela dit — et sous couvert d'une analyse de la volonté qui permettra d'étayer ce qui précède —, si l'on dote la volonté, puissance spirituelle d'aimer, du pouvoir d'atteindre cette limite ontologique en laquelle le fini et l'infini se rencontrent sans se confondre et sans que l'infini cesse d'être, par un paradoxe unique, incommensurable au fini, c'est que cette même volonté est supposée capable d'aspirer à quelque chose qui, sans cesser d'être induit en elle par la nature humaine dont procèdent toutes les puissances opératives de l'homme (dont la volonté elle-même), tout autant, d'une certaine façon, excède la nature humaine elle-même, puisque sa limite est le point de rencontre de deux ordres de réalités, dont le deuxième excède le premier. Dire que la volonté est à même d'excéder, au sens où nous l'avons dit, la nature humaine elle-même, c'est dire qu'elle est capable d'agir non seulement sous l'impulsion de sa nature d'appétit rationnel, mais encore sous l'impulsion d'elle-même en tant que subjectivité pure, en tant que suppôt, sujet dernier d'attribution donnant à l'homme non seulement d'*être* une nature individuée (ce qu'il est assurément) mais d'*avoir* une nature que de ce fait il peut choisir, parce qu'il ne s'y réduit pas. Il y a là quelque chose qui, si notre suggestion est fondée, excède les limites de l'anthropologie thomiste, et se rapproche de ce que Duns Scot (*Opus Oxoniense*, II d 25) enseigne de la volonté : « Rien, autre que la volonté, n'est cause totale de la volition dans la volonté. » Et nous pensons aujourd'hui que, sans quitter le terrain thomiste foncièrement intellectualiste, et pour autant que l'on demeure en ce dernier plus que jamais, une place mérite d'être faite, dans ce contexte même, pour cette intuition scotiste qui promeut l'idée d'un dynamisme de la volonté dotant cette dernière du pouvoir non seulement de choisir ce qui est conforme à l'essence rationnelle du vouloir, mais encore de choisir cette nature même. Le thème de la réflexion ontologique ci-dessus esquissé, qui fait coïncider — mais pour se libérer, en se l'objectivant, de cette contradiction assumée — origine et résultat, principe et effet, permet en effet de comprendre que ce qui est principe de choix puisse en même temps être objet de choix ; c'est l'essence humaine qui est cause et principe, en chaque homme, de tout ce qu'il est et de tout ce qu'il peut faire, mais c'est aussi par ce qu'il choisit de faire et d'être qu'il est effectivement ce qu'il est. On a là l'idée que la volonté humaine non seulement veut selon la pulsation de sa nature, et, en droit sinon en fait, conformément à elle, mais encore est encline à vouloir au-delà d'elle : elle veut conformément à sa nature dont elle détient son pouvoir d'autodétermination, mais elle veut aussi sa nature même, comme si elle était habilitée à décider d'avoir cette nature. Cette suggestion autorise alors à penser que la volonté est capable d'être cause totale de son acte, ce revient à dire qu'elle ne repose que sur soi pour vouloir, au moins sous un certain rapport et dans certains cas. Ce n'est pas à dire, dans notre perspective, que la volonté ne serait pas intrinsèquement dépendante de la raison, comme elle l'est en contexte (qui est nôtre) aristotélo-thomiste ; c'est-à-dire qu'il est définitionnel du rationnel en général de se constituer, dans le réel comme dans la pensée, moyennant un moment obligé d'irrationalité. Et alors, si la démarche est recevable, on fait sienne l'idée que la volonté peut se vouloir elle-même en tant que volonté, pour la seule joie d'éprouver et de célébrer sa puissance. Comme on l'aura compris, nous tentons d'établir qu'une place est à faire, dans la fidélité à l'intellectualisme thomiste, à ce que peut contenir de vérité captive le concept nietzschéen de volonté de puissance.

La recherche d'un trait d'union entre nature et surnature nous a mis sur le chemin de l'existence, en l'homme, d'un néant d'être qui est, ainsi d'une indétermination pure, et ce caractère nous invite à reconnaître dans la volonté un quelque chose qui, sans cesser d'être fondé et mesuré (aussi bien ontologiquement que moralement) par la nature rationnelle, éprouve sa plénitude et véritablement respecte l'injonction de sa nature en faisant l'épreuve de se mettre momentanément à distance d'elle, en retrait par rapport à elle, en liberté dangereuse et dramatique par rapport à la sérénité rassurante de la raison.

Sur le plan psychologique, il est possible de décrire cet aspect de la vie du vouloir en se souvenant de ce qui se produit quand la volonté lutte pour atteindre un bien ardu. Cependant que sous-tendue par l'appétibilité d'un bien qui lui est proposé par la raison, la volonté souffrante discerne d'autant moins l'appétibilité de ce bien qu'elle souffre plus, au point parfois de renoncer, se donnant pour cela de « bonnes » raisons, à son projet. Que se produit-il dans ces circonstances, quand elle ne renonce pas ? Sans s'attarder à essayer de réveiller la conscience de l'amabilité du bien supposée la soutenir — laquelle amabilité n'est plus perceptible parce qu'elle est oblitérée par le douloureux effort convoqué pour écarter l'obstacle —, la volonté s'appuie sur elle-même, sur l'appétibilité de son acte de vouloir, et non sur l'objet qu'elle veut ; elle « s'accroche », elle s'obstine, elle se révolte contre l'insidieuse invitation à céder, elle se jure fidélité par seul souci d'estime de soi en tant que pure volonté ; elle aspire désormais non tant à l'objet bon qu'à la victoire sur l'obstacle, et même, plus immédiatement encore, à la jubilation de la lutte pour la lutte. On peut dire en ces circonstances qu'elle s'est rendue invincible, du moins aussi longtemps que les fonctions physiologiques extrinsèquement requises par son exercice ne sont pas compromises. Quand bien même le monde serait absurde, quand bien même aucun idéal ne serait capable d'être fondé en raison pour guider l'action, il resterait toujours à la volonté la ressource de se vouloir, d'exalter ce « triomphe de la volonté » célébré par le fascisme qui est en effet, à maints égards, issu du nihilisme, et consistant dans l'acte héroïque de surmonter ce dernier après qu'on a été investi par lui. Que l'intellectualisme thomiste, seul capable de prévenir les dérives volontaristes aboutissant à la justification fallacieuse de n'importe quoi, sache faire sa place à une manière d'intégrer en son sein la dynamique du volontarisme sans son irrationalité irrécupérable, cela ne change pas seulement la conception que le spéculatif peut se faire de la condition humaine. Cela permet de concevoir la possibilité d'une poursuite du bien commun immanent en décidant de conférer à ce dernier la valeur du Souverain Bien, au moins pour le temps de la vie terrestre : la volonté conçue comme nous l'avons décrite se voit dotée de l'aptitude à décider de poursuivre le bien commun en lui affectant, de manière non arbitraire, éminemment rationnelle quoique non « raisonnable », à toute distance des élans du cœur, du primat de l'imagination et du romantisme, mais avec une générosité qu'aucune raison prudente ne saurait susciter, un coefficient de valeur analogue à celui du salut individuel. Cela permet de mobiliser les volontés et les énergies en vue d'une souveraineté de notre civilisation comme ne sauraient le faire ni les tenants du nihilisme enfermés dans un athéisme rédhibitoire, ni les tenants croyants unilatéralement focalisés par la préoccupation du « salut individuel avant tout ». Il est vrai — et il est dans son principe légitime qu'il en soit ainsi — que, pour le chrétien, rien n'est absolument valable que ce qui concerne le salut et la vie éternelle, et c'est pourquoi le chrétien, par une inclination compréhensible mais non légitime pour autant, tend à relativiser tout ce qui concerne la vie terrestre, mais précisément, ce tour d'esprit et cet état de l'âme disposent à délester les projets terrestres de toute importance, à se rendre comme indifférent à eux, jusqu'à faire assumer par une apparence de sagesse, selon un regard supposé voir loin parce que se targuant de n'être pas de ce monde, une certaine paresse, un défaut d'ambition certain, une probable lâcheté aussi, un égoïsme pieux peu douteux. Et c'est là encore une modalité du surnaturalisme, qui consiste à ne pas comprendre que l'espérance surnaturelle, loin de refouler l'espoir naturel et mondain, l'investit et le transfigure en vue du Ciel, mais aussi le perfectionne jusque dans son ordre propre, à toute distance d'une prétention à se substituer à lui. Quant à ce nihilisme héroïque dont nous tentons ici d'exhiber les ressources en révélant la vérité qu'il contient en la travestissant, force nous est de faire observer que, s'il demeure indéfiniment sans transcendance ou athée, il risque fort de tomber dans le piège moral illustré par cette

Médée de Corneille, que nous évoquions ici plus haut (chapitre II), dans la forme d'un orgueil stérile de misanthrope enfermé en lui-même et réduit à son moi, fond sans fond d'un néant sombre comme la mer, qui prend le vide pour de la profondeur et croit se nourrir de sa richesse alors qu'il s'exténue et s'endort dans un sommeil sans réveil ; ou bien il se prend au jeu de ses attitudes, dans l'élan d'un ridicule cabotinage le faisant jouer à être ce qu'il veut être, tel D'Annunzio, esthète poudré fuyant le réalisme mussolinien.

§ 81. Une invitation de saint Ignace

La volonté peut décider de poursuivre le bien commun en lui conférant subjectivement la valeur du Souverain Bien, sans cesser pour autant de poursuivre le second à travers le premier : le Souverain Bien assume intemporellement tous les biens en les dépassant, s'anticipe en eux et, par là, les biens finis qui les participent en font mémoire et l'annoncent ; et, de même que l'individu personnel est individuation de la nature humaine, de même la volonté personnelle individue l'essence du vouloir qui, la rendant libre ou maîtresse de ses actes, la conditionne si adéquatement qu'elle l'invite à se distinguer de sa condition individuée pour avoir, afin de la choisir, cette nature dont elle est l'individuation ; de même que le Bien, objet du vouloir, *a* tous les degrés de bonté dont il *est* le degré suprême, de même la volonté *a* cette nature d'appétit rationnel dont elle *est* une incarnation personnelle ; et, invitée à choisir ce qui lui donne le pouvoir de choisir, elle ne fait que ratifier, en le choisissant, l'acte à raison duquel il se choisit lui-même.

Et, que la volonté puisse conférer une valeur absolue à ce qui est l'image temporelle d'un moment éternel de la vie de l'absolu, ainsi viser le Souverain Bien éternel à travers un bien commun temporel qu'elle sait être déjà la préfiguration obligée du premier, c'est cela, seul, qui peut armer la pugnacité du combattant pour la vérité. C'est cela qui peut le dispenser de la tentation trop fréquente d'une certaine forme de quiétisme, qui consiste à s'en remettre aux décrets de la Providence et à accepter les défaites avant d'avoir lutté, ou aussitôt que l'issue de la lutte pour les biens temporels se révèle indécise, sans comprendre ou sans vouloir savoir que la Providence, loin de se substituer aux décrets de notre liberté, s'accomplit à travers eux. Et ce n'est là pas autre chose que de s'efforcer à dévoiler le bien-fondé de la formule de saint Ignace de Loyola : nous devons prier comme si tout ne dépendait que de Dieu, et agir comme si tout ne dépendait que de nous.

Quelque reconnaissance que nous devions éprouver à l'égard des initiatives des uns ou des autres, aînés ou cadets — lesquels ont fait et font preuve de courage, de constance, d'intégrité, de ténacité, d'audace et d'abnégation souvent remarquables —, force est de constater que les réactions contre la décadence piétinent, régressent, s'abâtardissent pour se faire accepter du monde qui les vomit, ou bien se durcissent et se réduisent comme peau de chagrin en se ghettoïsant d'elles-mêmes, pendant que la masse indécise des velléitaires mal informés mais récupérables, déjà minoritaire dans la grande masse objectivement solidaire de la subversion, laisse se désamorcer, devant un spectacle aussi navrant, ce qui lui reste de lucidité et d'indignation pour réagir avec la violence nécessaire au salut de nos vieux pays contre l'entreprise satanique — aux rameaux internationalement réticulés — de la subversion mondialiste.

§ 82. Éclipse de l'indignation : l'illusion d'optique de La Boétie

La contamination des esprits par les idées fausses ne date pas d'hier, mais ces derniers n'étaient pas à ce point affaiblis qu'ils en fussent venus à consentir aux conséquences objectivement nécessaires de telles idées. Si l'on avait dit à nos ancêtres, il y a seulement un siècle, qu'il leur faudrait un jour travailler plus d'une heure sur deux pour un État dont le principal office est aujourd'hui d'enrichir les banques en spoliant les gens honnêtes ; que les immigrés envahisseurs se conduiraient avec une arrogance conquérante telle que les autochtones devraient raser les murs et les nourrir avec la reconnaissance du soumis dont le dominateur épargne la vie ; que les femmes travailleraient à l'extérieur, répugneraient à faire et à élever leur progéniture et n'aspireraient qu'à commander aux hommes en les méprisant ; que l'on tuerait chaque année des centaines de milliers d'enfants dans le ventre de leurs mères et qu'on userait des fœtus pour fabriquer des produits de beauté et des vaccins ; que l'intimité de la vie privée disparaîtrait au profit des officines de surveillance policières, judéo-maçonniques, « barbouzardes » ou commerciales ; que l'autorité du chef de famille serait réduite à néant au profit des services sociaux pétris d'idéologie maçonnique ; que les prêtres et évêques, jusqu'à la tête du Vatican, se feraient les soutiens actifs de la destruction du monde occidental et de l'esprit de revanche des anciens colonisés ivres de haine ; que les souverainetés nationales disparaîtraient et seraient remplacées par un gouvernement mondial dirigé par une élite bancaire judéo-sataniste régissant une administration planétaire communiste ; qu'on changerait systématiquement la mémoire des peuples en déformant leur passé ; que les invertis en viendraient à s'imposer comme nouvelle normalité en nourrissant la mauvaise conscience des personnes respectueuses de l'ordre des choses ; que les gens ordinaires seraient « pucés » comme on marque du bétail, en même temps que serait organisée une fausse pandémie pour mettre la planète au chômage et ruiner les classes moyennes ; que les « vieux » seraient poussés dans la tombe par l'institution bientôt obligatoire de l'euthanasie ; que les villes ne seraient plus construites sur fond de campagnes mais que les campagnes subsisteraient comme îlots de verdure sur fond de constructions humaines toujours plus laides, denses et totalitaires ; qu'il faudrait se résoudre à vivre dans des cages à lapins en faisant venir chez soi le monde extérieur par le biais de la télévision et des ordinateurs, nouveaux critères de la réalité du réel ; qu'on abaisserait intentionnellement le niveau de l'enseignement public afin d'abêtir les autochtones dans le moment où l'on favoriserait, pour opérer une substitution d'élites sociales non européennes à celles qui étaient en place, les immigrés envahissant l'Europe en les formant dans des écoles spéciales respectueuses des méthodes traditionnelles ; qu'on tenterait d'exténuer la sociabilité naturelle de l'homme, afin d'empêcher les gens honnêtes de se regrouper pour réagir à cette tyrannie, en imposant des mesures de confinement au nom de dangers sanitaires controuvés ; que le ciel étoilé lui-même serait envahi et empuanti par des satellites arachnéens chargés d'appareillages électroniques et informatiques de surveillance et de destruction, enfermant la Terre dans les rets du constructivisme transhumaniste ; si l'on avait imposé cela à nos ancêtres, ils auraient eu tôt fait de descendre spontanément dans les rues, quittant l'un sa cure, l'autre son étude de notaire ou sa chaire, un troisième son champ ou son échoppe, un quatrième son atelier, son usine ou sa caserne, la cinquième abandonnant son rejeton à sa nourrice. S'armant tous de faux et de fourches, de cannes et de couteaux de boucher, de fusils de chasse, de pioches, de barres de fer, ils auraient sans vergogne bousculé la police, investi les arsenaux, brûlé les banques et les loges maçonniques, les synagogues et les mosquées, pendu les trois cent mille corrupteurs qui dirigent notre pays, enfermé sans ménagement — non sans en égorger quelques-uns qui l'auraient bien mérité — les prêtres modernistes dans des couvents dont ils ne pourraient sortir, et instauré dans l'urgence un gouvernement dictatorial de salut public afin de nettoyer les écuries d'Augias, et en premier lieu d'inverser les flux migratoires ; ils ne se seraient pas préoccupés de leurs points de retraite, n'auraient pas craint les licenciements et le chômage, les pandémies dont tout le monde aurait compris qu'elles étaient artificielles, programmées, gérées, manipulées ; ils se seraient ri des amendes et de la prison, des coups de matraque ou du bannissement ; une marée irrépressible de travailleurs indignés, de mères de famille scandalisées aurait balayé les argousins de la Gueuse en se payant le luxe de retourner à leur profit, en les faisant servir à leur cause libératrice, les agents stipendiés de la répression ; ils auraient considéré tout simplement que la mort est préférable à la vie menée dans de telles conditions de servitude, d'indignité, d'iniquité et de honte. Et ils auraient gagné haut la main par mépris de la mort.

Aujourd'hui, ces scandales sont réalisés et même dépassés. Et personne ne bouge, fors quelques lanceurs d'alerte téméraires qu'on écoute en cachette en se donnant des frissons, en attendant que les voisins se mettent à bouger et à faire éclater la revanche du Grand Matin pour se donner l'audace qui permettra de les rejoindre.

Si l'on entend mesurer l'écart qui peut exister entre les réactions de nos contemporains et celles de nos aînés, on peut se reporter à la prose journalistique d'un Pierre Boutang, homme de Lettres et philosophe pourtant bien éloigné du fascisme et passablement aligné sur les poncifs de la subversion à mesure qu'il prenait de l'âge, qui pouvait écrire en 1949, dans la *République de Joinovici* : « Le caractère constitutionnellement étranger de toute République en France allait donc se manifester dans l'histoire de la "forme" républicaine entre 1946 et 1947. Cette histoire est tragique [...]. La Constitution refusée par le peuple, le 5 mai 1946 eut pour rapporteur un juif letton, Zaksas. La Constitution acceptée en novembre 1947 fut rédigée par un nègre, Léopold Senghor. Ce sont là deux faits auxquels nous ne pouvons rien, deux faits que nous n'avons aucun plaisir à rappeler, car nos arrière-neveux penseront que nous étions bien faibles ou bien lâches pour les avoir tolérés » (texte cité dans le journal *Le Monde* du 1er juillet 1976, p. 9). Ailleurs (*La Politique*, 1948), Boutang affirmait que la destruction méthodique de la mesure de la vie civilisée a « presque toujours des juifs pour instruments » (*idem*). Ses arrière-neveux, loin de le trouver faible ou lâche, sont en général scandalisés par des propos aussi lucidement réalistes qu'aucun penseur contemporain, même classé à la droite de la droite, mais encore membre de la caste des intellectuels officiellement reconnus, n'oserait tenir aujourd'hui. On voit ainsi le chemin parcouru par les mentalités en soixante-dix ans.

Nous avons dit notre réticence à l'égard des explications habituelles, sans les rejeter mais en tant qu'elles ne suffisent pas, selon nous, à expliquer ce phénomène de prodigieuse passivité des peuples européens face aux agressions mondialistes : la dégénérescence des caractères, les habitudes de confort, toutes les causes et procédures de cette servitude volontaire décrite par La Boétie.

Selon ce dernier, ancêtre des anarchistes et fastidieusement évoqué par tous les individualistes, le principe même du pouvoir de l'homme sur l'homme est intrinsèquement pervers ; aussi la domination d'un dépositaire quelconque d'autorité, toujours tyrannique, ne saurait s'expliquer par la reconnaissance des gouvernés à l'égard de leur maître qui ne saurait la mériter ni l'obtenir pour services rendus. De telles causes relèvent selon La Boétie de l'habitude contractée par le peuple de vivre en servitude, accoutumé qu'il est, dès la naissance, à la sujétion, et congénitalement gâté par la lâcheté, le voyeurisme incapacitant et l'esprit femelle entretenus par la dispensation du pain et des jeux ; elles relèvent aussi de l'abrutissement des esprits soumis à la superstition et à la religion, domination d'ecclésiastiques ; elles relèvent enfin et surtout, selon l'auteur du *Contr'un*, de la manœuvre, menée par le « tyran », consistant à rendre le peuple complice de sa propre servitude. L'idée est évidemment intéressante, mais de quelle forme de servitude s'agit-il ?

Dans son esprit, ce sont semble-t-il les courtisans qui, en effet, en petit nombre, plébiscitent leur dépendance à l'égard du despote qu'ils flattent et dont ils devancent les désirs, nourrissant le dessein inavoué de se le subordonner, ainsi habités eux-mêmes par une pathologie tyrannique. Chaque courtisan contrôle cinq hommes de rang inférieur qu'il intéresse en leur dispensant divers bienfaits ; chacun de ces cinq petits despotes en contrôle cent, et chacun des cent en asservit mille. Le seul moyen de faire cesser ce système pyramidal de domination consisterait, selon La Boétie, à dissuader les courtisans, par l'incitation spirituelle ou par la force, de plébisciter la tyrannie du monarque absolu.

Qu'il y ait, dans ces descriptions suggestives, une part de vérité n'est pas douteux. Mais la dénonciation, par un Alexandre Zinoviev, un Claude Polin ou Claude Rousseau du processus d'auto-asservissement de la masse opéré selon des principes tout différents de ceux qu'évoque La Boétie, nous paraît beaucoup plus convaincante et profonde. Pour ces derniers, le peuple est directement intéressé à sa servitude parce qu'il reconnaît dans ceux qui le dominent l'expression de sa propre souveraineté, de tels chefs n'étant que la personnification, ou réduction instrumentale à l'unité, de la tyrannie de tous sur tous définitionnelle de l'esprit démocratique consommé en communisme. Cette explication nous paraît plus convaincante que celle de La Boétie parce que le peuple est toujours plus puissant que les dirigeants, quelque surarmés que soient ces derniers, lesquels ne mettent la main sur les armes que parce que le peuple les laisse faire. Si les courtisans et despotes intermédiaires ont intérêt à subir la servitude que leur impose le tyran, c'est parce que, ce faisant, ils en tirent avantage, et cette fortune à eux dispensée est bien tirée de quelque labeur qui n'est autre que celui du peuple. Comment ce dernier pourrait-il supporter sans broncher une telle pyramide asservissante s'il n'était lui aussi complice du système général ? Nul n'est tenu de regarder la télévision, de se repaître de mauvais livres, de se gaver de plaisirs bas, d'accorder crédit aux boniments des hommes politiques, de céder aux injonctions des vendeurs qui l'invitent au consumérisme, de refuser d'aller à la messe et de vivre chrétiennement, de voter pour un candidat moins mauvais que les autres ; plus judicieusement, nul n'est contraint de voter, de se prêter à ce qui, dans l'immense majorité des cas, se réduit à une mascarade électorale. Si le peuple subit tout cela, c'est qu'il le veut bien au fond. Nous en voulons pour preuve qu'il refuse, chaque fois que l'occasion lui en est offerte, obstinément, de se tourner vers les mesures de salut austères mais efficaces qui effectivement le libéreraient de la tyrannie molle qu'il subit. Considérons un responsable de salle de jeu, dont les affaires sont rarement transparentes et parfaitement légales ; il subit, certes de mauvais gré, les desiderata de racketteurs, mais il préfère encore cette servitude aux investigations du fisc et à la protection de la police qui le contraindraient à cesser ses trafics. Il en est de même pour le peuple qui préfère subir les pesanteurs d'une oligarchie ploutocratique et corrompue plutôt que de s'en libérer en se donnant un gouvernement juste mais qui l'obligerait à renoncer à ses drogues polymorphes, à son immoralité, à sa vanité, à son orgueil, à ses convoitises et à sa bonne conscience. Quelque désinformé qu'il soit, le peuple ne peut pas ne pas voir et ne pas entendre, à moins de vouloir ne rien voir et ne rien comprendre. Il a accès aux sources de réinformation que le système, pour rendre crédibles ses plaidoyers démocratiques — ceux-là mêmes qui par ailleurs et fondamentalement assurent sa domination, car seul un régime démocratique peut laisser se développer une ploutocratie ayant les mains libres pour rendre le peuple solidaire de ses agissements en le corrompant —, ne peut pas ne pas tolérer au moins jusqu'à un certain point. Si le tyran décrit par La Boétie a barre sur ses cinq affidés parce qu'il leur dispense le pouvoir de jouir de la tyrannie, de participer à la sienne, c'est parce qu'il leur communique la possession des jouissances matérielles et l'ivresse de la domination ; or ce sont là des voluptés inflationnistes montant vite aux extrêmes, ainsi telles que chacun les veut toutes pour lui seul, et de plus de tels biens ne peuvent être aimés qu'égoïstement puisque chacun ne les convoite qu'en les rapportant à soi, et c'est pourquoi il ne peut pas ne pas tendre à ravir à ceux dont il détient le pouvoir de les posséder la puissance qu'ils exercent sur lui ; dans ces conditions, chacun ne supporte le joug du supérieur qu'en fomentant de se substituer à lui. Et l'on ne voit pas pourquoi cette loi de fonctionnement ne vaudrait pas pour tous les niveaux de la société, jusques au dernier : le peuple ne consent à subir le poids de toute la pyramide des tyrans que parce qu'il est, d'une certaine façon, le tyran du tyran supérieur, dans un système *circulaire* que masque la description pyramidale, et qui fait bien du peuple supposé victime le bourreau de l'ensemble. C'est ce qui explique d'une part que la démocratie soit une tyrannie de tous sur tous, le seul despotisme qui soit viable, et d'autre part que la plèbe supporte si aisément ce qui la domine, en tant qu'elle perçoit dans une intuition infaillible que la tête visible du despotisme n'est que le délégué de la volonté populaire. La Boétie dénonce, de manière convenue, la tyrannie au nom de la « liberté » individuelle, de la liberté de conscience et de la souveraineté de l'individu, afin d'exalter au fond l'idée démocratique ; il fustige la servilité des foules non parce qu'elles n'osent se soustraire à un gouvernement injuste, mais parce qu'elles ne remettent pas en cause le principe du pouvoir de l'homme sur l'homme ; méconnaissant la vraie nature — démocratique, en sa version ochlocratique — de la tyrannie, son invitation à la révolte est le prototype des fausses libérations, c'est-à-dire des pièges les plus efficaces.

Ces choses rappelées, observons pourtant qu'il existe dans la population, quelque gâtée qu'elle soit par la société de consommation, des aspirations, non éclairées, mal investies et même complètement dévoyées mais réelles, à une certaine forme de grandeur, à la noblesse du don de soi. Maints jeunes et moins jeunes se dévouent réellement, avec beaucoup de fatigue, pour ce qu'ils croient être de nobles et généreuses causes : les femmes battues, les enfants martyrisés, les clandestins clochardisés, la pauvreté du tiers-monde, l'ignorance du sous-prolétariat, les ravages de la drogue ; maints jeunes se sacrifient réellement à la cause de l'intégrisme écologiste, ou bien sont séduits par les agissements des combattants islamistes et sont prêts à mourir en *chahids* dans des attentats terroristes ; l'Occident chrétien voit un nombre toujours plus grand de ses enfants se convertir à l'islam radical, précisément parce qu'il est radical, défiant la vie, exigeant le sacrifice suprême. Ce n'est donc pas la peur (du gendarme, de la réprobation publique, des maladies) qui paralyse ce qui reste — et qui n'est pas numériquement négligeable — dans la population moderne d'aspirations au sacrifice de soi. Car si cet instinct de sacrifice existe chez les jeunes non éclairés fourvoyés dans telle ou telle cause aberrante et au reste manipulée, suscitée même et financée, un tel instinct existe aussi chez les rejetons des familles encore attachées, au moins en esprit, aux valeurs traditionnelles. Ajoutons encore qu'on ne saurait exciper indéfiniment, pour expliquer l'esprit de démission de nos concitoyens, de l'attachement du peuple à ses vices, bien que cette cause soit très importante et l'ait été plus encore il y a peu, mais devenue moins déterminante depuis que l'entreprise de spoliation, par les banques, des richesses produites par le peuple, les employés de bas niveau et les classes moyennes, s'est faite si pesante qu'ils n'ont même plus le loisir de jouir sans entraves de leur relâchement moral.

Non, il y a selon nous quelque chose d'autre qui rend stérile toute velléité de révolte radicale contre le système ; nous parlons de révolte capable de nous débarrasser de la république maçonnico-juive et de l'idée démocratique, de la fausse philosophie des droits de l'homme, du laïcisme, de l'esprit égalitaire, de l'individualisme et de l'hédonisme, de l'économisme, du despotisme de l'argent, de la sous-culture américaine, de la tendance à vivre aux dépens de la société au lieu de se dévouer à la faire vivre ; il s'agit de révolte effective, efficace et dangereuse, par le moyen d'une action directe qui serait invincible si elle était menée ne serait-ce que par 20 % de la population. Et ce qui rend stérile cette velléité de vraie révolte contre le système du mensonge en lequel nous baignons, ce qui la condamne à demeurer à jamais à l'état de velléité, c'est tout simplement le peu d'enthousiasme que suscitent les projets de ceux qui se posent en chefs de la Réaction. Les catholiques de Tradition, toutes tendances confondues, aspirent à une société d'ordre — ce qui est fort honorable et même nécessaire — respectueuse du droit naturel et faisant au moins sa place aux droits du Dieu de la Révélation. Mais ce ne sont là que d'étroites entreprises de salut politique national en forme de restauration, à saveur médicamenteuse et destinées à des convalescents, qui réduisent le Politique en général au rôle d'instrument de la morale et du salut individuel ; ce ne sont pas ces mesures qui peuvent réveiller les énergies sublimes, l'esprit de conquête, l'audace sans mesure, le fanatisme ravageur et le don de soi inconditionnel à la cause temporelle de la victoire politique, militaire, culturelle du peuple européen sur le reste du monde. C'est pourtant cela même qu'il est nécessaire de viser, parce que le reste du monde ne laissera pas — si d'aventure survient un homme tenu pour providentiel par les bien-pensants raisonnables — un nouveau Dollfuss, un nouveau Franco, un nouveau Pétain remettre le pays sur ses pieds ; les agents de la subversion chassés du pays mais virulents dans les autres ne laisseront pas un tel sauveur aussi raisonnable rétablir l'ordre des choses, l'équité et le progrès démographique, sans immédiatement l'étouffer dans ses étroites frontières. Une révolte raisonnable, menée par des dictateurs autoritaires et prudents, paternalistes, bourgeoisement mesurés, toujours prompts par réalisme à tolérer certaines iniquités, innocents de ce grain de folie sublime inspirant les idéalismes capables de soulever les masses, ainsi par des gestionnaires de restaurations abhorrant le génie sanglant de la révolution, ne pourrait inverser le sens de notre histoire mortifère que si elle était menée, en même temps et dans le même sens, par toutes les classes moyennes de tous les pays à la fois, ce qui est évidemment impossible, parce que les pays sont trop gangrenés par la même engeance qui sévit partout. On est contraint aujourd'hui d'aspirer, guidé par un nouveau Thésée, formidable et démesuré tel un nouvel Hitler, à rien de moins, à partir d'un endroit du globe, qu'à déclarer la guerre au monde entier, à opposer une vision du monde totale et planétaire à un monde devenu planétairement mondialiste et profondément inhumain[18]. Il n'y a pour cela qu'une vision du monde dogmatique universaliste dépassant de beaucoup le souci de recouvrement, par un peuple particulier, de son héritage spirituel et physique. Et parce que la seule doctrine dogmatique mobilisatrice à vocation universaliste est de nature

[18] Au milieu de la première partie de *Mein Kampf*, on trouve cette observation d'Hitler : « Si l'art de l'homme politique est réellement considéré comme l'art des possibilités, le créateur de programmes appartient à ceux dont on dit qu'ils plaisent aux dieux seulement quand ils savent réclamer et vouloir l'impossible. »

religieuse, quand l'unique vraie religion est le catholicisme, il n'y a que la croisade catholique qui puisse remplir cet office de contre-révolution planétaire, révolutionnaire en tant que radicale, et radicale en tant que détachée de ses travers historiquement datés et bien-pensants, parfaitement contingents au regard de la doctrine catholique. Mais parce que le catholicisme politique est entaché depuis trop longtemps de surnaturalisme castrateur, c'est l'intromission réussie, en lui, de l'esprit tragique et conquérant inspiré par le nihilisme héroïque, qui seule peut lui donner ce souffle épique capable de changer l'Histoire en notre temps de fin de l'Histoire.

Le courant non chrétien mais objectivement allié des catholiques de tradition, celui que nous avons nommé, après Luc Gaffié, « nihilisme héroïque », est capable de concevoir des projets grandioses, de mobiliser les énergies, et de lutter au nom de raisons fort légitimes, mais ces projets ne sont pas soutenus par une vision spirituelle réelle, en tant que toute réalité dans ce domaine se fonde sur la conscience d'une transcendance que précisément récuse l'immanentisme du néo-paganisme. Cette droite extrême si utile, si riche des vertus dont le camp catholique se trouve aujourd'hui dépourvu, vise à réveiller un pouvoir de créativité expressif du génie européen, mais sans beaucoup se préoccuper du but de l'action, de l'ordre idéal à définir et à réaliser ; il s'agit pour elle de faire recouvrer son identité par le peuple indo-européen réparti en diverses nations historiques, et cette identité consiste, pour le fidèle de la Révolution conservatrice, non tant dans ce que l'on est ou dans ce que l'on a à être au nom d'une transcendance normative — un arrière-monde platonicien —, que dans la manière de devenir, de s'inventer, de se créer une vision du monde originale adaptée aux besoins de notre temps. Mais comment croire au caractère normatif de ce que l'on sait avoir été forgé comme expression du génie créateur, telle une belle symphonie ? Comment faire se mesurer la subjectivité par des valeurs coercitives la sommant de ne pas reposer en elle-même et se prendre pour fin (tel est bien le moteur de toute décadence), quand de telles valeurs sont supposées suspendues à la créativité de la subjectivité ?

Fonder la civilisation sur l'esthétique du *Sartor Resartus*, c'est-à-dire sur la subjectivité volontariste, c'est comme fonder l'amour conjugal sur la versatilité du seul sentiment amoureux. Vient toujours un moment où le sentiment s'essouffle et doit être relayé, régénéré par la volonté qui est la vraie et seule vraiment puissante manière d'aimer ; or la volonté est appétit rationnel, actualisé par la raison, par cette raison dont le propre est, dans l'ordre pratique, d'agir selon une fin, ainsi en vue d'un idéal antérieur — quant au temps et quant à la causalité — à l'agir même ; donc le sentiment à l'œuvre dans l'unité conjugale présuppose la raison et l'idéal intelligible : c'est le rejeton qui se veut dans l'amour des époux, parce qu'il est leur raison d'être en tant qu'époux ; ils ne l'engendrent que parce qu'il est leur fin ; or la fin est première en intention et ultime en exécution ; c'est d'une certaine façon l'enfant qui engendre les époux en tant qu'époux autant qu'ils l'engendrent. On voudra bien ici, au passage, remarquer que si la fin s'anticipe dans ce dont elle se fait procéder, ainsi pose ce par quoi elle se fait poser, c'est qu'elle contracte la forme d'une réflexion par là que le projet qu'elle commence par être s'accomplit dans la réalité ; ce qui corrobore nos résultats (chapitre VII A) relatifs à la substantification de l'essence par réflexion ontologique.

Il en est de même pour l'amour de sa nation, de son identité collective. La subjectivité volontariste, sans le savoir et en voulant ne pas le savoir, s'appréhendant comme vide aussi longtemps qu'elle ne vise rien, et se croyant être un néant créateur au lieu d'être un néant focalisé par une vérité qui la précède, se remplit de sentiment pour se donner un contenu : quelque chose de sensible, tel le sentiment, telle l'image fulgurante qui fait exploser l'émotion et produire un mythe mobilisateur, peut remplir le moi, mais, en tant que sensible, affectif et non intelligible, il peut être rapporté au moi ; les biens matériels sont aimés de concupiscence (on les aime en tant qu'on se veut du bien, on les rapporte à soi), au lieu que les biens spirituels sont aimés par l'homme comme se rapportant à eux. Le sentiment est séduisant et trompeur, parce qu'il relève du sensible, des sens, du corporel, quand bien même la volonté s'investit en lui, et parce qu'il peut donner l'illusion d'un bien spirituel du fait que la volonté se médiatise en lui, sans cesser pour autant d'être un bien que l'on rapporte à soi. Et c'est pourquoi le subjectiviste déifie le sentiment, célèbre sa déification dans et par l'exaltation sentimentale, laquelle n'est autre que le romantisme. Le nihilisme héroïque privé de ce fondement métaphysique propre au traditionalisme a ainsi pour destin de dégénérer en romantisme, en afféteries, en narcissisme, c'est-à-dire en cette déliquescence contre laquelle il prétendait lutter avec la dernière énergie.

Le dogmatisme catholique répond seul, en fait, au concept de Tradition non mythique : l'absolu s'incarne, se fait le médiateur — le lien — entre lui et le monde fini, se fait acte de relier — ainsi se fait religion —, et la religion qu'il instaure s'en trouve dotée d'un contenu bien défini constitutif d'une tradition déterminée ; il est *la* religion, puisqu'il est seul à répondre adéquatement au concept de religion, c'est-à-dire de ce qui relie ; et personne au fond ne s'y trompe, puisque c'est toujours lui, et lui seul, qui est brocardé quand il est question de dénoncer l'« obscurantisme » religieux. C'est pourquoi les traditionalistes sont la plupart du temps catholiques. Or, parallèlement aux risques de dérive du subjectivisme héroïque, on trouve un risque de dérive inversé chez le catholique. La constance et la durée dans la chute vers la complète décadence des peuples européens jadis resplendissants de vie, de fécondité, de puissance et d'audace, dispose l'âme catholique à penser de plus en plus obsessionnellement à la fin du monde. Il y aura un signe de la Bête qu'il faudra porter dans sa chair pour avoir accès aux nourritures terrestres ; Rome perdra la foi et deviendra le siège de l'Antéchrist, etc. Ces choses résonnent de manière lancinante dans la tête de notre catholique contemporain, et elles y raisonnent sans lui demander son avis, le menant au défaitisme pratique au nom de l'espérance en une ultime victoire eschatologique surnaturelle qui n'aura pas besoin de son concours pour se manifester. Si sa foi lui impose de croire qu'il finira, juste avant la fin du monde, par perdre dans sa lutte multimillénaire contre le Malin, quand la pente descendante semble si bien amorcée qu'une remontée au sommet devient, à vue d'homme, de plus en plus improbable, le catholique renonce à la lutte pour la victoire ; mépriser les « signes » providentiels serait tomber dans la présomption, pense-t-il, ce serait manquer d'esprit surnaturel, de cet esprit qui se veut regard de sagesse consistant à voir toutes choses mondaines du point de vue de Dieu — aptitude contractée par la vertu infuse de charité qui donne à l'homme d'aimer Dieu tel un Ami, ainsi tel un semblable, dans une conformation à Lui qui fait rejaillir sur l'homme quelque aspect des perfections divines. Tant la certitude d'avoir acquis la sagesse que le spectacle contemporain du monde se défaisant sous les coups de Satan invitent le catholique à cesser d'aspirer réellement à la victoire ici-bas, par les armes naturelles de la politique, de la culture et de la guerre. Il est vrai que notre monde actuel y dispose tout particulièrement, qui voit, dans la hiérarchie des puissances terrestres, se mettre en place la substitution eschatologique de la Synagogue de Satan à l'Église, et l'avènement de l'État mondial, incarnation de la catholicité satanique, avec son cortège de signes : prolifération des sectes, vaccination, « puçage », Golgotha d'Auschwitz, etc. Aussi le catholique saisi par l'imminence de la fin du monde se voit-il sommé non de poursuivre la lutte en vue de la victoire temporelle — cela ne peut relever, assure-t-il, que des compétences de l'archange saint Michel, et de la puissance parousiaque du Christ —, mais de sauver les meubles de sa maison, de sa famille, de ses proches, de sa paroisse, en espérant que ce retranchement lui épargnera de céder au culte du diable et de l'homme réunis. On est loin de l'esprit des croisades, de la sainte brutalité gargantuesque des soldats du Christ qui ne faisaient pas la moue devant les nourritures terrestres les plus joyeusement triviales. Il ne s'agit plus aujourd'hui, dans les sacristies et les cercles pieux, de conquérir, mais de fuir, il n'est plus question d'attaquer mais de se retrancher.

Ce qu'un tel traditionaliste ne comprend pas, c'est que, s'il ne vise pas, avec l'ambition, l'audace, la présomption, la rage de vaincre dans l'ivresse de la lutte, il n'obtiendra même pas ce ghetto tant désiré qui lui permettrait de réciter son chapelet en tremblant.

§ 83. Récapitulation intermédiaire

Rappelons les termes de la problématique dont nous sommes parti. Le monde moderne est une conjuration, selon Bernanos, contre toute espèce de vie intérieure ; l'intériorité jouit du mérite et requiert comme condition de sa vie propre de nous arracher au monde du divertissement, à cet extérieur où toutes choses, spatio-temporelles, ainsi matérielles, sont trompeuses, corruptibles, en état de non-coïncidence avec elles-mêmes, s'échappant d'elles-mêmes, autant dire extérieures à elles-mêmes. Et le caractère propre de la vie de l'intériorité, qui justifie que l'on s'y complaise, est de nous tourner vers le Transcendant. Mais tout autant l'intérieur dit l'être en puissance, le confus, l'indéterminé, l'état de fermentation de ce qui ne s'accomplit, ne s'actualise, ne se découvre qu'en s'extériorisant. Qu'en est-il donc de cet intérieur destiné à n'accéder à la conscience de lui-même qu'à condition de se pencher sur — et même de se dévouer à — ce à quoi il a pourtant vocation à renoncer ?

La solution a été esquissée : il existe un Transcendant qui est unité de l'intérieur et de l'extérieur, extériorisation intérieure, réflexion qui est raison suffisante d'elle-même et par là positionnelle de soi, ainsi réflexion noétique identiquement ontologique, soit encore acte qui est son agir ; ce qui est son agir est identité à soi réflexive, et effective moyennant la négation victorieuse de la négation de soi en laquelle s'anticipe ce qui se fait être en se réfléchissant. Et ce Transcendant ainsi défini est plus intérieur que tout intérieur et plus extérieur que tout extérieur, plus familier à la créature qu'elle ne l'est à elle-même, et plus étranger à elle que ne peut l'être son opposé le plus radical. C'est parce qu'il est seul à être la raison suffisante de sa réflexion qu'il est plus extérieur à toute chose que ne l'est son extérieur le plus lointain ; c'est parce que la créature et le Créateur coïncident par le néant qui leur est intrinsèque, étant au cœur de tout être en tant qu'être, qu'il est plus intérieur à toute chose qu'elle ne l'est à elle-même. Mais cette conception du Transcendant, qui fait de lui un principe plus immanent au réel fini que ce qui lui est le plus immanent, invite à cultiver l'action au dehors avec la même détermination que le soin pris à cultiver son intériorité. Sans le sérieux, l'absolu objectif de la religion, le nihilisme héroïque, frénétiquement agité par le souci d'une extériorisation de soi de l'intérieur vide lui donnant consistance, échoue à trouver dans l'extérieur une raison d'être suffisante, et il finit par sombrer dans la caricature de lui-même : quand la lutte pour la lutte se substitue à cet objet d'amour auquel la lutte est censée faire accéder en écartant l'obstacle, c'est la subjectivité de la volonté pure qui s'aime et en vient à se remplir de n'importe quoi pourvu qu'il y ait là occasion d'exalter la volonté de volonté ; et l'on glisse dans le service de causes qui ne le méritent pas, jusques au comble du dérisoire qu'est le surhomme hollywoodien, pour finir dans la peau d'un nihiliste fatigué, désabusé, écœuré par le caractère dérisoire de ce à quoi se réduisent des mythes supposés fondateurs auxquels il ne peut plus croire, et se supportant par le recours aux paradis artificiels.

§ 84. Conception thomiste de la volonté

Il est temps de procéder à cette courte étude de l'essence de la volonté humaine, annoncée ici plus haut au § 80 du présent travail. Nous nous référerons pour l'essentiel à l'enseignement de l'Aquinate exposé dans la *Somme théologique* (I^{a} qu. 82-83, et I^{a} II^{ae} qu. 6 à 17), dont nous retiendrons ici seulement ce qui concerne notre propos.

L'acte d'une faculté de connaître dépend de la manière dont le connu est dans le connaissant, alors que l'acte d'une puissance appétitive s'exerce sur la chose telle qu'elle est en elle-même. Il existe en l'homme des appétits naturels, qui sont innés, inscrits dans la nature d'un être et qui s'exercent spontanément de manière inconsciente, et des appétits élicites, qui sont éveillés par une connaissance (sensible ou intellectuelle). L'appétit naturel est induit par la nature ou forme (ou essence) de cet appétit, l'appétit élicite est actualisé par la forme de l'objet appréhendé puis appété. La volonté est cette espèce d'appétit élicite, c'est-à-dire d'appétit éveillé par une connaissance intellectuelle. On peut déjà en déduire que la volonté, en tant qu'appétit, se porte sur l'objet bon considéré dans sa concrétude ou singularité, cependant qu'il est éveillé par une connaissance abstraite (puisque conceptuelle) de cet objet. Il aime son objet sous la raison (universelle) du Bien en général. Ce point suffit à la limite pour établir que la volonté est dotée de libre arbitre, ainsi qu'elle est maîtresse de son acte ; en effet, n'étant nécessitée que par le Bien absolu, elle n'est pas mise en demeure de céder à l'injonction d'un bien particulier, lequel n'est pas déterminant pour elle, et c'est pourquoi elle ne tend vers lui que si elle le rend déterminant pour elle, en l'élisant ; puisque la fin est le bien ultime, elle n'est libre qu'à l'égard des moyens, mais tout est moyen pour elle, fors la béatitude, ou plutôt son Objet dont la possession est la béatitude même. Cela dit, tout appétit élicite est aussi naturel dans la mesure où tout appétit, dans un être, procède de sa nature, c'est-à-dire de sa forme ou essence :

« L'opposition entre volonté et nature est celle d'une cause avec une autre. Car certaines opérations sont naturelles, et d'autres volontaires. Or le mode de causalité propre à la volonté, maîtresse de ses actes, est autre que celui de la nature, laquelle est déterminée à une seule opération. Mais parce que la volonté a son fondement dans une nature, il est nécessaire que le mouvement propre à la nature se trouve participé sous un certain rapport par la volonté, comme ce qui est d'une cause plus élevée est participé par une cause d'ordre inférieur. Dans chaque chose en effet l'être même, qui existe par nature, est antérieur au vouloir qui est effet de la volonté (*Est enim prius in unaquaque re ipsum esse quod est per naturam quam velle quod est per voluntatem*). Voilà pourquoi la volonté veut quelque chose par nature (*et inde est quod voluntas naturaliter aliquid vult*) » (I^a II^{ae} qu. 10 a. 1 ad 1).

Ce qu'il faut comprendre là, nous semble-t-il, c'est que l'acte volontaire, dont la volonté est maîtresse, s'inscrit en quelque sorte dans l'efficience de la causalité de la nature du vouloir, en lui empruntant son efficace. L'appétit élicite est aussi naturel, il choisit ce que sa nature l'invite à choisir sans le nécessiter, en faisant reposer sur le libre arbitre qu'elle engendre la responsabilité d'accomplir ses desseins ; donc une telle nature du vouloir s'aliène en ce libre arbitre, se risque en lui, elle le donne à lui-même et le charge de choisir d'accomplir, en reposant sur lui-même, ce qu'elle lui prescrit. Et ce qui, ayant raison de cause efficiente (la nature du vouloir), a aussi raison de fin (le Bien à posséder concrètement annoncé par le bien en général entendu comme objet formel du vouloir), c'est ce qui a la forme d'une *réflexion*.

Nous ne manquerons pas de revenir sur ce point.

La volonté est appétit rationnel, elle se distingue de l'appétit sensible en tant qu'elle est une faculté de l'universel, comme l'intellect. Qu'elle doive se distinguer de lui, ce n'est pas douteux, en tant que par elle on peut vouloir penser, agir sur l'intellect, puisque l'acte de penser est lui-même un bien ; elle meut l'intellect « *quantum ad exercitium actus* », quant à l'exercice de l'acte (vouloir ou ne pas vouloir) ; il meut la volonté « *quantum ad specificationem actus* », quant à la spécification de l'acte (vouloir ceci plutôt que cela). Mais on peut se demander aussi si, sous un autre rapport, la volonté ne s'identifie pas au désir *de l'intellect*, au génitif subjectif. En effet, *l'exercice peut lui-même être tenu pour une spécification* : ne pas vouloir, c'est vouloir ne pas vouloir. Il en est ainsi parce que le renoncement de la volonté à poser son acte est encore un acte (de renoncement), et — à moins que l'éclipse du vouloir ne soit celle de la conscience, et par exemple sous l'effet d'une lésion de ces organes correspondant aux facultés sensibles extrinsèquement convoquées par le fonctionnement des puissances spirituelles — un acte choisi par elle ; or si l'exercice est une spécification, si l'action réciproque entre volonté et intellect s'exerce sous le même rapport, c'est que la motion de l'intellect par la volonté est identique à la motion de l'intellect par lui-même — nous voulons dire : par lui-même se faisant volonté, se voulant en elle. Au reste, c'est bien ce que suggère parfois saint Thomas (I[a] qu. 83 a. 3) en évoquant Aristote (*Éthique à Nicomaque* VII) : « *electio est appetitivus intellectus, vel appetitus intellectivus* » ; le choix est une intelligence qui désire, ou un désir intelligent.

Qu'il faille envisager de penser la volonté, sans contradiction, comme identique à *et* différente de l'intellect est un problème que nous aborderons succinctement plus tard (§ 85).

C'est maintenant qu'il est possible de formuler et de traiter ce qui pour nous est le grand problème de la doctrine thomiste de la tendance. Le Père H.-D. Gardeil, dans son célèbre cours de philosophie thomiste (t. III, *Psychologie*, Cerf, 1966, p. 141), le pose en ces termes :

« Tout acte d'une puissance vis-à-vis d'un objet suppose, semble-t-il, une union préalable avec cet objet qui le détermine. Dans le cas de la connaissance, la spécification de l'acte avait lieu grâce à une similitude qui rendait présent l'objet dans la faculté même. Mais il apparaît qu'il ne peut en aller de même pour la volonté, cette faculté se trouvant portée vers la chose qu'elle désire, pour autant qu'elle existe en dehors d'elle ; parler dans ce cas de similitude, n'est-ce pas assimiler de façon tout à fait indue notre puissance appétitive à nos facultés de connaissance ? À proprement dire, il n'y a pas en effet, saint Thomas le reconnaît, de similitude de l'objet dans la puissance appétitive ; on y rencontre cependant une certaine adaptation d'ordre affectif (*coaptatio*) qui résulte du mouvement premier de la faculté ou de l'amour. Percevant cet objet qui me convient, je me mets à l'aimer, et dans et par cet amour même ma volonté se conforme en quelque sorte à cet objet qui devient effectivement présent en moi.

“Ainsi donc ce qui est aimé non seulement se trouve dans l’intelligence de celui qui aime[19] mais encore dans sa volonté, d’une autre manière cependant dans l’un et l’autre cas. Dans l’intelligence, il se rencontre en effet selon une similitude spécifique, dans la volonté de l’aimant, il se trouve comme le terme du mouvement dans le principe moteur, lequel se trouve adapté par la convenance et la proportion qu’il entretient avec lui ; ainsi dans le feu y a-t-il d’une certaine façon le lieu supérieur, lieu propre du feu, sous la raison de légèreté, pour autant que cet élément a proportion et convenance à un tel lieu” (*Contra Gentes*, 4, 19).

Double présence en nous des choses que nous atteignons avec notre esprit : par assimilation vitale dans notre faculté de connaître, par adaptation affective dans notre volonté, l’une et l’autre de ces présences dénonçant, par son mode caractéristique, ce qu’il y a de spécifique en chacune de nos opérations supérieures. »

Gardeil, il est vrai, n’explique guère cette position, car, en affirmant que nous nous mettons à aimer un objet qui nous convient et que nous aimons du fait que nous l’avons perçu, il n’explique pas la présence de l’aimé dans l’aimant, mais celle du connu dans le connaissant. Quand il écrit que dans et par cet amour notre volonté se conforme à cet objet qui devient effectivement présent en nous en vertu de cette conformation, il tient pour acquis ce qui est à établir : si nous aimons un objet, c’est qu’il s’est rendu présent — d’une manière qu’il nous appartient précisément d’expliquer — à notre puissance d’aimer, à notre volonté ; et de cette présence résulte notre conformation à l’objet aimé, laquelle, dans cette perspective, loin d’expliquer la présence, la présuppose ; si au contraire c’est cette conformation de la volonté à son bien qui fait qu’il est présent en elle, on ne voit pas qu’une telle conformation puisse résulter du mouvement de

[19] Gardeil écrit : « de celui qui est aimé », mais c’est manifestement une erreur ; saint Thomas à cet endroit parle bien de « celui qui aime », comme en fait le sens de la phrase le demande.

la volonté vers son bien, puisque ce mouvement présuppose la présence du bien dans la volonté. Il nous semble en fait que saint Thomas, dans le texte cité par Gardeil, dit quelque chose d'un peu différent. L'Aquinate use d'une analogie. Le mouvement de bas en haut est déjà dans le feu, en raison de sa légèreté qui le proportionne et le dispose au lieu supérieur ; de même, le mouvement vers l'objet aimé est déjà dans le sujet aimant, en raison de la nature de la volonté qui proportionne et dispose cette volonté à un tel bien. Soit : la présence du but dans le mobile, l'acte du moteur en tant qu'il est dans le mobile et l'actualise, c'est la présence dans le mobile de sa nature (de mobile) qui le dispose à tendre vers un tel but.

Mais s'il en était ainsi, si le contact requis pour qu'il y ait mouvement de l'aimant vers l'aimé était seulement la nature du mobile qui l'ordonne au but, il suffirait que le mobile eût sa nature pour tendre vers son but, le mobile serait mobile en acte aussitôt que posé dans l'existence, il ne serait pas nécessaire que l'objet aimé, cet objet concret existant face au sujet voulant, s'offrît à l'appétit pour que ce dernier réagît ; l'appétit tendrait de lui-même vers l'aimé qu'il chercherait aussi longtemps que l'autre serait absent. Il nous semble que le problème de la présence de l'aimé dans l'aimant reste à expliquer.

La volonté est libre parce qu'aucun bien fini ne la détermine ; aucun bien fini ne la détermine parce qu'elle est prédéterminée par sa vocation au Bien infini ; elle est libre parce qu'elle est habitée et conditionnée par un idéal du bien, un concept universel du bien, expressif de ce qui fait en toute chose bonne qu'elle est bonne, et annonciateur de Celui qui est la Bonté même, objet ultime de l'appétit, le Premier dans l'ordre des choses bonnes, tellement bon qu'Il est la Bonté, et qui cause la bonté des choses bonnes qui ne sont pas premières dans l'ordre de la bonté. N'étant pas libre à l'égard du Bien absolu, qui est sa fin ultime, la volonté n'est pas libre quant à la fin mais seulement quant aux moyens. Or être libre quant à quelque chose, c'est ne pas être actué par lui et rester disponible pour lui comme pour un autre, ce dont décidera son choix. Donc la volonté est actuée quant à la fin et reste en puissance quant aux moyens, de telle sorte qu'elle jouit du pouvoir de se faire actualiser par le moyen de son choix. Cela dit, si la volonté était en acte quant à la fin, au sens strict, elle n'aurait nullement besoin de moyen pour l'atteindre, l'ayant déjà atteinte. Elle doit donc être idéalement actuée sans l'être réellement. Et c'est cette présence de l'idéal en elle qui explique la présence de l'aimé dans l'aimant. La présence en elle d'un tel idéal, c'est cette immanence au mobile de l'acte moteur qui fait s'assimiler le mobile à son acte, ainsi qui le met en mouvement. Cette présence de l'idéal en elle explique la présence de l'aimé dans l'aimant, par là le mouvement de l'aimant vers l'aimé. Et toute la question est de savoir comment l'idéal peut habiter la volonté, si cette dernière n'est pas une fonction de connaissance, alors que l'idéal dit le concept, l'universel, cela même qui subsiste dans un intellect et ne subsiste comme tel qu'en lui. Il est nécessaire, de surcroît, que l'idéal ainsi convoqué pour expliquer la liberté du vouloir ait l'efficience de ce dont il est l'idéal, pour focaliser effectivement la volonté et la nécessiter ; mais il faut aussi qu'il ne soit pas ce dont il est l'idéal, autrement la volonté serait béatifiée immédiatement aussitôt que posée dans l'existence.

§ 85. Désir de l'intellect, au double génitif

Saint Thomas nous enseigne (*Somme théologique*, I^a^ II^ae^ qu. 9 a. 2) que la volonté est toujours présente en acte à elle-même, mais qu'elle ne se meut pas toujours pour autant, parce qu'elle ne se meut qu'en tant que poursuivant une fin donnée qui n'est pas toujours en elle. Il reste (*id.*, ad 3) que la volonté est mue par elle-même quant à l'exercice de l'acte, selon la raison de fin. Cet enseignement est précisé à la question 10 (a. 4) : la volonté se meut elle-même en cela que, voulant la fin, elle se porte à vouloir les moyens, mais cela suppose une délibération (choix d'un moyen) qui exige l'intervention de l'intellect ; si c'est la volonté qui meut l'intellect pour ce faire, c'est encore en vertu d'une autre délibération qui suppose l'intellect ; on voit que même en ce qui concerne l'exercice de l'acte, on doit reconnaître, à peine d'être renvoyé à l'infini, que la volonté est mue par un principe extérieur, qui est Dieu. Cela dit, en I[a] (qu. 82 a. 4), où l'Aquinate nous renvoie à l'*Éthique à Eudème* d'Aristote, c'est l'intellect qui est premier, mais il s'agit de l'intellect divin qui ainsi meut la volonté humaine, de sorte que, considérant du côté de la créature la question de l'antériorité de l'initiative d'une faculté par rapport à l'autre, il faut dire qu'il y a antériorité de la volonté. Mais encore faut-il que l'intellect divin moteur soit immanent à la volonté créée qui, par nature, n'est mue par l'intellect qu'en tant qu'il lui propose à aimer un bien sous la raison du Bien ; l'intellect divin, selon les principes posés par saint Thomas, doit actualiser la volonté dans son mouvement originaire selon la manière dont une délibération opérée par l'intellect humain meut ensuite la volonté ; or cette délibération porte toujours sur les moyens, et elle meut la volonté quant à la *spécification* de l'acte volontaire ; donc cette motion divine de la volonté est opérée par un acte qui aurait pu être posé par l'intellect humain si ce dernier n'avait eu besoin d'être corrélativement mû par la volonté pour se mettre à penser ; et cet acte divin exercé selon la forme d'un acte humain a valeur de principe d'*exercice* de l'acte volontaire. Si l'on se demande si Dieu meut d'abord l'intellect en lui faisant mouvoir la volonté qui en retour mouvra l'intellect, ou bien si Dieu meut d'abord la volonté en lui faisant aimer l'acte de l'intellect qu'à ce titre elle meut, lequel intellect mouvra ensuite la volonté, saint Thomas répond en choisissant la deuxième occurrence ; mais cette préférence n'exclut pas que la volonté soit mue *humano modo*, le fût-elle par Dieu, de telle sorte que cette motion de la volonté par l'intellect divin confère ici à l'intellect une primauté quant à l'exercice de l'acte volontaire, cependant qu'il est de l'essence de la volonté d'être mue quant à la spécification. Ainsi, si même l'exercice, où la volonté semble première par rapport à l'intellect, présuppose un moteur premier qui est Dieu, c'est que cet exercice présuppose l'intervention d'un intellect, en l'occurrence l'intellect divin. On comprend par là que, si l'on s'obstine à refuser que l'exercice soit déjà une forme de spécification, on doit le concéder quand même non en l'homme mais en Dieu : non seulement l'Intellect et la Volonté divins sont une seule chose dans la Vie divine, mais la motion divine de l'intellect et de la volonté humains, immanente à ces derniers, s'accomplit par un seul acte puisque le premier mouvement, ayant Dieu pour cause efficiente, expliquant l'action réciproque entre intellect et volonté, est autant celui de l'intellect que de la volonté. Ce qui revient à dire que le mouvement originaire, extrinsèquement causé mais intérieur à l'homme, qui permet à l'homme de penser et de vouloir, fait s'identifier l'exercice et la spécification. Plus simplement : il est définitionnel de l'intellect de mouvoir la volonté en tant qu'il spécifie l'acte volontaire ; or ici, quant au mouvement originaire de la volonté, l'intellect (divin) est principe de l'exercice de l'acte volontaire ; donc l'exercice est identique à la spécification au moins dans le mouvement originaire du vouloir, et cette unité des deux sources de mouvement est immanente à la volonté. Ou encore : **l'intellect divin meut la volonté, dans la racine de toutes les consécutions d'opérations volitives, en lui donnant de vouloir plutôt que de ne pas vouloir ; donc il la meut quant à l'exercice ; or il est définitionnel d'un intellect en général de mouvoir la volonté en spécifiant son acte ; donc l'intellect divin, pour le cas qui nous occupe, donne à la volonté de choisir de vouloir plutôt que de ne pas vouloir, par là de faire de l'objet spécifiant la volonté le principe de son exercice ; mais tout choix, qui suppose la considération d'un objet à choisir, est dévoilé à la volonté par l'office de l'intellect humain, cependant qu'ici c'est l'actualité de la volonté qui fait que l'intellect contractera le pouvoir de la spécifier en lui offrant son objet ; donc ce savoir requis par le vouloir doit être exercé par le vouloir lui-même, ce qui revient à dire que tout se passe comme si la volonté pensait, et c'est pourquoi, en retour, nous sommes invités à nous demander comment il est possible que l'intellect veuille**.

Nous sommes donc bien fondé à déclarer, comme nous l'avons dit plus haut, qu'il y a causalité réciproque entre intellect et volonté, qui se présupposent l'un l'autre sous le même rapport ; ce qui appelle une explication dont les résultats permettront de résoudre l'aporie soulevée par le P. Gardeil. Nous préférons à l'avance indiquer au lecteur qu'une solution nous paraît possible, mais qu'elle s'écarte de la lettre du thomisme.

Quand deux choses s'impliquent réciproquement, elles sont identiques sous un certain rapport tout en se distinguant l'une de l'autre. Et cela est possible si l'une des deux se différencie d'elle-même dans elle-même pour faire être l'autre, sans cesser d'être elle-même en son unité. Or elle remplit ces conditions en s'atteignant par *réflexion.* S'il faut vouloir (penser) pour penser, et penser (ce qui est à vouloir) pour vouloir, c'est que l'intellect et la volonté s'identifient et se distinguent en ce que l'intellect se différencie de lui-même dans lui-même, ainsi se fait volonté sans cesser d'être intellect. Mais ce qui s'atteint par réflexion, c'est ce qui se repousse de soi, ainsi se différencie de soi dans un processus à raison duquel il s'attire à soi et par là s'identifie à lui-même ; il s'aliène en son contraire et, dans l'extrême inférieur de l'orbite qu'épouse la réflexion, il fait s'exercer sur le résultat momentané de la négation de lui-même la négativité qui a présidé à la position d'un tel résultat, ce qui le fait se reconduire et s'identifier réflexivement à soi, résultat final du processus. **Ce qui se nie et s'attire par le fait de se nier, c'est ce qui se pose comme unité contradictoire de l'attraction et de la répulsion, et cela, qui se révèle tel, a aussi vocation à se repousser d'une telle unité puisqu'il est définitionnel de lui de se repousser de soi, de sorte qu'il nie tout autant l'unité — qu'il est — de l'attraction et de la répulsion, et se pose concomitamment en faisant se différencier l'attraction de la répulsion ; c'est pourquoi, s'exerçant dans l'extrême supérieur de l'orbite, il repose, ou confirme, dans l'extrême inférieur de la même orbite, le moment de la répulsion, c'est-à-dire de la différence, dans et par l'acte de se poser comme identité de l'iden-**

tité et de la différence. Il en résulte que ce qui s'identifie réflexivement à soi est tel qu'il demeure identique à soi dans sa différence.

Ce qui demeure identique à soi dans sa différence, c'est donc ce qui, dans le moment où il se différencie de soi, par là s'aliène dans l'envers négatif de lui-même, confirme la position de cet envers dans l'acte où il le fait se renier en direction de lui-même. Est réflexion ce qui se médiatise avec soi-même en tant qu'autre, et confirme cet être-autre dans l'acte de l'abolir. Si, dans l'extrême supérieur de l'orbite, l'origine se fait, par la médiation de son être-autre signifié dans l'extrême inférieur de l'orbite, résultat d'elle-même, ce résultat s'intronise origine vraie du processus entier en confirmant son être-autre pour concomitamment le résorber en et par lui. Or cela revient, pour l'origine, à se poser comme résultat pérenne et sereinement installé dans son identité à soi *en s'objectivant* : l'origine qui est résultat, qui se différencie de soi sans cesser d'être identique à soi, se constitue comme telle en faisant se conserver par soi l'être-autre de cette origine, le moment négatif de sa différence d'avec elle-même, et qui, comme négatif se niant, est aussi ce qui se repousse de soi. Résumons : ce qui reste identique à soi dans sa différence est ce dont la différence reste identique à elle-même en se différenciant d'elle-même ; et cela atteste que ce qui est identique à soi dans sa différence est ce qui s'objective tout entier dans le moment de sa différence. Ce qui est sujet et objet, réflexion, n'est tel qu'à se réfléchir dans son processus, à se réduire à un moment du processus dont il est le résultat. Et ce qui s'objective se libère de soi, en l'occurrence de sa contradiction intestine, et se pose comme non contradictoire ; ce faisant, il libère ce dont il se libère, le donne à lui-même, il le rend libre.

L'intellect, en tant qu'agent, est cet intellect qui fait passer de la puissance à l'acte les intelligibles en puissance contenus dans le phantasme ; afin de remplir son office, comme principe d'actualisation, il doit être toujours en acte. Selon les principes mêmes du thomisme, même si saint Thomas ne l'enseigne pas, il est intellection, étant en acte ; il est donc acte commun de l'intellect et de l'intelligible, et de ce fait il est sujet-objet, unité du sujet et de l'objet, par là encore réflexion. Or on vient de voir pourquoi ce qui est réflexion est tel que l'origine se fait, par la médiation de son être-autre, résultat d'elle-même, et résultat qui s'intronise origine vraie du processus complet en confirmant son être-autre, pourtant concomitamment résorbé en et par lui. Donc cet intellect, en tant qu'agent, se médiatise avec lui-même en tant qu'autre, ainsi avec l'intellect possible ou intellect en puissance, son être-autre puisqu'il est acte. Si l'on consent à reconnaître, dans l'intellect possible, puissance de l'intellect, quelque chose qui, comme toute puissance en attente de son acte, peut être désigné tel un appétit[20], on dira que l'intellect possible est désir *de l'intellect*. Mais, en s'en libérant et en le libérant, en s'objectivant en lui comme *appétit donné à lui-même*, l'intellect agent fait que cet appétit libre n'est autre que la *volonté*, *désir* de l'intellect, appétit maître de ses actes. La volonté se distingue réellement du désir *de l'intellect* non pas entitativement mais positionnellement : comme confirmation de l'être-autre de l'intellect. Parce que l'intellect a le pouvoir d'être *et* lui-même *et* la volonté, sans résorber sans retour cette dernière en lui, il peut être tenu pour libre, pour principe d'actualisation du vouloir sans cesser d'être mû par le vouloir qu'il actualise. Ce qui résout le problème de la causalité réciproque entre intellect et volonté. La présence de l'aimé dans l'aimant, c'est la présence du connu dans le connaissant lui-même tenu comme étant aussi bien volonté qu'intellect, intellect voulant et par conséquent volonté connaissant.

---

[20] Saint Thomas enseigne par exemple : « *visus* ***appetit*** *visibile, solum ad suum actum, scilicet ad videndum* » (*Somme théologique*, I[a] qu. 78 a. 1 ad 3 : la puissance de voir ne désire le visible que pour poser son acte, c'est-à-dire pour voir).

§ 86.1. Présence de l'Aimé dans l'aimant

Un tel résultat nous permet d'aborder désormais les autres questions laissées plus haut en suspens, en particulier le problème de la *coaptatio* évoquée ici au § 84. La présence de l'aimé dans l'aimant, de la fin dans l'appétit, qui lui donne d'être en acte quant à la fin et en puissance quant au moyen sans pour autant posséder à proprement parler sa fin ultime, ainsi qui la lui fait posséder à titre d'idéal, est devenue possible précisément parce que la volonté peut être tenue pour identique, sous un certain rapport, à l'intellect lui-même dont le propre est de concevoir, ainsi de contenir à titre d'idéal et de principe de connaissance ce que la volonté, en tant que pur appétit sans capacité de connaître dans l'universel, contient pourtant à titre de principe de choix.

Parce que la volonté, appétit rationnel, est mue par l'intellect, il faut connaître l'absolu, objet ultime et nécessitant du vouloir, pour focaliser la volonté et lui donner de s'arracher à la séduction des biens relatifs au contact desquels elle s'éveille, mais qui ne valent qu'au titre de moyens. L'intellect connaît bien cet absolu, mais au titre d'idéal, comme il connaît l'essence abstraite de la bonté de tous les biens — laquelle (cf. § 71), dégagée de toute limitation, peut être adéquatement prédiquée de l'absolu, en sachant cependant que la manière dont cette bonté est réalisée en Dieu nous demeure inconnue —, mais non comme ce Bien concret ou absolu qui cause tous les biens et leur bonté. Si l'idéal du bien, qui focalise *a priori* la volonté, n'est pas perçu en sa réalité positive comme appétible en ce sens qu'il n'est pas du tout perçu par la puissance appétitive, cependant qu'il remplit son office d'idéal focalisant la volonté vers le meilleur et l'invitant à relativiser les biens finis qui s'offrent à elle, c'est qu'il est définitionnel d'un tel bien absolu ou idéal d'être aimé dans la forme d'une négation du bien qui lui est inférieur, et qui, en tant que fini, est accessible à la volonté, et dont la possession atteste l'insuffisance au regard d'un désir qui, sous un certain rapport, n'appréhende sa propre infinité que dans la forme négative de l'« in-fini ». Nous ne savons pas positivement ce que nous voulons ultimement, nous ne l'identifions que comme cause première, nous ne le saisissons pas en lui-même dans une intuition qui serait la vision béatifique ; mais nous le saisissons quand même *en lui-même* dans le seul moment de son absence à lui-même, qui matériellement coïncide avec la vacuité du moi pur, sans expérimenter (ce qui serait une béatitude naturelle) le contrecoup du négatif se sublimant pour reconduire à l'origine de la réflexion de l'essence (humaine). Nous expérimentons notre insatisfaction, ainsi l'infinité de notre vouloir, dans le fait de la déception que cause en nous la possession de tous les biens finis. C'est pour cette raison que l'ascèse, le détachement à l'égard des biens finis, comme analogue, dans l'ordre du vouloir, de la démarche apophatiste dans l'ordre du connaître, invite l'âme à s'approcher d'une connaissance de l'absolu plus intérieure à l'homme qu'il ne l'est à lui-même[21]. Mais

[21] Si l'absolu consiste dans l'acte éternel de surmonter le moment de son absence à lui-même qu'il assume dans une réflexion faisant s'identifier le processus et son résultat ; si c'est par le moment de son absence à lui-même que l'absolu est présent au relatif, ainsi au créé, il est permis d'entrevoir ce que la démarche apophatiste, chère aux Pères de l'Église et aux grands mystiques, peut avoir de rationnel et de positif en fait de possession du Bien. En connaissant et en aimant le tout autre de ce que Dieu n'est pas, un « tout autre » dont on ne sait rien sinon qu'il est le tout autre de tout ce que l'on sait et qui n'est que du relatif, c'est encore cet absolu saisi en lui-même — ainsi positivement — que l'on aime, puisqu'il est définitionnel de lui-même de se faire dans lui-même le non-être de ce qu'il est ; il est encore présent dans son absence radicale à soi-même. Si, selon le poète, rien n'est plus mystérieux — par là obscur à sa façon — que la clarté, il existe en revanche des conditions à raison desquelles l'obscurité est elle-même riche de clartés. Ce qui explique aussi la pathologie nihiliste de la destruction, ce furieux désir du néant, lequel, comme toute chose, doit bien avoir un sens, fût-il celui d'une rationalité déraisonnable, et en lequel il nous semble permis d'entrevoir la transposition délirante, dans le domaine spatio-temporel du faire, de la démarche spirituelle qu'est l'apophatisme. Si, comme nous l'avons écrit plus haut, nous ne savons pas positivement ce que nous

s'il est définitionnel du plus parfait de ne se dévoiler que par négation de l'inférieur, c'est qu'il est dans la nature du plus parfait de s'anticiper dans le moins parfait, car alors le moins parfait est déjà la présence du plus parfait considéré dans sa négativité. Mais alors l'absolu est à la fois le résultat d'une victoire sur le fini, à la fois le processus d'assumer la finitude ; il est l'unité du processus et du résultat. Si cet absolu du bien, inscrit par nature dans la volonté, n'était pas voulu mais seulement principe des volitions, il serait certes ce qui habilite la volonté à être libre à l'égard de ces biens particuliers, mais il ne serait pas ce au nom de quoi la volonté se retient de choisir de tels biens, car elle n'a de raison de les refuser que si elle aspire à choisir le meilleur ; et puisque la volonté est appétit élicite, cette possibilité de choisir le meilleur suppose la connaissance de ce dernier ; de plus, ce qui est principe de choix est aussi objet de choix, nécessairement, s'il est reconnu à la volonté le pouvoir et le devoir moral de refuser de faire de tout bien fini une fin dernière. Or ce qui comme principe peut être objet, c'est encore ce qui est circulaire, soit : ce qui est réflexion.

Aussi sommes-nous contraint de revenir sur ce que nous pensions devoir être formulé pour préserver la transcendance de l'absolu : il est connu par nous au titre d'idéal, mais cette abstraction infiniment vague est déjà, d'une certaine façon, la présence réelle en nous de l'absolu tel qu'en lui-même. Et cette présence, nous l'avons esquissée plus haut (§ 79 du présent chapitre) : il est présent comme néant ; l'absence de Dieu, vécue douloureusement dans l'attente, est déjà la présence en nous de Lui qui s'y manifeste dans son retrait ; « tu ne Me chercherais pas si tu ne M'avais déjà trouvé », comme l'enseignent saint Bernard et Pascal. La conséquence de cette affaire, qui nous intéresse aussi dans une perspective morale et psychologique, mais encore politique, c'est que l'absolu est négation de négation ; il est dans la vocation du bien absolu d'être, dès avant leur

---

voulons ultimement, c'est au sens où nous ne savons pas que d'une certaine façon nous le savons déjà, et le savons comme le principe de tous nos savoirs.

position dans l'existence contingente, dépassement et assomption des biens finis, de sorte qu'il est dans la vocation de l'homme d'accéder à l'absolu moyennant l'assomption et le dépassement des biens finis, car en procédant ainsi on épouse la vie de l'absolu, on accède, autant qu'il est permis de le faire à une créature et par ses propres forces, à la forme de l'absoluité, et dans ces conditions, en s'ordonnant aux biens finis tout entier (quoique non totalement, c'est-à-dire en s'ordonnant à eux pour les dépasser), l'homme ne se détourne pas de Dieu, mais se rapproche de Lui en se conformant à Lui autant qu'il est possible.

Selon l'enseignement de saint Thomas fidèle à celui des Pères de l'Église, nous ne connaissons, de l'absolu, que ce qu'il n'est pas, mais, à toute distance d'un apophatisme qui, radicalisé, ferait reposer l'homme sur sa finitude indépassable et qui, confinant au scepticisme momentanément écarté par le fidéisme ou le volontarisme, serait une théologie négative indiscernable de la négation de la théologie, notre ignorance de Dieu est encore un savoir de Dieu, une absence de Dieu qui est présence de Dieu dans l'immanence, à nous, de Son absence à Lui-même. S'arracher aux biens finis qu'on a commencé, pour s'en arracher fructueusement, par aimer passionnément, c'est bien là faire et entretenir, enrichir l'expérience, douloureuse et bienheureuse à la fois, de l'infini de notre vouloir ainsi renvoyé à lui-même au terme de tout amour mondain, et incapable par lui seul de s'enfoncer en lui-même avec assez de profondeur pour y trouver ce néant créateur qui déjà nous ouvre à l'Infini actuel ; nous nous en approchons de manière asymptotique, mais avec la certitude que l'âme, enfin délestée des pesanteurs d'un corps aimé comme ce bon ami lui donnant, jusqu'à un certain point, de se connaître en tant qu'il l'extériorise, se saisira sans voiles, jusques au fond d'elle-même où s'y dévoile le Tout autre.

§ 86.2. La volonté libre et la prémotion physique

Nous avons évoqué plus haut saint Ignace et son invitation à prier comme si tout dépendait de Dieu et à agir comme si tout ne dépendait que de nous. Nous devons tenir Dieu pour la cause totale de la réussite nos actions, non sans maintenir que notre volonté est elle aussi cause totale. Cause totale, c'est-à-dire cause première, principe sans principe de ses effets. Il ne peut y avoir qu'une cause première, autrement, cause de toutes les autres en tant que première, elle devrait être tenue pour une cause seconde au regard de l'autre cause elle aussi considérée comme première : elle devrait être cause et effet en même temps et sous le même rapport ; qu'il y ait deux causes totales est ainsi contradictoire, sauf s'il est permis de distinguer entre « cause totale et totalement » d'une part, « cause totale et non totalement » d'autre part. Or c'est bien ce dont il est question dans ce passage de la *Somme théologique*, dans lequel saint Thomas nous propose sa réponse à la question de la « prémotion physique », ou question des futurs contingents :

« Si notre libre arbitre est cause de son acte, il n'est pas nécessaire qu'il en soit la cause première. Dieu est la cause première qui meut les causes naturelles, et les causes volontaires. En mouvant les causes naturelles, il ne détruit pas la spontanéité ou le naturel de leurs actes. De même, en mouvant les causes volontaires, il ne détruit pas la liberté de leur action, mais il la crée en elles, car il opère en chaque créature selon ce qui revient à la nature qu'il lui a donnée » (*Somme théologique*, I^{a} qu. 83 a. 1 ad 3).

Cet enseignement est corroboré par celui qui est exposé en I^{a} II^{ae} qu. 9 a. 4 ad 2 : comme mue par son objet qui la spécifie, la volonté l'est par un principe extérieur, mais elle est mue par un principe extérieur même quant à l'exercice de l'acte ; toute violence est extérieure, mais toute incitation extérieure n'est pas violence ; qu'il faille, pour dépasser l'aporie de l'action réciproque entre volonté et intellect, se rendre à l'idée, exposée par l'Aquinate, selon laquelle la volonté est mue par un principe extérieur (Dieu), n'empêche pas que ce soit la volonté elle-même qui veut, et qui veut librement. Et l'on s'aperçoit aisément que c'est encore le problème de la prémotion physique qui se pose ici ; comprendre l'action réciproque entre intellect et volonté, c'est comprendre que Dieu puisse mouvoir infailliblement la volonté sans supprimer sa liberté. Or, ainsi qu'il l'est illustré en I^{a} qu. 83 a. 1, saint Thomas nous invite à « tenir les deux bouts de la chaîne », mais il ne nous dit pas comment la chose est possible. Esquissons une solution sans crainte de nous écarter de la lettre du thomisme.

Pour comprendre que la volonté humaine puisse être libre et nécessitée en même temps et sous le même rapport, il faut se remettre en mémoire ce que nous évoquions ici au § 6 de notre introduction : toute nécessité se dit d'une relation ; une relation est relative à ses termes ; toute nécessité est ainsi relative ; par là une nécessité irrélative ou absolue n'est plus une nécessité, ce qui la révèle telle une liberté. Ce qui peut faire se réaliser l'identité contradictoire (ainsi en apparence impossible) de la nécessité et de la liberté, c'est donc une nécessité qui soit à la fois relative et irrélative à ses termes. Cela est possible si la relation en question se fait positionnelle de ses termes, ce qui revient à déclarer qu'elle est une *réflexion*. Une réflexion est en effet le caractère de ce qui revient sur soi en faisant coïncider le terme et l'origine. En tant qu'elle est une relation qui pose ses termes (le départ et le retour identifiés dans un même terme), elle est une vraie nécessité par là que toute nécessité se dit d'une relation, et elle est une liberté par là que, les posant, ce sont eux qui lui sont relatifs. Or nous avons vu plus haut que ce qui est réflexion est, de manière obligée, réflexion dans son processus réflexif du terme de la réflexion, et c'est là le fait d'une réflexion ontologique faisant que ce qui opère, à savoir la puissance à vouloir qui est origine de l'acte réflexif par lequel elle se veut, se pose, se constitue elle-même dans son opération, se révèle telle cette contradictoire cause de soi qui s'émancipe de sa contradiction en se réduisant à un moment d'elle-même[22]. Donc il n'est

[22] Nul n'ignore le refus catégorique opposé par le thomisme à la notion de cause de soi, de sorte que ce qui est ici suggéré semble s'écarter du thomisme. Souvenons-nous néanmoins des vingt-quatre thèses thomistes approuvées par la Sacrée Congrégation des séminaires et des

pas contradictoire qu'il y ait prémotion physique si la volonté a la forme d'une réflexion ontologique cependant qu'elle n'est pas la raison suffisante de sa réflexion ; le processus constitutif de la volonté, exercé par la volonté divine créatrice, coïncide avec le processus opératif de la volonté, maîtresse de son acte. Le « ce

---

universités, présentées en 1916 comme règles de direction parfaitement sûres et fidèles au thomisme, et approuvées par Benoît XV. Dans la thèse IX, il est enseigné que, des deux parties de la substance, à savoir la matière et la forme, aucune n'a d'existence par soi ni n'est produite ou corrompue par soi ; dans la thèse XIV, il est rappelé que les âmes végétative et sensitive ne subsistent en aucune façon par soi, ni ne sont produites en elles-mêmes, mais sont seulement au titre de principe par quoi le vivant existe et vit. Il faut ainsi comprendre que la puissance et l'acte en général, dans tout composé, ainsi en toute créature, ne sont pas des êtres mais des principes d'être tel être, qui seul existe en soi. Un principe n'est pas nécessairement chronologiquement antérieur à ce dont il est le principe, mais il l'est assurément selon la causalité. Or ici l'union des deux principes, qui constitue la substance, n'a d'être que par la substance dont ils sont les principes, lesquels ne subsistent que dans leur union, car s'ils subsistaient en dehors d'elle, ils appelleraient d'être classés dans un prédicament, ce qu'exclut la thèse XIV : « *nec ponitur in praedicamento nisi reductive ut principium substantiae* » (ni la matière ni la forme ne peut être rangée dans un prédicament sinon par réduction, en tant que principe de la substance). Dès lors, les principes d'être *un* être tiennent leur être de cet être même dont ils sont les principes, ils n'existent que par la substance à laquelle ils sont supposés être antérieurs, et corrélativement ils ne sont que l'un par l'autre, leur union étant la substance même. Qu'est-ce à dire, sinon que cette réciprocation de causalité se résout dans la thèse selon laquelle la substance est cause de ses causes ? Il n'est pas question de contester la valeur de l'hylémorphisme ; il est seulement question de se rendre à cette évidence que l'hylémorphisme inclut sans le dire l'idée de cause de soi, laquelle, contradictoire, n'est recevable que si la position de ce qui est contradictoire (et qui sous ce rapport n'est pas, a pour être d'être du non-être) est immédiatement sa propre négation, ce qui en retour invite à définir le non-contradictoire ou l'existant telle une victoire sur le contradictoire assumé tel le moment négatif de la réflexion substantielle ou ontologique.

à partir de quoi » la volonté pose son acte libre est identique au « ce à partir de quoi » la volonté est créée, et créée comme posant cet acte. Cela est possible si et seulement si un tel *terminus a quo* est néant, lequel est à la fois, *materialiter*, identique en toutes ces occurrences suivantes, quoique *formaliter* différent d'elles ; il est a) l'intellect possible ou puissance à intelliger identiquement désir *de l'intellect*, lequel, confirmé ou donné à lui-même est b) la volonté ou *désir* de l'intellect ; c) le néant à partir de quoi quelque chose est créé ; d) le degré nul de perfection assumé en Dieu maître de sa perfection, par là de tous les degrés de sa réalisation.

Récapitulons : le fonctionnement de la volonté n'est intelligible que si l'on rend raison de la prémotion physique en montrant au moins à quelle condition elle est possible ; or cette condition de possibilité est la réflexion ontologique, laquelle, convoquée pour expliquer la liberté du vouloir, exige que cette indétermination pure présupposée par l'acte d'autodétermination soit un néant, de sorte que le vouloir se constitue dans son être de vouloir, comme puissance à poser des actes libres, comme origine des actes qu'il pose, par son agir même[23]. Donc le fonctionnement de la volonté n'est intelligible que si la volonté, définie en termes de réflexion, est en sa racine un certain néant, néant d'essence qui lui confère le statut d'une anti-nature à l'intérieur de la nature humaine, lui donnant ainsi, sans

[23] Saint Thomas nous avait invité à dire la même chose de l'intellect possible, qui est puissance à être intellect aussi longtemps qu'il est intellect en puissance, puisque sa forme d'intellect est la forme par laquelle il intellige ; or nous avons montré ensuite que l'intellect est *secundum quid* une même chose avec la volonté ; donc la volonté sous un certain rapport est ce qui se constitue ontologiquement dans son opération. Mais elle n'est pas la raison première de la réflexion par quoi elle se constitue, et c'est pourquoi elle est créée d'une part, et d'autre part infailliblement mue par Dieu, premier moteur, qui lui fait exécuter ce qu'Il décrète sans pourtant se substituer à sa liberté. En se déterminant de manière absolument autonome, la volonté exécute les décrets infaillibles du Dieu provident.

cesser d'être conditionnée par sa nature rationnelle, de faire de sa nature un objet de sa volition. Ce qui est principe de choix peut se révéler, dans ces conditions, objet de choix.

§ 87. Le non-contradictoire, comme victoire sur la contradiction vécue

Dieu s'est incarné, pour le chrétien, afin de nous sauver, c'est là une certitude ; que ce soit l'unique raison, c'est là une question qui relève des controverses théologiques libres. Il ne nous déplaît pas de citer ici, à ce sujet, Mgr Lefebvre, pour le moins peu justiciable de modernisme et de fantaisies théologiques suspectes, qui pourtant déclara (propos rapportés par *Fideliter*, mai-juin 1999, n° 129, p. 4-5) : « Dans le plan de Dieu, il apparaît bien que l'œuvre de la Rédemption constitue le sommet, le but de la création. [...] Le Bon Dieu a voulu que les hommes Lui rendent gloire et Lui manifestent leur charité. Mais les hommes que nous sommes sont tellement faibles, tellement petits au regard de leur Créateur, qu'ils sont bien incapables de Lui rendre la gloire qui Lui est due. Certes, nous pouvons bien faire tout ce qui est en notre possibilité, mais cela demeure bien peu. Seul un homme-Dieu pouvait rendre au Créateur, comme homme, comme créature, la gloire qui correspond à la grandeur de Dieu. » Il n'est pas interdit de discerner dans un tel propos l'intention de conjuguer les deux « motifs ». On se querellera encore longtemps pour savoir, des motifs scotiste (ou malebranchiste) et thomiste de l'Incarnation, quel est celui qui est le plus recevable. Ce que nous pouvons affirmer néanmoins, si nos réflexions qui précèdent ont quelque poids de recevabilité, c'est que, même si le motif à privilégier devait être le motif scotiste, alors l'Incarnation, le Fils éternel qui se finitise et assume la déréliction et la mort, et qui vainc la mort par sa Résurrection, tous ces actes de la vie terrestre du Christ seraient encore à recevoir comme autant d'éléments de la Révélation de ce que Dieu est en Lui-même et de toute éternité, indépendamment de Sa Révélation et d'un motif de rédemption. « *Factus est Deus homo ut homo fieret Deus* » (saint Irénée de Lyon : Dieu s'est fait homme pour que l'homme soit déiformé). La vie du Christ, sous le rapport de l'analogie, nous révèle bien quelque chose de ce qui subsiste dans l'essence divine, l'assomption du fini par l'Infini évidemment non douloureuse en Dieu, innocente de tout mal : le mal n'est pas le négatif.

Pour parler comme Hegel, le troisième moment de tout ce qui a être et sens, le « spéculativement rationnel » qui fait suite au moment « abstrait ou relevant de l'entendement » et au moment « dialectique ou négativement rationnel », est ce retour à l'origine, par négation de négation, qui corrélativement se libère de sa contradiction en s'objectivant dans son processus, en se ravalant au rang de simple moment du processus circulaire ou réflexif dont il est l'origine et le résultat. L'infini concret n'a pas hors de lui le fini (même si la manière dont le fini est assumé intemporellement en l'infini est radicalement autre que la manière dont le fini subsiste temporellement hors de l'infini), car dans le cas contraire le seul fait de la présence d'un fini hors de l'infini abstrait exigerait que ce dernier eût un extérieur et qu'il fût limité, ainsi fini. Mais si l'infini est le fini nié, c'est qu'il commence par se réduire à ce dernier, à s'aliéner en lui pour faire se retourner contre elle-même sa propre négativité et en venir à se poser tel l'infini concret, assomptif du fini, unité et même identité de l'infini et du fini, laquelle, contradictoire, est habitée par une unité d'attraction (puisqu'elle est ce en quoi se résout l'abstraction de l'infini exclusif du fini) et de répulsion interne. Cette contradiction enjoint à l'unité concrète du fini et de l'infini, pour demeurer elle-même, de se libérer de la contradiction qu'elle est, ainsi de se renier, pour achever sa concrétude, par là de poser la différence de l'infini et du fini, ce qui revient à confirmer le moment de la finitude, lequel est redonné à lui-même dans l'acte où il se renie, et tout autant à libérer ce dont elle se libère, ce qui n'est pas contradictoire puisque le propre d'un moment est de passer, ainsi de se contredire. Est puissance ce qui est identité des contradictoires puisque le propre de la puissance est de faire s'identifier des déterminations qui, en tant qu'actuelles, s'excluent. L'identité positive de l'infini, au sommet de l'orbite, se libère de sa contradiction et la libère en s'objectivant dans l'extrême inférieur de la même orbite, ainsi se pose tel cet infini concret, non contradictoire parce que libéré de sa contradiction réduite à un moment du processus circulaire — ainsi infini (le cercle est négation de négation, ce qui est inclusif de son contraire et par là qui n'a pas d'extérieur capable de le limiter) — qu'il est et qui, parce qu'il l'est, doit être tenu pour l'immobilité absolue parce que, puisque son être est de devenir et que le devenir est, c'est que ce devenir devient, et devient l'immobilité pure : la réflexion ontologique peut et doit être décrite en termes de mouvement, mais elle n'est pas un mouvement ; elle désigne en termes conceptuels — ainsi essentiels (contournant par là le scepticisme latent lié aux doctrines de l'apophatisme de l'*esse*) — l'agir producteur d'existence, l'acte créateur des choses d'une part, d'autre part cette identité — inobjectivable par nous — de l'être et de l'agir, de l'essence et de l'existence, qui fait l'essence de Dieu. Ces rappels sont destinés à nous rendre attentifs au fait que le négatif s'exerce aussi dans l'absolu, et que telle est la loi de l'être en tant qu'être, que d'être non contradictoire parce que victorieux de la contradiction qu'il consent à vivre et en laquelle il s'éprouve : l'absolu est absolu parce qu'il ne s'identifie à lui-même absolument, n'achève sa concrétude, qu'en s'excédant, en se libérant de soi-même en soi-même « après » avoir vécu son aliénation intestine qu'il surmonte.

Cette loi de l'être en tant qu'être a une conséquence morale, laquelle n'est autre que cette « règle du jeu » qui veut qu'on lutte pour être ce que l'on est, qu'on s'excède pour coïncider avec soi, qu'on se donne pour s'approprier à soi-même. C'est cette loi — qui introduit du tragique dans la sérénité, et du conflit sans lequel la sérénité ne serait que fadeur et mièvrerie — que n'admet pas le révolté métaphysique. « Je n'ai pas demandé à exister », dit-il, afin de justifier son refus de se soumettre à la loi de l'existence qui le contraint à l'effort et à l'abnégation. Ce faisant, il ne veut pas s'apercevoir qu'il se contredit et qu'il est injuste, puisque cet acte d'insurrection contre sa condition, et contre son Créateur, est encore un acte vital qui puise à l'existence qu'il prétend contester. Exister, c'est lutter, c'est souffrir, c'est résister aux agressions extérieures ou d'autrui, c'est lutter contre soi-même et sa tendance à se décomposer, à céder à l'instinct de mort, à l'entropie, au découragement, à la tentation du repos dans la défaite ; c'est aussi agresser, se porter vers l'ennemi, prendre l'initiative du conflit et manifester par cette initiative même son acceptation de la loi de l'être, sa joie d'y être assujetti, son appétit pour la victoire ; c'est encore par là avoir compris que la maîtrise de soi est intériorisation de la maîtrise de l'extérieur, de l'habitus de vaincre la résistance du monde et d'autrui. La croix salvatrice du Dieu rédempteur dit quelque chose du Dieu éternel tel qu'Il est en lui-même indépendamment de sa création, laquelle Lui ressemble en tant qu'elle est Son œuvre. Il y a une souffrance naturelle qui est due à notre finitude, au fait que nulle créature n'est la raison suffisante de la réflexion ontologique par quoi son essence se fait l'individu qu'elle est, et pour cette raison le négatif qui s'exerce en elle n'est pas tout puissant, d'où la part de souffrance qu'elle contient ; il en résulte qu'il n'y a nulle souffrance en Dieu. Mais il y a une souffrance qui résulte du péché, lequel est refus de consentir à la lutte à laquelle nous invite le fait même de vivre, ainsi refus d'exercer le négatif, l'abnégation, le consentement aux croix. Et il y a en tout homme et à toute époque une tendance difficilement vincible à refuser cette loi, ainsi à plonger, quand on ne la comprend pas, dans la haine propre au gnosticisme, ou plus volontiers quand on ne veut pas la comprendre, quand on veut ignorer sa rationalité ; ou bien on plonge dans le surnaturalisme pour endormir les forces de la nature et endormir avec elles les conflits naturels qu'elle contient, pour n'avoir pas à subir les rigueurs de cette loi. Le surnaturaliste et le gnostique abhorrent le négatif dans l'être, et en cela ils sont complices l'un de l'autre. Le gnostique identifie le négatif au mal et fait porter la responsabilité du mal sur Dieu ; le surnaturaliste identifie lui aussi le négatif au mal, et, faisant à bon droit porter la responsabilité du mal sur le pécheur, il impute au péché, de manière erronée, toute trace de négativité, d'où son aversion pour les biens de ce monde, mais aussi pour la santé, la puissance, la force, le risque, la conquête, la jouissance et l'ambition, la volonté de puissance et les victoires temporelles.

§ 88. L'intellectualisme comme unité de lui-même et du volontarisme

Il nous reste à tirer quelques conséquences des résultats obtenus.

1) Il existe une espèce de pathologie pieuse de l'intériorité, qui consiste à se retrancher dans l'intériorité exclusive de l'extériorité, selon une manière caricaturale de suivre l'invitation chrétienne à vivre dans le monde sans être du monde. Il s'agit d'une intériorité exclusive de l'attention au monde et de l'appétit pour le monde dont nous avons peur qu'ils nous arraisonnent, nous confisquent, et nous empêchent de faire retour à nous-mêmes, nous emprisonnant dans une extériorité à nous-mêmes que nous croyons aliénante. Nous la croyons aliénante parce que nous ne comprenons pas qu'elle puisse aussi être tenue, d'une certaine façon, pour une extériorisation de nous-mêmes ; les bontés du dehors qui actualisent notre désir nous actualisent, en effet, nous-mêmes : l'intelligible qui est, au dehors de nous, à connaître, et que nous saisissons dans un acte d'intellection, est ce qui, comme acte commun de l'intellect et de l'intelligible, est actualisation de l'intellect, par là extériorisation de soi du moi ; l'extérieur, en tant que connaissable, quoique n'étant évidemment pas créé par le savoir que nous en avons, n'en est pas moins la réalisation actuelle d'un degré d'être assumé par le connaissant, et subsistant en lui à l'état virtuel, telle une virtualité de notre pouvoir de connaître. Saisir l'extériorité du monde gorgé de tentations à la manière dont on se représente un terrain miné, comme une terre étrangère hérissée de dangers, mais aussi saisir la tendance, en nous, à nous

pencher vers elle, comme une inclination perverse, c'est se calfeutrer dans une vie psychologique et morale cotonneuse où tout n'est qu'à l'état d'inachèvement et d'être en puissance en attente de son actualisation qui l'extériorise ; et le surnaturaliste prendra cette confusion pour l'annonce, la promesse, la proximité du Transcendant ; à la limite, il faudrait être simple d'esprit pour être le simple en esprit des Béatitudes. Mais c'est par là basculer dans l'aliénation du moi vide qui est lui aussi étranger à lui-même. La dialectique qui régit la relation de l'intérieur et de l'extérieur nous a conduit à reconnaître l'existence d'un Transcendant entendu telle l'identité de l'intérieur et de l'extérieur, immanent au moi par sa causalité, et extérieur au moi parce qu'il est visé par ce dernier qui est incapable, quant à lui, de faire se réaliser en et par lui une telle identité pourtant saisie comme ce qui le réconcilierait avec lui-même. Cette loi qui régit le rapport intérieur-extérieur a été confirmée par notre analyse de la volonté. Ce néant qui est dans notre âme, en quoi consiste ce qui est identiquement, sous des rapports différents, intellect et volonté considérés dans leur racine, ce néant qui n'a d'être que par notre âme (le Je est un néant subsistant qui a en cette âme sa forme, son essence, et son exister), est aussi ce à partir de quoi nous entretenons à l'égard de tout ce que nous sommes une relation d'avoir, et aussi ce à partir de quoi nous sommes ouverts à l'infini ; notre essence qui nous définit, ainsi qui nous limite, pose en elle-même ce néant d'elle-même à partir de quoi nous sommes par elle ouverts à plus qu'elle si une recréation gracieuse nous affecte, et un néant qui nous invite à tenir notre essence pour un projet à accomplir ; nous recevons tout de notre essence et ne sortons jamais d'elle, c'est elle qui nous invite à nous tenir pour responsables d'elle ; elle ne cesse de nous mesurer, et la substance que nous sommes, individuation de l'essence, s'accomplit en personne ou suppôt en ouvrant en nous ce néant à raison duquel nous visons ultimement, par nos propres forces, ce qui, comme terme inférieur de la réflexion par quoi notre essence se substantifie, est si l'on peut dire, en tant qu'atteint *ad tergum*, la limite supérieure de l'ordre de l'essence, à savoir ce néant qui a raison de point de suture entre nature et surnature. En tant que nous avons ce que nous sommes, nous sommes invités à le plébisciter et à coopérer à notre engendrement, à le traiter comme si nous devions l'inventer, puisque nous avons à en accoucher. Ce qui est bien reconnaître une dimension d'existentialisme nécessaire à l'intérieur de l'essentialisme foncier de la philosophie traditionnelle des essences et des natures intangibles. Donc cette dimension de tragique existentialiste charriée par le dépassement héroïque du nihilisme assumé, inspiratrice du fascisme, est bien nécessaire à la revitalisation des politiques inspirées par une philosophie de l'ordre, une philosophie essentialiste.

Il en est ainsi parce que l'ordre est le résultat d'une victoire sur le risque de désordre qu'il doit assumer à peine de dégénérer lui-même en formalisme sans âme, en l'immobilité des cadavres, en sépulcre blanchi. Le parfait, l'absolument être, est l'unité de l'objectif et du subjectif, identité concrète qui fait du subjectif le moment obligé de son autoposition ; est sujet, liberté, conscience, personne, ce qui est néant, non pas néant de nature mais néant dans la nature, non pas cogito préréflexif mais réflexion pré-cogitive ou ontologique, aperture, déhiscence comblée (pour parler comme Claude Bruaire), mais confirmée dans son statut de non-être dans l'acte d'être comblée. L'être, en tant qu'il s'offre à la pensée et la féconde, est objet pour un sujet, à ce titre il est de l'ordre de l'objectif qui mesure la pensée, à toute distance de cet idéalisme qui prétendrait forger le connaissable dont vit la pensée, mais l'être, tout autant, enveloppe sa puissance à être, et cette puissance à être, radicalisée dans les êtres d'esprit, et prise en elle-même, est néant d'être et subjectivité. Le plus haut degré d'être est le plus haut degré de vie ; le plus haut degré de vie est l'acte de connaître ; le plus haut degré d'être est donc un connaître, une genèse d'idées, et sous ce rapport il y a plus d'être dans l'idée que dans ce dont elle est l'idée, qui réalise cette idée, mais qui n'est que l'idée se réalisant en lui, s'objectivant en lui. Que notre pensée ne soit pas créatrice des choses, qu'elle appelle d'être fidèle aux choses en son humble réceptivité, cela ne laisse pas la pensée d'être à l'image du Créateur et de fonctionner, analogiquement, sur le même mode que celui du Créateur des choses et des pensées finies qui les exhaussent au statut de choses pensées. Ce que nous développerons ici dans le point noté (3).

2) On trouve l'expression d'un besoin d'intromission de perspectives existentialistes dans l'hylémorphisme chrétien non directement peut-être chez saint Thomas, mais chez l'un de ses commentateurs les plus illustres, le cardinal Cajétan, il est vrai interprété et probablement repensé par son commentateur contemporain, l'abbé Guillaume de Tanoüarn (*Cajétan : Le Personnalisme intégral*, Cerf, 2009).

Cajétan nie, à la différence de saint Thomas, l'existence d'un désir naturel de Dieu, et réduit le désir de Dieu à l'actualisation d'une puissance obédientielle, laquelle n'est pas strictement naturelle ; mais il place la personne ou le suppôt au-delà de la nature humaine, du côté de l'existence entendue comme l'essence elle-même en tant qu'elle exerce l'acte d'être, ou plutôt en tant qu'elle existe, participe l'*esse*. Peut-être un tel vocabulaire dont nous usons ici relève-t-il d'une interprétation marquée par les lunettes et le langage d'Étienne Gilson qui ne prisait guère Cajétan, mais enfin, Tanoüarn déclare lui-même à la page 31 de son livre : « Il y a en chaque étant une composition réelle entre sa forme et son acte d'être, entre son essence et son existence. » Pour Tanoüarn, la puissance obédientielle semble être cette indétermination pure qui est pouvoir passif d'être métamorphosé par l'acte miraculeux ou par la donation de la grâce, mais qui est aussi pouvoir actif d'autodétermination, par là lui aussi pouvoir indéterminé, et sous ce rapport la puissance obédientielle coïncide avec la liberté, avec la personne, elle constitue le suppôt. Il y a là des données qui seraient recevables dans notre manière de voir les choses puisque nous identifions l'intellect possible et la racine de la volonté au néant, lequel est à la fois le *terminus a quo* de l'acte créateur, Dieu Lui-même dans le moment inférieur de Sa réflexion constituante, et enfin le terme idéal de pénurie d'information qu'est la matière prime, cette radicalisation de la matière prime qui la dématérialise (elle n'existe jamais en tant que prime, elle n'est que par une forme qui la détermine). Mais il faudrait expliquer qu'il pût être à la fois puissance passive et puissance active, ce qui suppose à notre sens la réflexion ontologique, qui distingue ces modes du néant non pas *materialiter*, mais *formaliter*, ou positionnellement, selon, d'une part, qu'il est considéré comme le moment négatif de réflexion de telle essence ou de telle autre, et d'autre part selon qu'il est pris comme la confirmation de ce moment, par laquelle s'effectue la réflexion dans son processus du processus de la réflexion (nous nous sommes expliqué plus haut sur ces points). Il faudrait expliquer aussi que la personne pût être intérieure à la nature, qu'elle fût la nature individuée que pourtant elle a, sans quoi la nature ou essence n'a plus raison de fin de la personne et/ou de la liberté, et elle renonce par là à sa vocation normative, en même temps que le bien commun perd sa vocation de cause finale du bien particulier, puisque, dans ces conditions, c'est alors qu'on est entré dans le personnalisme et dans l'existentialisme qui se contente d'en tirer toutes les conclusions destructrices de la dignité de l'ordre des choses et des êtres dans la hiérarchie objective des essences. Assurément, ces enjeux n'effraient ni Cajétan ni son commentateur, mais ils nous effraient, nous qui ne tenons pour recevable une pincée d'existentialisme dans la philosophie des essences qu'à l'intérieur de la causalité de ces dernières, et non contre elle. Tanoüarn reproche aux détracteurs de Cajétan de l'avoir mal ou insuffisamment lu, d'avoir trouvé en lui cette idée de puissance obédientielle purement passive numériquement distincte des autres puissances et dont l'homme n'eût pas eu conscience *in puris naturalibus* (en état de pure nature, si l'homme avait été créé sans la grâce), alors que la « vraie » puissance obédientielle selon Cajétan serait comme une puissance de cette puissance d'exister qu'est l'essence, qui donne à l'essence d'être personne, ou suppôt. Lorsqu'il est question de « puissance de puissance », nous croyons, sans assurance certaine, que l'auteur entend signifier deux choses : il peut s'agir d'une part de puissance opérative de l'essence elle-même entendue comme puissance de l'*esse*, d'autre part de puissance entitative de cette même puissance d'exister qu'est l'essence. Mais Cajétan suscite le contresens sur sa propre pensée en liant la puissance obédientielle à la personne prise *au-delà* de la nature même individuelle, et en renvoyant à la Tertia Pars de la *Somme théologique* (question 11) qui évoque le miracle et les conditions ontologiques de sa possibilité : puissance essentiellement passive, et non définitionnelle de la nature de la chose qui la contient, expression d'une plasticité des êtres qui rend possibles les transformations miraculeuses qui agissent en dehors de la nature d'un être. Au reste, Tanoüarn cite lui-même Cajétan en concédant que certains textes prêtent à cette interprétation : *Somme théologique* III[a] qu. 17 a. 2 et qu. 3 a. 6, où la personne (entendons : la « subsistence ») est identifiée à l'essence, alors que notre commentateur de commentateur la voit du côté de l'existence, et considère que c'est en la comprenant ainsi qu'on est fidèle à son auteur favori. Supposé que la lecture de Cajétan proposée par Tanoüarn soit historiquement plus fidèle que celle du Père de Lubac, il reste que le problème sur lequel achoppait ce dernier, c'est-à-dire le caractère éminemment problématique de son orthodoxie (il compromet la gratuité de la grâce en déclarant que la nature l'exige), n'est que déplacé et non évité chez Cajétan, puisque si l'essence ne peut exiger la grâce, la personne, supposée au-delà de l'essence, l'exige : « Il est manifeste, enseigne Cajétan, que l'homme n'est pas vraiment parfait s'il se contente de jouir de la bonté de sa nature ou bien s'il est éloigné de sa fin propre » (*In De ente et essentia*, chapitre 5 n° 104, *secunda propositio*), étant bien entendu, comme le rappelle l'abbé de Tanoüarn, que ce *proprius finis* est la fin surnaturelle (page 525 de son livre) ; ce qui évidemment compromet la gratuité de la grâce, autant que chez Lubac. La personne ne serait donc pour Cajétan pas autre chose que l'essence, en ce sens qu'elle serait l'essence en tant qu'elle existe, ce qu'il nomme l'existence ; elle serait le *rapport de l'essence à l'existence, rapport qui n'est pas fixé pour toujours et qui est sans cesse fluctuant.* Tanoüarn part en guerre (p. 614) contre André Léonard (et contre Báñez commentateur de Cajétan), lequel limite la personne selon Cajétan à l'ordre de la subsistence qu'il contre-distingue de l'essence et de l'existence, et contre cela Tanoüarn déclare *qu'il n'y a pas de manière d'être du sujet qui serait distincte de l'existence.* Le secret de cette singulière vision des choses est peut-être à la page 606 : « le Je est la puissance de l'essence », la personne est « puissance de la puissance <puissance de cette puissance qu'est l'essence> ou virtualité projective, indéfiniment remesurée par le rapport qui la constitue », « le lieu où se joue la possibilité d'une mystérieuse "*alietas*" <altérité> » (Tanoüarn). La subsistence, c'est-à-dire la personne, la terminaison de l'essence, l'essence en tant qu'elle exerce l'exister, semble être en quelque sorte une réalisation en acte de la possibilité absolue à la lisière d'une essence, dans le *terminus ad quem* d'une essence qui est aussi *terminus a quo* de l'exister : la personne, la puissance obédientielle, la subsistence, c'est tout un, c'est l'essence du moi terminée par une puissance d'exister qui est le Je ou qui en fait un Je, *qui est capable de s'approprier à un nombre infini de modes d'exercer cette existence, lesquels ne seront pas nécessairement mesurés par la causalité limitée d'une essence et pourront la transcender sans toutefois la contredire.* Là où nous voyons le néant comme origine de la position de l'essence (elle n'existe que par sa réflexion) en retour positionnelle de son néant d'être intestin qu'elle confirme dans l'acte où elle le fait se renier, le Cajétan de Tanoüarn voit une terminaison de l'essence, comme l'addition d'un néant qui la complète et qui, en tant qu'il est néant, ne lui ajoute rien, cependant que, comme sujet ou puissance à toute chose, jusques et y compris à cette essence à laquelle il se surajoute, il est capable de l'avoir comme ce qui peut la transcender pour autant qu'il ne la violente pas. Tout cela est bien confus, nous le confessons, et ce qui est obscur à nos yeux est non seulement la thèse de Cajétan, non seulement celle de Tanoüarn s'efforçant à penser Cajétan, mais ce que nous croyons en comprendre nous-même. Il est vrai que l'on dit couramment dans l'École que, pour comprendre

Cajétan supposé expliciter saint Thomas, il faut lire saint Thomas...

Reprenons les explications de Guillaume de Tanoüarn pour mieux entrevoir la position de Cajétan (p. 659 et 660 de son livre). « L'étant fini est essence et existence, quiddité et être en acte. L'acte n'est pas seulement la donation de l'être à lui-même, l'acte ne se réduit pas à l'identité de l'essence, il n'est pas pure répétition de l'essence, pur "fait d'être" ; il se déploie comme un sujet. [...] Concevoir l'unité de l'étant fini à travers une dualité constitutive entre l'essence et l'existence, entre la quiddité et le sujet existant, c'est envisager chaque existant [...] comme un advenant, comme un se faisant, comme une essence se faisant existence. [...] Le Je se construit ou s'actualise à partir de sa nature, dans cette liberté que lui confère l'intellect, qui le rend capable [...] de coïncider avec l'univers, de devenir intentionnellement le tout. » Nous comprenons ceci : l'*esse* n'est pas seulement ce qui actualise l'essence, il est ce qui l'exhausse au statut de sujet capable de déployer, avec les potentialités de son essence, des possibilités qui excèdent cette dernière. Le rapport de l'essence à l'existence est le constitutif formel du suppôt ou de la personne, et il est le rapport de l'essence à l'essence existante. Puis donc que l'existence est l'essence existante, le passage de l'essence à l'existence ou actualisation existentielle de l'essence est le passage de l'essence-quiddité à l'essence-suppôt, de sorte que l'exister est ce qui donne à l'essence-quiddité de se mettre comme en retrait par rapport à elle-même afin d'ouvrir un espace vide à partir duquel elle entretient à l'égard d'elle-même une relation d'avoir, et c'est cet écart qui lui donne d'être sujet ; et l'existence qu'elle participe est ce dont l'écart est la quiddité. Tanoüarn écrit (p. 17) : « Tout étant, duel en lui-même, doit être considéré non seulement comme une nature mais comme un suppôt, pour être conçu dans l'unité de sa manifestation. L'être est sujet [...] en tant même qu'il est duel, sujet de lui-même en quelque sorte » <nous soulignons>. Ce que nous voudrions retenir de ces suggestions proposées par l'École (thomiste), c'est que de telles considérations peuvent être nôtres mais dans le contexte d'un hylémorphisme complété par le thème de la réflexion ontologique, laquelle explique que l'essence devienne existante par cette réflexion à raison de laquelle elle ouvre en elle un néant qu'elle surmonte et confirme en même temps, de sorte que la subsistence n'est nullement une détermination surajoutée à l'essence, elle n'est pas non plus l'exister actuant l'essence, elle est l'acte réflexif lui-même à raison duquel ce qui est identité à soi réflexive libère ce dont il se libère en se réfléchissant dans son processus. Ainsi cette dimension de néant d'essence dans l'essence, loin d'excéder le magistère de l'essence sur le moi et son existence, se révèle posée par l'essence elle-même.

Le point de vue cajétanien tel que restitué par l'abbé de Tanoüarn a le mérite, selon nous, de proposer une acception de l'*esse* qui le rend conceptuellement pensable et qui conjure les périls de l'apophatisme, qui ne sont autre chose que le fidéisme : si le meilleur est dans l'*esse* à côté duquel l'essence ne serait que la « menue monnaie de l'être » (Gilson), alors tout le champ des concepts, qui a pour objet les essences, est suspendu à cet *esse* dont aucune quiddité ne serait capable d'exhiber l'intelligibilité secrète, et l'on peut se demander dans cette perspective si la notion de préambule de la foi a encore un sens. Mais, incapable de penser la suppositė comme un effet de la causalité de l'essence, intérieur à l'essence même, comme une détermination que l'essence se donne en tant qu'elle se fait exister par réflexion (sans être la raison suffisante de la réflexion qu'elle exerce), ce point de vue verse dans le personnalisme qui est une variante de l'existentialisme, en émancipant la personne de la mesure de sa nature et en faisant de la personne la fin de la nature humaine ; par là, toute dignité reposant sur la personne en tant que personne, et non plus sur l'adéquation de la personne à sa nature, laquelle adéquation dépend de l'usage que l'homme fait de sa liberté (actes vertueux ou moralement défectueux), alors la personne se verra dotée d'une insigne dignité quand bien même elle sera profondément pécheresse ; est-il encore possible en ces conditions de se damner ? Et a-t-on encore besoin d'être racheté ?

La croix du Christ deviendra un hommage rendu à la dignité éminente de la personne humaine, et non plus un acte d'expiation rédemptrice destiné à apaiser la vindicte du Père, payé par le Fils par amour pour les hommes ; et c'est bien là une thèse moderniste. Gilson parle à tort d'essentialisme cajétanien parce que Cajétan rend l'exister conceptuellement pensable, mais c'est en fait un existentialisme puisque le suppôt advient à l'essence comme une dignité surajoutée (même si elle ne lui ajoute rien de quidditatif), et s'ouvre des horizons dont l'essence ne serait plus ni la mesure exhaustive ni la raison d'être ; ce qui le corrobore, c'est que l'individuation pour Cajétan s'accomplit non par la matière mais par la personne. Et les commentateurs anti-existentialistes mais néanmoins inspirés par Cajétan auraient été réduits, selon Tanoüarn, à faire des contresens sur ce dernier en définissant la subsistence comme un mode intrinsèque de l'essence, une terminaison l'habilitant à se mettre à exercer l'*esse*. Ces commentateurs tiennent à la fois de saint Thomas et de Cajétan et nous manquons de compétence pour savoir s'ils trahissent les deux. Mais Cajétan trahit incontestablement saint Thomas ; il trahit saint Thomas, d'abord, en considérant que la subsistence, ou constitutif formel du suppôt, serait numériquement distincte de l'essence individuée à laquelle elle s'ajouterait, alors que, pour l'Aquinate, « *unumquodque secundum idem habet esse et individuationem* » (*De anima*, I, 2 : c'est selon la même raison qu'une réalité est individuelle et dotée d'exister ; pour saint Thomas, il est contingent qu'une essence s'individue, mais il est nécessaire que, étant individuée, elle soit existante) ; il trahit aussi son maître qui, de l'aveu même de l'abbé de Tanoüarn, privilégie de beaucoup l'analogie d'attribution par rapport à l'analogie de proportionnalité, laquelle seule est retenue par Cajétan. L'analogie d'attribution déclare que « sagesse » se dit de Dieu et de l'homme en tant que la sagesse divine est cause de la sagesse humaine ; grâce à ce point de vue, on peut dire que, en s'emparant par abstraction de l'essence de la sagesse visée à travers la sagesse finie de l'homme, on peut légitimement l'attribuer à Dieu comme perfection qui Lui convient intrinsèquement, cependant que le mode de réalisation de cette sagesse en Dieu nous échappe ; mais nous saisissons quelque chose de Dieu en évoquant Sa sagesse. En revanche, pour l'analogie de proportionnalité propre, la sagesse de l'homme est à l'homme ce que la sagesse de Dieu est à Dieu ; les essences sont incommensurables entre elles, le seul lien qu'elles puissent tolérer étant non pas une hiérarchie objective des essences, mais ce fait que le rapport que chacune entretient à l'égard de son propre *esse* est identique dans les deux cas. Tanoüarn écrit (p. 57) : « L'analogie devient ainsi pour Cajétan le moyen de construire des représentations à l'infini ; disons-le : l'analogie devient le moyen de se représenter l'infini sans pour autant chercher à enfermer cet infini dans l'esprit humain. » Trahir un auteur auquel on se réfère est selon nous un bienfait quand une trahison est une correction, et ce n'est là une trahison que par accident. Toute la question est de savoir si ces libertés prises à l'égard d'un auteur sont heureuses ou malheureuses. Il est certain néanmoins — nous confessons ne pas l'avoir toujours pensé — que les audaces de Cajétan sont des réponses à des questions qu'un thomiste ne peut pas ne pas se poser, et que saint Thomas n'a pas résolues. Ce qui autorise à proférer une telle chose, c'est, entre autres choses, que saint Thomas lui-même a varié sur la question de l'union hypostatique :

La nature humaine, dans le Christ, quoique dotée d'une individualité dans le genre de la substance, « n'existe pas en elle-même séparément mais dans un sujet plus excellent, la Personne du Verbe » (*Somme théologique*, III[a] qu. 2 a. 2 ad 3) : il n'y a qu'un *esse* pour deux natures individuées. Mais, dans la *Question disputée De unione Verbi incarnati*, il enseigne que la nature humaine individuée dans le Christ jouit d'un exister propre, créé, ainsi fini, rattaché à l'exister du Verbe : il existe deux *esse* pour deux natures.

Les suggestions pour nous obscures de Cajétan semblent porteuses d'une vérité captive, celle de la réflexion ontologique dont il semble avoir l'intuition en déclarant : « *Spe concupisco*

Deum ipsum, secundum id quod est in se mihi » (*Somme théologique*, IIª IIªᵉ qu. 17 a. 5 nº VIII) ; par l'espérance je désire Dieu selon ce qu'il est en lui-même pour moi, ce qui inspire à Tanoüarn l'observation suivante : « Ce bien infini [...] prend *ad libitum* toutes les mesures du fini » (p. 670). Mais dire que ce bien infini prend toutes les mesures du fini, c'est confesser qu'il est assomptif, indépendamment de la création contingente du monde, de tous les degrés de finitude sans cesser d'être infini, et qu'il est concrètement infini à raison même de cette assomption ; mais on reconnaîtra là, bien sûr, les caractères de la réflexion ontologique.

On sait que, historiquement, la notion de subsistence est devenue incontournable quand il s'est agi de tenter d'expliquer l'union hypostatique, c'est-à-dire de rendre raison du fait que, dans le Christ, il y a deux natures (humaine et divine), complètes, cependant qu'il n'y a qu'une personne (la personne divine) ; si le Christ est bien « *verus homo* », il est doté de tout ce dont jouit un homme : son essence individuée ; mais alors il faut, semble-t-il, se demander ce qui manque à cette essence individuée pour être une personne ; et Cajétan de répondre qu'il s'agit de la subsistence, laquelle, dans les hommes qui ne sont qu'hommes, est ce qui les habilite à exercer divers modes d'exister (naturel ou surnaturel), mais qui pour cette raison donne à l'essence individuée qu'est l'homme d'être un Je ou suppôt capable de s'approprier à un nombre infini de modes d'exercer cet exister, lesquels ne seront *pas nécessairement mesurés par la causalité limitée d'une essence et pourront la transcender sans toutefois la contredire*, selon les mots de notre commentateur qui vise là à expliquer la possibilité de métamorphose de la nature humaine sous l'effet de la grâce. Pour nous au contraire, le don de la surnature n'enlève nullement à l'essence son statut de mesure de l'acte d'exister de la personne, qui tient sa dignité de sa nature et non de sa singularité.

Selon nous, dans l'union hypostatique, la nature humaine a un exister d'essence individuée, c'est-à-dire réfléchie et objectivée dans son processus ; l'essence se libère d'elle-même dans elle-même, elle « ex-siste », elle existe, soit : l'exercice par l'essence de sa réflexion dans sa réflexion est l'exercice de l'*esse* dont la quiddité en tant qu'*esse* est ce réfléchir même ou « contrecoup » de l'essence, selon le vocabulaire de Hegel. L'essence humaine dans le Christ a un exister d'essence individuelle, et c'est la condition pour que le Christ soit vraiment homme, avec ses facultés humaines ; mais le « contrecoup » en quoi consiste cet acte d'exister exercé par l'essence non seulement est tel que l'essence humaine n'est pas la raison suffisante de la réflexion qu'elle exerce, mais encore qu'il est le contrecoup de l'essence divine opérant dans et comme la nature humaine entendue tel un moment intemporel, en tant qu'Idée divine, de cette essence divine.

Deux solutions sont possibles. Ou bien il existe deux contrecoups et donc deux *esse* (humain et divin, celui d'une nature humaine et celui de la Personne divine) dont l'*esse* fini est subordonné à l'autre, ou bien il existe seulement l'*esse* divin opérant dans la nature humaine considérée telle la nature divine prise en un moment de son éternelle réflexion, et réalisée *ad extra*. En fait, nous pensons que les deux solutions sont recevables, avec une préférence pour la deuxième ; le *terminus ad quem* du contrecoup est position du néant, lequel peut signifier tant le suppôt de la créature que le suppôt divin, puisqu'ils se distinguent positionnellement et non matériellement : autre chose est ce néant pris comme moment négatif de la réflexion de l'essence divine, autre chose est ce néant humain entendu telle la réflexion de l'essence humaine, cependant que, *materialiter*, rien ne distingue un néant radical d'un autre.

Le Christ est, dans ce néant, suppôt divin ayant valeur de position de l'essence divine dans sa négativité, et, matériellement, il est aussi la puissance qu'est l'intellect possible humain, en tant qu'inséré dans la réflexion ontologique de l'essence humaine. Au fond, le Christ est vrai homme qui est aussi vrai Dieu et Personne divine, parce que dans le seul cas du Christ l'essence (humaine) se réfléchissant pour s'introniser substance individuelle est la raison suffisante de la réflexion qu'elle exerce.

Le Christ est Dieu même exerçant la nature humaine selon un mode divin d'exercice, alors que l'homme béatifié surnaturellement ne sera jamais la Personne divine ; il sera un homme exerçant la nature divine (vivant, par la grâce, de la vie même de Dieu) selon un mode humain d'exercice de cette nature.

L'essence de l'*esse* en tant qu'*esse*, c'est l'« ex-sister » de l'essence, le contrecoup lui-même, la réflexion dans son processus du processus de la réflexion, et lorsque l'abbé de Tanoüarn déclare emphatiquement, fasciné par son paradoxe qui se veut provocant, que le Mal serait non la dualité mais l'Un, il signifie simplement, selon nous, que l'identité exclusive de la différence la fait dégénérer en différence sans identité, et il faut un grand mérite pour avoir le courage de le rappeler dans un contexte thomiste, mais enfin, c'est là comme un point de départ et non une conclusion pour une pensée hégélianisante.

Cajétan a entrevu peut-être le danger de l'apophatisme de l'*esse*, lié à la thèse de l'*esse* acte de l'essence en tant qu'exercé par elle, comme un « quelque chose » d'indéfinissable en tant que tel, en lequel tout se résout et qui ne se résout en rien, dont on ne pourrait rien dire sinon qu'il est, selon saint Thomas, à l'essence comme la course l'est au coureur. Cajétan a bien vu que l'acte d'être perfectionne l'essence dans son ordre d'essence, et qu'il n'en est pas moins un acte irréductible à un accident. Il a saisi que l'acte d'être de l'essence est l'essence même en tant qu'elle est en acte, ainsi dotée non seulement de l'acte d'être de la puissance qu'elle est par rapport à l'exister, mais de l'actuation de cette puissance, actuation qui est cet exister même mais entendu tel le déploiement de l'essence, déploiement rendu possible par le fait que l'essence se fait sujet ou suppôt (ou personne) d'elle-même, sujet d'attribution de *ce* qu'elle est, et que sous ce rapport elle a. L'exister est toujours l'exister de l'essence, et il est la conversion de l'essence en suppôt d'elle-même, de sorte que cette essence, sans cesser d'être ce qu'elle est, se met à entretenir à l'égard d'elle-même une relation d'avoir. L'exister de l'essence est « l'ex-sister » de cette essence, il est son aptitude à se tenir hors d'elle-même sans cesser de demeurer en elle-même, son pouvoir de se différencier d'elle-même sans cesser d'être elle-même, et même il est son aptitude à devenir pleinement elle-même à raison de cette différence même, ainsi à s'introniser identité de l'identité et de la différence d'avec soi. Ce qui a pour mérite de proposer une définition conceptuelle de l'acte d'exister en conjurant les dangers de l'apophatisme, et ce qui explique que la subsistence ou disposition à raison de laquelle l'essence existe soit aussi bien du côté de l'essence que de celui de l'existence, comme Cajétan en fait l'aveu. Mais il a échoué, à notre avis, dans sa tâche parce qu'il n'a pas mis en œuvre les vertus de la réflexion ontologique. Si la chose avait été faite, il aurait compris que la personne n'est pas au-delà de l'essence, il n'eût pas été personnaliste, il eût maintenu la thèse si importante de l'individuation de la forme par la matière (la forme se fait affecter par ce dont elle est éduite, fût-elle éduite d'une pénurie ontologique absolue, dans le tréfonds informe de la matière désignée, c'est-à-dire éduite du néant, ainsi éduite en tant que créée, or c'est bien ce en quoi se résout la matière prime en tant que prime, qui n'est pas) : si l'individuation s'accomplit par la forme, autant il y a d'individus, autant il y a d'espèces, et la communauté spécifique ou communauté d'essence n'est plus normative de l'individu, elle a raison de matière par rapport à la différence individuelle ineffable (l'haeccéité scotiste), de sorte que la nature humaine n'a plus raison d'idéal, seule l'ineffabilité de la personne compte, elle est pour elle-même sa propre norme. S'il avait usé de la réflexion ontologique, Cajétan eût maintenu le primat de l'analogie d'attribution sur l'analogie de proportionnalité (l'essence est cause, cause de tout ce par quoi elle se fait déterminer, positionnelle des principes individuants par lesquels, en retour, elle se fait conditionner) ; par là, il n'eût pas fait des essences des perfections incommensurables entre elles. Et il aurait pu magnifiquement montrer que la structure de tout être en tant qu'être est celle-là même d'un connaître substantiel, et définir le constitutif formel de la déité, laquelle est « *ipsum esse per se subsistens* » (l'acte pur d'être subsistant par soi), comme un « intelliger subsistant », car l'essence se conférant la supposité est l'essence se faisant objectivation de soi, altérité par rapport à soi dans soi-même, ainsi subjectivité.

La solution que nous proposons — qui répond, sans avoir été suscitée par eux, aux questionnements de Cajétan — conduit à exiger que l'homme en tant que sujet, intériorité, liberté, soit capable d'avoir ce qu'il est, et cette solution s'efforce à conserver les mérites des intuitions de Cajétan. Elle permet en particulier d'éviter l'écueil de l'impossibilité de démontrer l'immortalité de l'âme humaine, thèse agnostique pourtant cajétanienne. Essayons de reconstituer les raisons de sa réticence à l'égard d'une démonstrabilité de l'immortalité de l'âme.

Si l'essence même individuée n'est pas encore sujet, suppôt, personne, si donc l'individualité est réellement distincte de l'acte d'exister ; si le suppôt n'est tel que comme sujet d'attribution de ces deux co-principes toujours géminés que sont le corps et l'âme, alors la corruption du corps est corruption du suppôt, en l'occurrence corruption de cette « subsistence » qui fait la suppósité. Mais si cette supposité est en même temps ce qui habilite l'essence à exercer son exister, alors l'essence individuée, privée de supposité, est privée de cette puissance d'exercer l'exister, par là privée d'*esse*, et c'est l'âme entière qui se révèle corruptible. Et telle est bien la conclusion de Cajétan qui, refusant la thèse non catholique de la corruptibilité de l'âme humaine, confesse que la raison, qui conclut à cette thèse, doit s'effacer devant la foi, qui prescrit de croire le contraire. Thomas de Vio est condamné à adopter cette position parce qu'il ne conçoit pas que l'essence individuée soit *ipso facto* existante, avec ou sans le corps dont l'âme contracte les notes individuantes et les conserve quand bien même le corps est détruit.

Cajétan privilégie l'analogie de proportionnalité propre en disant que chaque être est tel que son essence est à son *esse* ce que l'essence de l'autre est à son *esse* : l'acte à raison duquel une essence se fait suppôt d'elle-même, ainsi existante, a la même structure dans tous les êtres, même en Dieu, et sous ce rapport l'*esse* se dit de tous les êtres analogiquement ; la différence entre le créé et l'incréé est que la personne créée n'est pas l'origine du processus (en quoi consiste la donation de la mystérieuse « subsistence ») par lequel l'essence est faite suppôt d'elle-même. Mais les essences restent incommensurables entre elles, l'abandon de l'analogie d'attribution conduit à l'équivocité, l'être est au fond équivoque mais analogue sous le seul rapport de la relation entre essence et suppositê, de sorte que le contenu des essences est inaccessible et que les noms divins ne disent rien de Dieu tel qu'Il est en Lui-même ; au fond, on aboutit autant qu'avec Étienne Gilson à l'apophatisme. La théorie cajétanienne de l'analogie a l'intérêt de suggérer une ontologie duelle (dont la vérité est, selon nous, l'ontologie ternaire de la réflexion ontologique vers laquelle tend cette ontologie duelle) mais il est à craindre qu'elle détruise au fond la métaphysique en s'abîmant dans l'équivocité.

3) Dans la question 82 (I^a^ Pars) article 3 de la *Somme théologique*, l'Aquinate se propose de nous aider à hiérarchiser les rôles respectifs de l'intellect et de la volonté. Considérée en elle-même, l'intelligence est la faculté la plus élevée parce que son objet est plus simple et plus absolu que celui de la volonté. Le bien désirable dont l'idée est dans l'intellect est l'objet de la volonté, mais l'objet de l'intellect est la raison même de bien en tant que bien. Or plus un être est simple et abstrait, plus il est noble et élevé. Donc l'objet de l'intellect est plus élevé que celui de la volonté ; puisque la nature d'une puissance opérative (ou faculté) est déterminée par son objet, l'intellect est supérieur à la volonté. Mais il peut arriver que l'objet de la volonté soit dans une nature plus élevée que l'objet de l'intellect. Par analogie, on peut dire que la vue est plus noble que l'ouïe parce que la couleur est plus noble que le son, étant plus simple que lui. Pourtant il se peut que tel son, produit par un objet, soit plus noble que celui qui produit telle couleur, et dans cette situation l'ouïe sera tenue pour plus noble que la vue. L'opération de l'intellect consiste à faire en sorte que la raison de la chose soit dans l'être qui pense ; l'opération de la volonté consiste à se porter vers l'objet bon tel qu'il est en lui-même. Dès lors, quand la réalité où se

trouve le bien est plus noble que l'intellect où se trouve l'idée de sa réalité, la volonté est tenue pour plus noble que l'intellect par rapport à cette réalité. Quand la réalité où se réalise le bien qu'appète la volonté est moins noble que l'intellect, alors ce dernier est tenu pour plus noble que la volonté, relativement à cet objet. Dès lors, il vaut mieux aimer Dieu que Le connaître, et il vaut mieux connaître les réalités matérielles que les aimer. Il demeure que, quand les facultés sont considérées absolument, l'intellect est supérieur à la volonté. Certes, observe saint Thomas, le bien et la fin ont raison de premières causes, et la volonté vise le bien, donc elle semble supérieure à l'intellect ; mais le vrai enveloppe la raison même de bien : le bien est un certain vrai, et corrélativement le vrai, fin de l'intellect, est un certain bien, or un tel bien est le meilleur des biens ; donc l'intellect reste supérieur à la volonté. Selon la deuxième objection, la volonté est tenue pour plus parfaite que l'intellect parce qu'elle opère chronologiquement après lui, et que ce qui est ultime en exécution est premier en intention. L'Aquinate répond que la puissance est antérieure à l'acte dans l'ordre chronologique, lequel est fin de la puissance et sa perfection cependant que, dans l'ordre de causalité ou ordre de la nature, c'est l'acte qui est antérieur à la puissance et qui est plus noble qu'elle ; or c'est le bien connu par l'intellect qui peut mouvoir la volonté, c'est donc l'intellect qui a raison d'actif et d'acte, et c'est la volonté qui a raison de passif et de puissance. Et que la charité, qui perfectionne la volonté, soit plus précieuse que la foi qui perfectionne l'intellect n'implique pas que la volonté serait supérieure à l'intellect pris absolument ; elle n'est supérieure à l'intellect que relativement à cet Objet qu'est Dieu.

On peut résumer la présente démarche du Docteur angélique de la manière suivante : si l'intellect, en connaissant son objet, le fait exister en lui sur un mode moins parfait que celui selon lequel un tel objet existe en lui-même, alors l'intellect l'abaisse pour le connaître, et la volonté nous élève à lui pour l'aimer.

Qu'il nous soit permis d'exprimer, avec la déférence qui convient, notre perplexité relativement à ces conclusions.

Souvenons-nous de ce à quoi nous avions abouti lorsqu'il fut question de résoudre le problème de la présence de l'aimé dans l'aimant, alors que la volonté n'est pas censée connaître, posséder en soi ce qui est à aimer. Saint Thomas parlait de *coaptatio* et nous avons fait l'aveu de ce que cette réponse nous paraissait, en l'état, peu convaincante. Nous résumions (§ 85 dans le présent chapitre) notre solution dans les termes suivants : *la présence de l'aimé dans l'aimant, c'est la présence du connu dans le connaissant lui-même tenu comme étant aussi bien volonté qu'intellect, intellect voulant et par conséquent volonté connaissant.* Or la question de la hiérarchisation de l'intellect et de la volonté n'est pas indépendante de la question de la *coaptatio*. En effet, c'est toujours la connaissance qu'a l'intellect du bien à aimer qui actualise la volonté, et l'on ne voit pas que la volonté puisse tendre vers son bien « *prout in se est* » en tant qu'actualisée par une connaissance élaborée par l'intellect, si cette connaissance fait exister en elle l'objet connu selon un mode appauvrissant la manière dont un tel objet existe en lui-même. Il n'y aurait pas ici de problème si la volonté était douée du pouvoir de s'approprier à son objet et de se le rendre présent sans que ce pouvoir fût dépendant de l'intellect lui-même. L'intellect proposerait à la volonté, éclairé sous la raison universelle de bien, ce bien même à aimer dont la volonté, indépendamment de la manière dont l'intellect peut lui-même se rendre présent un tel bien, parviendrait à se le rendre présent en elle ; dans ces conditions, quelque déficiente que soit, du fait de la sublimité du bien à aimer et à connaître, notre connaissance de ce bien, rien n'empêcherait la volonté de nous élever à lui en l'aimant tel qu'il est en lui-même. Mais nous avons vu qu'il n'en est rien. Il faut, pour que l'aimé (le bien) soit dans l'aimant (la volonté) selon le mode d'existence à raison duquel l'aimé existe en lui-même (ce qui habilite la volonté à tendre vers lui tel qu'il est en lui-même), que le connu soit dans le connaissant selon un mode aussi digne (sinon plus digne) que le mode selon lequel le connaissable existe en lui-même. À ce stade de notre réflexion, nous sommes en demeure de discuter, pour le nuancer, le propos suivant du Père Joseph de Tonquédec :

« L'auteur de *La Pensée* ne se place point dans la perspective aristotélicienne et thomiste ; il appartient (comme feu son ami le P. Laberthonnière) à une autre lignée ; il exploite une autre tradition, moins homogène, moins précise, moins technique, plus sujette aux interprétations variées et plus harmoniques à son libre génie : celle qui se réclame, à des titres divers, de Platon, de saint Augustin, de Descartes, de Malebranche, de Leibniz. Pour le péripatétisme scolastique, l'idée de l'infini est postérieure à l'idée du fini et s'en tire par négation ; la connaissance du créé précède la connaissance de Dieu et notre esprit s'élève de la première à la seconde <nous soulignons>. Pour M. Blondel, ce qui vient d'abord, sinon chronologiquement, du moins comme principe foncier, ce qui est la source de toute la vie consciente, c'est un obscur sentiment, une affirmation implicite mais positive de Dieu » (*Deux études sur « La Pensée » de M. Maurice Blondel*, Beauchesne, 1936, p. 27).

Loin de nous le désir de faire nôtres les positions modernistes, volontaristes, immanentistes, nominalistes de Maurice Blondel inspirateur du Père de Lubac, ni même de relativiser leur danger, et pas même de relâcher notre vigilance à l'égard de ce dernier. Si nous le nommons ici, c'est seulement parce qu'il est évoqué dans ce passage que le Père de Tonquédec consacre à ce qu'il tient pour le principe de la noétique thomiste, et qui attire notre intérêt tout en nous remplissant de malaise : nous allons de l'imparfait au parfait, du fini à l'infini que nous ne connaîtrions que négativement, au sens où la seule chose que nous en saurions serait que nous n'en savons rien. C'est ce point de vue qui nous paraît unilatéral.

Nous en voulons pour preuve, tout simplement, l'argument platonicien développé dans le *Phédon* :

Il nous faut bien posséder *a priori* une Idée de bonté pour rassembler les exemples concrets de choses bonnes au travers desquelles nous nous proposons, par induction et abstraction, de dégager l'essence de la bonté commune à toutes les bontés participantes expérimentées dans les choses. Certes, une telle Idée *a priori* n'est pas objectivable, sans quoi il ne serait pas nécessaire d'aller chercher l'essence du bon dans les choses bonnes. Sa présence en nous n'en est pas moins certaine pour nous ; nous expérimentons que le contact avec une chose belle ainsi dotée d'une qualité dont nous ignorons encore l'essence réveille en nous un savoir archaïque faisant preuve de sa présence et de son efficience en suscitant en nous, à partir de lui, une recherche de diverses choses bonnes. Toute connaissance est reconnaissance, et c'est ainsi que nous partons en « reconnaissance » vers des régions où nous n'avons jamais mis les pieds. Qu'il nous soit difficile de nous objectiver de tels principes, c'est peu douteux. Ce qui est principe d'objectivation semble répugner à être objectivé car alors, effet de lui-même, il exigerait le statut de cause de soi, dont l'intelligibilité est délicate, voire complètement impossible pour un thomiste de stricte orthodoxie. L'existence de tels principes ne s'en impose pas moins à nous, et c'est pourquoi il nous paraît difficile de réduire l'idée d'infini ou de parfait à la simple inconnue désignée par le résultat de l'opération consistant à nier le fini. Cette apriorité est d'ailleurs revendiquée par l'École (thomiste) elle-même (Bernard Grenet, *Ontologie*, Beauchesne, 1959, p. 40-41) :

« [...] cette thèse thomiste, d'après laquelle la multiplicité n'est intelligible que dans le fini, et que la finitude n'est intelligible que dans la composition avec "autre chose", a été mieux comprise par les philosophes modernes classiques, que dans l'école. <L'auteur fait allusion au fait que quand une même perfection se réalise en plusieurs êtres, c'est que cette perfection qui, à l'état pur, serait, de soi, infinie, et qui, en tant que perfection, relève de l'être en acte, entre en composition avec de l'être en puissance qui la reçoit et la mesure, ainsi la limite.> » Et l'auteur de renvoyer à Descartes qui, dans la *Troisième Méditation*, nous explique que l'idée d'infini est première : « Car comment serait-il possible que je puisse connaître que je doute et que je désire, c'est-à-dire qu'il me manque quelque chose et que je ne suis pas tout parfait, si je n'avais en moi aucune idée d'un être plus parfait que le mien, par la comparaison duquel je connaîtrais les défauts de ma nature ? » Aussi Descartes tient-il pour assuré que « j'ai en quelque façon premièrement en moi la notion de l'infini que du fini, c'est-à-dire de Dieu que de moi-même ». Grenet reproche à Descartes de faire de l'idée d'être quelque chose qui ne nous met pas directement en présence de l'être réel, avec cette conséquence irrecevable que nous connaissons non le réel par l'idée, mais le contenu de notre idée. « N'empêche que l'évidence de l'axiome thomiste reste entière : dans la perfection (ici, la perfection "être") l'état normal et donc premier, c'est l'infinitude » (p. 41). C'est la finitude qui est dotée de caractère négatif (elle est négation ou limitation de l'infini). Il reproche aussi à Descartes de faire de l'idée d'infini une idée plus claire et plus primitive que celle du fini, discernant en cette certitude un avant-goût de l'ontologisme exigeant que l'ordre des idées reproduise l'ordre des êtres, et que Dieu soit connu avant tout le reste. Il est clair que, sans explication particulière, l'ontologisme est peu recevable, qui semble rendre l'essence divine commensurable à l'esprit créé, ce qui nous fait basculer dans le panthéisme, selon la pente de l'idéalisme allemand. « Mais, malgré cette erreur qui tient à sa théorie de la connaissance, nous dit Grenet, Descartes souligne excellemment que la perfection est de soi illimitée » (p. 41).

La crainte, non infondée, de l'idéalisme subjectif (je ne connais que mes représentations), conjuguée à celle du panthéisme, a toujours disposé l'intelligence des thomistes à considérer que nous allons, en toutes circonstances et sous tous les rapports, de l'imparfait au parfait, ainsi du fini, premier connu, à l'infini (actuel), de sorte que pour eux l'universel n'est jamais premier, et reste négatif (ce qu'on sait de lui, c'est qu'il n'est pas ce qu'on en dit). Sans doute, si nous en restions là, il nous faudrait dépouiller tous nos concepts universels de quelque pouvoir de signifier ce qui est, puisque tout universel exprime en son infinité ou absoluité la perfection qu'il désigne, et il faudrait se résoudre au nominalisme. C'est pourquoi les thomistes, pour sauver la valeur des universaux, tout en niant que l'idée d'infini ou de parfait soit première, convoquent le principe de causalité :

La perfection « être » est la première des perfections, convoquée dans l'évocation de toutes les autres qui doivent bien *être* pour être des perfections. Comme perfections, elles sont des attributs de l'être, des aspects de l'être en tant qu'il est être. Or il existe des êtres qui ne sont pas leur acte d'être, qui donc pourraient ne pas être et qui sont contingents. Il existe ainsi — l'expérience nous l'apprend — de l'imparfait qui, en tant même qu'imparfait, n'est pas raison de lui-même, étant contingent ; donc il a une cause *parce que tout ce qui est contingent est causé.* Et cette cause est quelque chose qui, en dernier ressort, est la bonté que les causes intermédiaires se contentent d'avoir. On remonte ainsi de l'imparfait au parfait par le principe de causalité, et l'on en infère que l'idée de parfait n'est pas première.

À ce discours, force est de rétorquer que le principe de causalité n'est pas analytique ; il n'est pas réductible au principe de contradiction ; l'analyse de « être contingent » ne révèle pas celle de « causé ». Tout être causé est contingent, mais tout être contingent n'est pas causé ; tout camus est nez, mais tout nez n'est pas camus. On pourra bien dire avec le thomiste que le fait d'être causé est un accident propre de ce qui est contingent, et que l'on aperçoit cet accident propre aussitôt qu'on se place du point de vue de l'origine de l'être contingent. Mais précisément, se placer à un tel point de vue, c'est tenir pour acquis que le contingent est causé ; le rire est le propre de l'homme, « rire » est un accident propre de « animal raisonnable » ; mais il n'est pas inclus dans le concept d'homme, et il faut avoir expérimenté que l'homme rit pour reconnaître en cette fréquence du rire chez l'homme quelque chose qui découle de sa différence spécifique (sa raison) ; de même, il faut avoir expérimenté que l'être contingent est l'effet d'une cause pour reconnaître en cette propriété d'être causé un accident propre de l'être contingent. Pour fonder le principe de causalité, il faudrait donc avoir expérimenté que la cause première est effectivement cause des réalités contingentes données à notre expérience. Mais, s'il faut avoir expérimenté l'existence et la causalité de la cause première pour fonder le principe de causalité, on ne saurait user d'un tel principe pour établir l'existence de la cause première.

Ce qui nous conduit à reconnaître que l'idée d'infini ou de parfait est première, *a priori*, et c'est sur l'adhésion au moins implicite à cette certitude que fonctionne la démarche de la *Quarta via*. Il y a aussi une certaine forme d'innéisme chez Aristote et saint Thomas avec leur doctrine de l'intellect agent, lequel doit bien contenir en soi l'actualité des intelligibles qu'il fait passer de la puissance à l'acte dans le phantasme en les illuminant, toute cause étant plus riche que son effet auquel elle communique quelque chose : ce qui a le pouvoir d'actualiser l'intelligible en puissance est éminemment cette actualité qu'il communique. C'est la connaissance *a priori*, mais non réfléchie, de l'absolu, qui nous fait identifier la contingence de ce contingent *a posteriori* connu par nous, et c'est pourquoi nous ne remontons du contingent au nécessaire, du fini à l'infini, du relatif à l'absolu, que parce que nous sommes apparentés d'une manière ou d'une autre à l'absolu qui, comme nous le dit Hegel, se moquerait bien des ruses par lesquelles nous nous efforçons à le saisir s'il ne voulait être auprès de nous.

Si nous avons spontanément recours au principe de causalité comme à une démarche allant de soi, c'est dans la mesure où nous en appelons, de manière implicite, au principe de raison suffisante, et cela suppose que nous ayons saisi, sans nous l'objectiver, que l'être, en tant qu'il est être, premier connu, est en soi cause, et est en son fond, ou pris absolument, cause de soi ; ainsi raisonnons-nous : « l'être en tant qu'être est cause de soi, ou bien il enveloppe sa raison d'être ; or ceci, qui est donné à notre expérience n'enveloppe pas sa raison suffisante, donc il est causé, et pour cette raison ce qui est contingent est causé ». Remarquons que ce statut de cause s'est révélé à nous, ici plus haut (§ 66 et 67), en évoquant le caractère diffusif de soi du Bien, lequel n'est absolument bon qu'à engendrer et à faire communauté avec ce qu'il engendre ; non que la création soit nécessaire, non que l'unité de Dieu et du monde soit meilleure que

Dieu seul, mais en cela que Dieu ne serait pas Dieu s'Il ne Se disait de toute éternité dans un Verbe qui Lui est consubstantiel, ce que, selon nous, la raison peut en droit connaître, mais non le statut de Personne divine reconnu à ce Fruit, cette vérité première du christianisme n'étant accessible que par la foi. L'être en tant qu'être, entendu tel l'être absolument être, enveloppe l'affirmation de son existence, parce qu'il est cause en tant qu'il est être : l'*esse* n'est acte de l'essence que parce qu'il est exercé par elle et, à ce titre, il est tout autant posé par elle, et cette action réciproque entre essence et *esse* appelle leur identification concrète dans l'absolu ; en effet, l'essence inclusive de toutes les perfections, l'essence qui comme réflexion sur soi assume tous les degrés de perfection, est l'acte même d'être ; si l'on retient avec saint Thomas que l'étant est à l'*esse* ce que le coureur est à la course[24], il est permis de déclarer que la course est bien l'acte d'un coureur qui ne serait pas coureur sans elle, laquelle en retour ne serait pas sans un coureur pour l'exercer ; et cela doit se vérifier même pour Celui dont l'essence est d'être, parce que quand bien même un être épuise en sa singularité une perfection universelle, s'identifiant par là à elle, il ne cesse, ce faisant, de l'exercer. On retrouve bien ici cette action réciproque entre essence et existence identique à celle que nous avons rencontrée entre intellect et volonté. C'est pourquoi elle appelle une résolution analogue, qui n'est autre que l'intromission du concept de réflexion ontologique dans l'hylémorphisme. Si l'on se souvient que ce qui se réfléchit ontologiquement se libère de sa contradiction constitutive en faisant se réfléchir le résultat du processus (qui coïncide avec le processus même) dans un moment de ce même processus, on comprend que la notion de cause de soi, dans ce contexte, puisse être recevable : ce qui se pose comme contradictoire se libère de sa contradiction dans et comme l'acte de se poser tel. Au reste, lorsque nous avons parlé du bien nécessairement diffusif de soi, nous avons observé que cette

[24] *De Hebdomadibus lectio* II, Léonine n° 271.

fécondité nécessaire était liée au fait que l'amour est en soi contradictoire, et que celui qui est sujet et objet de son amour se libère de sa contradiction en posant un engendré ; autant dire que, sans le remarquer, nous avions déjà convoqué le concept de réflexion.

Penser l'être en tant qu'être comme réflexion, c'est ménager un point de rencontre entre fini et infini non ablatif de leur différence et de leur incommensurabilité, et ce point de rencontre n'est autre que le néant, en quoi consiste le moi pur, la pure puissance à être un sujet, laquelle fait aussi coïncider *secundum quid* intellect et volonté. Nous pensons avoir établi tout cela plus haut. On comprend donc que, dans cette saisie du moi par lui-même, qui le fait psychologiquement s'éclipser aussitôt qu'il s'atteint (toute conscience étant conscience de quelque chose), l'intellect s'éprouve comme coïncidant, mais sans savoir de manière réfléchie que c'est bien là ce qu'il fait, avec l'infini (dans le moment de sa finitude absolue) et, en une telle épreuve, saisit intuitivement que l'être en tant qu'être est cause, ce qui donne à l'intellect de se tenir pour assuré de la valeur du principe de causalité, étant assuré du principe de raison suffisante. En tant qu'infini concret assomptif de toute finitude, l'absolu est immanent à l'intellect sans compromettre sa transcendance, et, plutôt que de dire (ce qui serait erroné) que l'intellect voit les Idées divines, il vaut mieux déclarer qu'il voit en lui-même ce qu'est Dieu tel qu'il est en Lui-même, mais dans le moment de son absence à Lui-même. Parce que l'intellect, dans l'épreuve immédiate de la conscience de soi pure, éprouve cette coïncidence sans se l'objectiver, ainsi sans discerner de manière réfléchie et rationnelle le sens de l'expérience métaphysique à laquelle il est invité, il n'est pas dispensé — contre les sarcasmes d'un Blondel par exemple — de rechercher les preuves classiques de l'existence de Dieu, qui partent du fini pour aller vers l'infini. Cela dit, ce qui est réflexion régresse en direction de soi par l'acte de s'éloigner de soi, ce qui revient à dire que l'ordre des raisons d'être enveloppe le double mouvement de l'infini vers le fini (négation de soi de l'origine) et du fini vers l'infini (négation de négation). Aussi, lorsqu'un intellect fini opère en allant du fini à l'infini, c'est encore en épousant l'ordre des raisons d'être. Et c'est parce que l'ordre des raisons de connaître est l'ordre des raisons d'être que la raison humaine peut se prévaloir d'une aptitude à la métaphysique[25].

---

[25] Les thomistes enseignent que l'ordre logique de la démonstration n'est pas l'ordre métaphysique de l'être : nous nous appuyons sur la réalité finie pour remonter à l'Infini actuel, sur ce que nous connaissons pour accéder à ce que nous ignorons ; l'existence de Dieu, du point de vue de la raison humaine, repose sur l'existence des créatures ayant ainsi raison, pour nous, de fondement de la preuve de Dieu. Pourtant c'est Dieu qui est fondement des créatures, c'est sur Lui qu'elles reposent. On est tenté de déclarer — ce que professe le thomiste — que l'ordre des raisons humaines de connaître n'est pas l'ordre des raisons d'être, c'est-à-dire des raisons divines de connaître puisque c'est parce que Dieu pense les choses qu'elles existent. Au sens où l'entend le thomiste, nous sommes bien sûr d'accord. S'il est cependant acquis que l'absolu, pour être concrètement infini, assume de toute éternité toute finitude qu'il infinitise, alors le chemin qui va du fini à l'infini, qui pour nous correspond au mouvement logique de déduction, est déjà intérieurement et superlativement assumé par l'absolu, et l'ordre des raisons de connaître est bien l'ordre des raisons d'être. Le chemin qu'emprunte notre raison pour accéder à l'idée vraie est le chemin qu'emprunte l'idée pour être la réalité. C'est parce que l'être est en soi le rendre raison de lui-même que le principe de causalité, pour autant qu'il soit reformulé dans la forme du principe de raison suffisante, est recevable. Et il faut bien que l'on soit assuré, pour se faire métaphysicien, de l'identité de l'ordre des raisons de connaître et de l'ordre des raisons d'être, si le principe de causalité n'est pas analytique : n'ayant pas l'expérience de ce à quoi nous fait accéder la raison, ou encore n'ayant pas l'intuition de ce que notre raisonnement est supposé établir, il faut bien, pour être assuré de la vérité du résultat d'un tel raisonnement, que nous soyons assurés de la valeur du chemin que nous empruntons pour y parvenir. Et, pour que notre raison puisse rendre raison du fait que l'être en tant qu'être est le rendre raison de lui-même, la raison humaine doit faire l'épreuve du fait qu'elle est identique, *secundum quid*, à l'être qu'elle pense. On n'est pas pour autant conduit

§ 89. Conclusion du chapitre VII

Récapitulons :

Lorsque, disions-nous, la réalité où se trouve le bien appété par la volonté est plus noble que l'intellect où se trouve l'idée de cette réalité, la volonté est tenue pour plus noble que l'intellect par rapport à cette réalité ; tel est le jugement de saint Thomas dans la *Somme.* Pourtant, c'est toujours la connaissance que l'intellect a du bien à aimer qui actualise la volonté. Or, cette connaissance des réalités supérieures, du parfait ou de l'infini, ne saurait procéder de la connaissance des choses finies. Donc cette présence du bien absolu idéal, immanent à la volonté, qui la focalise par nature en direction de sa fin dernière — présence

---

au panthéisme ou à l'ontologisme. Il est difficile, selon nous, de se dispenser d'assumer, pour établir l'identité des raisons de connaître et des raisons d'être, le système de Hegel, mais cela ne nous somme pas d'interpréter comme il le fait ses propres résultats. La raison systématique, celle qui repose sur soi en posant ce qu'elle présuppose (tel est bien le sens d'une démarche systématique), et qui de ce fait, comme circulaire, comme négation de négation, est inclusive de son autre, par là se sait riche de tout être, réussit l'épreuve de sa systématicité en rejoignant son point de départ, mais, plutôt que de parvenir à ce que la logicité du système lui enjoindrait d'exécuter, à savoir la réflexion dans un moment du processus du résultat de ce même processus, notre raison philosophante se résout à réitérer indéfiniment la vie du système dont le dernier mot, à savoir la Pensée de Pensée du Stagirite, ne nous fait pas vivre cette pensée, mais seulement nous invite à reproduire le processus qui se conclut sur son existence. C'est là un échec partiel et heureux ; il est seulement partiel parce que la raison ne laisse pas d'éprouver sa toute-puissance en se bouclant sur soi ; il est échec parce que la raison se contente de relancer le processus au lieu de le faire se sublimer dans un acte à raison duquel le sujet pensant se révélerait aussi bien résultat qu'opérateur de son activité spéculative, ce qui le révélerait sujet divin ; il est heureux parce que, s'il établit que notre raison n'est pas divine, il prouve qu'elle est dans le sillage de la pensée divine, et ainsi que ses lois et catégories sont celles de l'être en tant qu'il est être, lequel désigne la perfection « être » qu'hypostasie l'Être absolument être qui est cause de tous les êtres.

qui requiert, nous l'avons vu aussi, l'activité de l'intellect qui seul connaît, à la différence du vouloir —, est une présence connue par l'intellect, et connue *a priori*, non à partir de la connaissance des biens finis à partir desquels on procéderait ensuite par négation et par éminence pour les approprier à l'absolu, mais en elle-même, quoique dans le moment de son absence à elle-même. Ce qui revient à dire que l'intellect n'abaisse pas le Bien à son niveau pour le connaître ; en retour, la volonté n'élève pas l'intellect au-dessus de lui-même en aimant un tel Bien. Il en résulte que, en dernière analyse, l'intellect nous semble toujours supérieur à la volonté, même relativement aux biens qui sont en soi supérieurs à la perfection de l'intellect. La connaissance est toujours plus digne que l'amour. Cela dit, comme nous l'avons vu encore, la réciprocation de causalité entre intellect et volonté exige que les deux s'identifient sous un certain rapport. En vertu de ce rappel, on peut dire que, s'appuyant sur l'intellect pour que s'opère la présence de l'Aimé dans l'aimant, la volonté, d'une certaine façon, ne s'appuie que sur elle-même : connaître l'absolu tel qu'en lui-même mais dans le moment de son absence à lui-même, c'est rendre présent à l'aimant l'Aimé, mais sur le mode de son absence. Déclarer que la volonté ne repose que sur elle-même, et déclarer qu'elle demeure l'obligée de l'intellect pour s'approprier à son Bien idéal, c'est, pratiquement, une seule et même chose. Et c'est bien ainsi que nous vivons cette tension : le désir de Dieu est en nous, mais l'essence de Dieu, en son identité positive, nous échappe évidemment, et nous n'éprouvons, en cette vie, l'appétibilité de ce bien absolu que dans la forme du pouvoir de nous détacher des biens finis. Nous pouvons donc conclure la présente réflexion de la manière suivante : c'est toujours l'intellect qui domine la volonté et la meut, mais il est définitionnel de l'intellect de se risquer dans la volonté, de la faire s'appuyer sur elle seule, pour opérer ses volitions. Il est, en d'autres termes, définitionnel de l'appétit rationnel intrinsèquement et en permanence mesuré par l'intellect de poser ses volitions moyennant un moment volontariste obligé.

Et qu'une dose prudente de déchaînement volontariste induit par le nihilisme héroïque à saveur existentialiste soit introduite dans l'élément serein d'un intellectualisme n'ayant en retour rien à concéder, cela peut être le moyen de réveiller, dans l'intellect du conservateur réactionnaire, cette instance révolutionnaire nécessaire à sa pugnacité, et cette conscience de la loi de la raison qui veut que le rationnel s'accomplisse toujours moyennant un moment d'irrationalité : il est rationnel qu'il y ait de l'irrationnel.

CHAPITRE VIII

Que faire ?

§ 90. Quelques rappels

En commençant la rédaction de cet ouvrage, nous nous étions proposé de montrer en quoi le conservatisme réactionnaire, ou traditionalisme classique, et le nihilisme héroïque, pouvaient se compléter, l'un jouissant de ce dont l'autre manque, cependant que, antinomiques s'ils sont pris chacun en l'état, ils excluent que l'on puisse se contenter de les inviter sans réforme à composer l'un avec l'autre et à entrer en osmose. Les deux positions ont en commun le refus de faire de l'homme une fin, le refus d'adorer l'homme qui à leurs yeux n'est supportable qu'à se sacrifier pour une cause où il trouve sa joie — cette joie qui ne se conquiert que par relégation de la recherche du plaisir —, la légitimation de son existence, par là le principe de sa réconciliation avec lui-même, dans le service d'une telle fin. Pour les uns, cette cause est la gloire de Dieu, de ce Dieu dont le royaume n'est pas de ce monde. Pour les autres, c'est une œuvre humaine de grand style destinée à s'accomplir dans le monde, assez puissante pour valoir à ses auteurs une immortalité impersonnelle dans la mémoire de leurs descendants.

Ainsi nous étions-nous proposé de *convertir à leur identité concrète* ces deux extrêmes de la pensée de droite. On pourrait dire : « en faire la synthèse », mais l'expression est inadéquate parce qu'on ne fait pas la synthèse, la « position ensemble », la réunion en un tout doté d'unité — c'est-à-dire cohérent — de deux principes qui s'excluent. Pour nous faire comprendre sans jargon, nous évoquerons cette image de Paul Valéry : les premiers matériaux de l'inspiration sont les « débris d'un futur ». Ils sont premiers sur le plan chronologique, ils sont offerts à l'inspiration du poète, et ce dernier est l'opérateur de l'œuvre à venir qui va être construite à partir de ces matériaux ; l'œuvre semble être le résultat, ultime sur le plan chronologique. Mais en fait c'est elle (ce « futur ») qui se cherchait depuis le début, jusque dans le choix de tels matériaux, parfois même jusque dans l'élaboration de ces derniers. D'une certaine façon, ce qui est premier, c'est l'œuvre elle-même, ultime dans l'ordre d'exécution parce que première dans l'ordre de l'intention. Par ailleurs, les composants qui peuvent être discernés dans l'œuvre ne subsistent pas en elle comme ils pourraient subsister hors d'elle ; ils sont intrinsèquement modifiés, sans pour autant être trahis, par le fait de leur intégration dans le tout ; si l'œuvre est première, s'ils ont en elle une manière propre de subsister, si c'est en elle qu'ils trouvent leur sens, leur raison d'être, leur légitimation, c'est qu'ils n'existent à l'état séparé que dans une condition, une manière d'être anormale qui les dénature, un peu comme les parties d'un corps qui, séparées de lui, ne sont même plus des parties subsistantes mais de la chair en décomposition, et bientôt de la poussière, ainsi des « débris ». Le paradoxe, dans le cas du poète, c'est que le résultat de la décomposition d'un tout précède chronologiquement ce dernier. « Convertir des termes à leur identité concrète », c'est s'efforcer à intégrer des parties dans un tout qui n'est résultat que parce qu'il est en vérité cause et origine, et l'on parle ici plus volontiers d'un vivant ; un vivant existe, comme les choses non vivantes, mais à la différence d'elles il est un être qui exerce l'acte d'exister de telle sorte qu'il ait en lui-même le pouvoir-être actif de ce qu'il est, et qui en lui joue le rôle de raison d'être ou de cause immanente. Un vivant, par définition lesté du pouvoir d'être (pouvoir d'exister : il ne serait pas vivant mais mort s'il perdait un tel pouvoir), exerce son pouvoir-être ce qu'il est, tel un tout qui construit les parties dont il se fait provenir, antérieur à ce dont il est le résultat, et qui à ce titre est ce qui fait que de telles parties peuvent coexister en lui sans s'opposer ; un tout organique ou vivant, véritablement un, doué du pouvoir de se régénérer, c'est ce qui, en mourant, *se décompose* en parties qui, libres, se dénaturent, dégénèrent et deviennent hostiles les unes aux autres, mais qui à proprement parler *n'est pas composé* d'elles. Ainsi, convertir des extrêmes à leur identité concrète, c'est en quelque sorte s'efforcer à ressusciter quelque chose, à le faire revivre à partir de ses membres disjoints déjà en état de décomposition organique et pourtant chronologiquement antérieurs au vivant dont ils sont les parties ; c'est par là leur redonner vie en redonnant vie au tout qui les intègre et les harmonise ; et leur redonner vie, c'est les modifier, c'est ne pas les laisser en l'état où ils étaient « avant » de rejoindre la totalité qu'ils précèdent mais dont ils procèdent.

Il nous a semblé que cette tâche était possible pour autant que l'on fît appel au concept de réflexion ontologique. *La réflexion ontologique, c'est l'acte à raison duquel une détermination quelconque — qu'elle relève de la pensée ou de la réalité que cette pensée pense — n'est véritablement identique à soi qu'en se faisant victorieuse de son contraire qu'elle conserve en ses flancs pour le nier, mais tout autant qu'elle préserve, quoique le niant, en le posant en elle-même comme cette possibilité de sa propre déchéance, et donc comme cette instance négative en laquelle elle se risque.* N'est véritablement soi-même, identique à soi, que ce qui a en soi-même le principe de son identification à soi, et c'est pourquoi il se soumet à l'épreuve d'une différenciation d'avec soi, qui subsiste en lui sur le mode potentiel, afin, à partir d'elle, de s'identifier à lui-même, de se rassembler, de s'unifier. Or ce qui se différencie de soi pour abolir sa différence, c'est ce qui se repousse de soi pour s'attirer, et c'est là une *réflexion*. Le nihilisme héroïque, c'est le contraire du traditionalisme réactionnaire, tout en appartenant au même genre que lui. Et nous avons cru bon de suggérer que la pensée traditionnelle attachée à l'ordre des choses gagnerait à faire du nihilisme héroïque cette instance négative en laquelle celle-là se conteste, se risque, s'anticipe, s'éprouve et se régénère, ainsi s'approfondit.

Pour les traditionalistes réactionnaires, il existe une vision du monde dogmatique donnant sens *a priori* à la subjectivité qu'elle mesure, et qu'elle mesure en tant que norme idéale du fait que, comme cause première, elle la fonde. Le mérite du dogmatisme traditionnel, fixiste, est d'instaurer une authentique transcendance capable d'arraisonner la subjectivité en lui ôtant ce statut de fondement des valeurs, lequel statut, chez le subjectiviste héroïque, lui laisse le loisir de se reprendre, de se désinvestir de ses devoirs que la subjectivité s'est choisis pour se donner l'occasion de se dépasser ; le réactionnaire dogmatique impose une vocation sacrificielle à la subjectivité au nom de la finalité qu'il lui assigne, qu'il n'invente pas et qui vaut pour elle-même ; en revanche, pour autant qu'il se refuse à jamais à se convertir en réactionnaire dogmatique, le subjectiviste héroïque lui impose une telle vocation par une espèce d'égotisme subtil, à la manière dont un orgueilleux pourrait épouser ces comportements que l'on ne trouve que chez les saints, mais pour rapporter à soi-même le mérite d'une telle abnégation afin de se complaire en lui-même ; or vient un temps où à force de jouer au saint par égocentrisme raffiné, on est contraint soit de le devenir effectivement — mais on renonce alors au subjectivisme —, soit de quitter la partie en s'inventant une autre vocation, quand la tartufferie se prenant au jeu de la vertu comprend qu'on doit être ce qu'on joue pour le jouer sans le trahir. Pour les subjectivistes héroïques, tout doit se passer comme s'il y avait un ordre des choses antérieur à la liberté humaine, mais doit être selon eux maintenue l'idée que l'homme crée les valeurs et les visions du monde. Or, comment la subjectivité supposée ouverte sur un chaos, sans Dieu organisateur, sans ordre des choses, pourrait-elle se sentir inconditionnellement liée par une loi dont elle est censée être l'unique fondement ?

§ 91. L'immanence et la transcendance de l'absolu

L'avantage de la position subjectiviste est que l'homme s'inscrit tout entier et totalement dans le monde, il y risque son essence puisque son essence est supposée consister dans la série de ses engagements et de ses actes ; il y met donc toute son énergie ; alors que le traditionaliste a toujours la ressource de « lever le pied », de conserver par-devers soi un arrière-fond d'indépendance vis-à-vis des fins temporelles, un arrière-fond réservé pour l'autre vie non mondaine, d'où la relativisation de ses engagements mondains, laquelle les désamorce et les condamne à la défaite ; le conservateur réactionnaire est toujours tenté de se soustraire à ses engagements pour des causes terrestres, parce que l'appel du Ciel, qu'il soit authentique ou fallacieux, invoqué parfois comme un prétexte, relativise de tels engagements.

L'inconvénient de la position à connotation existentialiste est que la subjectivité héroïque a du mal à dépasser le stade de la passion, parce que s'il existait une raison objective de choisir telle vision du monde plutôt que telle autre, cette vision serait fondée sur un ordre des choses antérieur à la subjectivité, et l'on sortirait de l'existentialisme. Or la passion est versatile, aussi fragile quant à sa pérennité qu'elle est plus violente quant à ses sporadiques explosions. Elle dépend, déconnectée de la raison, des humeurs des uns et des autres, du fonctionnement aléatoire de leurs glandes et des circonstances qui les excitent ou les endorment. Derechef, le dévouement du nihiliste pour la cause qu'il s'est choisie trouve occasion de s'effriter, tout comme celui du traditionaliste dogmatique.

La solution, nous pensons l'avoir établi, consiste à soutenir un dogmatisme qui soit capable d'enjoindre à la liberté de chercher dans l'immanence la préfiguration obligée de l'Objet transcendant de ses aspirations, car c'est à cette seule condition que le désir peut conjuguer le besoin de se déployer et celui de se reprendre pour aller plus haut. Et nous avons tenté d'esquisser les principes de cette conciliation entre immanence et transcendance, intériorité tournée vers le Haut intemporel et extériorité focalisée par le futur : l'infini actuel est victoire éternelle opérée sur le fini, c'est-à-dire sur l'infini potentiel auquel il s'identifie pour le vaincre, dans un processus qu'il fait se convertir en immobilité en se réfléchissant tout entier en un moment de lui-même ; *si un mouvement est tel qu'il est capable de se faire tenir tout entier dans un moment de lui-même, lequel par définition se renie, c'est le mouvement tout entier qui se suicide, et qui se suicide par là qu'il s'exerce ; c'est le mouvement tout entier qui se convertit en immobilité ; c'est l'immobilité qui jouit de la vitalité de la mobilité ; il faut qu'il y ait mouvement pour qu'il y ait moment, et, si le mouvement en son entier parvient à se concentrer — à se réfléchir — dans un de ses moments, il s'affirme dans sa négation qu'est l'immobilité, ce qui revient à dire que l'immobile s'affirme dans sa négation, demeure auprès de soi en vivant le processus interne de devenir soi-même.* Dans ces conditions, le fini, le créé, est la position, sur le mode de la contingence et *ad extra*, d'un moment intemporellement assumé par l'Infini immobile, ce qui a pour conséquence qu'en aspirant à une fin temporelle ou finie, le désir humain tend vers quelque chose qui n'est pas l'absolu, mais qui en même temps est une figure et une préfiguration obligée de l'absolu.

§ 92. L'espérance politique est-elle encore raisonnable ?

Reste à considérer les choses du côté des capacités de réception de nos contemporains ; reste ainsi à évaluer les conditions de recevabilité d'une telle solution, l'homme étant aujourd'hui le décadent sans racines qu'il a choisi d'être tout en s'innocentant d'un tel choix. C'est que, affairé à concilier les deux grandes formes contraires de la pensée de droite, nous supposions, ce faisant, que la léthargie de notre contemporain s'expliquait par les insuffisances logiques et psychologiques de la pensée dite de droite. Mais est-ce bien là la seule et unique explication ? Si la vérité rationnellement exposée suffisait à emporter l'adhésion, la volonté ne jouirait pas de ce dynamisme, de cette autonomie par rapport à la causalité de la raison, que nous lui reconnaissons, et que nous lui reconnaissons paradoxalement au nom même du magistère de la raison sur la volonté, en tant qu'il est rationnel qu'il y ait de l'irrationnel, c'est-à-dire en tant qu'il est nécessaire que le nécessaire se fasse exécuter par un moment de contingence.

Une idéologie n'a pas besoin de cohérence pour enflammer les peuples, parce qu'elle est faite d'images se donnant des allures de concepts, s'adressant à leurs passions qui font tressaillir les entrailles de leur subjectivité, l'exaltent et la renvoient à elle-même, mais de ce fait elles ne l'élèvent pas au-dessus d'elle-même ; elles l'emprisonnent en elle-même, au lieu qu'une doctrine fait s'excéder la subjectivité en direction d'une finalité objective qui l'accomplit en la crucifiant, par là qui l'élève. Et une vraie doctrine, à laquelle la passion est hermétique, s'adresse à la raison. Il reste que la cohérence d'une doctrine destinée à tirer l'homme vers le haut est condition nécessaire mais non suffisante de l'efficacité de cette doctrine, c'est-à-dire du degré d'appétibilité dont elle peut se prévaloir. Même non anémié, même parfaitement normal, pleinement vivant d'âme et de corps, l'homme ne se rend jamais à sa vocation spirituelle sans effort, puisqu'elle l'invite à l'abnégation : ne peut se prévaloir d'une vie sensée, c'est-à-dire d'une vie porteuse de raisons d'exister, que celui qui se reconnaît une finalité à servir, mais qui par là fait l'aveu qu'il ne saurait être pour lui-même sa fin ; même éminemment intègre, l'homme ne se soustrait pas à l'effort de crucifier sa subjectivité mais, parce qu'il est intègre, il aspire à cet effort, et sa raison s'ouvre d'elle-même à la vérité qui se fait attester par la cohérence de la doctrine en laquelle elle se dévoile. Mais nous sommes tous, hommes de droite, le produit de notre temps malade, nous sommes tous à des degrés divers contaminés par lui, ainsi dénaturés, au point que ce qui subsiste en nous de l'homme que nous prétendons être, qu'entrevoit notre intelligence obscurcie et que notre volonté languide n'arrive pas à aimer, n'est que la velléité du désir de nous sacrifier, tel un désir que nous n'éprouvons plus ; à défaut de désirer, nous désirons désirer. C'est pourquoi, même sur nous, une doctrine cohérente nous donne le sentiment de manquer d'appétibilité.

Mais alors, si l'absence d'intégration des deux principaux courants de vraie droite en un même corps doctrinal politiquement organisé n'est pas la raison suffisante de nos déboires ; si une propension radicale au mal, à l'individualisme, au mensonge à soi et à autrui, doit toujours l'emporter sur l'appétibilité du bien — et de ce premier bien qu'est la vérité dont l'indice est la cohérence interne —, est-il encore opportun de s'épuiser à lutter pour son peuple, à souhaiter qu'il se ressaisisse quand il a décidé de se perdre sans retour ? Et puis, si l'on tient compte de l'induration des habitus spirituellement destructeurs de la modernité qui gâte l'homme comme elle ne l'a jamais gâté depuis qu'il y a des hommes, ne peut-on tenir désormais cet infléchissement vers le bas comme irrémédiable, au niveau collectif et à vue d'homme ? N'est-on pas réduit, abandonnant le terrain politique, à se contenter d'essayer de se sauver soi-même, à inviter son prochain à se sauver, lui et sa famille, en choisissant de vivre dans la société comme un étranger, dans un exil intérieur tout personnel où se cultivent des vertus morales ? N'est-ce pas seulement à partir de cet humble projet que peuvent se reconstituer, à long terme, peut-être et seulement peut-être, les conditions d'un dévouement politique efficace, non susceptible de se perdre en maquis dérisoires ou d'être étouffé avant même que de naître ? On peut croire en effet que, supposé que certains des facteurs les plus déterminants de la décadence dont le cours s'accélère aujourd'hui de manière franchement alarmante en viennent, par le poids des choses, par la résistance du réel aux utopies mortifères, à ralentir leur pression frénétique, une masse assez consistante pourra se remettre, plus tard, à atteindre un niveau critique lui permettant de nourrir des ambitions de victoire politique. Tel est le diagnostic des gens « prudents », qui se disent et se veulent tels, au nom du « réalisme », de la juste évaluation des forces, contre la démangeaison activiste.

Si nous parlons ici des deux principaux courants de la vraie droite, ce n'est pas par méconnaissance de la grande quantité de formations, écoles de pensée, cercles, sensibilités culturelles ne se reconnaissant ni dans le nihilisme héroïque ni dans l'esprit réactionnaire de la monarchie traditionnelle, catholique et non constitutionnelle. Ce n'est pas, non plus, par une cécité intentionnelle qui serait malhonnête, dans le but d'écarter, arbitrairement, les courants qui ne nous intéresseraient pas. D'abord, ces courants nous intéressent et nous enrichissent, même si nous ne nous reconnaissons pas en eux à tous égards. Ensuite, notre catholicisme nous invite à distinguer au fond deux grands courants à chacun desquels objectivement tous les autres courants se rattachent, parce que les deux premiers sont définis par la question cruciale : adopter, à l'intérieur de la pensée de droite, un projet politique inspiré par une vision du monde qui sera fondée soit sur l'affirmation de Dieu, soit sur le refus de cette affirmation.

§ 93. Le peuple : responsable ou victime ?

Saint Pie X enseignait cette terrible vérité selon laquelle le modernisme est l'égout collecteur de toutes les hérésies. Nous dirons dans son sillage que le mondialisme est l'égout collecteur de toutes les subversions politiques. Nous nommerons « Réprouvés » tous ceux qui font profession de foi antimondialiste.

Dans le camp turbulent, fort désuni des Réprouvés, une querelle ancienne, pour le moment courtoise, se développe depuis quelque temps, qui concerne la recevabilité de la distinction entre pays légal et pays réel. On se demande en effet, de manière pertinente, quels sont les premiers ennemis des Réprouvés : les acteurs virulents et actifs du mondialisme, ou le peuple qui subit complaisamment cet empoisonnement ? Une autre manière de poser le problème consiste à se demander si un pays meurt à cause de la trahison de ses élites, ou bien si les élites d'un peuple ne sont jamais que celles que le peuple mérite, c'est-à-dire se donne, à tout le moins tolère, accepte de supporter, favorise et soutient par un accord au moins tacite. Tous s'accordent pour admettre que la racine du mal est la Révolution française. Selon la manière dont on répond à cette question, on est invité, pour conjurer un tel mal, à adopter une stratégie différente. On ne peut donc pas ne pas se la poser.

Pour les uns, le peuple est forgé par ses élites, il suit toujours le mouvement qui lui est imposé par elles, et ainsi, pour opérer par l'action politique un redressement intellectuel et moral, c'est aux (mauvaises) élites qu'il convient de s'attaquer d'abord, le peuple suivra les vainqueurs. Il ne convient pas de confondre morale et politique ; l'éducation du peuple et la dénonciation de ses vices et manquements divers relèvent de la morale, le combat pour le pouvoir est politique, et c'est au combat politique qu'il faut se consacrer. Il n'y a pas de réforme morale sans réforme politique. Il convient avec Carl Schmitt d'apprendre à identifier son premier ennemi, à peine d'avoir perdu la bataille avant que de la vivre, et ce sont les judéo-maçons qu'il faut dénoncer d'abord, et combattre autant qu'il est possible.

Évidemment, si ce point de vue doit être privilégié, on est sommé de résoudre le problème suivant : on ne peut entreprendre une révolution qu'avec l'appui d'une partie non négligeable du peuple ; mais il sera difficile d'obtenir cet appui puisque le peuple est confiné dans son hédonisme — auquel il est accoutumé — par les maîtres mondialistes de la subversion, ce qui le rend complice des ennemis de l'antimondialisme, c'est-à-dire des ennemis des partisans du renversement des élites actuelles. N'empêche, si ce point de vue est le bon, on doit poursuivre l'action politique coûte que coûte et tenter, par l'apostolat, par les bons livres, les bons journaux, les conférences, d'informer le peuple et de le gagner à la bonne cause, en le faisant, en quelque sorte, changer de camp, en lui montrant qu'il a été abusé par les idéologues marxistes, les représentants de la judéo-maçonnerie, la propagande libérale accompagnant les manœuvres capitalistes, les complots divers élaborés par le camp mondialiste, la logique de la désinformation « arc-en-ciel » (antiracisme, Shoah, réchauffement climatique, conjugaison des mesures anti-natalité et immigrationnisme systématique, etc.). Et c'est ainsi qu'on parviendra peut-être à se gagner une partie du peuple, cet appui nécessaire à l'entreprise de nettoyage des postes de pouvoir occupés par des corrupteurs. Mais il faut éviter à tout prix une guerre civile qui ne peut que servir les intérêts du mondialisme, parce qu'elle permettrait aux vrais responsables de la décadence de se poser en sauveurs. Si la masse des immigrés en Europe est pour l'essentiel d'origine africaine et de culture musulmane, elle peut constituer un allié objectif contre les corrupteurs judéo-maçons qui les font venir pour faire disparaître l'identité indo-européenne et gréco-latine des autochtones, mais qui n'ont pas prévu que pourrait se produire en Europe un mouvement analogue à celui qui s'est esquissé un temps aux États-Unis : une alliance tactique entre les racialistes blancs et les Afro-Américains.

Pour les autres, nous n'avons jamais que les gouvernements et donc les élites que nous méritons. Le peuple étant toujours, pour autant qu'il le veuille, plus fort — par le seul fait du nombre — que ses dirigeants, il n'est désinformé et empoisonné par les élites que parce qu'il y consent, et il est vain d'insister par trop systématiquement et unilatéralement sur la présence des complots, sur les élites judéo-protestantes du mondialisme bancaire. Le peuple est le premier responsable de sa servitude. Il n'est certes pas vain de dénoncer de tels complots, mais cette dénonciation, sans cesse ressassée, non accompagnée de la dénonciation de la responsabilité du peuple lui-même, en vient à masquer les vraies responsabilités et se révèle contre-productive. Faire d'un petit noyau d'élites se consacrant au mensonge et à la désinformation le responsable essentiel, premier selon la causalité, de la maladie de nos sociétés et de nos âmes, c'est aussi méconnaître la logique des idées, lesquelles sont porteuses d'effets nécessaires, et sous ce rapport les élites subversives ne sont que les causes instrumentales d'actualisation des effets de telles idées qui, embrassées par le peuple qui y tient passionnément, produiraient leurs effets à plus ou moins long terme, avec ou sans les cercles secrets de manipulateurs subversifs. On dira que le peuple n'a embrassé de telles idées que parce qu'elles lui ont été imposées de l'extérieur, par les mondialistes qui s'étaient rendus maîtres de tous les postes de commande de nos sociétés fatiguées. Et l'on répondra que les agents de la subversion sont nés dans ce peuple, ont été forgés par lui, sont héritiers d'un capital d'idées vraies ou fausses qui les ont eux-mêmes conditionnés, et qui font d'eux les représentants de l'esprit de leur temps ; et la réponse à cette réponse est que l'on doit en appeler à un conditionnement antérieur de ce même peuple par d'autres élites subversives plus anciennes. Il est aisé de s'apercevoir qu'on est là renvoyé à l'infini. Quoi qu'il en soit, si le point de vue de la responsabilité du peuple et des idées fausses, plus que des complots et des élites, doit être retenu, c'est aux crises économiques, aux situations de guerre civile qu'il faut penser pour envisager d'agir.

En effet, tenant pour acquis que le peuple est responsable de sa déchéance, il ne faut pas compter sur lui pour renverser les élites mauvaises, ni pour y aider, aussi longtemps que de telles élites lui dispensent sa manne de satisfactions honteuses spirituelles ou sensibles. Mais il ne faut pas non plus compter sur la possibilité d'un coup d'État sans l'aval d'une partie du peuple, parce que, sans un tel soutien, il n'est aucun révolutionnaire qui puisse soutenir le combat contre les détenteurs des moyens sociaux de domination : la presse, les forces armées, les services de renseignements, l'information technique, les armes, tous les instruments techniques d'inquisition, de surveillance, de répression et de rétorsion, etc. Il ne reste donc qu'à espérer que les maladies morales qui affectent le peuple consentant se convertissent en maladies physiques, à l'occasion de troubles sociaux graves, de disettes, de guerres civiles, pour lui faire éprouver le caractère morbide des idées fausses auxquelles il tient, dans l'espoir qu'il s'en détache. C'est alors seulement que, dessillé, dégrisé, frustré, déçu, il s'enrichit du pouvoir d'adopter une position critique par rapport à ses propres postulats et habitudes, et de rejoindre le noyau révolutionnaire actif des Réprouvés qui, dans l'attente de ce Grand Matin, sont invités à préparer leurs actions futures en se tenant à distance de toutes les formes d'engagement politique légal respectueux des principes républicains du jacobinisme, car c'est là du temps perdu ; c'est même cautionner le système contre lequel on prétend lutter, lui offrir l'épouvantail des « fascistes » dont il a besoin pour se trouver une légitimité de protecteur des libertés, alors qu'il est l'opérateur en chef des formes de servitude les plus insidieuses.

Nous pensons quant à nous que c'est peut-être là une fausse querelle et que les deux points de vue ont leur part de vérité ; il nous semble cependant que le deuxième point de vue, que nous nommerons celui des « pessimistes de l'action immédiate », contient une vérité plus universelle que le premier, celui des « Politique d'abord », et que, si une synthèse doit être faite de ces deux analyses, c'est sous l'égide de la seconde qu'elle doit être menée. Il en est du peuple par rapport aux élites comme il en est, analogiquement, de la matière par rapport à la forme. Les causes matérielle et formelle sont deux types de causalité irréductibles l'un à l'autre, qui se conditionnent réciproquement chacun à sa manière. La matière est actualisée par la forme qui l'investit, la conditionne en lui conférant son type spécifique. Mais la forme est éduite de la matière, par là elle est individuée par elle qui lui confère la manière dont elle se fait réelle, c'est-à-dire le mode de sa subsistance en tant qu'individu, puisque seul un individu est subsistant. De plus la matière, à l'état pur, est par définition l'informe, l'indéterminé, l'infini potentiel, la pure réceptivité, mais elle n'est jamais dénuée de toute forme, et la matière prime comme prime est incapable de subsister par soi. Elle est toujours, comme cette « *materia signata* » des scolastiques[26], dotée de déterminations qui induisent en elle un appétit ou une répulsion pour telle forme plutôt que pour telle autre, et qui la disposent plus ou moins bien à la recevoir ou à s'y soustraire. En appliquant ce schéma explicatif à la question du rapport entre le peuple et les élites, on obtient que le peuple suit ce

[26] Matière non dénuée de toute détermination, par opposition à la matière prime.

que les élites l'invitent à être, mais jamais ces dernières n'auraient acquis leur position de domination et ne continueraient à s'imposer au peuple si ce dernier n'était disposé à le supporter, et à le supporter volontairement puisque cette matière est humaine. Si les élites du XVIIIe siècle n'avaient pas été gagnées aux idées fausses concoctées dans le monde anglo-saxon lui-même à divers égards héritier de sophismes nés sur le continent, la bourgeoisie, mercantile, individualiste, arriviste, n'aurait pas supplanté l'aristocratie. Mais si le peuple n'avait été lui-même déjà moralement gangrené, jamais il n'aurait consenti à se faire acheter par le système des assignats grâce auquel une foule de paysans, de petits commerçants, d'artisans, de petits propriétaires, se sont constitué un patrimoine important aux dépens des biens de l'Église et des confiscations opérées sur les biens des Émigrés, et ont été liés, rendus solidaires des « acquis » de la Révolution, laquelle fut populaire, quoi qu'on en dise.

Sous ce rapport, les partisans du caractère surdéterminant du rôle des élites font peut-être un procès d'intention à ceux qu'ils accusent de relativiser l'importance du rôle néfaste des maîtres des démocraties en leur reprochant de substituer une perspective d'action morale à une perspective d'action politique. Simplement, dénoncer les complots, dévoiler les entreprises et la puissance des sectes judéo-maçonniques ne suffit pas. Le peuple devra éprouver les effets douloureux de ses propres vices pour apprendre à y renoncer et à s'ouvrir à la vérité. L'ennemi principal que, avec raison, Carl Schmitt nous invite à définir doit se prendre du côté de la causalité formelle, mais aussi de la causalité matérielle, et il n'y a pas lieu d'insinuer qu'on se tromperait d'ennemi en évoquant aussi l'ennemi pris du côté de la cause matérielle. L'ennemi formel, c'est le diffuseur d'idées fausses, imposées par le pouvoir politique qu'il a confisqué ; l'ennemi matériel, c'est le peuple qui veut être trompé, qui sait qu'on lui ment, mais qui sait aussi que faire le procès de la démocratie et de la République spoliatrices, voire du régime communiste qu'il subit — nous privant de nos biens matériels et spirituels, de notre identité, de notre mémoire, de notre religion même —

serait en même temps faire son propre procès, et qui en vient à avaliser le système de mensonges dont il souffre ; foncièrement gâté par l'individualisme et l'égotisme, il sait qu'il ne peut se passer de maîtres aussi longtemps qu'il renonce à vivre tel un sauvage solitaire dans la brousse, mais, quitte à supporter un supérieur, l'idée même d'obéir lui inspire tant de dégoût qu'il préfère obéir à des maîtres indignes plutôt qu'à des maîtres qui l'élèvent et qui, l'élevant, attesteraient et légitimeraient leur insupportable supériorité par rapport à lui. C'est pourquoi un tel peuple « râle » quand on lui parle des iniquités de l'élite oligarchique, de ses petitesses sordides, de sa duplicité, de ses actes de prévarication, de ses forfaitures, mais rien de tout cela ne le dispose à remettre en cause le système rendant possible la genèse d'élites aussi indignes, aussi peu aristocratiques, à ce titre d'autant plus facilement supportables qu'elles sont moins légitimes.

Nous avons parlé de cause matérielle pour nous faire comprendre, et nous avons compris, l'évoquant, que la matière n'exerce une causalité, sur la forme qu'elle reçoit, que parce qu'elle est elle-même investie et actualisée par une autre forme antérieurement reçue : cette matière est disposée à recevoir la forme du pain parce qu'elle est habitée par celle de la farine. Mais cela vaut aussi pour les formes destructrices, qui ont raison de privations : tel corps est victime d'une prédisposition morbide particulière, telle la diathèse, parce qu'il est lui-même déjà malade, affaibli par une inadéquation accidentelle de lui-même à l'âme qui l'actualise. Tel peuple est réceptif aux poisons moraux, intellectuels, politiques, religieux dispensés par les corrupteurs occultes, parce qu'il est déjà lui-même mal déterminé par la bonne doctrine, les bonnes mœurs, les bons dogmes qui devraient l'orienter vers le bien. S'il se trouve être mal déterminé par eux, c'est probablement parce qu'il est toujours possible qu'il se soustraie, par son libre arbitre, à l'influence coercitive des idées vraies et des règles morales bonnes, mais c'est aussi parce que la manière dont ces idées et cette morale lui ont été transmises est défectueuse par quelque côté, et c'est à cela surtout que nous pensons en nous autorisant à relativiser la causalité des influences occultes dispensatrices de poisons. La surdétermination de l'influence des sectes oblitère ce mode imparfait de transmission de manière à notre sens fâcheuse, qui innocente les soldats du bon combat et les dispense de se renouveler doctrinalement, ainsi d'approfondir la vérité dont ils sont dépositaires. Si le « *oportet haereses esse* »[27] est enseigné par l'Église, c'est parce que la genèse de l'erreur est occasion de préciser le sens des dogmes. Si l'hérésie progresse, c'est donc parce que les théologiens chargés de procéder à cet approfondissement n'ont pas opéré assez promptement, ou parce que des agents, politiques ou d'une autre nature, les en ont empêchés. Quand on dispose du pouvoir, à moins d'être terrassé par une cause militaire ou économique *extérieure*, et pour autant qu'aucun moyen humain n'ait permis de la prévoir et de la conjurer, on ne perd ce pouvoir pour des raisons de contestation intérieure que parce qu'on s'est rendu coupable de manquements dans l'exercice de son autorité. Il n'existe certes pas d'organisation parfaite qui permettrait de prévenir immanquablement les déficiences humaines, parce que la causalité de la cause formelle ne saurait se substituer à celle de la cause efficiente ; mais enfin, il est fort rare que la corruption d'une organisation soit imputable à la seule perversité ou impéritie de la cause efficiente, la cause formelle ayant pour office, entre autres, de prévenir de possibles déficiences du côté de la cause efficiente : s'il y a des problèmes récurrents dans les moments de succession, ou de transmission du pouvoir politique par exemple, c'est parce que les règles de succession sont elles-mêmes incomplètes, ou inadaptées, et ce sont de telles failles qu'exploitent les corrupteurs. Nous ne tenons nullement — on l'aura compris — à faire porter sur le peuple en tant que tel le fardeau de toutes les responsabilités dans les processus de décadence, comme s'il était seul infesté de

[27] I Co 11, 19 : Il faut qu'il y ait des hérésies, au sens où Dieu tire le bien du mal : éprouver les croyants et affermir les élus.

malignité. Le peuple est mauvais parce que, de manière générale, l'homme est mauvais, aussi bien celui d'en bas que celui d'en haut car il est vrai que la modestie d'une position sociale ou de talents naturels n'empêche nullement l'homme d'être orgueilleux, vaniteux, envieux ou fainéant. Le peuple est mauvais, d'une manière particulière, parce qu'il est vulnérable aux attaques séductrices des idées fausses qu'il n'est pas préparé à affronter parce qu'on l'a laissé dans l'ignorance ou le dénuement spirituel. Il s'agit ici non d'innocenter le peuple en accusant les corrupteurs occultes (comme si les théories du complot étaient seules à retenir), non d'innocenter les corrupteurs en noircissant la bassesse du peuple (comme si les chefs n'étaient capables d'aucune bassesse, comme si le conspirationnisme n'avait aucune valeur), mais de dénoncer la part de responsabilité qui revient à ceux qui avaient la charge de diriger le peuple, de l'éduquer, de l'élever, avant qu'il ne se mît à être perméable aux influences des corrupteurs.

§ 94. Les « défaitistes de l'Apocalypse » et les « empiristes éclectiques »

Un tel projet, celui des « prudents » évoqués au § 92, à proprement parler, reviendrait non vraiment à quitter l'arène du combat politique (le « prudent » s'en défend), mais à quitter cette arène où l'on combat sans préparer le terrain par des entreprises culturelles et apostoliques. Cela revient à s'engager politiquement non pour faire la révolution, non pour abattre le système par la force afin de refonder la société décidément non politiquement amendable, mais seulement pour réagir aux progrès de la subversion mondialiste qui, si elle parvenait à ses fins, deviendrait indéracinable. Cela consiste, de manière seulement réactive, à empêcher le mondialisme d'instaurer l'État mondial dont la réalisation, le rendant possesseur de tous les pouvoirs, supprimant toute autonomie — même relative — des peuples et des individus qui les composent, en viendrait à rendre impossible jusqu'à cet exil intérieur en lequel se retranche l'espoir ultime de l'homme de droite désabusé.

Supposé que ce diagnostic soit admis, plusieurs discours sont alors possibles, qui sont à certains égards plus complémentaires qu'antagoniques, à d'autres égards franchement opposés entre eux.

Il y a le discours des catholiques de Tradition, que nous nommerons ici les « défaitistes de l'Apocalypse », parce qu'ils considèrent que le temps de l'action politique visant la prise du pouvoir est passé, que la défaite temporelle est inéluctable, et qu'il ne reste qu'à prier en attendant la Parousie après maintes épreuves terrifiantes. Ils sont soucieux de sauver des âmes et sont enclins plutôt à accepter, au moins en apparence, et autant que la morale le permet, les règles du jeu démocratique qui leur est imposé contre leur gré ; ils souhaitent ne pas transgresser la loi, ne pas se faire remarquer par les autorités, éviter le combat frontal, développer en petits groupes des recettes « survivalistes » point trop folkloriques, et œuvrer dans l'élément de la société civile en essayant de convertir à la vérité catholique et aux idées conformes à l'ordre des choses les individus et les familles que la Providence leur fait rencontrer, tout en faisant tout ce qui est en leur pouvoir, dans le contexte de la « nation » républicaine qui resterait selon eux la nation en dépit de son habit jacobin, selon toutes les ressources légales, pour rendre impossible l'avènement de l'État mondial.

Un autre discours plus orienté vers l'action, moins religieux, voire antireligieux, mais soucieux lui aussi de réalisme, tient pour acquis que la poursuite d'un projet politico-religieux conquérant et activiste sans aucune concession est une chimère, l'expression de déclassés irréalistes, de bavards ignorants des rapports de force qui sont en présence. Nous nommerons les tenants d'un tel discours, les adeptes de l'éclectisme doctrinal revendiqué, les partisans de l'*empirisme éclectique*. Selon eux, plutôt qu'à imposer un ensemble de mesures qui ne feraient qu'éloigner la plèbe, il convient d'épouser les soubresauts qui agitent la société telle qu'elle est, sans être trop regardant sur la légitimité, l'intégrité et la cohérence doctrinales des revendications populaires, afin de les faire jouer contre le mondialisme. La politique n'intéresse la plèbe en général que lorsqu'il est question de revendiquer quelque chose, et le langage de la revendication prend spontanément la forme de l'esprit et des slogans de gauche dont il ne convient pas de s'effaroucher. Pour changer la réalité, il faut commencer par l'épouser. Si l'on entend convaincre les membres de la plèbe de se fédérer efficacement, il est nécessaire de leur tenir le langage qu'ils comprennent ; il convient dès lors d'épouser la rhétorique des droits de l'homme, de la lutte des classes, du droit à conquérir de nouveaux droits sociaux, il faut accepter les réformes sociétales largement acceptées par le peuple (avortement, divorce, amour libre, etc.), à tout le moins n'évoquer en aucun cas la perspective de leur remise en cause, et il est nécessaire de fédérer de manière large, de faire se retrouver dans le même camp les immigrés de première et de deuxième génération encore attachés à certaines valeurs traditionnelles et les « pays » encore un peu enracinés ; sans souci de cohérence doctrinale d'inspiration métaphysique, il convient de fondre dans un même creuset la doctrine sociale de l'Église, les analyses marxistes du capital et des différentes formes d'aliénation, la théologie de la libération, le corporatisme de La Tour du Pin, la doctrine de la cogestion, et surtout, bien entendu, comme ciment de base, l'idée nationale, comme antithèse du mondialisme ; mais cette dernière doit être ce qu'elle est pour l'homme du peuple, elle doit être nationalitaire, de type déroulédien et gaullien, unissant dans un même souffle Jeanne d'Arc et Bonaparte, le souvenir de Bouvines et celui de Valmy, le Grand Condé et Clemenceau, l'équipe de football française composée d'Africains qui remporta la coupe du Monde et les exploits de Surcouf, Jules Ferry et le bon roi Dagobert, l'épopée de la Résistance et Du Guesclin. On doit absolument repousser toute forme de racisme, toute référence au fascisme et plus encore au national-socialisme : l'homme du peuple aime les « beurettes », et sa fierté (ou ce qu'il tient pour tel) comme son individualisme répugnent à reconnaître un bien dans une défaite militaire, d'autant que ce peuple est nourri depuis bientôt quatre-vingts ans de haine antiallemande et se représente les fascismes comme le mal absolu. On doit tout assumer de la nation quand on se dit nationaliste, ainsi faut-il établir des solidarités transpartidaires, profiter de la dynamique antisioniste des musulmans de France et abandonner tout discours de rejet à leur égard, prôner l'intégration, etc. Il faut sauver la France, la France réelle, la France germanophobe, la France républicaine. Exacerber les tensions raciales en croyant que la guerre civile serait inévitable et qu'elle pourrait être le terrain favorable d'une entreprise de *reconquista*, c'est faire stupidement le jeu du judaïsme politique qui organise le « grand remplacement » et applique le processus du « *solve et coagula* » ; on doit absolument viser une réconciliation nationale, se rapprocher — pour des raisons géopolitiques évidentes — de la Russie et de son chef pragmatiste, et adopter ici les mêmes formes de synthèse doctrinale peu rigoureuses conceptuellement mais puissantes du point de vue des sentiments que suscitent les images. Concrètement, on est invité à unir la droite et la gauche, à réconcilier l'inégalité aristocratique (à tout le moins élitiste) et l'égalitarisme démocratique, les autochtones spoliés et les immigrés marginalisés, les Républicains et les catholiques, mais aussi les plus petits des grands et les plus grands des petits, ainsi les composantes de la classe moyenne, contre l'ennemi commun du capitalisme déchaîné, ainsi contre le manipulateur mondialiste — l'élite économique nomade et internationaliste — qui, quant à lui, consiste en un tout petit nombre de très grands manipulant la plèbe innombrable des tout petits contre son seul ennemi réel, à savoir la classe moyenne.

Un troisième discours politique est possible, un projet politico-religieux élaboré sans concession, qui croit encore à l'opportunité du combat politique et au devoir d'espérer en la victoire temporelle, et qui correspond à cette « synthèse[28] » de

[28] Au § 90, nous avons défini ce que nous entendons ici par « synthèse » : conversion des extrêmes à leur identité concrète.

l'esprit traditionaliste réactionnaire et de l'esprit nihiliste héroïque telle que nous l'avons décrite ici ; ce discours sera nommé celui des « intransigeants idéalistes ». Il consiste à raisonner et à agir de la manière suivante :

Ce qui est contre nature porte en ses flancs la programmation de son échec, le mal est divisé contre lui-même ; d'abord les mondialistes ne sont pas unis entre eux, ensuite ils ne trouveront pas les moyens de rendre tout le monde docile en même temps ; en troisième lieu, ils ne pourront pas maîtriser toutes les manettes de la vie sociale de tous les peuples du monde en même temps parce que la complexité d'une telle tâche est telle qu'aucun homme n'en serait capable, pas même l'Antéchrist. Aussi restera-t-il toujours des poches d'indépendance dans le magma servile, des irréductibles prêts à se lever quand l'occasion s'en présentera. Ensuite, cette occasion ne pourra pas ne pas se manifester parce que, en plus de la fragilité du système coercitif contre nature qu'on veut nous imposer, les mondialistes entendent parvenir à leurs fins en jouant les pompiers pyromanes : déstructurer les sociétés pour les reconstruire à leurs conditions. Or, pour les déstructurer, il faut susciter la guerre civile partout, ce qui suppose la mise en place des conditions d'une lutte des classes sanglante, mais aussi et surtout des ethnies et des races entre elles. Cela dit, toute guerre civile engendre des dysfonctionnements que les manipulateurs ne peuvent pas prévoir ni maîtriser tous, et le collapsus des pouvoirs régaliens des États, qui rend possible l'anarchie destructrice, rend aussi possible les agissements des antimondialistes qui doivent aujourd'hui se préparer en silence à agir. Les pompiers pyromanes favorisent l'immigration et l'appauvrissement des petits Blancs afin de les rendre dociles aujourd'hui en les terrorisant par l'épée de Damoclès des musulmans immigrés agressifs et conquérants, arabes ou non, et par le spectre des pandémies et des disettes ; mais aussi afin de les inviter, pour échapper à l'égorgement, à faire appel aux forces américano-sionistes, celles-là mêmes qui dirigent les pompiers pyromanes. Ce faisant, ces derniers ne font que précipiter une situation qui résulte logiquement, en deçà de toute explication conspirationniste, des virtualités de l'hédonisme plébiscité par les peuples de manière écrasante, et de son instrument le plus efficace, le libéralisme capitaliste. Les manipulateurs se contentent d'accélérer le processus. Ce qu'ils n'ont pas prévu, c'est que le sevrage des glandes consuméristes peut rendre les peuples lucides et hargneux, au lieu de les rendre dociles, et qu'ils sont capables d'opter pour l'action révolutionnaire en faveur d'une puissance radicalement hostile au mondialisme, selon la logique de la genèse des fascismes. Et c'est cette carte politique qu'il convient de jouer. Le but : instaurer une dictature, attaquer le mondialisme par l'entretien d'une internationale subversive des nationalismes, déployer un mono-archisme fascisant brutal adapté aux temps de crise, et faire s'apaiser cette révolution mondiale antimondialiste par le rétablissement, à long terme, de monarchies catholiques restituant à l'Europe son statut de centre du monde. L'Écriture nous dit qu'il y aura des signes visibles pour ceux qui savent comprendre, mais aussi que nul ne sait ni le jour ni l'heure et qu'Il surgira tel un voleur ; il y aura donc des indications nous invitant à nous préparer, mais tout est assez flou pour qu'à aucun moment, fors le dernier, nous ne soyons assurés d'être arrivés au bout de l'Histoire ; nous devons combattre jusqu'à la fin, comme si l'Histoire pouvait être indéfiniment relancée.

C'est exactement ce genre de projet qui est refusé tant par les « prudents » et les « Politique d'abord » que par les « empiristes éclectiques », parce qu'il est jugé utopique, profondément ridicule, agaçant parce qu'il déconsidère, par ses outrances, le sérieux des antimondialistes, et encore dangereux parce qu'il donne occasion aux mondialistes d'user de mesures répressives et inquisitoriales dont les gens réalistes se seraient bien passés. Et il est, bien entendu, tenu pour parfaitement vain par les « défaitistes de l'Apocalypse » qui tournent le dos à toute action politique.

§ 95. Les deux grandes formes de l'action politique aujourd'hui

Procédons à une brève récapitulation en usant de la typologie peu orthodoxe et très peu conformiste que nous nous sommes permis d'élaborer :

Pour les « *prudents* », les inachèvements éventuels de la doctrine de la pensée de droite, trop désunie dans ses principes et plus encore dans le domaine de l'action, ne suffisent pas à expliquer la victoire des méchants ; le mal, l'amour pour l'erreur, est au cœur de chaque homme et il est *sui generis* ; il faut se sauver individuellement et faire de l'apostolat sans autre ambition que de sauver son prochain, c'est-à-dire le proche, sans structure prétentieuse, sans organisation, en agissant par capillarité, en vue peut-être, mais sans en faire un but, d'une renaissance politique très lointaine.

Pour les « *défaitistes de l'Apocalypse* », les dés sont joués, la fin du monde est pour demain, il ne reste qu'à prier en abandonnant toute perspective politique jugée profondément dérisoire pour qui est convaincu de l'imminence de la Parousie ; la chose politique finira avec le monde, et le monde est en train de finir.

Pour les « *intransigeants idéalistes* », toutes les causes invoquées pour expliquer nos échecs sont recevables, mais aucune n'est déterminante, et, s'il reste une petite chance pour que l'action politique soit encore digne d'être embrassée parce que susceptible de l'emporter, ce sera par une réunion des hommes de bonne volonté de la vraie droite, et la cause principale de cette impuissance à les réunir tient dans l'hétérogénéité de la pensée de droite. L'intellect meut la volonté, l'Idée meut les volontés, la disparité des idées les divise. Mais la force d'une idée est telle, quand elle sait se communiquer aux esprits, qu'elle a raison de tous les écueils ; le moteur de l'Histoire et la grille de son intelligibilité, c'est la logique des idées par lesquelles les hommes font habiter leur esprit. Qui possède l'idée vraie possède l'essentiel pour l'emporter ; le reste — force, chance, courage, ténacité, ingéniosité dans le déploiement des moyens — ne relève que des causes instrumentales.

Pour les « *Politique d'abord* », la cause principale du mal est à chercher dans les sectes, les complots, les conspirations, le judaïsme et la maçonnerie, et le Maître d'œuvre qui leur est commun, l'ange déchu. Il existe une histoire officielle et une histoire parallèle, occulte, qui seule enveloppe les vraies causes. Les virtualités de redressement individuel et collectif se déploieraient partout si l'activité des sectes pouvait être universellement dénoncée, et la tâche de la politique de droite est de forlancer les conspirations, de les mener au jour pour les désamorcer.

Pour les « *pessimistes de l'action immédiate* », la force des méchants est la faiblesse des bons, comme l'enseignait saint Pie X. L'influence ravageuse et incontestable des conspirations antichrétiennes et des complots montés contre l'identité des peuples et la civilisation occidentale ne serait que de peu d'effet si le peuple ne lui prêtait le flanc avec complaisance. Et seule la souffrance peut tirer le peuple de sa léthargie, de ses vices, de sa cécité intentionnelle.

Enfin, pour les « *empiristes éclectiques* », on doit agir contre le mondialisme par tous les moyens, sans se lier à aucune doctrine particulière, élaborer des patchworks ou des salmigondis doctrinaux sans scrupule et sans souci de cohérence, parce que la doctrine en général ne vaut que par son pouvoir pratique de galvaniser les foules. On doit à tout prix éviter la lutte des races sur le sol de la patrie, faire valoir les mérites de l'idée nationale en assumant tout le passé de la nation, quelque disparate et même contradictoire que soit une telle mémoire commune constitutive de l'identité nationale.

À y regarder de près, on s'aperçoit que le « défaitiste de l'Apocalypse » résulte d'une radicalisation de la position du « prudent » ; que le « Politique d'abord » a les mêmes soucis, les mêmes aversions, les mêmes priorités que l'« empiriste éclectique » ; que l'« intransigeant idéaliste », par l'importance considérable qu'il accorde à la causalité des idées, rencontre le scepticisme du « pessimiste de l'action immédiate » aussi bien quant à l'influence des complots qu'en ce qui concerne l'efficacité d'un rassemblement antimondialiste conçu sans remettre en cause les principes de l'esprit démocratique ayant façonné les nations européennes depuis 89. Il y a donc trois grands courants et, si l'on écarte le premier, qui est un renoncement à l'action politique, il n'en reste en fait que deux : l'union de la droite et de la gauche antimondialistes sous l'égide de l'idée républicaine, ou l'ultra-droite fasciste.

Ayant tenté de développer ici quelques suggestions au bénéfice d'une unification de l'idéal de la droite, nous nous rangeons bien évidemment dans la deuxième catégorie, celle des « Enragés » de droite, celle des imprudents, celle des naïfs qui tiennent candidement pour certain que l'honnêteté l'emporte toujours à long terme sur le machiavélisme. Il nous reste à proposer une critique des critiques adressées à ce deuxième courant par les défenseurs du premier, ce qui nous tiendra lieu de conclusion.

CONCLUSION

§ 96. Opportunisme machiavélien n'est pas réalisme

Disons-le sans ambages :

Ce projet d'action — nous parlons d'union tactique de la droite et de la gauche antimondialistes —, qui se veut raisonnable parce qu'il se déclare réaliste, est voué à l'échec sans conteste, parce qu'il consiste à freiner des quatre fers devant un mal que l'on n'a pas décidé d'éradiquer ; ou encore parce qu'il ne s'agit là que de repousser les effets du mal sans prendre le soin d'en détruire la cause, de telle sorte que, retardant les effets délétères de ce mal, on accoutume à le subir ceux qu'il frappe sans susciter de leur part un rejet, au point que, quand vient l'occasion historique de le rejeter, plus personne n'est là pour en avoir envie, et pour procéder au rassemblement de ses énergies pour le faire. Et ce processus malin des progrès de la subversion opérés sous l'égide de la « prudence » prônée par les bien-pensants et les astucieux cyniques est une preuve par les faits de ce que la révolution violente, risquée, non effrayée par la démesure et par l'idéalisme qui l'inspire, est parfois l'expression de la véritable prudence. Que ce programme opportuniste pour l'action se réduise à retarder les effets du mal sans remettre en cause le mal lui-même, c'est ce qui appelle une explication qui se fera en quatre temps.

En premier lieu, le mondialisme ne peut être réalisé que dans la forme d'une dictature bancaire seule dotée du pouvoir d'inspirer le goût des plaisirs bas et de manipuler les hommes par la peur en maîtrisant tous les dangers (changements climatiques, épidémies, crises économiques, etc.), ainsi en contrôlant tous les flux monétaires et en rendant par là les peuples complices de leur servitude. Le mondialisme n'est pas n'importe quel type d'unification du monde humain ; il est son unification par substitution d'un seul État politique à tous les autres, ainsi par suppression des différences naturelles qui, dans des formes nationales ou ethniques, expriment la richesse de la nature humaine. Les hommes ne vivent pas en société dans le seul but d'y vivre moins mal que dans la condition inviable de solitaire ; c'est là le point de vue contractualiste de Hobbes, qui souffre d'une contradiction indépassable : si l'homme est un loup pour l'homme, semblable à une bête aussi longtemps qu'il est solitaire, c'est que seul l'État l'humanise en réprimant ses désirs porteurs de conflits, ainsi en le moralisant. Or c'est par l'acquisition préalable d'une conscience morale que cet homme est doté du pouvoir de suspendre ses passions pour consentir à passer contrat avec d'autres hommes, c'est-à-dire pour remettre son pouvoir naturel illimité mais précaire à une instance étatique habilitée, quant à elle, à lui distribuer sous forme de sécurité et de progrès culturel la part de liberté qu'il a sacrifiée pour fonder la société. Mais si, au contraire, l'homme est par nature un animal politique, c'est que sa nature lui enjoint d'entrer en société en vue d'un bien qui dépasse son intérêt privé, *parce qu'il sera le bien de sa nature*, laquelle est commune à tous les hommes. Il s'agira d'un bien commun, commun à tous les hommes parce que propre à la nature de l'homme. Or que peut être le bien de la nature en tant que nature, elle qui désigne l'essence de l'homme, ce qui fait l'humanité dans l'homme ? Ce ne peut être que le déploiement de ses richesses internes, celles qu'aucun individu ne saurait actualiser ou extérioriser à lui tout seul. La nature humaine se subordonne l'individu qu'elle habite pour assurer sa pérennité en le mobilisant pour procréer biologiquement, afin d'engendrer une multitude de rejetons qui renfermeront chacun toute la nature humaine en la réalisant selon un mode unique. Mais la nature humaine se subordonne aussi l'individu qu'elle habite pour l'inviter à faire corps avec ses semblables en constituant la société qui fera se réaliser en grand les articulations de l'économie ontologique intérieure à chaque homme. La société est la réalisation en acte, autant que faire se peut, à l'intérieur d'une communauté de destin, de toutes les potentialités hiérarchisées de la nature humaine, et c'est cela qui fait de la société la fin de l'individu, puisque sa nature intérieure a raison de cause efficiente mais aussi de cause finale, au moins sous le rapport suivant : désir de se conformer aux exigences de sa nature, d'en être une individuation adéquate. Il résulte de ces considérations plusieurs choses. D'abord, il n'appartient à une entité dotée d'unité de faire se réaliser en et par elle-même toutes les potentialités de sa nature que si cette réalité *est* sa nature, à la manière dont l'ange, selon la théologie catholique, est son espèce : étant son essence, il est doté de facultés induites par elle qui sont capables de déployer toutes les potentialités de cette essence. C'est pourquoi l'homme ivre d'orgueil aspire à l'État mondial. Ce dernier, par définition, n'a pas d'extérieur, il est l'humanité considérée en extension. Mais à ce titre il a pour signification d'être l'actualisation de l'humanité considérée en compréhension, telle une entité angélique douée du pouvoir d'épuiser son essence en sa singularité, ainsi d'être son essence ; or la société n'est pas substance mais tout d'ordre, elle n'existe que par les initiatives des hommes qui s'inscrivent en elle ; si donc la société est cette entité incarnant l'essence humaine tout entière et totalement, et n'est que par les hommes, c'est que les hommes sont capables de se faire cause de leur essence, cause de soi, raison première d'eux-mêmes, divins. Chaque individu se réduira au statut d'accident de la totalité sociale que l'homme aura substantifiée. En d'autres termes, il se réduira au statut de conscience de soi parmi des milliards d'autres de cette unique essence humaine réifiée dans la forme de l'ensemble des rapports sociaux ; mais il ne consentira à cette réduction que pour en retour s'arroger le privilège d'être divin. Il va de soi que cette déification de l'homme, qui exige qu'il ne soit pas substantiellement distinct des autres hommes, ne saurait tolérer une disposition sociale telle que la propriété privée, laquelle donne le moyen à l'individu d'exercer son indépendance relative par rapport à autrui, sa responsabilité, sa différence d'avec le tout, son appartenance à lui-même, ce qui revient à dire qu'elle rend impossible la substantification de la société, mais que par là elle compromet la déification de l'homme ; que la partie d'un tout traditionnel soit ordonnée au bien du tout suppose que la partie ne soit pas réductible au tout. Dès lors, l'État mondial substantifiant la communauté humaine sera communiste ou ne sera pas. Tout autant, s'il est vrai que seule une réalité épuisant toutes les virtualités de son essence est douée du pouvoir d'exprimer à elle toute seule, par ses opérations spécifiques, la richesse de cette essence, alors, de même qu'un homme ne peut jamais exprimer toute l'humanité (il ne peut avoir les deux sexes, être blanc et noir, exercer tous les métiers, avoir tous les talents, etc.) par ses actes, de même une nation particulière ; il en résulte que même la domination *politique* plus ou moins accusée d'une nation sur les autres (ce qui est toujours le cas dans l'histoire, où chaque époque voit une nation porter, un temps, le flambeau de l'humanité en marche et servir de modèle aux autres nations) ne peut maîtriser la communauté humaine au point de contrôler son destin, puisque les communautés de destin nationales demeurent, en l'occurrence, diverses. Aussi seule une hégémonie *économique*, transnationale, peut prétendre à arraisonner tous les membres de la communauté humaine en les rendant solidaires de ses décrets, en leur faisant plébisciter sa toute-puissance : qui tient les moyens d'accéder aux jouissances sensibles fait de ceux qu'il contrôle ses complices ; un État politique particulier ne peut maîtriser toute la vie économique qui s'exerce en lui, parce qu'elle déborde, par le fait des échanges internationaux inévitables (l'autarcie absolue d'une nation est strictement impossible), les limites géographiques de sa compétence. C'est donc par identification du pouvoir politique au pouvoir économique que l'État peut prétendre à se faire mondial, et c'est pourquoi, de politique, il dégénère en pouvoir social ou administratif conformément à la prévision marxiste du dépérissement final de l'État. Quand le pouvoir économique est possédé par un tout petit nombre de mains, cette concentration extrême du capital convertit son pouvoir en pouvoir administratif, parce que la valeur de l'argent est liée à sa circulation, aux échanges, et que les échanges s'exténuent par la concentration même du capital.

§ 97. Économisme de l'État mondial

En deuxième lieu, la dictature du pouvoir de l'État mondial, dont on vient de voir qu'il est en demeure de se faire pouvoir économique, ne peut être supportée par tous qu'en favorisant l'individualisme hédoniste de ceux qu'elle asservit. On ne saurait imposer à l'humanité entière de renoncer à ses différences nationales, ethniques, raciales, sexuelles même, culturelles et religieuses, pour les fondre dans un magma homogène d'individus interchangeables parce que devenus autant de clones de « l'homme générique » ; on ne saurait rendre l'homme dépendant comme il ne le fut jamais d'un tout petit nombre de « décideurs » supposés délégués de la volonté générale mondiale et maîtrisant les techniques, les sciences, la mémoire du passé et l'imagination du futur, l'information, la culture, la réflexion philosophique et les loisirs, modelant les mœurs à sa guise, imposant une réduction drastique de la démographie mondiale et rendant obligatoires l'eugénisme et l'euthanasie, le port de puces électroniques et autres marques du signe de la Bête, sans tenir l'homme par quelque bout et lui faire plébisciter sa dépendance et sa passivité, et ce ne peut être que par l'exacerbation de la revendication de sa « dignité », de sa « liberté », de sa « souveraineté », de son aptitude à « penser par soi-même », du « droit » à la maîtrise de lui-même, de son corps et de ses comportements, de son orgueil, de sa vanité, de ses vices délectables, bref, de tout ce que la démocratie jacobine et de tout ce que la philosophie des droits de l'homme contient en fait de potentialités inhumaines.

§ 98. Démocratie jacobine et mondialisme

Or, en troisième lieu, la solution supposée raisonnable, dont nous sommes en train de critiquer le bien-fondé, consiste à refonder l'esprit ayant présidé à la fondation de la République jacobine : la société est pour l'individu, pour sa vie privée, et tout doit être permis pourvu que ce à quoi se consacre chaque contractant ne compromette pas la liberté des autres ; puisque tout est permis, alors même le droit à être catholique de Tradition, adepte d'une morale traditionnelle et patriarcale, doit l'être aussi, et c'est bien ce sur quoi compte le nationaliste opportuniste. Or cela même consiste à refaire la République selon ses principes, mais en faisant sa place (ce qui n'a plus lieu aujourd'hui) à ceux qui ne sont pas républicains et qui auront ainsi la licence d'adopter une morale non républicaine en privé, et même de participer démocratiquement aux débats publics en essayant de diffuser leurs opinions privées. Il s'agit au fond d'instaurer une république respectant la lettre des règles par lesquelles elle se définit : neutralité en toute chose, religieuse, philosophique, morale, culturelle. On souhaite ainsi lutter contre le système en usant des moyens offerts par le système. Or la République ne peut accorder la liberté qu'à ce qui n'est pas ennemi de la liberté républicaine, elle ne peut entretenir en son sein un foyer antidémocratique, car c'est laisser proliférer des idées dangereuses qui peuvent en venir à imposer, par le moyen du vote — suprême scandale — la destruction de la démocratie. En vérité la neutralité n'est pas neutre puisqu'elle accorde un droit égal à l'existence aussi bien à l'erreur qu'à la vérité ; or l'erreur est la privation de la vérité (comme tout l'être du mal est d'être la privation du bien), et accorder droit à l'erreur revient à lui conférer une réalité positive, celle de la vérité et du bien ; c'est par là corrompre l'idée même de vérité et de bien, c'est donc avoir choisi la cause du mal. Les soldats du bon combat ne sauraient en appeler à la neutralité républicaine, au consensus des non-mondialistes attachés aux charmes de la république gaullienne (la France supposée « grande » dans l'esprit populaire), pour promouvoir les idées vraies et les actions bonnes, puisque la neutralité est déjà un mensonge et un vecteur du mal et du faux.

§ 99. Suite du § 98

En quatrième lieu, l'esprit hédoniste, individualiste, égalitaire qui prévaut en République jacobine est cet esprit qui trouve son accomplissement dans le mondialisme, et dans le collectivisme. Donc opter pour une réconciliation entre citoyens décadents et hostiles entre eux à raison de leur décadence, en les invitant à fraterniser sur le seul principe de la lutte contre le mondialisme, est un projet voué à l'échec complet. On veut la maladie sans ses effets corrupteurs. L'esprit libertaire du jacobinisme déclare que la liberté n'a pas de norme ou de limite, fors le fait de la liberté des autres ; qu'est-ce à dire, sinon que l'homme, dans son fond, *est* sa liberté, et qu'il décide de ce qu'il *est*, décidant pour le réaliser de ce qu'il a à faire, ainsi du contenu de ses devoirs ? L'inégalité entre les hommes suppose qu'ils soient comparables pour que la hiérarchie entérinant une telle inégalité ait un sens, mais s'il y a comparaison possible entre les hommes en tant qu'ils sont hommes, c'est qu'il existe une nature humaine ; dès lors, des hommes tenus pour également libres doivent être tenus pour des hommes égaux, et ils doivent être tenus pour également libres parce qu'il convient de les tenir pour infiniment libres ; et celui qui est infiniment libre est à reconnaître comme étant l'origine de soi-même, sa propre raison d'être, autant dire qu'il exige d'être tenu pour divin ; et la réalisation en acte de la prétention de l'homme à se faire Dieu est l'État mondial. Donc la République « bonne fille » des conservateurs bourgeois voltairiens, des classes moyennes prospères de l'optimisme des Trente Glorieuses, des banquets radicaux-socialistes, des produits de l'Alma Mater austère et des hussards noirs, des sourcilleux défenseurs de la patrie des Poilus, de la justice sociale, du progrès scientifique et des loges moralisatrices, supposée jouer honnêtement le jeu de la démocratie pluraliste, faire leur place aux patronages, aux écoles confessionnelles libres, au respect des fêtes religieuses, à la représentation électorale et médiatique des croyants fervents, n'est autre que cette impudente garce en cheveux tout droit sortie de l'enfer bien décrite par Léon Bloy, la mamelle flottante, l'invective aux lèvres, gorgée d'appétit destructeur, mensongère et homicide par essence, travaillant pour le Grand Soir de la révolution mondiale instauratrice d'État mondial, fanatiquement mue par la haine de tout ce qui est ordre naturel et foi catholique.

Que résulte-t-il de ces pessimistes critiques ?

Le premier ennemi que nous aurons à combattre est le peuple lui-même. Il faudra pourtant le convertir à la bonne cause, d'abord parce que la fin de nos efforts est le bien du peuple auquel nous avons l'honneur d'appartenir et dont nous procédons, à l'égard duquel nous devons nourrir de la piété filiale, quelque malade qu'il soit, ce qui ne signifie pas — soit dit en passant — qu'il faudrait entériner ses travers et faire de ses erreurs un drapeau ; ce serait là un comportement démagogique et méprisable qui vaudrait à ceux qui se posent en réformateurs salvateurs son mépris très légitime ; il faudra le convertir à la bonne cause, de plus, parce qu'aucune victoire n'est acquise, n'est pérenne et même n'est possible sans l'aval au moins tacite du peuple. Et toute tentative de mettre de l'eau dans son vin pour amadouer les passions du peuple n'est perçue par lui que comme l'expression de la peur ou de la pusillanimité, ou d'une ratification implicite de ses tendances, et cela, loin d'apaiser ses passions ou de les assagir, les exacerbe et les rend exigeantes et féroces, ainsi renforce sa tendance à se décomposer lui-même, alors qu'une telle tentative modératrice se veut finalisée par le désir de le sauver. Pourtant, nous ne pouvons prendre le pouvoir pour l'éduquer et adopter une position de force en vue de l'éduquer, puisque c'est en tant qu'éduqué qu'il peut nous donner son soutien dont nous avons besoin pour prendre le pouvoir.

Alors, que reste-t-il à faire ?

§ 100. *Intelligenti pauca*[29]

Avant que de répondre à cette lancinante question, il convient de se demander ce qui est possible, même si dans la pratique c'est la logique qui semble obéir à l'audace : il est logique de cerner préalablement l'ordre du possible avant que de définir les modalités audacieuses de l'action, mais c'est souvent la pulsion de l'audace qui révèle les profondeurs insoupçonnées de l'ordre du possible. Moyennant ce rappel destiné à tempérer les ardeurs de la vertu de « prudence », c'est-à-dire les pulsions de défaitisme et l'aspiration au repos sur la couche mortifère de l'échec, il demeure opportun de définir l'ordre de l'action et du faire à partir de l'ordre du possible, parce que rien n'échappe à la logique, pas même les passions qui la contestent, puisqu'il existe une rationalité dans la consécution des passions. Pour y parvenir, nous ferons mémoire du témoignage d'Alexandre Zinoviev.

Dans un entretien révélateur d'une extraordinaire lucidité (*La Grande Rupture*, L'Âge d'Homme, 1999), accordé à Munich par Alexandre Zinoviev à Victor Loupan, quelques jours avant le retour du célèbre dissident en Russie, ce dernier offrit à ses admirateurs quelques leçons extrêmement précieuses pour comprendre cet avenir dont il parlait alors, et qui est devenu notre présent, lequel, corroborant de manière effrayante la pertinence des vues de l'analyste, est tel que le déchiffrage de son sens peut nous aider à concevoir notre propre avenir :

« Le totalitarisme financier a soumis les pouvoirs politiques [...]. Une certaine résistance était possible au sein des dictatures les plus dures. Aucune révolte n'est possible contre la banque » (p. 93). C'est le contenu de cette dernière phrase que nous nous

[29] Peu de mots suffisent à ceux qui comprennent.

autoriserons, de manière téméraire et ingénue peut-être, à essayer de nuancer.

Une « supra-société », selon le vocabulaire de Zinoviev, est parvenue à se constituer dans un processus économico-politique de concentration de la richesse depuis la Renaissance en Occident, qui n'est autre que la prise en main du pouvoir politique, en chaque société européenne, par la puissance économique privée qui a fini non seulement par émerger de ces sociétés mais qui s'est constituée en supra-société et qui aspire à se constituer en État mondial. Cette supra-société a favorisé, de manière systématique, l'avènement du totalitarisme démocratique en renversant les trônes et les sociétés d'ordre, parce que la démocratie est aisément manipulable par l'argent : l'opinion publique occidentale « est désormais conditionnée par les médias. [...] Les gens sont désormais si conditionnés qu'ils ne réagissent plus que dans le sens voulu par l'appareil de propagande » (p. 102). Il y a totalitarisme démocratique au sens où nous avons nous-même suggéré ici au § 82 que la démocratie est par essence une « tyrannie de tous sur tous », selon la suggestive formule du défunt Claude Polin.

La Russie et le communisme, explique Zinoviev, étaient devenus une seule et même chose ; le système soviétique était jeune et vigoureux ; il ne fut abattu que par l'agression extérieure et non pour des raisons internes. La supra-société planétaire est constituée d'entreprises commerciales et d'organismes non commerciaux grâce auxquels tous les moyens d'influence et de diffusion de la culture vont dans le même sens : « À la moindre impulsion, ceux qui travaillent dans ces domaines réagissent avec un unanimisme qui laisse penser à des ordres venant d'une source de pouvoir unique » (p. 95). L'idéologie des droits de l'homme et les discours incessants sur la dignité de la personne humaine ne sont que l'enrobage d'apparence morale du culte du sexe, de la violence et de l'argent (p. 96). Les scientifiques « dont le travail sert l'idéologie dominante croulent sous les dotations et les éditeurs comme les médias se les disputent » (p. 96). « Il n'y a aucun complot. Le gouvernement mondial est dirigé par les gouverneurs des structures supranationales commerciales, financières et politiques connues de tous. Selon mes calculs, une cinquantaine de millions de personnes fait déjà partie de cette supra-société qui dirige le monde » (p. 97). « L'Union européenne est un instrument de destruction des souverainetés nationales » (p. 97). Le libéralisme a joué un rôle historique considérable mais aujourd'hui, époque de concentration capitalistique sans pareille dans l'histoire, il n'existe plus parce que tout est dirigé par les banques qui contrôlent le crédit et le pouvoir des propriétaires, en exténuant l'initiative personnelle et le risque, et en ignorant la valeur des personnes qui sont devenues interchangeables. « L'Europe occidentale est submergée par une marée d'étrangers. [...] ce n'est ni le fruit du hasard, ni celui de mouvements prétendument incontrôlables. Le but est de créer en Europe une situation semblable à celle des États-Unis » (p. 106). Et les États-Unis sont la métropole de cette « supra-société qui dirige le monde » (p. 97). Le totalitarisme démocratique et la dictature financière excluent la révolution sociale parce qu'ils « combinent la brutalité militaire toute puissante et l'étranglement financier planétaire. Toutes les révolutions ont bénéficié de soutien venu de l'étranger. C'est désormais impossible, par absence de pays souverain » (p. 94) ; la classe ouvrière au bas de l'échelle sociale a été remplacée par les chômeurs qui ne veulent qu'un emploi et sont en position de grande faiblesse et même de complicité contrainte par rapport au système qui distribue le travail (p. 94). La Russie est ruinée, sa démographie est faible, son appareil militaire est techniquement dépassé, et « la puissance militaire et les capacités techniques de l'Occident sont sans commune mesure avec les moyens » de la Chine et de l'Inde (p. 103).

Au regard d'un tel diagnostic, on peut objecter qu'il n'est guère sensé de songer à comparer les divers modes de résistance à l'oppression mondialiste bancaire.

Il est vrai que l'argent n'est qu'une valeur fiduciaire et l'on peut toujours se demander comment il se fait qu'il ait pu devenir le maître des maîtres militaires et politiques, s'il est vrai qu'il ne serait rien sans l'infrastructure d'États et d'appareils de production concrets qui seuls garantissent une crédibilité à la fiction monétaire. Pourquoi, selon notre auteur, la révolution libératrice, la révolution anti-révolution serait-elle impossible même dans un seul pays ?

Parce que la Banque a pris le pouvoir dans l'appareil de commandement de tous les pays en convertissant leurs élites respectives en complices de cette dernière, tandis que les peuples sont maintenus dans la dépendance de leurs plaisirs dégradants et émollients par l'effacement, opéré par tous les organes de diffusion de la culture, de toute morale — effacement conjugué à l'entretien de l'emprise psychologiquement carcérale de la philosophie des droits de l'homme, qui rend le peuple solidaire de sa propre aliénation. Dans ces conditions, supposé qu'une révolution parvienne à ses fins en une seule région du globe, l'économie de ce pays serait étouffée par les initiatives des autres que dirige la supra-société, et ce pays tout entier serait bombardé par l'intendance états-unienne de la supra-société, à supposer que l'étranglement économique ne suffise pas à le faire entrer dans le rang.

À notre avis, une chance, petite mais réelle, reste quand même envisageable en fait de projet politique.

Si, une guerre ethnique et civile éclatant sur notre sol, quelques velléités nationalistes de recouvrement de notre indépendance se font jour et se révèlent assez pugnaces pour rendre crédible la perspective de leur victoire, la supra-société nous fera subir immédiatement, de manière à la fois sournoise et sanglante, son hostilité, par des mesures d'appauvrissement terribles et des bombardements de terreur. Mais, en dépit du précédent de 1945 au cours duquel le peuple allemand subit l'ignominie vengeresse du monde anglo-saxon alors mobilisé par le désir satanique de se constituer en supra-société, il est permis d'espérer que cette dernière n'en vienne pas à rayer notre nation de la carte, parce que l'interdépendance économique entre les pays, plus accusée aujourd'hui qu'elle ne l'était il y quatre-vingts ans, est à double tranchant. Elle permet à la supra-société de faire jouer le monde entier contre un rebelle puisqu'elle contrôle plus ou moins tous les gouvernements. Mais un accroc dans le maillage des dépendances risque de se communiquer à tout l'édifice. Cette interdépendance est telle que le caractère coercitif du système mondialiste risquerait de perdre toute efficience en dissolvant un maillon important de sa propre chaîne. Le mondialisme bancaire n'est viable que s'il est effectivement mondial, il est condamné à rendre solidaires de sa tyrannie les peuples qu'il asservit. Tuer des dizaines de millions de personnes avec des bombes, faire disparaître une nation, avec pour unique justification qu'elle ne veut pas s'intégrer dans le nouvel ordre mondial, ce serait risquer de faire s'éveiller, dans la conscience des autres peuples asservis, un sentiment de scandale et des velléités de lucidité dangereuse ; il est permis d'espérer que la supra-société évite de prendre la responsabilité d'un tel éveil. Elle préférera probablement nous imposer une baisse considérable de notre niveau de vie, nous infliger des bombardements locaux importants, susciter des ennemis intérieurs à la nation rebelle ; de même que la supra-société a eu, semble-t-il, la peau de l'URSS mais non de la Russie, de même elle peut vouloir sans scrupule nous désorganiser effroyablement et nous appauvrir, mais nous voyons moins clairement qu'elle puisse vouloir nous tuer en tant que nation. Souvenons-nous en effet de ce que nous développions ici aux § 82 et 83, alors que nous critiquions La Boétie :

Le peuple, écrivions-nous, ne consent à subir le poids de toute la pyramide des tyrans que parce qu'il est, d'une certaine façon, le tyran du tyran supérieur, dans un système *circulaire* que masque la description pyramidale, et qui fait bien du peuple supposé victime le bourreau de l'ensemble. Le peuple *est* victime, mais victime consentante, selon le rythme d'une causalité réciproque entre supra-société et complicité des masses. Un pouvoir n'est totalitaire qu'avec l'accord de ceux qu'il totalise ; il est invincible, comme le disait Zinoviev, parce que totalitaire, aussi longtemps qu'est acquis l'accord des masses, mais cet accord est au fond fragile. Un dysfonctionnement dans la chaîne des dépendances économiques internationales fait se gripper tout le système et induit des frustrations dans tous les peuples qui pourtant ne subissent la tyrannie bancaire que moyennant l'aptitude de cette dernière à satisfaire les pulsions consuméristes et/ou subjectivistes. Si, pour des raisons techniques, ces dernières se trouvent frustrées, les peuples peuvent devenir lucides à la manière dont un noceur s'éveille de son ivresse : avec un mal de tête lancinant et une humeur massacrante. L'accord des masses est fragile et remis en cause aussitôt que se fait jour, en elles, la conscience du caractère avilissant du despotisme du système global, et de la dépendance du système global à l'égard de ceux qu'il avilit ; en termes religieux, le diable a tous les pouvoirs sur les hommes aussi longtemps qu'il parvient à les séduire par les biens auxquels il leur donne accès en échange de leur servitude, mais il les perd tous aussitôt qu'ils se soustraient à sa séduction et sont assez forts pour résister à ses intimidations terrorisantes, lesquelles révèlent plus sa faiblesse que sa force ; comme chacun le savait bien avant Baudelaire, la plus grande ruse du diable est de faire croire qu'il n'existe pas, ce que, de fait, il ne parvient pas toujours à faire, ne pouvant s'empêcher, par cet orgueil qui le rend idiot malgré son immense intelligence, de se complaire en lui-même et de se faire adorer comme y aspirent tous les subjectivistes.

Par ailleurs, les projets tactiques de la supra-société ne sont pas clairs aux yeux de ses propres dirigeants. On peut se demander si elle envisage de faire subir à la Chine le traitement qu'elle a infligé à la Russie, ou bien si certains des dirigeants de la supra-société n'envisagent pas, quand il deviendra irrécusable que les intérêts des États-Unis coïncident de moins en moins avec ceux de l'entité sioniste, de chercher en Chine (ou même en Russie) cette infrastructure technique, militaire, politique et administrative dont elle jouit actuellement aux États-Unis, et qui est le garant de la valeur de l'argent : les grandes familles juives ont des intérêts considérables en Extrême-Orient, et Poutine a lui aussi ses Juifs (les Loubavitch) ; et la Chine semble bien épouser le processus mondialiste mené par la supra-société installée aux États-Unis, ce qui dispose à envisager l'hypothèse selon laquelle il existerait une convergence objective et peut-être consciente et réfléchie entre le communisme toujours vivant en Chine et le socialisme planifié par le futur État mondial consommant, en tant même que socialiste, les virtualités du capitalisme. Il se trouve ainsi que les dirigeants de la supra-société ne font pas corps inconditionnellement ; des tensions existent entre eux, qui induisent des conflits de stratégies et un certain flou dans leurs projets. Un tel flou, qui tantôt retarde leur vitesse de réaction, tantôt la fait s'emballer sans réflexion, et qui les affaiblit, permettrait peut-être à une nation ayant fait sa révolution chez elle, même si elle doit subir un grand appauvrissement et de grandes souffrances de divers ordres, de se soustraire aux griffes de l'État mondial. Si l'on observe aussi que le martyre d'une telle nation pourrait faire des émules dans d'autres nations, et dessiller les yeux de leurs membres, une déstabilisation de l'État mondial par l'insurrection d'une seule nation d'importance se révélerait possible, et non dénuée de promesses pour l'Internationale des nationalistes.

Si nous nous permettons de formuler des hypothèses (double jeu de la Chine, double jeu de la Russie, dissensions graves entre peuple états-unien et son État profond) qui seront jugées stupides ou saugrenues par certains — c'est-à-dire par ceux qui, à tort ou à raison, se piquent d'être bien informés —, c'est pour les raisons suivantes :

D'abord, qui peut se prévaloir de posséder les vraies informations secrètes, sinon les décideurs membres de la supra-société, qui n'ont aucun intérêt à les voir divulguées ?

Ensuite l'information, aussi secrète soit-elle, quand bien même elle émanerait de cercles dirigeants supposés organiser les grandes manipulations régulièrement dénoncées par les cercles conspirationnistes, ne saurait faire plus que de dévoiler les projets des manipulateurs, cependant que la contingence et la complexité du réel sont telles que l'avènement du futur est capable de déjouer les prévisions les plus scientifiques, les projets les plus diaboliques et les calculs les plus retors. Dans un univers humain mondialisé, dans lequel on ne met à exécution des plans secrets qu'en défaisant ce que des millénaires ont fait, sans être en mesure de prévoir les effets pervers de telles désagrégations, par là dans un monde infiniment incertain, tout est possible au fond, même le fait que les ruses des manipulateurs se retournent contre ces derniers ; et ainsi tout est envisageable, sans ridicule. Ce qui, certes, est plus probable, au vu des informations qui nous sont accessibles — et pour autant que nous suspendions notre circonspection à l'égard de telles données qui pourraient tout aussi bien être des leurres, des éléments d'intoxication —, c'est que les dissensions entre décideurs de la supra-société, tout comme la possession de l'arme atomique par la France (ce dont ne jouissaient pas les forces de l'Axe), pourraient retarder la décision états-unienne cornaquée par l'État profond d'occire par le feu nucléaire une grande nation d'Europe, par là pourraient donner à la Russie l'occasion et le temps de se poser en protecteur de cette dernière.

Encore faudrait-il, pour que nos velléités d'espoir terrestre ne fussent pas vaines, qu'une telle nation rebelle ne s'en tînt pas à une revendication nationaliste de type classique, qui est de nature défensive et restauratrice, inspirée par un appétit de liberté qui prend la forme d'un désir de fuite, et qui à ce titre est vouée à l'échec. Sa revendication doit être agressive et conquérante, dirigée contre la supra-société non pour s'y soustraire mais pour s'y substituer. Sa revendication doit être mondialiste à sa manière, nationaliste-mondialiste, et la seule forme non contradictoire que peut prendre un tel dessein est celle d'une réhabilitation de l'idée d'empire, de saint Empire européen et catholique restituant à l'Europe son statut de centre du monde, sur les décombres de la supra-société. C'est pourquoi, supposé que l'honneur de lever le drapeau de la révolte soit dévolu à la France, un nationalisme français destiné à se faire l'étendard de l'Internationale des nationalismes doit aussi se faire l'étendard de l'Idée impériale : nations européennes fascistes subsumées par une nation national-socialiste, en préfiguration de nations européennes monarchiques organiques subsumées par un Saint-Empire romain germanique.

Que reste-t-il à faire, écrivions-nous ?

Il nous reste d'abord à être fidèles à nous-mêmes, dans une intransigeance qui se gausse des alliances tactiques, des compromis, des concessions, des victoires sous caution et toujours partielles et fragiles. C'est notre intransigeance qui nous vaut la marginalisation aujourd'hui, le jugement réprobateur des « malins », l'impression d'être hors de l'Histoire et sans efficience ; c'est aussi notre intransigeance qui nous vaudra la crédibilité dont nous aurons besoin quand le peuple désarçonné se cherchera des guides, brûlant ce qu'il aura adoré, moins incapable de se rendre à la vérité après avoir souffert : notre naïveté ne va pas jusqu'à nous faire croire que nous pourrions convertir un peuple complice de ses mauvais maîtres par la seule puissance de persuasion de nos idées, et c'est pourquoi toute initiative activiste ou même toute propagande antérieures à l'arrivée d'une crise économique grave capable d'ébranler fortement les habitudes consuméristes de nos contemporains et leur confiance dans les capacités du système à les satisfaire nous paraissent vaines ; l'actuel militantisme des petits groupes de nationalistes français, mené par des responsables courageux et soutenus par une admirable confiance en la légitimité de leur cause, sert plus à maintenir le flambeau, à entretenir la flamme vacillante, dans l'attente de jours meilleurs, qu'à engendrer des convertis capables de faire pression sur le pouvoir actuel. Mais nous connaissons assez la condition humaine pour savoir le caractère rédempteur de la souffrance, sa puissance cathartique, sa vertu de rendre lucide. Nous voulons le pouvoir ; ou plus exactement nos idées qui, parce qu'elles sont vraies, sont belles et nécessaires, exigent pour cette raison de disposer du pouvoir complet, sans réserve, sans limitation ; ceux qui savent les défendre et y rester fidèles auront tout ou rien et, s'il advient qu'ils n'aient rien, qu'ils soient abattus comme des chiens, c'est que de toute façon il n'y avait déjà plus rien à gagner, même avec l'esprit le plus manœuvrier qui fût, parce que dans l'hypothèse il faut être assuré qu'il n'y avait vraiment rien à faire, c'est-à-dire rien à sauver, la pâte humaine ne pouvant plus être redressée que par un miracle. Si nous sommes certains d'être dans la vérité, nous n'avons pas à changer d'avis, parce que c'est la réalité qui viendra se conformer à nos idées, ou bien qui retournera au néant. Et si la Providence décrète qu'effectivement l'Histoire prend fin demain, il faudra qu'elle nous trouve non pas couchés ou terrés, mais prêts à combattre jusqu'au bout, car c'est là l'unique manière de respecter ses décrets : nul ne sait ni le jour ni l'heure et nul n'a à les savoir, de sorte que nous n'avons pas à essayer de conformer notre attitude à ce que notre indiscrète curiosité pourrait nous avoir susurré à travers le témoignage de révélations religieuses douteuses.

Il nous reste ainsi, par le choix de rester nous-mêmes sans édulcoration de nos certitudes quelque insupportables qu'elles soient aux oreilles du monde, à scandaliser par notre naïve radicalité, à provoquer les intelligences, à offenser les sensibilités par notre inactualité, comme ces naïfs — que nous sommes — tenus pour des imbéciles à cause de leur ferveur et de leur dogmatisme candides ; il nous reste à dire sans ostentation et sans pathos la vérité qui, seule, tel un éclair d'orage zébrant la nuit, dévoile, tout en offusquant l'œil, le paysage que l'ombre engloutissait, forçant ainsi à s'ouvrir à l'évidence les regards qu'il écorche. Les méchants, les acteurs conscients du mondialisme, conspirent aujourd'hui — nous le savons — pour faire éclater la guerre ethnique et civile qu'ils escomptent maîtriser pour la faire servir à leurs propres fins qui sont de se poser en recours et d'imposer la paix moyennant l'acceptation de leur domination sans partage. D'aucuns parlent même de processus destiné à nous faire entrer dans une espèce de guerre de Trente Ans qui épuiserait l'Europe et la Chrétienté, et ils nous mettent en garde contre la tentation de céder aux mirages de ce piège. Nous n'avons pas le droit de provoquer la guerre civile, mais nous n'avons pas non plus le droit de l'éviter à tout prix, en particulier en proposant un consensus réconciliateur fondé sur l'idée nationale républicaine supposée s'opposer au mondialisme, car ce serait ratifier les désordres qui rendent la nation malade, et provoquer le contraire de ce que l'on entend promouvoir. Ce serait édulcorer le danger de l'immigration, ratifier la légitimité de la présence de quinze millions — au bas mot — de ressortissants non européens en France. Que les méchants entendent exacerber les haines induites par l'immigration — qu'ils ont favorisée — dans le but de susciter la guerre civile dont ils entendent récupérer les effets, cela ne doit pas nous empêcher de dénoncer, même si une telle mesure favorise la haine et les dissensions internes, les méfaits de la présence de la population immigrée. Ce serait au nom de la prudence retarder indéfiniment l'opération chirurgicale certes dangereuse, toujours risquée, qui seule peut libérer le corps de la tumeur maligne. Et ce serait là quelque chose de fort imprudent. Ce n'est pas parce que les Juifs poussent à la roue de l'immigration et sont animés par le désir de faire exploser sur nos territoires une guerre ethnique et une guerre civile, qu'il faudrait essayer d'intégrer au moins quinze millions d'Arabes, d'Africains subsahariens, de Chinois et autres ressortissants non blancs de la centaine d'ethnies immigrées que nourrit la France sur son propre sol. Il y a certes quelque chose d'inconvenant, d'injuste, de lâche, de grossier et surtout d'imbécile à se vendre aux intérêts du judaïsme politique pour lutter contre l'immigration et satisfaire des pulsions racistes épidermiques. Les premières générations d'immigrés ont été amenées sur notre sol par la logique du patronat capitaliste, afin de faire pression sur les salaires ; maints travailleurs immigrés sont honorables et ne cachent pas le sentiment de scandale qui les étreint quand ils ont affaire aux jeunes sauvages qui leur succèdent. Mais quand bien même tous seraient policés et moralement de valeur, l'intégrité de l'identité française et européenne exclut que ces populations s'intègrent, quand bien même leurs membres deviendraient de fervents catholiques. Les Français sont attachés à la République, c'est entré dans leurs modes de penser, et les peuples d'Europe partagent le subjectivisme, l'individualisme, les aspirations hédonistes des Français ; on est évidemment tenté d'avaliser la République pour se faire entendre d'eux, mais alors on ne peut plus condamner la République et leur faire comprendre qu'elle est la cause première de leur déchéance et de leurs malheurs. On ne peut donc faire l'économie de l'épreuve salvatrice pour inviter les peuples décadents à se retourner contre leurs vices ; on ne doit pas les dispenser de cette épreuve des maux qui résultent de leurs vices, à savoir l'hédonisme, le subjectivisme, l'individualisme, l'esprit égalitaire, la démocratie, la philosophie des droits de l'homme, l'incroyance, la remise en cause du principe de l'autorité de l'homme sur l'homme.

Une guerre ethnique doublée d'une guerre civile est une chose épouvantable, avec son cortège de règlements de compte, de vengeances sordides, de crises de sadisme, de viols, de crimes abominables, de vols, d'iniquités de tous genres, de dénonciations abjectes, de massacres d'innocents et d'explosions de haine. Mais si l'on ne prend pas le risque de voir ces choses se produire, si obtient gain de cause l'idée de la paix à tout prix, laquelle ne sera pas le repos de l'ordre mais l'absence de réaction de défense de la part de celui qui consent au suicide lent, c'en sera fini de la race blanche, de la civilisation occidentale, et avec elles du moteur humain qui élevait le niveau spirituel des autres peuples. Ce sera, sans possibilité de réveil, la fin de la vie proprement humaine sur Terre. Et ce serait là le plus grand crime. Être opposé à quelque forme d'intégration ou d'assimilation des immigrés que ce soit, ce n'est pas faire la paix avec les Juifs et la maçonnerie, ce n'est même pas passer avec eux une alliance tactique momentanée ; et en retour désigner la judéo-maçonnerie tel l'ennemi numéro un de la nation n'est pas être mis dans l'obligation de composer avec les immigrés mahométans pour se débarrasser de la pieuvre mondialiste ; se croire dans l'obligation de le faire, c'est, en adoptant la seule forme d'organisation sociale compatible avec ce projet contre nature, viser une réhabilitation de la nation jacobine, croyant l'opposer au mondialisme, alors que la nation jacobine est la matrice du mondialisme[30].

Il va de soi que le rapatriement des immigrés doit se faire autant que possible dans l'ordre, patiemment, selon des procédures respectueuses des justes intérêts de tout le monde, selon les impératifs de la charité, à toute distance de mouvements de rancœur et d'expressions de mépris. Cependant, l'homme étant

[30] En termes éminemment simplificateurs mais dotés de la vertu d'être évocateurs du point de vue des angoisses contemporaines, nous dirons qu'il est complètement aberrant d'attendre d'un soutien du judaïsme politique la force de bouter les immigrés non blancs hors des pays d'Europe, puisque c'est par ce dernier que le « grand remplacement » a été organisé. Mais croire que les autochtones pourraient obtenir le soutien de cette immigration en grande partie musulmane — ainsi hostile à l'entité sioniste — pour libérer les nations européennes de la férule judaïque et, par cette libération, procéder au recouvrement de leur identité traditionnelle, c'est, nous semble-t-il, adopter une stratégie aussi chimérique que la précédente. On ne peut s'appuyer sur cette masse immigrée prolifique hostile à Israël qu'en lui promettant une intégration complète, ainsi toute sa place ethnique, culturelle, religieuse, musulmane et orientale, dans la nation européenne d'accueil, ainsi en lui garantissant toute latitude pour acquérir à moyen terme, en cette nation, une position dominante de conquérant. Dans cette perspective, on peut se demander si ce n'est pas là faire comme Gribouille qui entendait se préserver de la pluie en se jetant à l'eau. De plus, on ne saurait fédérer des communautés foncièrement hétérogènes sous tous les rapports, par là impuissantes à constituer une communauté de destin, que dans le contexte du ciment par essence antinational de la philosophie des droits de l'homme et de la République jacobine, laquelle, répétons-le sans vergogne, est la matrice du mondialisme, à raison de son individualisme même. La ruse des rusés peut se retourner contre leurs auteurs comme le mal finit par faire mal à ceux qui aspirent, pour dominer autrui, à le contaminer en diffusant le mal. Mais favoriser, croyant le faire servir au bien, le mal sous le prétexte qu'il pourrait bien rendre malades les empoisonneurs, cela revient à s'empoisonner soi-même, parce que favoriser le mal est un mal, et que faire le mal rend malades ses auteurs.

ce qu'il est, ses sentiments sont toujours mêlés, le bien et le mal s'unissent dans son cœur et ternissent ses actions ; mais que l'action soit ternie par des mobiles subjectifs non toujours purs ne l'empêche pas d'être en soi légitime et absolument urgente, inspirée par un motif objectif incontournable. Renoncer à viser le bien sous le prétexte que les passions suscitées par la recherche des moyens de l'atteindre seraient elles-mêmes entachées de bassesse morale, c'est faire passer l'état de l'âme agissante avant la fin qu'elle est en devoir de poursuivre, comme si la finalité objective de l'action était l'instrument de la bonne conscience de la belle âme qui agit ; et c'est là encore du subjectivisme lové, tel un poison, dans les plis de l'exigence morale.

Les méchants, parce qu'ils sont méchants, ne sont pas unis, ne maîtrisent pas les processus qu'ils enclenchent, et agir en prenant le contre-pied systématique de leurs plans revient à les croire invincibles, et c'est là avoir perdu d'avance.

Rien n'est plus provocant que la vérité, rien n'est plus subversif et révolutionnaire — il s'agit bien sûr de subvertir la subversion, de déployer un esprit révolutionnaire anti-révolution —, rien n'est plus efficace pour fouetter l'espérance qui se croyait définitivement morte, que la vérité sans fard et sans édulcorant. Elle seule constitue l'électrochoc doué du moyen de secouer la léthargie, de briser les défenses construites par la mauvaise foi, ainsi d'écarter tout ce qui empêche l'intelligence de s'ouvrir à la vérité qu'elle est faite pour aimer. La stratégie raisonnable, vraiment telle, est donc celle qui consiste à ne pas jouer le jeu de la démocratie et de la République et, corrélativement, à maintenir les exigences de l'ordre naturel — l'intégrité physique d'un peuple — contre la tentation surnaturaliste d'assimiler ces envahisseurs en essayant de les convertir. Elle consiste à maintenir la primauté du combat politique, en abandonnant la chimère d'un combat culturel ou d'un apostolat développé dans la société civile afin, dit-on, avançant masqué, à tout le moins sans afficher une prétention à la conquête du pouvoir politique, de transformer de l'intérieur cette société civile et de l'approprier à un changement politique ultérieur. Elle consiste, scandaleusement, à afficher la vérité tout entière, celle de la droite de la droite, celle qui est capable de dépasser les tensions internes de la famille de droite, celle de la conversion à leur identité concrète du traditionalisme réactionnaire et du nihilisme héroïque : l'esprit de la monarchie fécondé par l'organicité du fascisme, l'esprit de l'hégémonie européenne à vocation impériale fécondé par le nationalisme du national-socialisme, et le catholicisme tout entier et totalement, c'est-à-dire libéré du surnaturalisme. Un temps viendra, qui n'est probablement plus très éloigné, où les peuples abrutis par la modernité consumériste vont se mettre à souffrir beaucoup, parce que la nature, quelque affaiblie qu'elle soit, s'insurge toujours tôt ou tard contre ce qui est contre nature, mais aussi parce que les maîtres de la subversion ne maîtriseront pas les effets de leurs manœuvres. Ils ne parviendront pas à les maîtriser parce que le mal est toujours divisé contre lui-même. C'est dans les failles de l'entreprise subversive universelle que le peuple appauvri, en état de déréliction, dessillé par la souffrance, sera susceptible de s'insinuer pour faire éclater l'entreprise séculaire de la judéo-maçonnerie, pour autant que, à ce moment, la vérité dérangeante puisse lui être criée avec assez d'audace et de radicalité pour réveiller en lui cette vocation au salut, au vrai et au bien qu'aucune entreprise d'empoisonnement ne saurait, en cette vie, exténuer complètement.

Pour autant que nos analyses ne soient pas erronées, il reste à ceux qui nous auront fait l'honneur de nous lire, et qui se sentent une vocation d'hommes d'action, à s'appuyer sur l'infrastructure des « prudents » et des « défaitistes de l'Apocalypse » pour organiser une armée d'activistes prêts à risquer leur vie, quand surviendra le chaos social, dans la lutte de tous contre tous qu'entendent nous imposer les manipulateurs, et, de manière concomitante, non sans prier pour eux, à faire disparaître définitivement ces derniers, ainsi en rendant à jamais impossible la crainte résiduelle de les voir jamais revenir. Mètre carré par mètre carré, il ne s'agit de rien de moins que de reconquérir, face à un monde hostile — et avec l'intention explicite, par-delà le souci patriotique, de renverser l'ordre mondial — le territoire national en chassant les intrus, en exécutant les responsables, en rétablissant l'ordre, et c'est là sauver son âme en rendant possible l'existence et le salut des âmes de nos enfants à venir. Les catholiques restés catholiques, non modernistes, ne sauraient attendre de leurs pasteurs qu'ils leur enseignent aujourd'hui ce que leurs prédécesseurs n'ont pas su faire, à savoir leur apprendre à exercer leur désir de Dieu de telle sorte qu'il assume, en les dépassant, tous les désirs mondains de servir une noble cause. On ne saurait l'attendre d'eux parce que la crise de l'Église est telle que les pasteurs ne sauraient excéder le rôle déjà héroïque et sans prix de transmettre ce qu'ils ont reçu. Cela dit, au risque de froisser la susceptibilité des clercs, nous sommes en demeure de rappeler ceci :

Une antienne convenue est ressassée depuis bientôt un siècle dans les milieux catholiques : la croisade des fascismes aurait été antichrétienne, en particulier en sa version allemande ou national-socialiste. Convenons-en : les régimes hitlérien et mussolinien n'ont pas été particulièrement bienveillants à l'égard de l'Église romaine. Mais doit-on mesurer le degré d'harmonie entre catholicité et politique à la seule aune de la cordialité des relations entre l'État et le Saint-Siège ? Pour le catholique, il est chimérique de se poser en restaurateur de l'ordre naturel sans corrélativement se soumettre aux exigences transcendantes de la vraie religion qui, seule, guérit la nature blessée. Encore faut-il que notre compréhension de l'hymen entre nature et surnature, immanence et transcendance, ne soit pas problématique. Parce que la théorie philosophique habilitée à dévoiler l'intelligibilité de la profonde convenance de la nature à l'égard de la grâce (pourtant absolument gratuite) n'a pas été développée adéquatement, l'aspiration à la transcendance fut toujours plus ou moins vécue sur le mode surnaturaliste d'une frustration des exigences de l'ordre naturel. L'effet politique de cette frustration fut l'esprit théocratique, en particulier cet esprit démocrate-chrétien abhorrant les États forts. Ce qui par réaction suscita un naturalisme dont la forme héroïque en son application politique est le fascisme. Selon la doctrine catholique, la grâce ne détruit pas la nature mais elle la perfectionne, et en retour la réfection de l'ordre naturel actualise cette convenance de la nature à l'égard de la surnature, laquelle requiert celle-là comme la condition obligée de son inhérence. Si certains fascismes eurent à l'égard du monde catholique des comportements regrettables — au reste beaucoup moins graves que ne le laissa entendre la propagande judéo-chrétienne et marxiste —, c'est dans la mesure accidentelle où ce dernier s'était fait surnaturaliste. **Et parce que le surnaturalisme, exténuant la nature, est une déviation du vrai catholicisme, force est de proclamer que le souci fasciste de réhabilitation de l'ordre naturel a objectivement servi les intérêts de l'Église plus sûrement que les politiques bien-pensantes se réclamant du christianisme. C'est là un constat plus actuel que jamais, en notre temps qui voit se consommer les ultimes conséquences — mondialistes — de la « victoire » de 1945, tragique défaite de la race blanche et de la Chrétienté.**

Les non-catholiques, excédés par la décadence — et parfois plus lucides que les catholiques quant au devoir de lutter contre elle —, gagneraient peut-être, en retour, à consentir à quelque chose qui, bien compris, ne frustrerait en rien leur légitime souci de perfection immanente. Dans l'intérêt même de leur cause purement naturelle, ils pourraient apprendre à reconnaître, en ces désirs immanents de défense de la race blanche et de la civilisation européenne, autant de moments mondains d'un désir fondamental enraciné dans une transcendance qui les fonde. Seule une telle transcendance prévient la propension des appétits mondains, déconnectés de leur Source, à se convertir en désirs consuméristes. Moyennant, dans l'univers confiné des proscrits, un minimum de ce que, faute de mieux, nous nommerons la bonne volonté dans la recherche d'un consensus libéré d'arrière-pensées et de rivalités stériles, tout n'est pas encore perdu. Il faudra bien qu'à un moment quelques-uns, préparés à le faire, se lèvent simplement et disent :

« Non, nous ne plierons pas, il n'appartient qu'au Tout-Puissant d'être l'agneau muet qui vainc le monde en se faisant faiblesse. Nous ne sommes que des hommes, c'est pourquoi nous sommes sommés de nous comporter en loups à l'égard de ceux qui veulent nous mettre en cage, nous occire, nous réduire à l'état de sous-hommes. Nous avons été trop patients, trop pusillanimes, nous n'avons plus peur. Nous n'obéissons plus, les chantages et les mesures d'intimidation ne nous impressionnent plus, la sinistre comédie des appels à la "prudence" a assez duré ; nous avons enfin compris que jamais vous ne nous laisserez seulement survivre dans le paradis infernal que vous avez créé ; nous reprenons notre bien, nous ne composons plus avec vous, tuez-nous pour nous en empêcher si vous le voulez ; le mouvement est lancé, nous faisons des émules ; vous serez balayés dans la honte, le déshonneur, l'aigreur et la haine de vous-mêmes. Nous savons pourquoi nous risquons notre vie, vous ne savez pas pourquoi vous nous tuez, sinon parce que vous êtes lâches et vénaux, et vous ne saurez même pas pourquoi vous allez mourir ; notre mort a un sens, la vôtre n'en a pas ; il est encore temps, pour vous, de nous rejoindre. »

TABLE DES MATIÈRES

Chapitre III : Intermède : dissipation de quelques équivoques

Chapitre IV : Réflexion critique sur le deuxième courant

Lightning Source UK Ltd.
Milton Keynes UK
UKHW020944200921
390891UK00017B/860

9 781912 853298